VIE

ÉCRITS ET CORRESPONDANCE LITTÉRAIRE

LAURENT JOSSE LE CLERC

PAR

L. BERTRAND

PRÊTRE DE SAINT-SULPICE

PARIS

LÉON TECHENER, LIBRAIRE | JULES VIC, LIBRAIRE
52, RUE DE L'ARBRE-SEC, 52 | 23, RUE CASSETTE, 23

MDCCCLXXVIII

Laurent Josse LE CLERC

Tiré à 250 Exemplaires.

VIE

ÉCRITS ET CORRESPONDANCE LITTÉRAIRE

DE

Laurent Josse LE CLERC

PAR

L. BERTRAND

PRÊTRE DE SAINT-SULPICE

PARIS

LÉON TECHENER, LIBRAIRE | JULES VIC, LIBRAIRE
52, RUE DE L'ARBRE-SEC, 52 | 23, RUE CASSETTE, 23

MDCCCLXXVIII

PRÉFACE

Ce livre est moins une biographie qu'une notice littéraire. La vie de M. Le Clerc fut uniforme comme la règle à laquelle il l'assujettit : son histoire est surtout celle de ses ouvrages. Appelé aux obscures fonctions de directeur de Séminaire, sa vocation, très-conforme d'ailleurs à ses goûts, l'éloignait des regards du monde : il vivait dans ce demi-jour quasi-monastique où se plaît la Compagnie de Saint-Sulpice, au sein de cette atmosphère tranquille contre laquelle viennent s'amortir les bruits retentissants de la renommée. Du reste, il aimait le travail pour le travail, et n'ambitionnait pas même la gloire solide, mais peu brillante, qui s'attache parfois aux hommes d'érudition et de science.

Néanmoins, dans cette humble sphère où il s'est fidèlement tenu renfermé, il offre encore, à qui voudra le considérer de près, un assez digne sujet d'attention et d'étude. Esprit large, pénétrant, élevé, servi par une mémoire heureuse et une élocution facile; théologien profond, estimé pour son savoir et fréquemment consulté; érudit familier avec les moindres détails de la vie et des ouvrages des auteurs; auteur lui-même, il a composé quantité d'écrits beaucoup trop dédaignés ou ignorés de ceux qui souvent auraient eu le plus grand intérêt à les connaître. Les qualités de son cœur égalaient, surpassaient même celles de son esprit. C'était une âme simple et droite, remplie de la piété la plus tendre et la plus affectueuse ; un caractère aimable, doux, condescendant, affable envers tous ; c'était enfin un homme aussi modeste que savant, toujours disposé à corriger ses erreurs, toujours prêt surtout à communiquer ce qu'il savait, comme ce qu'il possédait de biens temporels, à ceux qui avaient recours à sa généreuse charité.

Aussi se concilia-t-il les sympathies, non-seulement de ses confrères, mais de plusieurs savants ses contemporains, de ceux particulièrement qui cultivaient le même genre de littérature et d'érudition. Bornons-nous à nommer ici le célèbre La Monnoye et le Président Bouhier, tous deux de l'Académie Française ; le baron Bimard de La Bastie, de l'Académie des Inscriptions et Belles-Lettres ; l'abbé Papillon, Chanoine de la Chapelle aux Riches de Dijon ; Dom Liron, de l'Ordre de Saint-Benoît ; le P. Echard, de l'Ordre des Frères-Prêcheurs ; les PP. Germon, Oudin, de Colonia, de la Compagnie de Jésus ; Lelong et Desmolets, de la Congrégation de l'Oratoire ; enfin l'illustre Massillon, Évêque de Clermont. Les témoignages que nous rapporterons de leur estime pour la personne et les écrits de M. Le Clerc, sont nombreux et considérables. Après les avoir lus, on cessera, nous n'en doutons pas, d'être surpris que nous entreprenions de ressusciter la mémoire d'un confrère aujourd'hui peut-être oublié, mais qui ne fut pas sans quelque renom parmi les lettrés de son temps.

Le présent travail encourra sans doute le reproche de n'être qu'un tissu de citations, un ensemble de matériaux plus ou moins bien arrangés. Cette critique est fondée, et ce que l'auteur des Essais ne voulait pas entendre dire de son livre est rigoureusement vrai de celui-ci, savoir « que j'ay seulement faict icy un amas de fleurs estrangieres, n'y ayant fourny du mien que le filet à les lier » (1). *En cela, je n'ai pas seulement eu l'approbation de juges compétents, j'ai aussi déféré au goût du public, qui, aujourd'hui surtout, veut* « savoir si les hommes ont été réellement tels qu'on nous les représente, si la physionomie qu'on leur prête leur appartient véritablement » (2), *désir qu'on ne saurait mieux satisfaire qu'en laissant ces hommes se peindre et parler eux-mêmes, principalement lorsqu'ils écrivent à des amis et pour des amis. Souvent, d'ailleurs, c'était le plus court moyen d'éclaircir ou de rectifier avec autorité des assertions jusqu'ici obscures ou inexactes.*

Mais la meilleure raison qui m'a déterminé à adopter cette méthode, c'est qu'il m'eût été bien difficile d'en suivre une autre. Fait pour le métier de bibliographe beaucoup mieux que pour le rôle d'écrivain, ma pensée première était de m'appliquer exclusivement au Catalogue des ouvrages composés par les membres de notre Compagnie, et je ne prétendais pas à en augmenter le nombre. Tel était bien, au début, mon désir, telle ma résolution sincère. Mais, en fréquentant nos auteurs sérieux et modestes, je me suis senti particulièrement attiré vers l'un d'eux. Était-ce l'effet d'une certaine conformité de goût, celui des livres et des recherches? Je ne sais : toujours est-il que mon attrait pour cet érudit s'est considérablement accru par la lecture de ses écrits et surtout de sa correspondance inédite. Alors j'ai cru avoir fait une découverte, et je n'ai pas su réprimer le plaisir de la communiquer au public, ou plutôt aux très-rares curieux qui s'intéressent aux minuties de l'Histoire littéraire. « Les auteurs, *disait M. Le Clerc,* s'imaginent aisément que les autres prennent la même part qu'eux

(1) Essais de Michel Montaigne ; Liv. III, chap. XII ; Paris, 1818, tom. V, p. III.

(2) Lettres sur l'Histoire de France, par Augustin Thierry ; Paris, 1859, Lettre V, page 49.

aux faits qu'ils ont dans la tête » (1). *D'excellents amis dont je ne puis assez admirer la condescendance aimable, ni proclamer trop haut la gracieuse bienveillance, ont approuvé mon dessein, encouragé mes efforts, et daigné m'éclairer de leurs sages conseils. Voilà toute l'histoire de ce livre, et voilà en même temps l'excuse de son auteur.*

(1) Lettre au P. Oudin, en date du 9 janvier 1729.

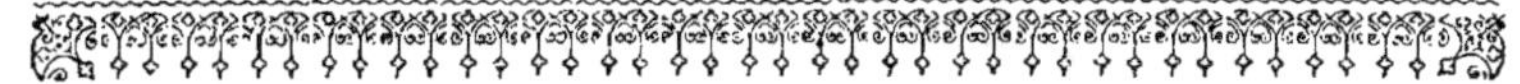

DOCUMENTS CONSULTÉS ·

I. DOCUMENTS IMPRIMÉS

1. *Éloge de M. Le Clerc, par M. C. L. C.* (*Mercure de France*, février 1737, p. 267-275) (1). — Ces initiales ne désigneraient-elles pas *Monsieur Claude Le Clerc*, frère de celui qui est l'objet de cet Éloge ? Quoi qu'il en soit de cette conjecture, l'auteur paraît connaître bien son héros. Aussi, sauf quelques légères modifications, son travail a-t-il été textuellement reproduit par le P. Nicéron (2) et par M. Collombet (3). Il a également servi aux Dictionnaires historiques qui tous, à peu près, consacrent un article à M. Le Clerc (4).

(1) M. Joannis Guigard ne mentionne pas cet éloge dans son *Indicateur du Mercure de France* (Paris, 1869, in-8º). Au reste, cet Indicateur fait désirer quelque chose de plus complet. Qui nous donnera une *Table du Mercure de France* pareille à la *Table Méthodique des Mémoires de Trévoux* du R. P. Sommervogel ?

(2) *Mémoires pour servir à l'histoire des hommes illustres dans la République des Lettres, avec un catalogue raisonné de leurs ouvrages ; par feu le R. P. Nicéron, Barnabite;* Paris, 1739, tome XL, pages 373-378.

(3) *Vie de l'Abbé I.. J. Le Clerc, Directeur du Séminaire de Saint-Irénée de Lyon;* dans la *Revue du Lyonnais* (Nouvelle série), Lyon, 1852 ; tom. V, pages 143-152. — M. Collombet y cite en un endroit le *Mercure* sans laisser entendre que sa notice en est tirée presque intégralement. L'honorable écrivain avait-il alors oublié l'article inséré par lui quelques années auparavant dans la même Revue (Tom. XV, p. 148-151), sous ce titre : *De la piraterie littéraire ?*

(4) Moréri, édition de 1759; Chaudon; Feller, surtout l'édition donnée à Lyon en 1860, par l'abbé Simonin; *Biographie universelle* de Michaud ; *Biographie générale* publiée par Didot.

2. *Nouveaux Mémoires d'histoire, de critique et de littérature, par M. l'Abbé d'Artigny;* Paris, 1752 ; tom. V, pages 365-400. — Il y a dans ce volume plusieurs lettres adressées à M. Le Clerc, savoir : une par le P. Echard, quatre par M. Bimard de La Bastie, une par le Président Bouhier, une par l'abbé Papillon, trois par le P. Oudin et une par le P. Étienne Souciet. Nous ignorons comment elles sont venues entre les mains de l'abbé d'Artigny qui en a probablement gardé les autographes, car ils ne figurent pas dans la correspondance manuscrite de M. Le Clerc.

3. *Journal et Mémoires de Mathieu Marais.. publiés... avec une Introduction et des notes par M. de Lescure;* Paris, 1864-1868, 4 in-8°. — Les tomes III et IV contiennent les lettres de Marais au Président Bouhier. Il y est souvent question de M. Le Clerc (1).

II. DOCUMENTS MANUSCRITS.

Nous entendons par là les lettres écrites et les lettres reçues par M. Le Clerc.

1. Celles-ci font partie de la *Correspondance littéraire du Président Bouhier,* qui est aujourd'hui conservée à la Bibliothèque Nationale, où elle forme 12 volumes in-4° (2). Lorsqu'on étudie d'un peu près les pièces de cet im-

---

(1) Les fautes d'impression sont très-nombreuses dans cet ouvrage, et Sainte-Beuve ne craint pas d'avancer que « la partie qui contient la correspondance du Président Bouhier et de Marais serait à réimprimer en entier par respect pour tous deux » (*Nouveaux Lundis,* tom. IX ; Paris, 1867, in-12, p. 61). Une des plus curieuses est celle de la page 366 du tome III. Au lieu de L. 2. *Paralipomènes* (un des livres de la Bible), on a imprimé : *ſ. 2. Paralépipèdes !*

(2) La correspondance littéraire de M. Le Clerc ayant été confondue avec celle du Président Bouhier, elle en a partagé les périls et les vicissitudes. Il ne sera donc pas hors de propos d'en tracer brièvement l'histoire. Pour cela, nous n'avons qu'à abréger un passage du *Rapport sur le service de la Bibliothèque Nationale pendant l'année 1876* (Paris, 1876, in-4°, p. 68-74). A la mort du Président Bouhier, en 1746, sa bibliothèque échut à son gendre, le marquis de Bourbonne, après la mort duquel elle fut vendue par le Comte d'Avaux, son gendre, à l'abbaye de Clairvaux, de l'Ordre de Citeaux. Au commencement de la Révolution, et en vertu des Décrets de l'Assemblée Nationale, la bibliothèque de Clairvaux devint propriété nationale, et comme telle fut portée d'abord à Bar-sur-Aube, chef-lieu du district, puis à Troyes, chef-lieu du département. En 1801, Chardon de La Rochette émit l'avis que tous les manuscrits importants disséminés dans les

portant recueil, on acquiert bien vite la conviction qu'il renferme deux
correspondances tout à fait distinctes. La première, celle du Président, est
formée des lettres qu'il reçut de divers savants, y compris M. Le Clerc.
La seconde, celle de M. Le Clerc, embrasse les lettres qu'il reçut de divers
savants, y compris le Président Bouhier (1). Toutes sont autographes et
portent la suscription de leur destinataire. Celles qui ont été écrites par le
Président à des personnes autres que M. Le Clerc, et qui figurent dans
cette collection, sont ou des copies ou des originaux que Bouhier déclare
expressément s'être fait restituer. On est donc autorisé à penser que, après
la mort de M. Le Clerc, le Séminaire de Lyon, auquel il avait laissé ses
manuscrits, céda sa correspondance au Président Bouhier, qui en connaissait et avait lui-même contribué à en augmenter le prix.

Malheureusement cette collection, recueillie et conservée avec tant de soin
par le Président, présente aujourd'hui de regrettables lacunes. Nous avons
pu cependant en partie y suppléer à l'aide de quelques autres dépôts. Ainsi
la Bibliothèque de la ville de Lyon nous a fourni une lettre de M. Le Clerc
au Président Bouhier, qui avait appartenu à M. Coste, et figuré dans sa
Bibliothèque Lyonnaise (2). Ainsi encore, nous avons vu dans une biblio-.

divers dépôts des départements fussent centralisés à Paris, et qu'un com-
missaire fût envoyé sur place pour déterminer les articles qu'il conviendrait
de choisir pour la Bibliothèque Nationale. Le soin de remplir cette mission
fut confié à Chardon de La Rochette lui-même, qui se fit adjoindre le docteur Prunelle, et arriva à Troyes au commencement de 1804. Il reçut pour
la Bibliothèque livraison de 173 articles, mais il n'en livra que 115, conservant par devers lui tout le reste. Parmi ces manuscrits se trouvait la
correspondance de Bouhier, laquelle, à la mort de Chardon de La Rochette,
arrivée en 1814, resta entre les mains du docteur Prunelle. Celui-ci la remit
à la Bibliothèque Nationale le 1er juin 1831. En 1856, à la vente du cabinet
de Parison, autre ami de Chardon de La Rochette, et qui avait recueilli une
partie de ses papiers, on vit paraître et la Bibliothèque Nationale se fit restituer deux volumes de lettres du Président Bouhier à Marais. Il reste à faire
encore bien d'autres restitutions, comme on le verra bientôt.

(1) C'est ce que n'ont assez observé ni ceux qui ont classé cette correspondance, ni M. Des Guerrois lui-même. Dans la revue très-sommaire
qu'il en fait, il donne comme adressées au Président Bouhier des lettres qui
le sont à M. Le Clerc, par exemple, celles de Dom Calmet, de l'abbé
Brillon, de Dom Liron et de l'abbé Papillon. *Le Président Bouhier; sa vie,
ses ouvrages et sa bibliothèque,* par Charles Des Guerrois; Paris, 1855, in-8º
(tiré à 300 exemplaires), page 80.

(2) *Catalogue de la Bibliothèque Lyonnaise de M. Coste;* Lyon, 1853, tom. II,
page 669, n. 15956.

thèque de Paris une lettre autographe du P. Oudin à M. Le Clerc, annotée de la main de Bouhier, et qui par conséquent avait fait partie de ce qu'on appelle aujourd'hui sa correspondance littéraire. Enfin ce recueil devait aussi contenir cinq lettres du même P. Oudin à M. Le Clerc, lettres dont il existe une copie chez les RR. PP. Jésuites de la rue Lhomond, à Paris. J'en dois la communication au Très-Révérend Père Daniel, auteur de plusieurs savants ouvrages, mais que « je ne loue point parce qu'il est vivant et de mes amis », comme le disait M. Le Clerc du P. De Colonia (1). Qu'il daigne cependant agréer ici l'hommage de ma profonde gratitude.

Toutefois il est des vides que nous n'avons pu, même partiellement, réussir à combler. Chose tristement surprenante ! Dans cet immense recueil de lettres, on n'en voit pas une seule du célèbre La Monnoye ! Cependant M. Le Clerc et le Président Bouhier eurent avec lui un commerce épistolaire très-long et très-fréquent. En plusieurs endroits de ses ouvrages, M. Le Clerc cite et met à profit les lettres qu'il reçut de l'illustre Académicien, preuve manifeste qu'il les gardait avec autant de soin que beaucoup d'autres moins précieuses. D'ailleurs en ce qui concerne le Président, la chose ne saurait faire la matière d'un doute. « Je sais, dit l'abbé Papillon, que M. le Président Bouhier qui a été pendant plus de trente ans en commerce régulier de lettres avec M. de La Monnoye, a gardé presque toutes celles qu'il a reçues de lui, et qu'il y a joint celles qu'il lui avait écrites, lesquelles lui furent rendues par M. de La Monnoye peu de temps avant sa mort » (2). Qu'est devenue cette correspondance dont la Bibliothèque nationale ne possède pas un seul fragment ? Qu'est devenue aussi cette lettre de Massillon à M. Le Clerc, dont celui-ci parle dans sa lettre au Président Bouhier en date du 7 juillet 1732 ? Où sont enfin celles que notre érudit confrère reçut du poète Mâconnais, Bauderon de Senecé ? Les vigilants et scrupuleux inspecteurs qui, en 1804, se chargèrent de faire transporter de Troyes à Paris les manuscrits du Président, auraient sans doute pu nous le dire.

2. Quant aux lettres même de M. Le Clerc, on vient de voir que nous avons le plus grand nombre de celles qu'il écrivit au Président Bouhier. Les seules, à peu près, qui fassent défaut sont celles qu'ils échangèrent durant la première année de leur liaison, c'est-à-dire de Mars 1725 à Mai 1726.

La Bibliothèque Nationale (*Manuscrits*, Fr. 24474, 24475), nous a également fourni cinq lettres de M. Le Clerc au P. Lelong et quatre au P. Desmolets. Elles proviennent de l'Oratoire de la rue Saint-Honoré, et sont in-

---

(1) *Bibliothèque du Richelet* ; Lyon, 1728, page CXIV.
(2) *Bibliothèque des auteurs de Bourgogne,* art. *La Monnoye ;* tom. II, page 74.

sérées dans un recueil de Lettres et documents pour servir à la seconde édition de la *Bibliothèque historique de la France*.

Ajoutons encore deux lettres adressées au P. Oudin, une à M. Bimard de La Bastie, et trois à l'abbé Papillon. Toutes ont rapport à la *Bibliothèque du Richelet*. Bouhier les fit copier et placer en tête de son exemplaire aujourd'hui déposé à la Bibliothèque de la Faculté de Médecine de Montpellier (F. f. n. 14). C'est à ce soin du zélé Président que nous devons la connaissance de ces six lettres.

Enfin, nous devons aussi mentionner celle que possède la Bibliothèque de la ville d'Orléans. Elle fut envoyée au P. Cosme de Saint-Étienne de Villiers, religieux de l'Ordre des Carmes.

Nous sommes ainsi parvenus à voir 56 lettres de M. Le Clerc. C'est à peine le quart de ce que nous désirions. Nous regrettons surtout de n'avoir pu retrouver les lettres adressées à La Monnoye, au baron de La Bastie, à Dom Liron, au P. Echard, au P. Oudin. Mais toutes nos recherches à cette fin, dans les Bibliothèques publiques et particulières, ont été infructueuses.

A notre prière, M. le marquis de Bimard et M. le comte de Sade ont bien voulu parcourir les archives de leur famille ; mais ils n'ont rencontré dans les papiers laissés par leur parent ou allié aucune lettre de M. Le Clerc au baron Bimard de La Bastie.

La Bibliothèque et les Archives de la ville du Mans, où mourut Dom Liron, ne nous ont également rien donné.

Le Révérend Père Bonnet, Bibliothécaire de la Casanate à Rome et continuateur du P. Échard, ignore ce que sont devenus les papiers de cet auteur, et, pas plus que nous, il n'a pu découvrir la trace des lettres de M. Le Clerc au bibliographe Dominicain. Tout récemment encore il nous écrivait : « Quant au *Phénix* des lettres de M. Le Clerc au P. Échard, je ne me fais pas grande illusion sur l'issue de nos recherches ; si elles sortent de terre un jour, ce sera bien une espèce de miracle. Mais l'imprévu tient tant de place dans ce genre de découvertes ! »

Dijon, dont la belle Bibliothèque n'a eu pour nous aucun secret, grâce à l'aimable obligeance de son digne et savant conservateur, M. Guignard, Dijon ne possède rien du P. Oudin et très-peu de chose de l'abbé Papillon. A la mort de ce dernier, ses manuscrits passèrent entre les mains de l'abbé Joly, son confrère. Celui-ci eut certainement sous les yeux les lettres de M. Le Clerc à l'abbé Papillon, car parmi ses *Matériaux pour une seconde édition de la Bibliothèque des Auteurs de Bourgogne* (Manuscrits, n. 204), nous lisons cette note : « Dans les lettres de M. Le Clerc dont je prétends faire usage pour l'impression, il y a plusieurs remarques sur divers auteurs de Bourgogne. » Mais la Bibliothèque de Dijon, assez riche cependant en manuscrits de l'abbé Joly, n'en avait aucun de l'abbé Papillon avant le 22 Mai 1872. Ce jour-là, elle reçut de Mme la baronne de Juigné quelques manuscrits au nombre desquels figure un fragment de la *Bibliothèque des auteurs de Bourgogne* (inscrit sous le numéro 13). C'est une assez bonne copie sur papier, avec des corrections et des suppléments de la main de l'abbé Papillon. Ce cahier, qui contient les articles compris sous la lettre M, est de format in-folio. Il se compose de 139 feuillets, avec quelques lacunes, parmi lesquelles nous avons le regret de compter l'article *La Monnoye*, qui devait occuper les feuillets 86-97. Nous aurons occasion de faire quelques emprunts à ce précieux manuscrit : voilà pourquoi nous en avons raconté l'histoire et donné la description avec quelque étendue.

L'énumération des sources manuscrites où nous avons puisé sera complète lorsque nous aurons indiqué les réponses du Président Bouhier à Mathieu Marais. Elles font aujourd'hui partie des Manuscrits de la Bibliothèque Nationale : Fr. 24541, 24542.

Pour éviter les renvois trop fréquents, nous donnons ici la suite détaillée de la correspondance de M. Le Clerc comprise dans celle du Président Bouhier. Nous ne répéterons pas non plus l'indication du lieu où ont été écrites les lettres dont les auteurs figurent souvent dans cette Notice. Il suffit de dire une fois que celles du Président Bouhier et de l'abbé Papillon sont datées de Dijon ; celles de M. Le Clerc le sont d'Orléans ou de Lyon.

CORRESPONDANCE LITTÉRAIRE DU PRÉSIDENT BOUHIER (Bibliothèque Nationale ; Manuscrits, Fr. 24409-24420).

Tome I, Fr. 24409.
ANONYME : 2 lettres ; sans date.
ARCHANGE (F.) : 1 lettre ; 1727.
BRILLON, chanoine de Chartres : 2 lettres ; 1720.

Tome II, Fr. 24410.
CALMET (Dom), Bénédictin : 1 lettre ; 1726.
CHÉRAY (de), chanoine de Chartres : 1 lettre ; 1720.
DELPEUCH, curé de Saint-André, à Montbrison : 1 lettre adressée à M. Fyot de Vaugimois ; 1725.
DESMOLETS, de l'Oratoire : 11 lettres ; 1721-1726.
DEVÈZE : 2 lettres ; 1733.

Tome III, Fr. 24411.
ÉCHARD, Dominicain : 17 lettres ; 1721-1723.
GRANDET, curé de Sainte-Croix d'Angers : 1 lettre adressée à M. Bidet, Directeur au Séminaire, à Orléans ; 1722.

Tome IV, Fr. 24412.

Julien, vicaire de Bonlieu : 1 lettre ; 1725.

La Barre : 7 lettres ; 1723-1727.

La Bastie (Bimard, baron de) : 14 lettres ; 1725-1727.

La Chauvinière : 1 lettre ; 1716.

La Perière (Perdoulx de) : 15 lettres ; 1723-1727. On a mis à tort *Laperiere-Perdeau*. Il signe ordinairement *Delapericre*, et une fois *Perdoulx Delapérière*.

Lavau : 1 lettre ; sans date.

Tome V, Fr. 24413.

Le Clerc (Laurent Josse) : 1 lettre à Mathieu Marais annonçant l'envoi de la suivante ; 1725. — Lettre critique sur le Dictionnaire de Bayle : 1725. Première rédaction de l'ouvrage imprimé sous ce titre en 1732. — Lettres au Président Bouhier ; 1726-1736 : elles sont au nombre de 39. Les réponses du Président sont intercalées ; on en compte 30 ; 1726-1734.

Le Clerc (Sébastien), frère de Laurent Josse : 1 lettre ; 1726.

Lelong, de l'Oratoire : 10 lettres ; 1720-1722.

Liron, Bénédictin : 22 lettres ; 1720-1729.

Malassis, Curé de Soindres (Seine-et-Oise) : 1 lettre.

Tome VI, Fr. 24414.

Marais : Copie d'une lettre à M. Le Clerc ; 1723.

Tome VII, Fr. 24415.

Marais, Avocat au Parlement de Paris : 6 lettres : 1725. La première est incomplète d'un feuillet ; mais on peut y suppléer au moyen de la copie contenue dans le tome VI.

Tome VIII, Fr. 24416.

Mazaugues (De), Président aux enquêtes du Parlement de Provence : 3 lettres ; 1731.

Tome IX, Fr. 24417.

Oudin (François), Jésuite : 8 lettres ; 1726-1734.

Tome X, Fr. 24418.

Papillon, chanoine de la Chapelle aux Riches de Dijon : 45 lettres ; 1725-1733.

Petitot, prêtre de Paris : 1 lettre ; 1719.

Saint-Cyr (de) : 1 lettre ; 1724.

Salmon, Docteur de Sorbonne : 2 lettres ; 1725.

Tome XII, Fr. 24420.

Simon, prêtre : 1 lettre ; 1720.

Simon, Conseiller au Présidial de Beauvais : 1 lettre.

Thoubeau, Jésuite : 1 lettre ; 1720.

Thourette, Avocat du Roi à Montfort : 1 lettre ; 1720.

Troyes (De), Président honoraire au Présidial d'Orléans : 4 lettres ; 1723-1725. On y trouve aussi quelques lettres de l'abbé Fourtier, son neveu.

LAURENT JOSSE LE CLERC

SA VIE ET SES ÉCRITS

CHAPITRE Ier

SÉBASTIEN LE CLERC, PÈRE DE LAURENT JOSSE. — JEUNESSE
DE M. LE CLERC. — IL EST NOMMÉ DIRECTEUR AU SÉMINAIRE
DE TULLE.

Le savant modeste dont nous entreprenons de raconter la
vie et les travaux, était originaire de cette noble ville de
Metz, à laquelle un Français ne saurait aujourd'hui penser
sans douleur. Laurent Le Clerc, son aïeul paternel, était
« *maître orphevre* » dans cette ville, où il mourut le 4 octobre 1695, âgé, dit l'acte de son décès, de « quatre-vingt-
seize ans » (1). Il laissa deux enfants, une fille et un fils

(1) *Sébastien Le Clerc et son œuvre*, par Édouard Meaume ; Paris, 1877,
in-8° (tiré à 205 exemplaires), p. 12, 13. Cet excellent ouvrage rectifie et
complète les deux suivants, de mérite inégal, mais qu'il faut aussi consulter
sur les œuvres et la vie de Sébastien Le Clerc : *Éloge de M. Le Clerc, chevalier romain, dessinateur et graveur ordinaire du cabinet du Roi, avec le Catalogue
de ses ouvrages et des réflexions sur quelques-uns des principaux*, par M. l'abbé
de Vallemont ; Paris, 1715, in-12. — *Catalogue raisonné de l'œuvre de Sébastien Le Clerc..., disposé par ordre historique suivant l'année où chaque pièce a été
gravée, depuis 1650 jusqu'en 1714, avec la vie de ce célèbre artiste*, par Charles-
Antoine Jombert ; Paris, 1774, 2 vol. in-8°.

nommé Sébastien, l'un des plus célèbres et le plus fécond des graveurs français.

Sébastien était né dans une maison située sur la paroisse Saint-Martin de Metz, le 26 septembre 1637 (1). Son père, fort habile dans sa profession, lui apprit de bonne heure à dessiner, et l'enfant avait de si grandes dispositions pour cet art, qu'il en donnait à son tour des leçons à l'âge de dix ou douze ans. On conservait entre autres un petit dessin à la plume représentant un enfant couché sur le dos, et au bas duquel le père avait écrit que son fils était âgé de huit ans quand il le fit. Comme il avait un esprit très-vaste et qu'il était extrêmement curieux d'acquérir de nouvelles connaissances, il se mit à lire des livres de Physique et de Géométrie, et fit de grands progrès sans le secours d'aucun maître. Quelque temps après, un chanoine de Metz, touché de son amour pour l'étude, lui apprit la Perspective, et le disciple surpassa bientôt le maître.

Encouragé par de si heureux commencements, Sébastien Le Clerc résolut de s'appliquer sérieusement aux Mathématiques et même d'entrer dans le Génie. Il étudia les fortifications et les autres sciences spéciales, et ses efforts furent couronnés de succès. Choisi pour ingénieur géographe du maréchal de La Ferté, il leva par son ordre les plans des principales places du pays Messin et du Verdunois. Il réussit surtout au plan de Marsal dont on voulait démolir les fortifications ; mais ayant appris qu'on avait envoyé ce plan à la

(1) C'est la date de l'acte de baptême, rapporté par M. Meaume (p. 14), et cette pièce réfute péremptoirement les indications contraires tirées des actes de mariage et de décès reproduits par M. Jal dans son *Dictionnaire critique de Biographie et d'Histoire* (art. *Le Clerc*). C'est aussi la date assignée par le *Dictionnaire* de Moréri, article *Clerc* (Sébastien). L'auteur de cet article est un des enfants de Sébastien, celui-là même dont nous écrivons la vie. Il le publia d'abord en 1720 dans ses *Remarques sur le Dictionnaire de Moréri*. En 1724, il l'inséra dans le Dictionnaire, sans autre changement qu'une addition de quelques lignes. « Je l'ai rendu, disait-il en 1727, le plus exact qu'il m'a été possible. *Je crois n'avoir rien dit qui ne soit vrai à la lettre*, et n'y avoir rien omis de ce qui devait y entrer. » (Lettre à Bouhier du 16 août 1727.)

Cour sous le nom d'un autre ingénieur, et n'ayant pu obtenir justice, il quitta son emploi (1) et se rendit à Paris (1665). Son but était de solliciter une place dans le corps du Génie; mais Charles Le Brun, peintre célèbre, ayant reconnu en lui des talents extraordinaires pour le dessin et la gravure, le détourna de son projet et lui conseilla de se livrer tout entier à sa vocation première.

La réputation que Sébastien Le Clerc s'acquit en 1668, par sa *Géométrie pratique,* s'étendit jusqu'à la Cour, et Colbert, protecteur des Beaux-Arts, voulant le fixer à Paris, lui fit donner un logement aux Gobelins, avec une pension de 600 écus, afin de l'obliger à ne travailler que pour le Roi. Mais peu de temps après son mariage (1673), Sébastien renonça à cette pension pour subvenir aux soins de sa famille et céder à l'empressement des particuliers qui désiraient posséder ses ouvrages.

Son mérite étant de plus en plus apprécié, il fut, d'un consentement unanime, nommé membre de l'Académie Royale de peinture et de sculpture (1672), et plus tard (1680), professeur de Géométrie et de Perspective dans la même Académie, emploi qu'il a exercé pendant dix-neuf ans. Après la mort de Mellan, il fut également honoré du brevet de Graveur du Roi (1693), et en 1706, année où parut son *Nouveau système du monde conforme à l'Écriture sainte,* Philippe-Antoine Gualterio, nonce en France, qui l'estimait beaucoup, le créa Chevalier Romain, en vertu du pouvoir qu'il en avait reçu du pape Clément XI.

Enfin cet artiste éminent, qui joignait aux rares talents dont Dieu l'avait doué une piété vraiment chrétienne, mourut au commencement de sa 78e année, le 25 octobre 1714, aux Gobelins, où il avait vécu plus de quarante ans, aimé et estimé de tous ses confrères dans les arts et regretté de tous

---

(1) Peut-être aussi, selon une conjecture, qui paraît bien fondée, de M. Meaume, l'avarice proverbiale du maréchal de La Ferté ne fut-elle pas étrangère à la détermination que prit Sébastien Le Clerc d'abandonner une position où il ne trouvait ni honneur ni profit. (*Sébastien Le Clerc...* p. 46, 47.)

les honnêtes gens (1). Son corps fut inhumé dans l'église de
Saint-Hippolyte (2), sa paroisse, près de l'autel de la Sainte-
Vierge, pour laquelle il avait eu toute sa vie une dévotion
singulière. « Nous savons, dit un de ses amis, que durant
plus de soixante ans, il a récité tous les jours le petit Office
de cette Reine des Anges et des hommes, pratique de piété
sur laquelle il ne s'est jamais démenti, depuis qu'il l'eut
adoptée dans la congrégation des Jésuites de Metz, vers l'âge
de quatorze ou quinze ans. » (De Vallemont, *Eloge,* p. 200.)

Le 21 novembre 1673, Sébastien Le Clerc avait épousé
Charlotte-Jeanne, fille de Josse Van den Kerckoven, teintu-
rier du Roi aux Gobelins, alors âgée de vingt ans. Il eut de
ce mariage dix-huit enfants (3), dont neuf moururent avant

---

(1) *Moréri*, art. *Clerc.* « Il a été regretté de tous les honnêtes gens, dit
Mariette, et lorsque je dis sa mort à M. l'Électeur de Cologne, il me répondit
qu'il en était bien mortifié, et que la première messe qu'il dirait, il la dirait
pour le repos de son âme ; que c'était un des plus grands hommes qu'il ait
connus en France, et qu'il avait eu un plaisir singulier à l'entretenir et à
voir toutes les différentes curiosités de son cabinet. » (*Abecedario ;* Paris,
1856, t. III, p. 102.)

(2) « L'église Saint-Hippolyte, située à l'angle oriental formé par la rue
Saint-Hippolyte et la rue des Marmousets, fut fermée par la Révolution,
vendue le 3 août 1793, et démolie en 1807. La maison de la rue Saint-
Hippolyte qui porte le nᵒ 8, a été construite sur son emplacement. On y
voit encore de gros piliers ronds avec leurs chapiteaux en forme de cor-
beilles ; le mur extérieur de cette maison est sur le mur latéral de la nef de
l'ancienne église. » (*Histoire de la ville et de tout le diocèse de Paris, par l'abbé
Lebeuf, nouv. édit. annotée et continuée jusqu'à nos jours par Hippolyte Cocheris ;*
Paris, 1865, tom. III, p. 30.) Celle-ci ne fut d'abord qu'une chapelle dé-
pendante du chapitre de Saint-Marcel ; mais, en 1220, elle jouissait déjà du
titre de paroisse. On y voyait plusieurs tableaux de Lebrun, Lesueur, Boizot
et autres maîtres.

(3) *Dict. de Moréri*, art. *Clerc. Dix-huit* est en toutes lettres et dans le
Dictionnaire et dans les *Remarques.* Nous avons vu cinq exemplaires de
celles-ci, tous corrigés de la main de Laurent Josse ; aucun n'a de correction sur cet article. Cependant, l'abbé de Vallemont, Jombert, Bégin (*Biographie de la Moselle,* Metz, 1829, tom. I, p. 274), et en général les Biographes, ne donnent à Sébastien que dix enfants, six fils et quatre filles.
Peut-être comptent-ils seulement ceux qui ont survécu à leur père, et cette
conjecture paraîtrait assez vraisemblable si l'on admettait avec Laurent Josse

lui (1). Laurent Josse, le troisième, naquit à Paris, aussi aux Gobelins, le 22 août 1677 (*Biblioth. du Richelet,* art. *Clerc*). Les noms de Laurent Josse, qui lui furent donnés au baptême, sont ceux de son aïeul paternel et de son aïeul maternel ; mais il ne nous est pas possible de déterminer avec précision lequel des deux fut son parrain, l'incendie de 1871 ayant

que, sur ces dix-huit enfants, *huit* moururent avant Sébastien Le Clerc. Le *Dictionnaire* de M. Jal (art. Sébastien *Le Clerc* et *Familles nombreuses*), indique le nombre *13,* probablement par suite d'une erreur typographique, laquelle n'est cependant pas corrigée dans les *errata* de la seconde édition. A la suite de M. Jal, M. Meaume, qui le cite, écrit « treize. »

(1) Ici, nous croyons devoir abandonner le Dictionnaire de Moréri, d'après lequel, des dix-huit enfants de Sébastien, « huit sont morts avant lui. » Nous y sommes déterminé par un acte conservé aux Archives nationales (Y, 11051), et publié par M. J.-J. Guiffrey (*Nouvelles Archives de l'art français,* Paris, 1872, p. 320-328). C'est le *Partage des biens des successions de deffunt sieur Sébastien Le Clerc... et de damoiselle Charlotte Kerckove, son épouse, fait et arresté le 31 juillet 1736.* Neuf enfants seulement y figurent (six fils et trois filles), dont sept vivants à cette époque et deux morts auparavant, savoir Charles-Bénigne, décédé avant sa mère, dont le trépas arriva le 1er novembre 1735, et Laurent Josse, qui mourut six mois après. Voici sur chacun d'eux, excepté le dernier, quelques détails tirés de l'acte ci-dessus et d'autres documents :

Sébastien reçut le baptême le 1er octobre 1676, selon M. Jal. Si cette date est exacte, il fut le premier des *fils,* mais non des *enfants* (Laurent Josse, qui est le troisième, étant né en 1677), et c'est peut-être tout ce que veut signifier l'abbé de Vallemont quand il le dit *l'aîné.* Il fut reçu à l'Académie de peinture le 23 août 1704, et mourut aux Gobelins le 29 juin 1763. Son fils, Jacques Sébastien, né le 8 août 1733, fut professeur à l'Académie, comme l'avait été son père, et mourut à Paris le 17 mai 1785 (V. M. Meaume, p. 309-313). Un autre fils lui était né le 5 octobre 1726. (*Lettre de Sébastien à Laurent Josse du 24 octobre 1726.*)

Louis-Auguste, élève de Coysevox, obtint le second prix de sculpture au concours de 1712 et passa en Danemark, où il devint premier sculpteur de Sa Majesté Danoise, et professeur à l'Académie de Copenhague de 1751 à 1777. (M. Guiffrey, *Nouv. Arch. de l'art franç.,* 1872, p. 319.)

Nicolas-Benoît enseignait dès 1715, à Paris, les mathématiques et le dessin. Selon l'abbé de Vallemont, il dessinait parfaitement, mais il ne grava point.

Claude, appelé par l'abbé de Vallemont le *cinquième* (des fils ?), classé par M. Guiffrey le sixième parmi les neuf survivants, était le *seizième* des *enfants* de Sébastien Le Clerc *(Bibl. du Richelet,* art. *Clerc].* Il naquit en 1693. Entré

détruit, avec tant d'autres, les registres de la paroisse Saint-
Hippolyte (1).

Nous savons fort peu de chose touchant son éducation.
Les premières leçons lui furent données dans sa famille. Cet
amour du travail dont il parut animé jusqu'à la fin de sa vie,
Laurent Josse, enfant, le puisa dans les exemples qu'il avait

au Petit-Séminaire de Saint-Sulpice le 19 octobre 1711 (« accolite » en 1714,
selon l'acte de décès de son père), il en sortit le 26 mars 1716 et vécut quelque temps dans le monde, où il exerça la profession de libraire *(Registre des
entrées du Séminaire de Saint-Sulpice)*. Mais il quitta de nouveau le siècle pour
l'état ecclésiastique, et fut ordonné prêtre le samedi de la Passion, 2 avril
de l'année 1729 *(Lettre de M. Le Clerc au Prés. Bouhier, du 2 avril 1729)*. Il
était alors à Lyon, où il avait obtenu de la Cour de Rome la sacristie du
prieuré de Chandieu en Forez ; mais par acte du 1er septembre 1729, il en
fit l'abandon au Séminaire de Saint-Irénée, qui était déjà en possession du
prieuré *(Journal ms. du Séminaire de Lyon*, t. I, p. 244). En novembre
1735 et mai 1736, il était chanoine de Déols, près Châteauroux. Jombert
le donne comme « prêtre habitué au Séminaire de Saint-Sulpice » à l'époque
où il publiait son livre, c'est-à-dire en 1774. « On voit, dit Jombert (t. I,
p. XXIV), un fort bel œuvre de Le Clerc au cabinet d'estampes de la Bibliothèque du Grand-Séminaire de Saint-Sulpice..... Cet œuvre, qui vient de
M. l'abbé Claude Le Clerc, fils de notre artiste, prêtre habitué dans le Séminaire de Saint-Sulpice, quoique peu nombreux, est curieux pour quelques
pièces de Le Clerc introuvables ailleurs, notamment la perspective du palais
du Roi, à Stockolm. » Cette belle collection est encore aujourd'hui au Séminaire de Saint-Sulpice de Paris, où elle est conservée avec tout le soin
qu'elle mérite.

Charles-Bénigne passa sa jeunesse chez un procureur au Châtelet.

Anne-Catherine-Charlotte paraît avoir été l'aînée de toute la famille.
Nommée la première dans l'acte de partage, elle fut, en outre, chargée par
ses frères absents de les représenter. Elle se fit religieuse chez les Dames de
la Congrégation de Corbeil en 1690. En 1736, elle demeurait à Paris, rue
du Cherche-Midi. C'est d'elle que parle Laurent Josse dans ses lettres du
14 septembre 1735 et du 22 mars 1736, lorsqu'il dit au Président Bouhier
qu'elles lui seront portées par « Mademoiselle Le Clerc. »

Marie-Charlotte fut mariée, le 10 juillet 1712, à Louis Mauger l'aîné, procureur au Châtelet.

Enfin, *Marie* fut aussi mariée, le 25 mai 1722, au graveur Edme Jeaurat,
frère d'Étienne l'Académicien.

(1) Il est bien regrettable que M. Jal n'ait pas relevé l'acte de baptême
de Laurent Josse, non moins distingué cependant parmi les érudits, que
son frère Sébastien parmi les artistes.

tous les jours sous les yeux. « Il n'y a guère d'homme qui
» ait été aussi laborieux, dit Mariette parlant de Sébastien
» Le Clerc, et qui l'ait été avec tant d'amour... Il s'était fait
» une si grande habitude du travail, que le chagrin qu'il prit,
» lorsque la faiblesse de sa vue lui ôta les moyens de pouvoir
» le continuer, est une des principales causes de sa mort...
» Mme Le Clerc m'a dit que lorsqu'il se levait, ce qui ordinai-
» rement était de cinq à six heures, il se mettait au travail
» jusqu'à midi ; et après le dîner, depuis deux heures jusqu'à
» six ; et qu'alors, après avoir posé le modèle dans la salle
» des Gobelins, il revenait sur les sept heures souper, ce
» qu'il n'avait pas plus tôt fait, qu'il allait écrire dans son
» cabinet jusqu'à onze heures ou minuit. Mme Le Clerc m'a
» ajouté que cela n'était pas arrivé pour une fois, mais que
» tous les jours étaient de même, et que depuis qu'elle était
» avec lui, elle n'a presque pas vu de jour où il se fût
» dérangé de cette règle de conduite qu'il s'était prescrite. »
(*Abecedario*, t. 161, p. 101, 102.)

La conversation même des savants ou des curieux qui
visitaient Sébastien Le Clerc ne l'interrompait point dans
son travail, quoiqu'il y mêlât souvent des propos placés avec
autant de justesse et de précision que s'il n'avait pas été
occupé de sa gravure. Lorsqu'il était seul dans son cabinet,
il appelait auprès de lui quelqu'un de ses enfants à qui il
faisait lire quelque livre de sciences, et en expliquait les endroits obscurs ou difficiles sans cesser de vaquer à ses occupations. (*Jombert*, tom. I, p. LXXI.) Laurent Josse a plusieurs
fois témoigné de la part qu'il eut dans ces utiles exercices.
« Je lus, dit-il, les ouvrages de Despréaux pour la première
» fois étant encore jeune écolier... Feu Sébastien Le Clerc,
» mon père, me les faisait lire auprès de lui pour se délasser
» pendant son travail, et pour m'apprendre en même temps
» à lire d'une manière posée, distincte et correcte (1). »

(1) *Mémoires pour servir à l'histoire des poètes français*, art. *Boileau-Des-
préaux*. Manuscrit du Musée Calvet, à Avignon. Voir aussi la lettre de M. Le
Clerc à Bouhier en date du 13 avril 1729.

Mais où et par qui fut complétée cette première éducation littéraire ? Ce point de la jeunesse de M. Leclerc s'est dérobé à toutes nos investigations. Fréquenta-t-il le célèbre Collége Louis-le-Grand, situé non loin des Gobelins, et eut-il pour maîtres les religieux de la Compagnie de Jésus, où plus tard il comptera tant d'amis ? Nous serions tenté de le croire, en considérant que son père avait probablement appris des Jésuites de Metz ce qu'il possédait de littérature latine (1), mais nous ne pouvons appuyer cette conjecture sur aucun document authentique (2). Tout ce que nous savons de Laurent Josse étudiant, c'est que « les plus heureuses dispositions du côté de la vertu et du côté des sciences, le distinguèrent dans le cours de ses études. » (*Mercure*, février 1737, p. 267.)

Après les avoir achevées, à l'âge de dix-huit ans, il se détermina à embrasser l'état ecclésiastique, et entra le 2 juin 1696 au Petit Séminaire de Saint-Sulpice de Paris (3). Depuis

(1) Sébastien Le Clerc, qui maniait si bien le burin et même la plume, n'avait pas poussé fort loin ses études littéraires. Nous avons pour garant de ce fait l'abbé Papillon, qui le tenait de Laurent Josse lui-même. « Vous me surprenez de me dire que Monsieur votre père n'avait pas une grande intelligence du latin, qu'elle était bornée à celui d'A Kempis et à celui du Nouveau-Testament. Cela montre qu'on peut être excellent mathématicien sans le secours de cette langue. Le génie est un excellent guide en ces sortes de matières. » (4 octobre 1727.)

(2) Le problème serait pour nous pleinement résolu s'il l'était également à l'égard de quelques-uns des condisciples de M. Le Clerc. Celui-ci, en effet, nous apprend qu'il a « été en classe avec un des frères » de Vaultier, qui donna l'édition de Moréri de 1698 *(Lettre à Bouhier du 13 avril 1729)*; qu'il s'est « trouvé en classe avec le fils de Le Gendre, professeur en droit » ; et enfin qu'il a « étudié » avec le père Sanadon, célèbre jésuite *(Lettre à Papillon du 6 juillet 1729)*. Puisque ce dernier, qui était né à Rouen, fit ses études à Paris, il est à présumer qu'il eut pour professeurs ceux dont il devait bientôt devenir le confrère.

(3) Registre des entrées. — Le Petit Séminaire de Saint-Sulpice dépendait du grand et communiquait avec lui par le jardin. On y recevait ceux qui ne pouvaient pas payer la pension accoutumée. De là son nom de Petit Séminaire. (*Vie de M. Olier,* par M. Faillon ; 4ᵉ édit., Paris, 1873, t. III, p. 100.)

l'année 1687, cette maison ne recevait plus les philosophes qu'on y avait admis jusqu'alors, et ceux-ci formaient un établissement distinct, appelé pour cette raison *Communauté des Philosophes*. Nous sommes donc autorisé à penser que M. Le Clerc avait terminé son cours de philosophie lorsqu'il fut reçu au Petit Séminaire. M. Brenier en avait depuis peu repris la direction par suite de la mort de M. Baühin, arrivée au mois de mars 1696 (1). C'est par lui que M. Le Clerc fut formé à la vie ecclésiastique, dont ce digne supérieur était pour ses élèves un si parfait modèle. « Il les incitait en particulier à l'esprit de mortification et de renoncement... La grande estime qu'il avait pour l'humilité et qui le portait à prendre, autant qu'il le pouvait, la dernière place partout où il se trouvait, lui inspirait un grand désir d'établir ses enfants dans la même disposition... Il témoignait un souverain mépris pour le monde, pour ses maximes et ses faux biens, et il n'en parlait jamais sans inspirer aux autres les mêmes sentiments... Parmi tous les moyens qu'il recommandait à ses élèves pour mettre à profit leur séjour dans le Séminaire, il insistait particulièrement sur quatre choses qu'il regardait comme plus essentielles : 1° la communion fréquente et fervente ; 2° la fidélité aux plus petites choses et surtout au règlement ; 3° une parfaite ouverture de cœur envers le Directeur ; 4° la dévotion et la confiance envers la Très-Sainte-Vierge (2). »

M. Le Clerc fut ordonné prêtre au mois de décembre 1702 (3), et il passa au Grand Séminaire de Saint-Sulpice

---

(1) Antoine Brenier naquit à Grenoble, le 13 janvier 1651, d'une famille distinguée dans la magistrature et alliée à la première noblesse du Dauphiné. Il fonda le Petit Séminaire de Saint-Sulpice, en 1684, par ordre de M. Tronson, et le quitta en 1694 pour travailler à l'établissement du Séminaire d'Angers. Il mourut à Paris le 25 août 1714. — M. Gosselin, dans ses *Mémoires* (manuscrits) *sur les Supérieurs de Saint-Sulpice*, a consacré à ce vertueux prêtre une Notice qui a été publiée par la *Semaine religieuse du diocèse de Grenoble*, en 1869. Voir les numéros des 28 août, 4, 11, 18 et 25 septembre ; pages 23-32 ; 43-47 ; 59-63 ; 78-80 ; 88-92.

(2) Notice citée, pages 46-47.

(3) *Bibliothèque du Richelet*, art. *Clerc*.

le 27 octobre 1703 (1). Durant ces deux dernières années, il fit sa Licence (2), soutint sa Majeure ordinaire, le 16 août 1703 (3), et fut reçu Licencié, le mardi 29 Janvier 1704, avec le vingt-troisième rang sur 104 gradués (4) ; mais, pour des motifs que nous ignorons, il ne prit pas le bonnet de docteur.

Ayant témoigné le désir de s'attacher à la Compagnie de Saint-Sulpice, M. Le Clerc y fut admis par M. Leschâssier qui en était alors supérieur. Au mois d'octobre 1704, on l'envoya au Grand Séminaire de Tulle (5), uni à celui de Saint-Sulpice depuis le 28 mars 1697 (6). Le supérieur de cette maison était alors M. Michel, « homme excellent en vertus et en science, qui fut le guide et le consolateur de Marcelline Pauper durant les dernières années de sa vie », l'assista à la mort, et écrivit sur ses derniers moments une relation qui n'a malheureusement pu être retrouvée (7).

La fonction de M. Le Clerc fut d'enseigner la théologie

(1) Registre des entrées.

(2) *Remarques critiques sur le Dictionnaire de Bayle*, art. *Fèvre d'Etaples*, 31°.

(3) *Dissertation touchant l'auteur du symbole* QUICUMQUE, par un Licencié de Sorbonne ; Lyon, 1730, in-12, p. 54.

(4) On sera sans doute désireux de connaître quelques-uns de ceux qui précèdent M. Le Clerc sur la liste de Licence de l'année 1704. Les voici, avec la place qu'ils y occupent : — 1. Charles-François d'Hallencourt de Drosmenil, sacré évêque d'Autun le 22 mars 1711, et transféré à Verdun le 8 janvier 1721. — 2. Pierre de Tencin, nommé à l'archevêché d'Embrun le 6 mai 1724, et à celui de Lyon au mois de septembre 1740. — 6. Gaston Armand Sublet de Haudicourt, nommé évêque d'Évreux le 1er novembre 1709, et mort à Rouen, où il était vicaire-général, avant d'avoir reçu ses Bulles, le 10 février 1710. — 9. Nicolas Lenglet-Dufresnoy, célèbre par ses aventures et le nombre de ses ouvrages. — 11. Jacques Robbe, de la maison de Sorbonne, auteur d'un *Tractatus de incarnatione verbi divini*.

(5) « J'y demeurai (à Tulle) depuis le mois d'octobre 1704 jusqu'au mois de septembre 1707. » (Lettre de M. Le Clerc à Bouhier, du 7 juillet 1732).

(6) *Vie de M. Émery;* Paris, 1861, tom. I, p. 41.

(7) *Vie de Marcelline Pauper... publiée par le père Marcel Bouix;* Nevers, 1871, p. 308-309. — Jean-Baptiste Michel, né vers 1668 dans le diocèse de Lyon, et probablement à Crémeaux (Loire), entra au Séminaire de Bourges en 1689, puis au Séminaire de Saint-Sulpice le 3 février 1692. Il fut succes-

aux externes. C'était un cours public récemment établi par l'évêque, André-Daniel Beaupoil de Saint-Aulaire. Le nouveau professeur montra au début de son enseignement plus de talent que de maturité, mais l'expérience et la réflexion vinrent les compléter plus tard. Après la visite qu'il fit à Tulle en 1707, M. Lepelletier, qui succéda plus tard à M. Leschâssier dans la charge de supérieur de Saint-Sulpice, disait de M. Le Clerc : « M. Le Clerc a de quoi faire un des meilleurs sujets ; mais il a besoin d'être formé. Il est d'un esprit très-facile, et paraît toujours gai et content. Il paraît dans ses cahiers avoir manqué de prudence : cela ne vient que de jeunesse et de manque d'expérience. Il peut être capable de tout, mais il lui faut donner du temps. Tulle ne paraît pas lui convenir ! »

On transféra en effet, cette année même, M. Le Clerc à Orléans, et il prit part à la fondation de ce Séminaire que le nouvel évêque, Mgr Fleuriau d'Armenonville, venait de confier aux prêtres de Saint-Sulpice.

CHAPITRE II

M. LE CLERC AU SÉMINAIRE D'ORLÉANS. — SES QUALITÉS. —
SES AMITIÉS LITTÉRAIRES.

Afin que l'on puisse mieux apprécier le rôle que M. Le Clerc est appelé à remplir dans le nouveau poste où la Providence vient de le placer, et ce que cette nomination eut d'honorable

sivement directeur dans les Séminaires du Puy et de Limoges, et supérieur de celui de Tulle en 1698. Des circonstances difficiles l'ayant obligé de quitter ce dernier poste, il fut, en 1700, envoyé à Bourges ; mais, en 1702, il reprit, avec la qualité de supérieur, le gouvernement du Séminaire de Tulle, et le garda jusqu'à sa mort, qui arriva le 7 avril 1720.

pour sa personne, nous croyons devoir entrer dans quelques détails touchant l'état du diocèse et la fondation du Séminaire d'Orléans en 1707.

Durant plus de soixante ans, le siége épiscopal de cette ville n'avait été occupé que par des prélats fauteurs du Jansénisme. Nicolas de Nets, sacré le 27 avril 1631, et mort le 20 janvier 1646, avait été l'admirateur de l'abbé de Saint-Cyran, et l'un des approbateurs du livre de la *Fréquente communion*. Alphonse Del Bene, sacré le 27 mai 1647, mort le 20 mai 1665, fut du nombre des prélats qui députèrent à Rome pour la défense de la prétendue doctrine de saint Augustin sur la Grâce. Pierre du Camboust de Coislin, sacré le 20 juin 1666, cardinal en 1697, mort le 4 février 1706, tenait de près aux Solitaires de Port-Royal, et selon Fénelon, dans un Mémoire secret adressé en 1705 au Pape Clément XI, il avait abandonné toute l'administration de son diocèse aux seuls docteurs Jansénistes pour lesquels il était plein d'admiration. « Ce qu'était devenue sous de tels chefs une portion notable du clergé d'Orléans, dit le P. Lelasseur, un seul fait en donnera quelque idée... Du temps du cardinal de Coislin, des curés de la ville imposaient pour pénitence à leurs dévotes d'aller lire chaque jour une Provinciale de Pascal devant le Saint-Sacrement (1) ! »

Le diocèse d'Orléans put espérer des jours meilleurs lorsqu'il vit à sa tête Mgr Fleuriau d'Armenonville, lequel en effet, par son zèle pour la pureté de la foi, s'attira bientôt les colères du parti et de son organe, les *Nouvelles ecclésiastiques*. D'abord chanoine de Chartres, puis Trésorier de la Sainte-Chapelle de Paris, il avait été nommé en 1698 à l'évêché d'Aire, d'où il fut transféré en 1706 à l'évêché d'Orléans (1). A peine eut-il pris possession de ce nouveau siége, le 5 janvier 1707, qu'il s'occupa de donner la dernière forme au Séminaire commencé par son prédécesseur ; mais

_____

(1) *Études religieuses*......, V^e série, t. VII, pages 755, 756, 758.

(1) La substance de ces détails sur la fondation du Séminaire d'Orléans est empruntée à M. Gosselin, *Mémoires* (manuscrits) *sur M. Leschássier*.

il s'appliqua surtout à chercher les moyens de procurer la
perpétuité de cet établissement en lui assurant pour l'avenir
des directeurs propres à le conduire. Pour parvenir à cette
fin, il ne trouva pas de meilleure voie que de recourir aux
prêtres de Saint-Sulpice. Elevé lui-même dans leur maison,
il avait toujours conservé pour ses anciens directeurs une estime et une vénération particulières, et il n'avait cessé d'entretenir des relations amicales et confidentielles avec plusieurs
d'entre eux, spécialement avec MM. Tronson et Leschâssier.
Il écrivit donc à celui-ci, au mois de janvier 1707, pour le
presser d'accepter la conduite du Séminaire d'Orléans.
M. Leschâssier entra dans les vues du Prélat, le priant seulement de vouloir bien en suspendre la réalisation jusqu'à l'é-
poque de la rentrée, vers la fête de la Toussaint, à cause des
changements et translations des sujets que devait amener l'or-
ganisation du nouveau Séminaire. Toutefois, le supérieur de
Saint-Sulpice ne différa pas à donner à l'évêque une partie
du secours dont celui-ci avait besoin; et pour répondre à ses
instances il lui envoya provisoirement deux prêtres de la
Compagnie, MM. Chartier (1) et de Brion (2).

(1) François Chartier, originaire du diocèse, et peut-être de la ville de
Blois, entra au Petit Séminaire de Saint-Sulpice en 1695, et fut fait docteur
de Sorbonne le 12 mars 1707. Il professa le Dogme à Orléans. Dans la suite,
l'évêque de Blois le retint dans son diocèse et le fit chanoine de sa Cathédrale.

(2) François Bidet de Brion naquit à Angers le 14 janvier 1672. Son
éducation fut d'abord confiée à François Bidet, curé de Sainte-Gemme-sur-
Loire, près d'Angers, qui était son oncle et son parrain. Ayant manifesté
le désir d'embrasser l'état ecclésiastique, il fut placé par ses parents au Séminaire d'Angers, d'où il fut envoyé, en 1693, au Petit Séminaire de Saint-
Sulpice. Il ne s'y distingua pas moins par ses talents que par sa piété, et
parcourut surtout avec un succès remarquable la carrière des études Sor-
bonniques, à la suite desquelles il prit, en 1707, le bonnet de Docteur. Admis
depuis dans les assemblées de la Faculté, il y fut constamment un des plus
zélés pour le maintien de la saine doctrine contre le parti opposé à la Constitution *Unigenitus*. Dans une discussion sur cette matière, un des docteurs
opposants ayant, un jour, affecté de désigner ceux de Saint-Sulpice sous le
nom d'*École Sulpicienne*, *Schola Sulpitiana*, M. de Brion réclama fortement
contre cette qualification, qui supposait dans les docteurs de Saint-Sulpice

L'union du Séminaire d'Orléans à celui de Saint-Sulpice
fut consommée par le Concordat passé entre le Prélat et la
Compagnie, le 19 novembre 1707. D'après les dispositions
prises en conséquence par M. Leschâssier, M. de Poudeux
fut nommé supérieur (1), M. Chartier fut maintenu, et
M. de Brion, rappelé à Paris, fut remplacé par M. Le Clerc.
Voici en quels termes M. Leschâssier annonçait ce dernier
choix à l'Evêque d'Orléans : « Je vous rends grâces de la
bonté avec laquelle vous nous rendez M. de Brion. Nous
l'avions prêté à votre Séminaire en attendant que M. Le Clerc
fût libre pour le consacrer au service de votre clergé. Je

des opinions singulières, tandis qu'ils n'avaient jamais eu de sentiments
particuliers et avaient toujours fait profession de suivre uniquement l'enseignement de l'Église. Pendant le cours de ses études en Sorbonne, M. de
Brion avait été reçu dans la Compagnie par M. Leschâssier. M. Lepelletier,
qui l'avait de bonne heure connu à Angers, et qui avait conçu pour lui une
haute estime, lui procura, vers l'an 1706, le prieuré de Brion, près d'Angers, qui valait environ 1,000 livres de revenus. C'est ce qui donna lieu, à
M. Bidet, d'ajouter à son nom de famille celui de Brion, selon l'usage du
temps. Il fut, pendant plusieurs années, supérieur du Petit Séminaire de
Saint-Sulpice, où il mourut le 14 mai 1728, âgé de 56 ans (M. Gosselin,
Mém. sur M. Leschâssier).

La Bibliothèque nationale (Ld ⁴, n. 939) possède une brochure anonyme
qui a pour titre : *Lettre à M. Bidet, docteur de Sorbonne et prêtre du Séminaire
de Saint-Sulpice, sur ce qui s'est passé à l'assemblée de la Faculté du 5 mars 1717
sur l'Appel des quatre évêques* (sans lieu), 1717, in-8° de 12 pages. En voici
le commencement, qui montre bien à quel parti appartenait l'auteur, et l'estime qu'il ne pouvait refuser à M. Bidet : « Il vous échappe de temps en
temps, Monsieur, dans les avis que vous donnez dans nos assemblées, des
traits qui servent bien à lever le voile sur les principes de la Théologie
Sulpicienne, et vous déguisez si peu ces principes lorsque vous parlez, qu'il
n'est pas difficile de voir ce que pense le corps dont vous exprimez les sentiments ; car l'on vous regarde dans ces assemblées comme le député, ou si
vous voulez, comme l'interprète de l'école du vénérable M. Olier, puisqu'il
n'y a jamais que vous de cette école qui paraissiez en Faculté et qui y portiez votre suffrage... Je rends justice à votre mérite, Monsieur ; vous en
avez certainement, et personne, dans notre Faculté, ne doute de votre habileté, car vous parlez avec facilité et avec quelque sorte d'élégance. »
(P. 1, 2.)

(1) François de Poudeux (et non de Poudenx), originaire du diocèse de
Lescar, était fils du vicomte de Poudeux-Castillon, comme l'indique le

crois que vous trouverez en lui les qualités nécessaires pour instruire vos ecclésiastiques dans la Théologie et dans les maximes de leur état. Je suis persuadé qu'il sera fort aimé, et que M. de Poudeux en sera fort aidé. »

Cette lettre est du 16 octobre 1707. M. Le Clerc était arrivé à Orléans vers le 12 du même mois. Pendant les premiers jours qui suivirent, il éprouva une peine dont il ignorait lui-même la cause comme il le dit plus tard (*Lettre de M. Leschâssier à M. de Poudeux du 11 février 1708*). Mais M. Brenier étant passé à Orléans dans ces conjonctures, M. Le Clerc lui ouvrit son cœur, et le saint Supérieur qui avait une grâce particulière pour consoler les âmes, soulagea celle de son ancien élève dont la souffrance n'avait peut-être d'autre principe que le changement de pays et de société. Nous puisons ce détail dans la lettre de M. Leschâssier à M. Le Clerc en date du 23 janvier 1708. « J'ai grande foi à la parole d'un Parisien tel que vous, écrit le vénérable supérieur, et je suis bien persuadé que je suis bien dans votre cœur. Je ne suis pas fâché de la peine que vous avez au commencement. Il n'est pas inutile d'avoir quelque chose à vaincre pour s'accoutumer à agir par grâce et non par incli-

P. Richard, et neveu de l'évêque de Tarbes du même nom. Il naquit en 1667, et entra le 27 octobre 1685 au Séminaire de Saint-Sulpice, étant déjà minoré. Il suivit avec succès les cours de la Sorbonne jusqu'à la fin de sa Licence, mais il s'abstint de prendre le bonnet de Docteur, sans doute par modestie. S'étant offert à M. Tronson pour les fonctions de la Compagnie, il fut envoyé à Bourges en 1692. On le nomma ensuite directeur du Séminaire d'Angers, et enfin supérieur de celui d'Orléans, où il arriva vers la fin de novembre 1707. Il le gouverna très-sagement, et y mourut le 8 mars 1727, âgé de 65 ans et 4 mois, après avoir montré beaucoup de désintéressement pour les dignités ecclésiastiques. — Le Séminaire d'Orléans conserve une série de *Questions et conférences sur la Pénitence et le Mariage*, écrites sous la dictée de M. de Poudeux. C'est un manuscrit in-4° de 280 pages.

Les autres collaborateurs de M. de Poudeux, outre M. Le Clerc, furent MM. René Ropars, bientôt remplacé dans les soins de l'économat par M. Louis Normant, Nicolas Lefèvre, Jean Ferchaux, chargé des cérémonies, lequel, avant la fin de 1708, eut pour successeur Louis-Michel Dargniez, neveu d'Antoine Dargniez, supérieur de la communauté de la paroisse.

nation naturelle. Je me réjouis beaucoup de ce que vous avez retrouvé la paix de votre cœur, et de ce que vous l'avez retrouvée par la fidélité que vous avez eue d'ouvrir votre âme à M. Brenier. »

Une autre lettre de M. Leschâssier nous apprend que M. Le Clerc, la première année de son séjour à Orléans, accepta l'invitation, faite à tous les Directeurs du Séminaire, de prendre part aux Thèses soutenues chez les Jacobins de cette ville. Notre licencié argumenta en effet, avec habileté, avec science, et aussi avec la fougue imprudente qui ignore combien le tort d'avoir raison est difficilement pardonné. Dans le but de supprimer toute occasion de discussions qui pouvaient dégénérer en disputes, M. Leschâssier décida que l'on continuerait à assister à ces exercices dont on ne pouvait entièrement s'éloigner, mais qu'on n'y argumenterait plus. *(Lettre à M. de Poudeux du 11 juillet 1708.)*

Chargé d'enseigner la théologie dogmatique, M. Le Clerc s'acquitta de cet emploi, selon l'auteur de son *Eloge,* « avec un applaudissement extraordinaire : aussi joignait-il à une lecture presque universelle, à une mémoire des plus brillantes, une clarté et une netteté dans l'expression qui répandaient la lumière sur toutes les matières qu'il traitait, même les plus obscures. » (*Mercure,* février 1737, p. 267.) Mais la supériorité de science est souvent un défaut auprès d'élèves qui, d'ordinaire, atteignent difficilement cette hauteur, et accordent plus volontiers leur préférence à la médiocrité solide, moins exigeante et plus utile. Aussi on ne doit pas être surpris d'entendre le visiteur du Séminaire d'Orléans, en 1721, porter sur le professeur de dogme ce jugement : « M. Le Clerc est et sera toujours le même ; d'ailleurs fort estimé pour sa science et sa vertu, et qui paraît être d'une grande innocence. Les écoliers ne profitent pas sous lui ; il ne les anime pas, et ils sont prévenus que ses cahiers sont trop difficiles à comprendre. La plupart ont paru à l'examen ne rien savoir de son Traité ; il s'offre d'enseigner encore l'année prochaine et de commencer par l'Eucharistie. Je ne sais si Monseigneur en conviendra. » Reconnaissons-le franchement : le *Traité de la*

Grâce, dicté par M. Le Clerc, n'est rien moins qu'*élémentaire ;* aussi dut-il y consacrer deux années entières (1) ; et le trop savant professeur a lui-même consigné l'impression produite sur ses élèves par son *Traité de l'Eucharistie* dans une note manuscrite où il indique les modifications à y faire pour une autre année, « afin, dit-il, que les questions ne soient pas si longues, et qu'on ne s'en ennuie pas ».

Il confirme également ailleurs, mais à son insu, le témoignage rendu par le visiteur à la délicatesse de sa conscience. Réfutant les calomnies de Bayle touchant le traité *De Matrimonio* du jésuite Sanchez, M. Le Clerc avoue qu'il a été, « comme beaucoup d'autres, très-prévenu contre ce gros livre ». Il en avait entendu dire tant de mal, qu'il pensait « qu'on ne pouvait l'ouvrir au hasard » sans s'exposer à froisser ce sentiment que Joubert a si bien défini : « Une peur attachée à notre sensibilité, qui fait que l'âme, comme la fleur qui est son image, se replie et se recèle en elle-même, à la moindre apparence de ce qui pourrait la blesser » (2). « Voilà, dit M. Le Clerc, l'idée que je m'en étais formée sur divers ouï-dire, quand je commençai à étudier la Théologie. Cela fit qu'après plus de dix années d'études, je n'avais jamais osé l'ouvrir (3) ».

A la pureté de cœur, M. Le Clerc joignait l'humilité de l'esprit qui en est la gardienne. Lorsqu'il faisait son cours au Séminaire de Tulle, il ne prenait jamais la robe de professeur. Quoique ce détail paraisse sans importance, nous n'hésitons pas à le rapporter, d'abord parce que M. Leschâssier, consulté sur ce point par M. Chartier, lui alléguait l'exemple de M. Le Clerc *(Lettre du 21 juin 1707) ;* ensuite parce que nous avons vu quelquefois des hommes assez bien doués pour pouvoir devenir estimables, rehausser ou plutôt abaisser leur médiocrité par ces sortes de vanités ridicules.

____

(1) « En (octobre) 1708, en 1709 et 1710, je donnai un ample traité de la Grâce. » (*Lettre* manuscrite *sur le Dict. de Bayle*, p. 456.)

(2) *Pensées de Joubert ;* titre VI, *Qu'est-ce que la pudeur ?* Paris, 1864, t. II, p. 79.

(3) *Remarques critiques sur le Dictionnaire de Bayle*, art. *Sanchez*, 6º.

L'auteur de l'*Éloge* de M. Le Clerc n'a pas oublié cette modestie et cette simplicité dans le portrait qu'il en a tracé.

« Qui ne connaîtrait M. Le Clerc que par ses ouvrages,
» dit-il, ne le connaîtrait pas du côté le plus avantageux. Les
» qualités du cœur surpassaient chez lui les talents de l'esprit.
» Une piété tendre et affectueuse, une bonté compatissante
» et une douceur inaltérable formaient le fond de son carac-
» tère. De là cet art merveilleux qu'il possédait de gagner
» les cœurs et de faire goûter la vertu ; de là encore cette
» modestie et cette simplicité de mœurs qui, faisant comme
» disparaître en lui l'homme de lettres et le savant, ne lais-
» saient entrevoir que l'homme ordinaire et le pieux ecclé-
» siastique. Aussi n'y eut-il jamais savant moins enflé de ses
» connaissances et moins entêté de ses sentiments. Ami du
» vrai et ennemi déclaré de la chicane et des disputes, il
» était toujours le premier à se condamner lui-même dès
» qu'on lui faisait sentir qu'il s'était trompé ! M. Le Clerc
» eut encore en partage cette qualité si rare aux génies supé-
» rieurs, qui consiste à savoir se plier au besoin et se mettre
» au niveau de tous les esprits. On le voyait, oubliant
» son cabinet, passer les heures entières avec des gens de la
» lie du peuple, les écouter, entrer dans leurs peines, les
» consoler ; mais c'étaient des consolations accompagnées
» d'aumônes abondantes, car jamais homme ne pratiqua mieux
» le précepte de la charité. » (*Mercure,* février 1737, p. 273,
274.)

Nous reviendrons sur cette charité de M. Le Clerc. Voyons d'abord en lui l'homme poli, délicat, aimable et toujours humble, tel que nous le montrent sa correspondance et ses ouvrages. Il écrivait en 1729 au Président Bouhier : « Les plus habiles gens font des fautes, et moi qui suis bien au-dessous de cette classe de savants, comment ne me tromperais-je pas de temps en temps ? Je médite quelquefois là-dessus. Rien ne me paraît plus capable d'étouffer les senti-ments de vanité qui naissent si aisément. Ne vous formalisez pas, Monsieur, de cette morale que je ne prétends faire ici qu'à moi-même. Je prêche souvent l'humilité à notre jeunesse, et il est juste que je me mette en état de prêcher d'exemple. » (2 avril 1729.) Joubert l'a dit et M. Le Clerc le pratiquait : « Il faut se piquer d'être raisonnable, mais non pas d'avoir raison ; de sincérité, et non pas d'infaillibilité (1). »

Celui qui a sur soi-même de pareils sentiments, sera naturellement plein d'égards et de condescendance pour les autres, et si parfois il est dans la nécessité de relever leurs erreurs, il le fera toujours avec une exquise politesse. M. Le Clerc professait là-dessus des principes dont il ne s'est jamais écarté, et qui sont formulés dès le début de son premier ouvrage imprimé. On lui avait reproché de s'être exprimé *trop crûment* en divers endroits de ses *Remarques sur le Dictionnaire de Moréri*, et d'avoir dit : *telle date est fausse, cet article ne vaut rien*. Il répondit : « Je travaillais pour un ami » auquel je m'attendais de communiquer mes remarques en » particulier... et je ne devais point appréhender qu'il trouvât » mauvais que je lui nommâsse chaque chose par son nom. » Au reste, si jamais on fait une impression, dans les formes, » de mon ouvrage, je retoucherai volontiers ces expressions, » n'ayant jamais rien tant appréhendé que de faire la moindre » peine à qui que ce puisse être. Je suis d'ailleurs aussi capa- » ble que personne de m'égarer, et ce m'est un nouveau motif » qui me fera toujours remarquer les fautes d'autrui avec » charité, et comme je souhaite qu'on relève les miennes. » (Préface, p. II, III.)

Parlant ailleurs du P. Labbe, jésuite, M. Le Clerc est encore plus explicite. « Il avait un autre défaut, dit-il; c'était » d'être trop dur dans sa critique. M. Boileau, le docteur, dit » dans quelque endroit de son *Traité de la Confession auricu-* » *laire* en latin, que c'est un vrai plaisir de voir comme *le très-* » *docte père Labbe* étrille les critiques calvinistes, et cela par » droit de représailles, *injurias retaliat*. M. Arnauld, qui a pré- » tendu démontrer que l'on est en droit de traiter ses adver- » saires de haut en bas, aurait été à ce sujet de l'avis de

---

(1) *Pensées de J. Joubert,* tit. VIII, *De la Conversation,* n. XLIX ; Paris, 1864, t. II, p. 106.

» M. Boileau son ami. Pour moi, j'avoue que ce n'est point
» là mon goût. Je voudrais que le P. Labbe eût été plus
» modéré, et qu'en écrivant, soit contre les critiques protes-
» tants, soit contre Messieurs de Port-Royal, il n'eût pas
» suivi le mauvais exemple que tous ces gens-là lui don-
» naient. J'aime à voir faire la guerre de bon jeu ; il faut
» laisser les injures aux harengères et aux crocheteurs. Vive
» un fait bien établi, appuyé sur des preuves bonnes et bien
» mises en œuvre, de solides réponses, sans mélange de
» paroles hautes, méprisantes, dures, insultantes. Tout cela
» est pourtant un mal commun dans la république littéraire,
» et apparemment je n'en arrêterai pas le cours (1). »

C'est ainsi que M. Le Clerc entendait et pratiquait le
respect envers les personnes. Il n'était pas non plus de ceux
qui pensent « qu'on ne doit aux morts que la vérité » (2).

(1) *Bibliothèque du Richelet*, art. *Labbe*. Sous le titre de *Chronique scandaleuse des Savants*, l'abbé d'Artigny a réuni de nombreuses preuves de ce
qu'avance ici M. Le Clerc (V. *Nouveaux Mémoires*, t. II, p. 154-278, et t. IV,
p. 322-345). Les mœurs littéraires d'aujourd'hui diffèrent-elles beaucoup
de celles d'autrefois ?

Dans le même article *Labbe*, M. Le Clerc avait désigné par le mot *Jardinier de Port-Royal* le célèbre auteur du *Jardin des Racines grecques*, Claude
Lancelot, fameux par son attachement aux doctrines de Jansénius. En lisant
cette expression pour la première fois, nous avions cru à quelque fine allusion aux illustres jardiniers qui, à Port-Royal, cultivaient des racines autres
que les grecques et les latines. Nous avions calomnié M. Le Clerc, et ça été
pour nous un sujet d'édification, lorsque nous avons lu dans sa lettre au
P. Oudin du 9 janvier 1729 : « Je regrette d'avoir mis (art. du *P. Labbe*,
p. 70), le *Jardinier de Port-Royal*, et j'en fus fâché dès que la feuille fut tirée,
parce que cela pourra passer pour un terme de raillerie, ce que j'ai toujours
tâché d'éviter. Je ne le mis d'abord que pour varier, à cause de la fréquente
et nécessaire répétition du mot *Lancelot*. »

(2) Le mot n'est pas de Voltaire, auquel il est attribué par la *Biographie*
de Michaud, qui en a fait son épigraphe, mais bien, à peu près du moins,
du Cardinal de Bernis *(Lettre à Voltaire du 21 juillet 1764)*, lequel a pu emprunter la pensée à La Motte (*Œuvres*, édit. d'Amsterdam, 1754, t. III,
p. 19), ainsi que l'a prouvé M. Édouard Fournier (*L'Esprit des autres*, 4e édit.;
Paris, 1861, p. 336). Bien avant ces auteurs, l'abbé de Saint-Réal avait aussi
prétendu que « la mort dispense de tous les égards de pure bienséance que
les hommes se doivent tant qu'ils sont ensemble ». (*De la Critique*, chap. II;

Sa lettre du 11 décembre 1729 au Président Bouhier va nous en fournir une preuve remarquable (1).

« Le vieux libraire de Lyon, Valfrai, mort l'année passée, » âgé de 82 ans, me dit, il y a quatre ou cinq ans, qu'il » avoit fort connu Richelet (2), que sûrement il étoit marié, » et que, pour me servir d'une expression de Richelet lui- » même, il avoit fait un *mariage poétique*, et épousé sa ser- » vante... Je n'avois cru devoir faire aucun fond là-dessus. Ce- » pendant durant mon séjour à Paris, lisant le nouvel ouvrage » de l'abbé Lenglet, et un mémoire de sa façon touchant » Richelet, où il dit que ce dernier mourut au commence- » ment de 1699, n'ayant guères moins de 70 ans, comme je » savois qu'il étoit mort en 1698, j'eus la curiosité de véri-

Paris, 1691, p. 36 et suiv.; *Œuvres;* Paris, 1745, t. IV, p. 204 et suiv.) La thèse et les raisons de Saint-Réal furent réfutées par l'abbé de Villiers (*Traité de la Satire;* Paris, 1695, p. 112-118).

(1) Montrer l'exquise délicatesse de M. Le Clerc ne nous paraîtrait pas une raison suffisante pour en manquer nous-même par la citation de cette anecdote, si d'autres ne l'avaient publiée avant nous. L'abbé Joly, qui tenait peut-être ce *soupçon* du Président Bouhier, dit en effet, dans son Éloge de Richelet : « M. l'abbé Le Clerc doutoit s'il avoit été marié. *Une personne d'un grand mérite m'a dit avoir lu quelque part* que Richelet ayant été atteint d'une maladie dangereuse, environ une année avant sa mort, son confesseur l'obligea d'épouser sa servante, avec laquelle il entretenoit un commerce criminel. Mais je ne garantis pas ce fait, ignorant la source où il a été puisé. » (*Éloges de quelques auteurs François;* Dijon, 1742, p. 156-157.) De nos jours, M. Jal, vérifiant sans le savoir la prédiction faite plus loin par M. Le Clerc, a publié *in extenso* l'acte de mariage de Richelet *et son annexe.* (V. *Diction-naire critique de Biographie et d'Histoire;* 2e édit., Paris, 1872, art. *Richelet*).

(2) César-Pierre Richelet naquit en 1632, à Cheminon-la-Ville, dans le diocèse de Châlons-sur-Marne. Après avoir quelque temps régenté les basses classes au collège de Vitry-le-Français, il alla à Dijon, où le Président de Courtivron lui confia l'éducation de son fils. Il se rendit ensuite à Paris, se fit recevoir avocat et fréquenta le barreau, qu'il abandonna bientôt pour se livrer tout entier au culte des Muses. Elles lui valurent la bienveillance de quelques beaux esprits, mais elles ne lui donnèrent pas la fortune. Richelet se vit obligé de chercher des ressources dans l'enseignement de la langue française et dans la composition de quelques ouvrages dont le plus connu est le *Dictionnaire françois.* (V. Joly, *Éloges de quelques auteurs françois;* Dijon, 1742, p. 150-231. D'Artigny, *Nouveaux Mémoires,* t. VI, p. 81-103).

» fier le fait sur le registre de Saint-Sulpice. J'y allai et je
» trouvai que Richelet étoit mort le 23 novembre 1698. A
» côté, on lit : *le mariage dudit Richelet en 1693.* J'allai aus-
» sitôt consulter le registre des mariages. J'y trouvai que *le
» 17 de janvier de l'année 1693,* (M. Jal dit 1698) *César
» Pierre Richelet, âgé de 60 ans ou environ, épousa demoiselle
» Michelle Bruneau, âgée de 36 ans ou environ,* après avoir
» obtenu *dispense des trois bans.* Il y a ensuite une addi-
» tion sur laquelle je vous demande le secret; vous êtes,
» Monsieur, homme sage et prudent, et vous me conseillerez
» là-dessus. Voici cette addition : *Ils avoient eu une fille
» nommée Magdelaine, née le 23 juin de l'année 1688, laquelle ils
» reconnoissent pour leur vrai et légitime enfant, et ont légi-
» timée et légitiment par ce présent acte.* Le tout est signé par
» les prêtres de la communauté, un diacre, un sous-diacre
» et le suisse de la paroisse. Dans l'acte mortuaire, auquel
» il n'y a que deux prêtres et le fossoyeur qui aient signé,
» il n'est fait mention ni de femme ni d'enfant.

» Voici mon cas de conscience. Dans l'article de *Richelet*
» que j'ai fait entrer dans les *Mémoires de littérature* dont j'ai
» eu l'honneur de vous faire voir un échantillon, lors de
» mon passage à Dijon, le mariage de Richelet doit néces-
» sairement trouver sa place, cela est sans contredit. Mais est-
» il à propos qu'en donnant en abrégé l'acte du mariage, j'y
» ajoute *l'appendice*? Mon sentiment est que non. Il paroit
» que c'est un péché caché, et que Richelet lui-même, lors-
» qu'il est venu à résipiscence, a couvert et réparé de son
» mieux, et il me semble qu'en ce cas il y a lieu au *quod tibi
» fieri non vis, alteri ne feceris.* D'ailleurs, *cui bono?* La révéla-
» tion de ce fait ne peut causer que du scandale. Je n'ai com-
» muniqué cela qu'à M. le Prévôt des marchands qui a été
» du même avis que moi. Je n'en dirai rien à d'autres, parce
» que plusieurs de nos savants ont souvent une démangeaison
» extrême de découvrir ces sortes de faits, et qu'ils ne peu-
» vent se contenir. Je m'aperçois bien que le fait de Richelet
» se découvrira tôt ou tard, et que quelques gens auront la
» curiosité de voir le registre; mais j'aime encore mieux

» qu'un autre le divulgue que moi. J'avais pensé à ne le
» dater que par l'année et à ne point faire mention du regis-
» tre, mais je n'ai pas suivi cette première pensée, parce
» que je tire de cet acte le nom de *César,* le lieu de nais-
» sance, la qualité de son père, etc., dont il faut que j'ap-
» porte la preuve. Un savant à qui j'ai dit la circonstance de
» la dispense des trois bans, en a conjecturé tout d'abord
» qu'il y avoit quelque raison de conscience : mais je ne lui
» ai point avoué que la conséquence fût juste, et je ne lui
» ai point découvert le fait. »

M. Le Clerc suivit le parti dicté par sa conscience et
approuvé par le Président Bouhier (1), et dans les *Mémoires
pour servir à l'histoire des poètes français,* où fut inséré son
article sur Richelet, ce point de la vie de l'auteur du *Dictionnaire* est entièrement passé sous silence.

Des qualités si rares attirèrent à M. Le Clerc de nombreux
et d'illustres amis. Aussi ses liaisons ne sont-elles pas la
moins belle partie de son éloge. Parmi les savants qu'il connut à Orléans, nous citerons en particulier le P. Germon,
M. Perdoulx de La Perière, et le docte Baluze.

Le P. Germon, né à Orléans le 17 juin 1663, était de la
Compagnie de Jésus. Il écrivait en latin avec pureté et même
avec élégance ; il cultiva aussi l'érudition, et y acquit des
connaissances fort étendues. « On ne peut, ce me semble,
dit M. Le Clerc, ne pas admirer la politesse avec laquelle il
noua et poursuivit la dispute sur la Diplomatique avec le

___

(1) « Votre découverte sur le mariage de Richelet est tout à fait curieuse.
Je suis charmé de savoir cette aventure, et vous ferez bien de faire mention
de ce mariage dans l'article que vous préparez sur son compte. Mais je crois,
comme vous, qu'il n'est pas à propos de parler de l'anecdote des enfants,
quoiqu'on sache bien que le mariage subséquent couvre tout. Mais, enfin,
à quoi bon révéler cette turpitude ? Soyez sûr que je vous garderai le secret
sur cet article » (5 janvier 1730). — Néanmoins, le Président prit ses pré-
cautions pour que l'anecdote ne se perdît pas. A la suite du *Mémoire concernant la vie de Pierre Richelet* (qui précède immédiatement la *Bibliothèque
du Richelet*), il écrivit de sa main l'extrait de l'acte communiqué par M. Le
Clerc, sans oublier, bien entendu, la circonstance de l'enfant née le 23 juin
1688.

P. Mabillon » (1). Ce docte jésuite que M. Le Clerc nomme son ami, mourut à Orléans le 2 octobre 1718 (2).

M. Perdoulx de La Perière était aussi né à Orléans, où il mourut en 1753. Il publia quelques écrits relatifs à sa province natale, et laissa en manuscrit une Bibliothèque des écrivains nés dans le diocèse d'Orléans, à laquelle, en 1733, il travaillait depuis plus de trente-cinq ans (3). « Homme savant et curieux », il devait, à ce double titre, être l'ami de M. Le Clerc qui lui fournit plusieurs remarques, comme nous le dirons dans la suite. Aussi lorsque M. Le Clerc eut été envoyé à Lyon, M. Perdoulx de La Perière fut « tout à fait sensible à » son éloignement, et lui demanda « instamment la continuation » de son « souvenir » (4). Les deux amis cherchèrent alors une consolation à l'absence dans le moyen si élégamment exprimé par Saint Jérôme écrivant à Rufin : *Si vicissitudine litterarum imaginem nobis præsentiæ mentiremur* (5). De là ces lettres où l'on voit bien quel était l'objet de la conversation des deux érudits avant que la distance les eût séparés. Les bibliothèques données ou vendues, les ouvrages récemment publiés, les découvertes faites dans quelque vieux livre, les travaux entrepris et la demande de services réciproques pour les mener à bonne fin, tel est le cercle, assez vaste d'ailleurs, d'où l'on ne sort guère que pour dire en commençant ou en finissant un mot aimable, et se souhaiter, par exemple, *tot salutes quot sunt alleluia inter Pascha et Pentecosten* (6).

---

(1) *Bibliothèque du Richelet*, art. *Germon*.

(2) Lettre au Président Bouhier du 3 mai 1726.

(3) *Remarques critiques sur le Dict. de Bayle*, art. *Gournay*.

(4) Lettre à M. Le Clerc du 28 janvier 1723.

(5) *Epist.* 1 ad *Rufinum monachum*. Oper. ed. Martianay; Paris, 1706, t. IV, part. 2, p. 2.

(6) Lettre de M. Perdoulx de La Perière à M. Le Clerc du 12 janvier 1725. Nous lisons dans la lettre de M. Le Clerc au P. Côme de Saint-Étienne, auteur de l'excellente *Bibliotheca carmelitana* : « Je n'ai point reçu de lettres de M. Perdoulx depuis plus d'un an qu'il me doit une réponse... Dans ma dernière lettre, je lui découvrais un auteur Orléanais qu'il ne connaissait pas, nommé *Lubin Dallier* ou *d'Allier*. Assurez-le aussi que Mlle Barbier,

Un troisième savant qui n'était pas Orléanais, mais que M. Le Clerc vit et connut beaucoup à Orléans, est le célèbre Baluze. Laissons notre confrère raconter lui-même l'origine de ces relations, et nous expliquer en même temps un passage intéressant de sa *Lettre critique sur le Dictionnaire de Bayle*. On lit dans ce dernier ouvrage : « Il est très-vrai que des gens d'ailleurs savants, et savants même de réputation hors de chez eux, ont été fort peu estimés de leur vivant dans les lieux de leur naissance. Je sais un fait là-dessus qui aurait de quoi vous surprendre, et je le sais *de visu*, mais je ne veux point décrier une ville où il y a d'ailleurs des gens d'esprit, et où peut-être depuis la mort de ce savant que j'ai en vue, l'on a changé d'opinion à son sujet. » — Interrogé par le Président Bouhier quel était ce savant, M. Le Clerc répondit le 7 juillet 1732 : « Le savant dont je parle à la page 402 est M. Baluze, dont j'ai eu l'honneur d'être l'ami pendant son exil à Orléans (1), et qui l'était de mon père depuis plus de trente ans (2). A Tulle, sa patrie, il était très-peu considéré pendant le temps que j'y demeurai. On l'y regardait comme un bonhomme, et pour le distinguer des autres Baluze, on l'y appelait le petit *Anti-*

dont on a un volume de poésies, est Orléanaise et fille d'un tapissier d'Orléans... C'est Baraton, natif de Sancerre, auquel j'ai donné un court article (dans la *Bibliothèque du Richelet*), qui l'avait formée à la poésie. » (21 juin 1729.)

(1) L'occasion de cet exil fut l'*Histoire généalogique de la Maison d'Auvergne,* que Baluze composa pour le cardinal de Bouillon, qui l'honorait de son amitié. Quelque temps après la publication de cet ouvrage, en 1710, le cardinal étant sorti du Royaume où il avait souffert un exil de dix ans, son ami fut enveloppé dans sa disgrâce, et accusé auprès du Roi de s'être servi de pièces fausses pour favoriser les prétentions du célèbre réfugié. Un arrêt du Parlement condamna le livre, et peu après l'auteur fut envoyé en exil. Baluze se rendit d'abord à Rouen, puis à Blois, ensuite à Tours, et enfin à Orléans, où il demeura jusqu'à la fin de l'année 1713, époque à laquelle son innocence fut reconnue. (*Biblioth. hist. de la France,* t. 3, p. VII.) Sébastien Le Clerc avait gravé les jolies vignettes qui décorent l'*Histoire généalogique,* mais on eut le bon esprit de ne pas l'inquiéter.

(2) Sébastien Le Clerc grava le *Grand Concile,* une de ses plus rares vignettes, pour la *Nova collectio Conciliorum,* que Baluze donna en 1683.

Frizonius (1). Quand, dans l'occasion, je parlais de lui comme d'un homme savant et fort estimé à Paris, on me riait au nez et l'on se moquait presque de moi. »

D'autres savants non moins distingués eurent aussi avec M. Le Clerc des relations littéraires et intimes, mais avant d'en raconter l'histoire, nous avons à faire connaître les écrits qu'il composa durant son séjour à Orléans.

CHAPITRE III

ÉCRITS THÉOLOGIQUES DE M. LE CLERC.

Dans la revue que nous allons faire des ouvrages de M. Le Clerc, nous suivrons, autant que possible, l'ordre des temps combiné toutefois avec celui des matières. Ce chapitre est consacré aux écrits qui ont rapport à la Théologie.

I. — *Tractatus de Gratia divinisque auxiliis.*

Nous connaissons de ce Traité une copie et deux textes originaux. L'un de ceux-ci appartient au Séminaire de Saint-Sulpice de Paris, et paraît être une première rédaction faite très-probablement au Séminaire de Tulle. C'est un in-4° de 187 pages. Le second texte, beaucoup plus étendu, est aujourd'hui à la Bibliothèque de la ville de Lyon, inscrit au catalogue sous le numéro 213. Il formait quatre volumes in-4°, selon Delandine (2), mais le dépôt Lyonnais ne possède que

(1) « *Anno insequenti* (1652), dit Baluze, *edidi libellum cui titulum feci* Anti-Frizonius, *quia in eo ostendebam quosdam errores Petri Frizonii in* Galliâ purpuratâ. *Hæc fuit prima lucubrationum mearum.* » (Capitularia Regum Francorum, Parisiis, 1780, t. I, p. 66.)

(2) Manuscrits de la Bibliothèque de Lyon; Paris et Lyon, 1812, t. I, p. 380.

le premier contenant 444 pages. La Bibliothèque du Séminaire de Saint-Sulpice à Paris en conserve heureusement une copie complète, dont voici le titre : *Tractatus de Gratia divinisque auxiliis, auctore D. Le Clerc, Licentiato Sorbonico, necnon sacræ Theologiæ professore sapientissimo et eruditissimo. Aureliæ, die 22 novembris, anno vero salutis 1708. Scripsit M. L. A. auditor.* Manuscrit in-4° de 988 pages. Nous avons vainement cherché à découvrir le nom caché sous ces initiales. Il mériterait pourtant d'être connu, car il paraît avoir été porté par un de ces disciples studieux qui recueillent avec soin tout ce qui tombe des lèvres ou de la plume de leurs maîtres. Ainsi dans un endroit de son traité, M. Le Clerc avait dit en parlant du Jansénisme : « *Plura, nec inutilia nec injucunda, hic tradere decreveramus... Verùm, quia temporis nimis urgent angustiæ, ea omittere cogimur ; quæ tamen, si quibus videbitur, privatim exscribenda non illubenter communicabimus.* » Et *l'auditeur* avide ajoute aussitôt : *Eas omnes libentissimè excripsi.* Ce manuscrit a appartenu d'abord à M. Dervieu, qui fut quelque temps supérieur du Séminaire d'Orléans, puis à M. J. Montagne dont l'*ex-libris* est collé sur la première page. C'est cette copie que nous avons sous les yeux.

La préface du *Traité de la Grâce* est écrite avec pureté et élégance. Faisant allusion à l'état du diocèse d'Orléans sous les prédécesseurs de Mᵍʳ Fleuriau, M. Le Clerc dit que le temps de se taire est passé, car les erreurs qui avaient donné naissance aux contentions ont été écrasées, et le calme commence à renaître dans les esprits (1). Puis il expose la méthode toute pacifique qu'il suivra : *non sanè turbis ac contentionibus de novo ciendis idonea, sed è contrà suavis, ac tota ad pacem fovendam et promovendam composita.* C'est pourquoi il distinguera soigneusement les vérités de foi de tout ce qui n'est que systèmes, et il s'appliquera à établir les premières,

____

(1) Ce passage a fait croire à Delandine que « le Séminaire de Lyon, établi depuis 40 ans, n'avait point encore donné dans ses écoles le *Traité de la Grâce* avant celui-ci ! » (*Manuscrits de la Bibliothèque de Lyon*, t. I, p. 380, n. 596.)

de préférence aux seconds, par des preuves solides et irrécusables. Il s'attachera aussi à montrer qu'entre les divers systèmes, les uns plus, les autres moins rigides, qui partagent les Ecoles catholiques, la divergence n'est pas de nature à altérer la paix et l'union qui doivent régner entre leurs défenseurs. Le désir d'éviter tout sujet de trouble et de division, avait d'abord porté le professeur à se borner au simple exposé des diverses opinions sans en embrasser aucune; mais cette méthode lui ayant paru plus propre à épaissir les ténèbres qu'à les dissiper, il dira librement son avis sur les questions controversées, prenant garde, toutefois, à ne s'écarter jamais du respect et des égards dus à ceux qui sont nos frères dans la foi. *Ideo*, conclut l'auteur, *non solùm convicia aut pungentia verba, quæ in hisce præsertim controversiis districtè inhibent Clemens VIII et Paulus V, sed etiam jocosos sales datâ operâ fugiemus.*

Le *Traité* lui-même est divisé en deux parties, l'une *historique*, l'autre *dogmatique*.

Dans la première, M. Le Clerc raconte les diverses disputes nées en divers temps et en divers lieux, sur la nécessité et la nature de la Grâce, insistant davantage sur l'hérésie de son époque, savoir le Jansénisme, et sur les questions soulevées par les Jansénistes (1). Nous n'en ferons pas l'ana-

(1) Dans une notice sur Simon-Jacques Pichard, zélé janséniste, né à Orléans en 1686, les *Nouvelles ecclésiastiques* s'expriment ainsi : « Il fut ordonné prêtre dans sa patrie à l'âge de 26 ans, et il en passa deux à cette occasion dans le Séminaire, où un Sulpicien, nommé Le Clerc, donnoit des leçons ; il ne se consoloit d'y entendre débiter les erreurs Moliniennes que par l'avantage qu'il trouvoit dans une vie d'ordre et d'assujettissement qui distingue ordinairement ces maisons. » (31 juillet 1775, p. 121.) — Ce langage est modéré. Le passage suivant, emprunté au même journal, étonnera peut-être plus d'un lecteur : « Serait-ce un paradoxe d'avancer que les Sulpiciens sont plus dangereux que les Jésuites eux-mêmes ? L'enseignement de ceux-ci étoit public ; dans leurs cahiers, dans leurs écrits, dans leurs sermons, leurs erreurs se montroient à découvert. Les Sulpiciens, avec un goût qui n'est pas moins dépravé, s'observent davantage, et, par là, sont plus dangereux. Ils ne sont ni auteurs, ni prédicateurs, ni professeurs publics ; ils se bornent à dogmatiser en secret. Leur prudence a fait un pacte avec les ténèbres ; ils répandent l'erreur plus sourdement, mais plus sûrement. On peut assurer que ces nouvelles maisons d'éducation ecclésiastique sont le

lyse : elle serait inutile après tant d'autres traités imprimés sur cette matière : mais nous extrairons de cette partie quelques anecdotes moins connues, et dont M. Le Clerc avait une certitude personnelle.

A propos de la lettre écrite en 1650 par les évêques de France, pour demander au Pape Innocent X la condamnation du livre de Jansénius, M. Le Clerc nous apprend que l'auteur de cette lettre n'est pas Isaac Habert, évêque de Vabres, comme on le croit communément (1), mais bien Doni d'Attichy, entré jeune dans l'ordre des Minimes, évêque de Riez en 1630, et enfin transféré à Autun en 1652. Ce prélat, passant à Orléans, avait lui-même, le 2 avril 1652, certifié le fait à Charles Meusnier, doyen du chapitre de cette ville, et quelque temps auparavant à Alphonse Del Bene, évêque du diocèse d'Orléans. Meusnier écrivit ce double témoignage en tête de son exemplaire de la lettre à Innocent X, et M. Le Clerc dit l'avoir entre les mains (2).

tombeau des bonnes études, et, par conséquent, de la vraie piété. Tous les *bons* livres y sont généralement interdits. L'ignorance et le fanatisme font le caractère des maîtres ; et tout le mérite exigé des élèves consiste à savoir un peu de leur misérable théologie, à être fort soumis à la Bulle *Unigenitus* et pleins d'ardeur contre le fantôme du Jansénisme. Avec cela, il leur est permis d'être sans modestie. Le public le moins délicat est scandalisé de leur air évaporé, et on se dit quand on les aperçoit : *Voici les brigands de Saint-Sulpice !* » (*Nouv. ecclés.* du 4 décembre 1781, p. 195, 196.)

(1) Ainsi pensent Bérault-Bercastel, Mgr Jager, le P. Hurter (*Nomenclator litterarius ; Œniponti*, 1874, t. II, p. 57, 58), pour ne citer que les auteurs récents. Le P. Rapin dit que la lettre fut *dressée* « sur le premier plan qui avait été proposé dès l'année précédente par l'évêque de Vabres, » et qu' « on l'appela par mépris *la lettre composée par l'évêque de Vabres*, à cause qu'on s'était servi de son projet. » (*Mémoires du P. René Rapin* ; Paris, 1865, t. I, p. 370, 372.)

(2) « *Epistolam hanc non composuerat, ut vulgo etiam nunc creditur, Habertus, sed Ludovicus Donius Attichius, ex ordine anteà Minimorum S. Francisci de Paulâ, et pro tempore Episcopus Rhegiensis, ac posteà Augustodunensis, ut idem ipse Donius, Aureliæ existens, expressè dixit Carolo Meusnier, Aurelianensi decano, 2ᵈ die Aprilis anni 1652. Hoc quoque jam anteà illustrissimo Alphonso Delbene, Aurelianensi Episcopo, idem Dominus confessus fuerat. Hoc utrumque factum idem dominus Meusnier propriâ manu scripsit in fronte exemplaris ejusdem Epistolæ quod præ manibus habeo.* »

Plus loin, M. Le Clerc nous apprend que le docteur Petit-Pied, le seul des quarante qui est demeuré martyr du cas de conscience qu'il avait fabriqué, lui avait avoué, la veille de l'octave de la Fête-Dieu de l'année 1701, qu'il n'avait jamais lu Jansénius (1).

Ailleurs, il dit avoir « appris d'un ecclésiastique du diocèse de Meaux, témoin oculaire du fait, qu'assistant un jour à une thèse où le soutenant, instruit par son professeur, prétendait que M. Arnauld n'avoit jamais été janséniste, et que le jansénisme était un fantôme, Bossuet se leva et lui en donna publiquement le démenti. »

Ce que la partie dogmatique du *Traité de la Grâce* a de plus intéressant pour nous, ce sont les sentiments de M. Le Clerc sur les grandes questions qui partagent les Théologiens. Touchant la nécessité de la Grâce, soit pour connaître le vrai, soit pour faire le bien dans l'état de nature tombée, M. Le Clerc regarde comme plus probable l'opinion de Vasquez qui exige pour l'un et l'autre le secours d'une grâce de Dieu. Avec Contenson, il admet que la grâce habituelle est active et agissante, *habitum activum et operativum, non inertem ac otiosum*, et à l'appui de cette assertion, il apporte le témoignage de onze Pères et de onze Théologiens. La grâce habituelle, dit-il avec Bellarmin, suffit donc à l'homme, sans le secours de la grâce actuelle, pour éviter les péchés et accomplir les commandements ordinaires, mais elle est insuffisante pour surmonter les tentations graves, accomplir les actes d'une vertu élevée et difficile, et persévérer dans le bien.

Enfin, par rapport à la nature de la grâce efficace, M. Le Clerc rejette également le Thomisme et le Congruisme, et il embrasse le système du célèbre père Thomassin, de l'Oratoire, système qui lui semble, mieux que tout autre, rendre

____

(1) Le fameux *Cas de conscience* est attribué au curé de Notre-Dame du Port, à Clermont, qui fut confesseur de l'abbé Périer, neveu de Pascal. Voir dans la *Correspondance inédite de Massillon*, publiée par l'abbé Blampignon (Bar-le-Duc, 1869, in-12, p. 617-620), la belle lettre de M. de Champflour, Grand-Vicaire de Clermont, à Bossuet, évêque de Meaux, pour engager l'illustre Prélat à s'élever contre cette nouvelle production du parti Janséniste.

la pensée exacte de l'Écriture et des Pères sur la Providence
de Dieu, par rapport à la première conversion de l'homme
et à sa persévérance finale dans le bien. Une note collée sur
le manuscrit de la ville de Lyon porte que « M. Le Clerc
raconte dans son *Traité* manuscrit *du Plagiat*, p. 272, comment il se détermina, au bout de cinq ans, pour le système
qu'il a embrassé sur l'efficacité de la Grâce. » Mais ce Traité
étant perdu, la citation faite ici, loin de les diminuer, ne fait
qu'ajouter à nos regrets.

Quoique libres dans l'école, ces diverses opinions n'y sont
pas en très-grande estime, et c'est peut-être la raison pour
laquelle M. Leschâssier écrivait à M. de Poudeux, le
24 mai 1709, l'année même où M. Le Clerc enseignait le
Traité de la Grâce : « Je vous prie de m'informer, quand
vous serez ici, de la manière dont M. Le Clerc explique la
grâce efficace et la suffisante, en quoi il fait consister l'une
et l'autre. Ce n'est pas que je doute le moins du monde de
sa doctrine, mais parce que quand j'aurai conféré là-dessus
avec vous, on pourrait lui dire quelque chose qui lui ser-
virait. » Nos documents sont muets touchant la suite de cette
affaire.

Mais quel que soit notre peu de sympathie pour la manière
de penser de M. Le Clerc sur deux ou trois points difficiles,
cette divergence de sentiments ne saurait nous rendre injuste
à l'égard de ce beau *Traité de la Grâce*. Il révèle dans son
auteur un homme profondément versé dans l'Histoire ecclésiastique et dans la Tradition qu'il cite fréquemment, et plus
incliné, comme c'était le goût de son époque, vers la Théologie positive que vers la Théologie scolastique. On peut bien
avancer, sans crainte d'être taxé d'exagération, qu'à l'époque où il fut dicté, ce Traité était un des plus riches et des plus
complets qui fût enseigné dans les Ecoles de théologie. Tel
était du moins le sentiment d'un juge très-compétent en cette
matière, le P. Oudin, célèbre jésuite, qui, après l'avoir lu et
relu, en écrivait à M. Le Clerc en ces termes : « Votre *Traité
de la Grâce* est d'une plénitude qui ne s'épuise pas par une
seule lecture. J'ai lu les deux tomes de M. Tournely, ils

me paraissaient remplis : à présent je les trouve vides. »
(23 mars 1727.)

II. — *Lettres sur la Constitution* Unigenitus.

L'original de ces lettres est à la Bibliothèque de la ville de Lyon : *Manuscrits,* n. 367. Elles sont au nombre de quatre, toutes écrites du Séminaire d'Orléans, les 12, 15, 16 et 19 octobre 1709, et forment un ensemble de 110 pages. Elles furent adressées probablement à quelque prêtre du diocèse d'Orléans attaché au parti Janséniste. La première précise l'objet et le but que se propose l'auteur.

« Tout mon dessein se réduit à deux choses, savoir : 1° à
» prouver que c'est l'Eglise qui vous oblige à signer le For-
» mulaire, c'est-à-dire à la décision du droit et du fait des
» cinq propositions qu'elle a elle-même portée; 2° à vous
» faire voir que, posée cette première vérité, vous n'avez
» nulle raison de refuser d'obéir. J'espère que je vous prou-
» verai l'un et l'autre de ces deux points avec tant d'évidence,
» et que je satisferai si pleinement à tous vos doutes ou
» difficultés, que vous conviendrez aisément combien est
» équitable, et en même temps remplie de charité, la con-
» duite de Monseigneur, notre très-digne Prélat, envers vous
» et envers tous ceux qui lui font la même peine. Je me
» borne dans cette première lettre à vous faire voir la pre-
» mière de ces deux vérités. »

Dans la seconde lettre, M. Le Clerc montre que « toutes les répliques » des Jansénistes pour ne pas signer le Formulaire sont de pures *échappatoires,* comme, par exemple : 1° qu'il n'y a point eu de Concile tenu pour la cause des cinq Propositions; 2° qu'il s'est trouvé et qu'il se trouve encore plusieurs Théologiens qui résistent, et il répond à l'une et à l'autre de ces objections avec force et vigueur.

Il continue, dans la troisième lettre, à prouver que *quelques exceptions* n'ont jamais empêché l'unanimité de l'Eglise, et, après avoir avancé dix *vérités* ou principes *qu'il faut suivre* en toute controverse, il en fait l'application au sujet des cinq Propositions.

Enfin, la dernière lettre démontre que *cette poignée de gens,*
comme M. Arnauld appelle lui-même son parti, « au lieu de
demeurer bien unie, a fait tout le contraire ». Puis
M. Le Clerc examine et résout trois questions : 1° si tous
ceux que l'on appelle *Jansénistes* sont convaincus que les cinq
Propositions ne sont point dans Jansénius (la négative est
prouvée par dix faits) ; 2° si ceux qu'on regarde comme
Jansénistes ont été persuadés qu'on ne pouvait souscrire au
jugement de l'Eglise, quand on est incapable de lire Jansénius ou de l'entendre ; 3° si les Jansénistes ont cru que, dans
le cas posé, non-seulement on pouvait, mais qu'on devait
même signer le Formulaire et adhérer au jugement de
l'Eglise sur le fait. « Il est certain, dit M. Le Clerc, que
plusieurs l'ont cru. C'était le sentiment de Sainte-Beuve, de
M. Arnauld et du P. Quesnel. » L'auteur termine par ces
paroles : « En voilà, Monsieur, plus que je ne pensais sur
ce point. Ayez la bonté de me mander vos difficultés et j'y
satisferai. »

III. — *Tractatus de Justificatione.*

Manuscrit original in-4° de 54 pages, appartenant au
Séminaire de Saint-Sulpice de Paris. S'attachant non-seulement à la doctrine, mais à l'ordre adopté par le Concile de
Trente, M. Le Clerc traite successivement : 1° des dispositions nécessaires pour la justification ; 2° de sa nature ; 3° de
ses propriétés ; 4° de ses effets.

IV. — *Tractatus brevis de Scientiâ Dei et Prædestinatione.*

Manuscrit original in-folio d'environ 300 pages. Bibliothèque de la ville de Lyon : Manuscrits, n° 220. — Ce Traité
est divisé en trois parties : 1° de l'intelligence et de la
science de Dieu ; 2° de sa volonté ; 3° de la prédestination
et de la réprobation.

Comme dans le *Traité de la Grâce,* M. Le Clerc, sur ce
troisième point, rejette et l'opinion des Thomistes et celle
des Congruistes, et il renferme toute sa doctrine dans les
trois propositions suivantes qu'il cherche à établir par de

nombreuses raisons : — « 1. *Deus creaturam rationalem ad beati-tudinem æternam destinavit, eique ideo media ad salutem sufficien-tissima, etiam præviso Adami peccato, præparavit. — 2. Nemi-nem à gloriâ exclusit antè prævisum ejus peccatum aut mortem in peccato. — 3. Quos suæ gratiæ auxilio in bono morituros præ-vidit, decreto absoluto prædestinavit ad gloriam; quos vero præ-vidit gratiâ sibi oblatâ finaliter abusuros, et in peccato morituros, eos ad æterna supplicia pro demeritorum mensurâ destinavit.* »

V. — *Tractatus de Augustissimo Eucharistiæ Sacramento.*

Manuscrit original portant la signature de M. Le Clerc. In-folio de 376 pages. Bibliothèque de la ville de Lyon : Manuscrits, n° 230.

Dans les deux premières parties de ce Traité, qui sont exclusivement dogmatiques, l'auteur traite de l'Eucharistie considérée comme *sacrement* et comme *sacrifice;* dans la troisième, qui est toute morale, il résout les questions pratiques concernant la sainte Eucharistie envisagée sous ces deux rapports.

On trouve dans ce Traité la même profondeur de doctrine et la même abondance de preuves que dans celui de la Grâce.

VI. — *Tractatus de Ordinis Sacramento.*

Manuscrit original de 57 pages in-folio. Bibliothèque de la ville de Lyon : Manuscrits, n° 230.

M. Le Clerc ne s'y montre pas très-décidé sur la question de la matière et de la forme du sacrement de l'ordre.

VII. — *Appendix ad præcedentem de Ordine Tractatum. De vitâ, honestate et moribus Clericorum.*

Manuscrit original de 32 pages in-folio. A la suite du pré-cédent.

« *Quoniam sanctitas cleri in ejusdem dignitate fundatur, ideo agemus : 1. De cleri dignitate; 2. De ejus sanctitate; 3. De iis quæ agere; 4. De iis quæ fugere tenemur.* »

VIII.— *Tractatus Dogmaticus, in quo quæcumque Beatissimæ et
Gloriosissimæ Virginis Deiparæ Privilegia et Laudes spectant,
expenduntur, et ad Scripturæ ac Patrum, præsertim antiquio-
rum, normam definiuntur.*

Manuscrit original in-4° de 600 pages dont plusieurs sont
entièrement blanches. Il a d'abord appartenu au Séminaire de
Saint-Irénée de Lyon, et il est maintenant en la possession
du Séminaire de Saint-Sulpice de Paris.

Le Traité s'ouvre par une dissertation préliminaire où l'auteur établit quelques principes empruntés aux Pères, et sur
lesquels est appuyée la doctrine catholique concernant les
priviléges de Marie. M. Le Clerc se proposait ensuite d'étudier
dans six dissertations : 1° l'exemption du péché originel, et
2° du péché actuel; 3° la perpétuelle Virginité; 4° la divine
Maternité; 5° l'Assomption; 6° le culte et l'invocation de la
Très-Sainte Vierge. Malheureusement ce travail n'est pas
achevé; plusieurs points même sont à peine ébauchés.

IX.— *Dissertation sur la lecture de l'Écriture Sainte en
langue vulgaire.*

L'existence de cet écrit ne nous est connue que par ce
passage d'une lettre de M. Le Clerc à l'abbé Papillon en
date du 6 juillet 1729.

« J'ai fait jadis une longue dissertation sur cette matière,
» et j'avais, entre autres, observé que M. de Bellegarde, Ar-
» chevêque de Sens, tenait la main en son temps à l'exécu-
» tion de la règle de l'Index, qu'on la publiait tous les ans une
» fois au prône à Troyes, comme on le voit dans la suite
» des prônes imprimés à l'usage de ce Diocèse en 1640; que
» Labadie et André Dabillon, tous deux bons Jansénistes,
» ayant été, en 1644, accusés auprès de M. de Caumartin,
» évêque d'Amiens, d'avoir dit qu'il était permis de lire la
» Bible en Français, le Prélat les avait cités, et qu'ils déclarè-
» rent non-seulement qu'ils n'avaient jamais soutenu cela, mais
» qu'ils regardaient pareille proposition comme une erreur,
» ce que le Prélat les obligea de confesser publiquement la

» première fois qu'ils prêchèrent après cette monition. *Item*
» que les Jansénistes n'ont pris fantaisie de tant parler et de
» tant écrire pour la lecture de l'Écriture, qu'après qu'ils eurent
» publié leur version de Mons, et qu'ils y eurent fait entrer
» une partie de leurs imaginations ; que c'est une mauvaise
» foi évidente à plusieurs de leurs écrivains, et entre autres
» à l'auteur du *quatrième Gémissement de Port-Royal*, d'avoir
» dit que les Jansénistes avaient toujours prêché cette lecture,
» parce que les jésuites s'y opposaient. J'avais ramassé toutes
» les censures de notre Faculté là-dessus, depuis 1524
» jusqu'à 1661. »

CHAPITRE IV.

Les ouvrages de cette catégorie, comme ceux de la précédente, sont tous inédits, excepté le suivant.

I.— *Dissertation touchant l'auteur du Symbole* Quicumque, etc.,
*par un Licentié (sic) de Sorbonne. A Lyon, de l'imprimerie de
Pierre Bruyset, rue Confort, près l'Hôpital ; 1730*, in-12 de
54 pages sans l'Approbation qui est à la fin.

Le manuscrit original est au Séminaire de Saint-Sulpice de
Paris. C'est un in-folio de 21 feuillets.

L'auteur du *Dictionnaire des ouvrages anonymes* avait reçu
de M. de Monmerqué un exemplaire de cet ouvrage, « portant
le nom de l'auteur écrit par lui-même, et enrichi de plusieurs
notes de sa main, qui nous apprennent que cet écrit a été
imprimé sans sa participation (1). »

(1) *Dictionnaire des Ouvrages anonymes*, 2ᵉ édit., n. 4420. La note de
Barbier n'a pas été reproduite par ses nouveaux éditeurs.

L'Approbation donnée à Lyon, le 2 avril 1730, par Antoine Sicault, évêque de Sinope, suffragant, déclare cette Dissertation « solide et remplie d'érudition ».

D'après le titre répété à la troisième page, elle fut « composée et dictée dans une école de théologie en 1711 ».

Après avoir exposé les sentiments des savants sur l'auteur du symbole *Quicumque* (art. 1), M. Le Clerc établit successivement qu'il n'est point de Vigile de Tapse (art. 2), ni de Vincent de Lérins (art. 3), ni de Fortunat (art. 4), et que rien ne prouve qu'il ne puisse être de saint Athanase (art. 5). Ensuite il montre que le symbole est de ce saint docteur (art. 6), et il confirme cette assertion en faisant voir l'antiquité du symbole par les manuscrits (art. 7) (1), par d'autres monuments, tels que la coutume ancienne de le réciter à l'office, de le faire apprendre aux clercs et aux laïques, de le leur expliquer par des commentaires, et enfin par les auteurs qui l'ont cité (art. 8). Puis il éclaircit quelques difficultés (art. 9), et termine sa conclusion (art. 10) par ce raisonnement :

« En bonne critique, on est bien fondé à attribuer à un
» auteur un ouvrage que l'on peut prouver avoir été connu
» sous son nom, ou de son temps, ou dans le siècle suivant,
» et dans l'espace de moins de deux cents ans, à moins qu'on
» n'eût d'ailleurs de fortes preuves, et sans réplique, pour dé-
» montrer que cet ouvrage ne saurait être de lui. Or nous
» avons prouvé, et la plus grande partie de nos adversaires
» conviennent que, moins de 80 ans, ou au plus tard de
» 120 ans après la mort de saint Athanase, le symbole *Qui-*
» *cumque* portait son nom; nous avons prouvé d'ailleurs qu'il
» n'y a point de difficulté qui puisse déterminer à le lui ôter,

(1) Le P. Lazeri réfute cet article tout en citant avec éloge la Dissertation de M. Le Clerc : « Unum vidi, qui *non sinè laude* pro Athanasio Symboli auctore certat, auctorem Dissertationis Gallicè scriptæ et Lugduni anno 1730 editæ (*Dissertation,* etc.). Verùm, ut hoc quoque dicam, argumentum quod toto art. 7 versat de mss. codd. et quo præcipuè niti videtur, ei nocere potiùs quàm favere puto, etc. » (*De antiquis formulis fidei earumque usu exercitatio,* n. 4, ap. *Theol. curs. complet.* ed. Migne, t. VI, col. 424, 425.)

» à laquelle on ne puisse répondre d'une manière très-rai-
» sonnable. On peut donc s'en tenir à l'ancien sentiment, si
» autorisé depuis mille ans dans l'Église, qui donne le sym-
» bole *Quicumque* à saint Athanase. — Voilà les raisons qui
» me déterminèrent, il y a huit ans, à coucher ainsi mon
» sentiment dans ma Majeure ordinaire que je soutins en
» Sorbonne, le 16 d'août 1703 ; *Symbolum* Quicumque *nulli*
» *probabiliùs tribuitur quàm sancto Athanasio.* »

Quoique, selon Fessler (1), les savants conviennent aujour-
d'hui que ce symbole n'est pas de saint Athanase, l'opinion
de M. Le Clerc, soutenue avant lui par Pamélius, Génébrard,
Estius, Possevin, Baronius, Bellarmin, Sirmond, Labbe,
D'Achery, Bona, Moréri, Doujat, Lupus, etc., l'a été encore depuis par Mérati, Sandini, Kilber, Azevedo, et autres
non moins distingués par leur profonde érudition que par
leur saine critique.

II. — *Histoire abrégée des plus célèbres écrivains ecclésiastiques,
suivant l'ordre des temps auxquels ils ont écrit et ils sont
morts.*

Le manuscrit *original* du Séminaire de Saint-Sulpice de
Paris, in-folio de 171 feuillets, comprend les cinq premiers
siècles et les noms de 360 auteurs. Un passage de l'article
Clément d'Alexandrie nous apprend que l'ouvrage a été composé en 1711. La *copie* qu'en possède le Séminaire d'Orléans (2), a 104 feuillets in-4°, et renferme, de plus que le
manuscrit de Paris, les écrivains des VIe, VIIe, VIIIe et
IXe siècles. Le nombre total des auteurs auxquels M. Le
Clerc a consacré ou voulu consacrer un article, est de 445.

Sa méthode est celle des ouvrages de ce genre. A une
courte biographie de l'écrivain, succède la liste de ses ouvrages, et la discussion, quelquefois assez longue, des questions de critique historique, auxquelles ils ont donné lieu ;

(1) *Institutiones Patrologiæ ;* Œniponte, 1850, t. I, p. 410.
(2) Elle a pour auteur un élève de M. Le Clerc, nommé Étienne Patouillé,
et est datée d'Orléans, 1711.

par exemple, l'authenticité de la Lettre de N. S. à Abgare, de l'Épitre de saint Barnabé, des Lettres de saint Clément Pape, des ouvrages de saint Denys l'Aréopagite, des Actes de saint André, des livres Sybillins, etc. L'article *Hormisdas* est particulièrement digne de remarque, parce que M. Le Clerc y discute l'authenticité du célèbre Décret attribué au pape Gélase. Plus tard il reprit ce travail, et le développa dans une dissertation spéciale dont nous parlerons bientôt.

Quoique imparfaite et inachevée, cette Histoire laisse déjà voir dans son auteur une vaste lecture, et une critique sage et judicieuse. Aussi le Père Lelong témoigna-t-il à M. Le Clerc qu'il « goûtait fort son travail, » et le jugeait « très-utile, » en même temps qu'il lui donnait d'excellents conseils pour le perfectionner et le rendre supérieur à celui du docteur Dupin. (Lettre du 13 novembre 1720.)

III.— *De Concilii Antiocheni decreto contrà Paulum Samosatenum, in quo reprobatum vulgo creditur* Homoousion.

Le manuscrit original de cette Dissertation et des trois suivantes forme un seul volume in-folio portant le n° 655 à la Bibliothèque de la ville de Lyon où il est aujourd'hui déposé (1). L'écrit dont nous allons parler a 35 pages.

M. Le Clerc s'y propose de réfuter une opinion assez commune de son temps parmi les Théologiens et les critiques. Suivant eux, un Concile tenu à Antioche, l'an 269 ou 270, à l'effet de condamner les erreurs de Paul de Samosate, aurait rejeté le mot *homoousios* ou *consubstantiel*, employé pour exprimer la consubstantialité du fils de Dieu avec son Père dans la Très-Sainte Trinité. Cette assertion paraît à M. Le Clerc dénuée de fondement et très-probablement erronée.

La principale preuve qu'il en apporte est tirée du silence

(1) Delandine donne à ce recueil le titre factice de *Dissertationes historicæ*, et il ajoute : « Manuscrit d'environ 400 pages in-folio. Ces Dissertations sont de Josse Le Clerc, supérieur *(sic)* du Séminaire de Saint-Irénée de Lyon, où il mourut, le 6 mai 1736, avec une réputation de savoir et de piété qu'on se rappelle encore. » (*Manuscrits de la Bibliothèque de Lyon*, t. I, p. 181, 182.)

gardé sur ce sujet par les Ariens et par les catholiques pendant près de 90 ans. Cette condamnation, en effet, est alléguée pour la première fois par les semi-Ariens, au Concile d'Ancyre en 358. Cependant un fait si favorable à Arius n'est rapporté ni par le même Arius dans sa lettre à Alexandre d'Alexandrie, qui l'avait accusé d'être disciple de Paul de Samosate; ni par Eusèbe de Césarée, qui cite longuement la lettre des Pères d'Antioche au pape saint Denys; ni par les cent évêques Ariens, réunis dans cette dernière ville en 341; ni enfin par les 318 Pères de Nicée qui, s'ils avaient cru cette expression réprouvée avant eux par un Concile, n'auraient pas été aussi unanimes à l'adopter et à la consacrer comme portant à l'hérésie Arienne un coup mortel.

M. Le Clerc résout ensuite avec beaucoup de sagacité et de justesse les difficultés tirées de saint Hilaire, de saint Athanase et de saint Basile, sur l'autorité desquels s'appuient les critiques qui soutiennent le sentiment opposé. Mais nous ne pouvons le suivre dans ces développements qui échappent à l'analyse. Du reste, cette discussion a été reprise plus tard et conduite avec succès par D. Prudent Maran (1), par Fassoni (2), et, de nos jours, par Palma (3). Tous embrassent l'opinion soutenue par M. Le Clerc, et Wouters affirme que c'est aujourd'hui le sentiment des meilleurs critiques (4). C'était bien apparemment aussi celui de l'abbé Papillon qui, après avoir lu la dissertation de M. Le Clerc, trouvait

---

(1) *Divinitas D. N. J. C. manifesta in scripturis et traditione, operâ et studio unius ex Monachis C. S. M.;* Lib. IV, cap. 9, et Dissert. de Semiarianis.

(2) *De voce* Homousion *Dissertatio in quâ ostenditur vocem illam ab Antiochenis Patribus proscriptam vel repudiatam non esse; auctore Liberato Fassonio...;* Romæ, 1755, et apud Zaccaria, *Thesaurus Theologicus...*Venetiis, 1762, t. III, pages 211-238.

(3) *Prælectiones Historiæ ecclesiasticæ quas in Universitate Romanâ habuit Joannes Baptista Palma;* edit. 3ᵃ, Romæ, 1870, t. I, p. 96-102. Cet auteur remarque avec raison que l'argument tiré du silence des Ariens équivaut ici tout à fait à un argument *positif.*

(4) *Dissertationes in selecta Historiæ ecclesiasticæ capita,* curâ H.-G. Wouters; Lovanii, 1868, t. I, p. 329-331. — Malheureusement, le P. De Smedt, qui est certainement un bon critique, incline vers l'opinion contraire, qu'il

« la pièce bonne et les preuves bien choisies » (1), et du
P. Oudin qui la faisait transcrire pour son usage, comme
nous le verrons par ses lettres.

IV. — *Decretum, Gelasii vulgo dictum, notis criticis illustratum.*

Le manuscrit original a 184 pages in-folio. La copie qu'en
fit faire le Président Bouhier est un in-4° de 33 feuillets, conservé aujourd'hui à la Bibliothèque de la ville de Troyes (2).

Un passage des *Remarques critiques sur le Dictionnaire de Bayle*
(art. *Tapper*, 11°) peut servir à fixer l'époque vers laquelle
M. Le Clerc composa cette dissertation. « J'ai fait, dit-il, il y
a environ vingt ans (par conséquent en 1713, puisque M. Le
Clerc parlait ainsi en 1733), une longue dissertation où
presque chaque ligne de ce décret me fournit des preuves
pour montrer qu'il ne peut venir de ce Pape (Gélase) ».

Le décret dont il est ici parlé est connu généralement
sous le titre *De libris recipiendis et non recipiendis* (3), et la

tient comme très-probable : « *Secundùm regulas sanæ criticæ*, dit-il, *ut valdè
probabilis admittenda est.* » (*Dissertat. sel. in primam ætatem Histor. eccles.;*
Gandavi, 1876, p. 297.) Mais le P. Colombier, rendant compte de son livre,
avoue qu'il a « peine à partager cet avis. » (*Études relig.*, Vᵉ série, t. X,
p. 149.)

(1) Lettre à M. Le Clerc du 12 août 1727.

(2) *Catalogue général des Manuscrits des Bibliothèques publiques des Départements;* Paris, 1855, t. II, p. 536, n. 1354. Le Président a modifié ainsi le
titre : « *Laurentii (Jodoci) Le Clerc, Theologi Parisiensis, Dissertatio de Decreto
quod Gelasio Papæ I vulgo adscribitur.* » Sur la marge de la première page,
il a écrit la note suivante : « *Hanc auctor edere decreverat ad calcem Notarum
in Lud. Morerii Lexicon Historic., t. III, quem vide, p. 93.* » Voir la fin du
chapitre V de cette Notice.

(3) On en peut voir le texte dans le Décret de Gratien (Distinct. XV),
dans la collection des Conciles de Labbe (t. IV, p. 1260-1266), du P. Hardouin (t. II, p. 938-942), et de Mansi (t. VIII, p. 145-176, ou Migne, Patrologie latine, t. LIX, col. 163 et suiv.); mais surtout dans *Epistolæ
Romanorum Pontificum genuinæ et quæ ad eos scriptæ sunt à S. Hilaro usque ad
Pelagium II. Ex schedis clar. Petri Constantii aliisque editis, adhibitis præs-
tantissimis codicibus Italiæ et Germaniæ, recensuit et edidit Andreas Thiel.*
Brunsbergæ, 1868, in-8°, pages 454-471. C'est là une édition vraiment critique du texte, renfermant, en outre, la réponse aux principales difficultés
formées contre le Décret.

question est de savoir quel en est l'auteur ou, en d'autres termes, s'il est authentique. Ainsi qu'il le dit lui-même dans son préambule, M. Le Clerc a pour but d'exposer simplement les difficultés que l'on peut faire valoir contre ceux qui attribuent ce Décret au Pape Saint Gélase (492-496), ou même au Pape Saint Hormisdas (514-523). Il espère et il attend des savants la réponse aux doutes qui l'embarrassent (1). Abordant donc immédiatement le texte même du Décret à commencer par le titre, il propose sur chaque point ses objections. Mais on comprend qu'il nous est impossible de le suivre dans tous ces détails. Il suffira à notre dessein de résumer brièvement ses principales raisons en tâchant néanmoins de n'en pas trop atténuer la force.

M. Le Clerc observe d'abord la grande diversité qui existe entre les différents manuscrits contenant le Décret. Les uns, en petit nombre, l'attribuent, du moins pour une partie, au Pape Damase; d'autres, bien plus nombreux, au Pape Gélase; d'autres enfin au Pape Hormisdas. Cette divergence entre les manuscrits en produit une semblable parmi les érudits partagés aussi en trois sentiments. Il existe même une quatrième opinion en quelque sorte conciliatrice. Elle consiste à dire que le Décret a été d'abord porté probablement par le Pape Damase, bien certainement par le Pape Gélase en 494 ou 496, et enfin réédité avec de nouvelles additions par le pape Hor-

---

(1) « *De præsentis Decreti authenticitate adeo authores plerique asseveranter à nongentis annis sunt locuti, ut absque temeritate in dubium jàm revocari non posse pluribus videatur. Nemo tamen, credo, inficiabitur quin varias, quæ in contrariam partem formari queant, difficultates proponere liceat, quarum ab eruditis tot, qui jàm florent, seu criticis, seu anticriticis, elucidatio exspectetur. Hoc pacificè præstabimus, præcipua Decreti hujus capita, quàm fieri poterit breviter, expendendo.* » Delandine donne de cette Dissertation une idée qui a de quoi surprendre. « Le Pape Gélase, dit-il, convoqua, en 494, un Concile dans lequel on dressa le *catalogue* de tous les livres regardés comme authentiques et faisant partie des Écritures saintes. M. Le Clerc a consacré 34 chapitres à distinguer les écrits apocryphes de ceux qui ne le sont pas ! » (*Manuscrits de la Bibliothèque de Lyon*, t. I, p. 182.) Évidemment, Delandine ne connaissait pas mieux le Décret du Pape Gélase que la Dissertation de M. Le Clerc, qu'il avait pourtant sous les yeux.

misdas en 520. Baluze paraît avoir le premier formulé ce sentiment adopté depuis par beaucoup d'écrivains postérieurs (1).

Ce partage des savants, joint à d'autres considérations tirées du fond même du Décret, a déterminé quelques protestants, critiques d'ailleurs modérés, tels que Pearson (2), à le regarder comme l'œuvre d'un auteur inconnu qui a écrit après le cinquième Concile œcuménique, tenu à Constantinople en 553. Parmi les catholiques, le P. Poisson, de l'Oratoire, a pensé que les raisonnements de Pearson suffisent au moins à rendre la question douteuse. « *Joannes Pearsonius*, dit-il, *nuper incertum reliquit an à Gelasio editum sit hoc decretum, ex hoc quod ejus nemo meminerit, nisi circiter octavum à Christo seculum, et Hincmarus Remensis, aut primus, aut è primis fuerit qui hujus decreti mentionem fecerit* (3). »

C'est aussi le premier argument que fait valoir M. Le Clerc. Comment expliquer, dit-il, qu'on n'ait commencé à parler que

(1) *Baluze, Notæ in Epist. 128 B. Servati Lupi Presbyteri et Abbatis Ferra riensis* ; Parisiis, 1664, in-8°, pages 456, 457. — Parmi les auteurs postérieurs à Baluze et à M. Le Clerc nous citerons : Mansi (*Not. in Natal. Alexand. Hist. eccles. sec. V. art. X ;* Bingii ad Rhenum, 1787, t. IX, p. 22, 23, 356, et *Concil.*, t. VIII, p. 151 et suiv., ou Migne, *Patrol. lat.*, t. LIX, col. 163-166) ; — D. Coustant et André Thiel (*oper. cit.*, p. 50, 51, 118-120) ; — Mgr Héfélé (*Histoire des Conciles d'après les documents originaux*, trad. de l'allemand par M. l'abbé Delarc ; Paris, 1870, t. III, p. 219 et suiv.) ; le P. Franzelin, qui néanmoins, contrairement à Mgr Héfélé, pense que le Catalogue des livres canoniques faisait partie du Décret de Gélase (*Tractatus de Divinâ Traditione et Scripturâ ;* Romæ, 1870, p. 376) ; enfin, le P. De Smedt qui, sur ce point, pense comme le cardinal jésuite de Rome. (Dissert. XIX. *De Decretali sub Gelasii I. S. P. nomine vulgo editâ*).

(2) Il est à remarquer, en effet, que Pearson tente de prouver la non authenticité du Décret de Gélase dans l'ouvrage même où il démontre si victorieusement, contre le ministre Daillé, l'authenticité des Lettres de saint Ignace, martyr. (*Vindiciæ Ignatianæ*, part. 1, cap. IV, apud Cotelerium, *Patres Apostolici*, Amstelædami, 1724, t. II, part. 2, p. 292-296.) Mgr Freppel appelle cet ouvrage « un véritable chef-d'œuvre de science et d'érudition. » (*Les Pères Apostoliques et leur époque*, Paris, 1859, in-8°, p. 339.) Richter dit aussi : « Non desunt qui apocryphum totum putent. » (*Decret. Gratiani emendat. et notat. illustr.*, apud Migne, Patrol. latin., t. 187, p. 74.)

(3) *Delectus Actorum Ecclesiæ universalis, cum notis ad canones ;* Lugduni, 1706, t. 2 ; *Notæ ad canones*, page 267.

vers l'an 830 d'un décret porté par 70 évêques ayant à leur tête le Souverain Pontife, d'un décret que ces mêmes évêques durent communiquer à leurs églises respectives, d'un décret statuant sur des matières aussi importantes que le Canon des Saintes Écritures, les Conciles et les écrits que tout catholique doit recevoir ou rejeter? Comment ce même décret a-t-il pu être ignoré ou négligé par tous les collecteurs de Canons qui se sont succédé pendant 300 ans, par Denys le Petit qui, peu de temps après la mort du pape Gélase, avait recueilli avec tant de soin, à Rome même, les Épîtres et les Décrets des Souverains Pontifes; par Denys le Petit qui fait un si grand éloge du même pape Gélase dans la préface de sa collection où il dit ces remarquables paroles : « *Præteritorum Sedis Apostolicæ Præsulum constituta quâ valui curâ diligentiâque collegi..., itâ ut... singulorum Pontificum,* quotquot à me præcepta reperta sunt, *sub unâ numerorum serie terminarem* » (1). A la vérité, cet argument n'est que négatif, dit M. Le Clerc, mais on ne peut nier qu'il ne soit d'un grand poids (2).

En second lieu, dans la dernière partie du Décret, les livres *qui ne sont pas reçus* sont tous désignés par un seul et même nom, celui d'*apocryphes*. Selon M. Le Clerc, ce terme signifie ici *condamné, rejeté par l'Eglise*. En effet, la liste s'ouvre par le Concile de Rimini (pourquoi celui-là seulement? demande M. Le Clerc). Le Décret déclare cette assemblée *ex tunc et nunc et usque in æternum damnatam ;* et il ajoute aussitôt : « *Item* (3) *Itinerarium nomine Petri Apostoli... apocryphum* ».

---

(1) *Sacro-Sancta Concilia*, ed. Labbe, t. I, page 3.

(2) D. Coustant y répond en disant que le Décret de Gélase n'entrait pas dans le plan de Denys le Petit. « *Ipsi (Dionysio) id consilii fuit ut primæ collectionis suæ parti canones pridem receptos, ac postremas Romanorum Pontificum Epistolas, non synodalia gesta, quæ formam epistolarem minimè præ se ferrent, insereret, adeoque in neutram conveniebat hoc (Gelasii) Decretum. Nam neque inter canones olim receptos, neque inter antistitum Romanorum Epistolas censeri poterat, sed inter synodalia gesta.* » (Epist. RR. Pont, ed. cit., p. 48.)

(3) Quoique ce mot *item* ne se lise que dans trois manuscrits, selon D. Coustant, néanmoins, de l'aveu du docte Bénédictin, il est dans *tous les imprimés*, ce qui suffit à justifier la bonne foi de M. Le Clerc. (*Epistolæ RR. Pont*, ed. cit., p. 462, not. 9.)

L'ouvrage intitulé *Itinéraire de saint Pierre* est donc aussi bien condamné, et de la même manière que le Concile de Rimini. Ainsi d'ailleurs l'ont entendu Burchard et Yves de Chartres qui, tous deux, ont donné à cette partie du Décret le titre suivant : « *De Notitiâ librorum apocryphorum qui à SS. Patribus æternâ damnatione damnati sunt.* » Mais, de plus, n'est-ce pas le titre imposé par le Décret lui-même ? Après avoir indiqué les ouvrages des Pères que reçoit la sainte Eglise Romaine, il annonce en ces termes ceux qu'il va qualifier d'*apocryphes* : « *Cætera, quæ ab hæreticis sive schismaticis conscripta vel prædicata sunt, nullatenus recipit Catholica et Apostolica Romana Ecclesia.* Ex QUIBUS *pauca,* QUÆ AD MEMORIAM VENERUNT ET A CATHOLICIS VITANDA SUNT, *credidimus esse subdenda.* » La fin du Décret concorde tout à fait avec ce commencement : « *Hæc et his similia* (c'est-à-dire les livres semblables à ceux dont nous venons de faire le dénombrement) *quæ Simon Magus... necnon et omnes hæresiarchæ eorumque discipuli sive schismatici docuerunt vel conscripserunt,* QUORUM NOMINA MINIME RETINENTUR, NON SOLUM REPUDIATA, *verùm etiam ab omni Romanâ Catholicâ et Apostolicâ Ecclesiâ eliminata atque* CUM SUIS AUCTORIBUS *auctorumque sequacibus sub* ANATHEMATIS *insolubili vinculo* IN ÆTERNUM *confitemur esse* DAMNATA (1). » Ainsi sont

(1) D. Coustant range les deux dernières phrases du Décret sous un seul alinéa précédé d'un numéro d'ordre, en cette manière : « 10. *Phylacteria omnia, quæ non Angelorum, ut illi confingunt,... apocrypha. Hæc et his similia... confitemur esse damnata* ». Puis il ajoute cette remarque : « *Notandum pronomina* hæc et his *ad proxima verba, scilicet* phylacteria, *non ad ea omnia, quæ superius* apocrypha *pronuntiantur, referri. In his enim plurima sunt, quæ Gelasius non usquequaque renuenda censebat, ut nominatim de Eusebii historia mentem suam aperuit, et quorum auctores anathematis insolubili vinculo damnare noluisset* ». (Loc. cit., p. 469, not. 82.) Sans prétendre contredire cette observation, à laquelle on ne saurait refuser le mérite d'être ingénieuse, l'impartialité nous fait un devoir de remarquer que tous les textes imprimés, et D. Coustant lui-même, dans l'édition qu'il donne de ce passage, en tant que venant du pape Hormisdas (l. cit., p. 937), séparent la dernière phrase de la précédente, non-seulement par un alinéa, mais même quelquefois par un chiffre distinct. Voir toutes les éditions des Conciles et du Décret de Gratien, notamment celles de Labbe, Hardouin, Mansi, Poisson, Pithou, Richter, etc.

également déclarés *apocryphes* et condamnés, non-seulement les écrits de Fauste le Manichéen, de Montan, de Priscille et de Maximille, mais ceux de Clément d'Alexandrie, d'Hermas, d'Eusèbe, de Victorin, etc.

Dira-t-on que par *apocryphes* le Décret entend seulement les ouvrages qui ne sont pas *de première autorité*, d'une autorité telle que serait par exemple celle de saint Augustin ou de saint Jérôme? Mais alors, ainsi que l'a déjà observé le cardinal Nôris *(Append. ad Hist. Pelag.,* p. 117), « il faudra donc dire aussi que les ouvrages de Montan et de Fauste le Manichéen ne sont pas hérétiques, mais seulement qu'ils ne sont pas de première autorité? » — Dira-t-on que par ouvrage *apocryphe* le même Décret entend successivement, *pro subjectâ materiâ,* tantôt un écrit dont l'auteur est inconnu et incertain, tantôt un écrit qui n'a pas d'autorité reconnue, tantôt enfin un ouvrage hérétique. Mais n'est-ce pas là s'ériger en juge du Décret et vouloir déterminer le sens de ses paroles par l'opinion que l'on a préalablement conçue des ouvrages dont il parle, au lieu de recevoir du Décret l'opinion que l'on doit avoir de ces mêmes ouvrages? Une telle façon de parler de la part du Souverain Pontife n'aurait-elle pas pour effet d'éterniser les disputes mêmes que son Décret doit avoir pour but de terminer? « *Non improvidè* », dit le pape Hormisdas dans un passage de la lettre à Possesseur, évêque d'Afrique, où l'on a cru voir une allusion au Décret de Gélase (1), *non improvidè veneranda Patrum sapientia fideli posteritati qnæ essent canonica dogmata definiit, certa librorum etiam veterum in aucto-*

_____

(1) Après avoir examiné en détail tous les termes du texte entier d'Hormisdas, et l'avoir confronté avec celui de l'évêque Possesseur, l'auteur d'une remarquable Dissertation sur Fauste de Riez, publiée à Munich en 1854, conclut que les paroles citées par nous ne contiennent ni la condamnation des doctrines de Fauste, ni la moindre allusion au Décret du pape Gélase. Nous regrettons de ne pouvoir, à cause de son étendue, reproduire ici cette discussion, qui nous a paru pleine de sagacité et de justesse. V. *Fausti Regiensis Galliarum Episcopi fides in exponendâ gratiâ Christi illustrata à Joanne Heller, presbytero Passaviensi et Doctore Theologo;* Monachii, 1854, in-8°, p. 32-38.

ritatem recipienda, Sancto Spiritu instituente, præfigens : ne opinioni suæ lector indulgens, non quod ædificationi ecclesiasticæ conveniret, sed quod voluntas sua concepisset, assereret (1). »

On ne peut du moins disconvenir que la partie du Décret qui regarde Fauste de Riez ne saurait être du pape Gélase. En effet, Jean Maxence et ses confrères, que l'on nomme ordinairement les *Moines Scythes*, accusés d'erreur sur l'Incarnation, crurent se justifier en dénonçant à leur tour les livres de Fauste comme infectés de Pélagianisme. La dispute s'échauffant de jour en jour entre les adversaires et les défenseurs de l'évêque de Riez, un évêque d'Afrique, nommé Possesseur, écrivit au pape Hormisdas pour le prier de décider la controverse par son autorité apostolique. Le Pape répondit par une lettre du 13 août 520, et il ne décida rien, se contentant de déclarer qu'il importait peu de savoir ce qu'un simple évêque avait pu penser touchant des questions sur lesquelles on avait les décisions des Conciles. — Or, dans tout le cours de cette dispute qui dura près de deux ans, il ne fut jamais, d'aucun côté, dit un seul mot du Décret du pape Gélase qui eût néanmoins suffi pour donner satisfac-

---

(1) *Epistol. RR. Pontif.*, ed. cit., page 930. — La dernière solution, rejetée ici par M. Le Clerc comme peu conforme au texte du Décret, est cependant celle à peu près de tous ceux qui en soutiennent l'authenticité, et elle nous paraît, en effet, nécessaire dans leur sentiment. Outre les auteurs cités, voir encore Honoré de Sainte-Marie, *Réflexions sur les règles et sur l'usage de la critique*, t. II, liv. IV, Dissertat., II, p. 371-372. Le P. Joseph Van Hecke est aussi de cette opinion; *Acta SS. octobris*, tom. XII, Bruxellis, 1867, p. 452-455. — L'avis du P. De Smedt paraît différent et même contradictoire : « *Neque dicendum est cum quibusdam*, dit-il, *hanc vocem vario sensu accipi in Gelasiano Decreto. Omnibus enim libris, quibus in eo hæc censura inuritur, convenit nota quam modo indicavimus,* » (scilicet, liber non habens canonicam auctoritatem, seu ex quo testimonia efficacia desumi non possunt ad comprobanda dogmata fidei vel regulas juris ecclesiastici); « *quod sufficit ut juxta sensum antiquum apocryphi appellentur, quamvis utique ob diversas rationes. Alii scilicet, quia non sunt ejus scriptoris cujus nomen præferunt ac proinde non habent auctoritatem quâ hujusmodi scripta gaudent ; alii quia ab hæreticis vel suspectis hominibus compositi aut adulterati sunt, vel etiam quia nonnihil iis admixtum est haud satis purum et integrum nec ab omni suspicione liberum.* » (Dissert., cit., cap. III.)

tion à Maxence. « J'ose assurer, dit M. Le Clerc, que c'est une preuve sans réplique que ce Décret, que l'on date de 494, était absolument inconnu vingt-cinq ans seulement après, et conséquemment qu'il n'existait point encore (1). »

M. Le Clerc fait encore sur les premières parties du Décret plusieurs critiques de détail, ou plutôt pose plusieurs questions que nous ne pouvons qu'indiquer. Ainsi il demande s'il est à croire qu'un pape a pu traiter d'*hérétique* l'opinion de saint Augustin, de Prudence, d'Arator, de saint Grégoire de Tours et de bien d'autres, qui ont soutenu que saint Pierre et saint Paul avaient été martyrisés à Rome le même jour, à la vérité, mais non la même année (2). — Il demande quel auteur ecclésiastique, soit avant, soit après Gélase, a donné aux Décrets des Conciles œcuméniques le nom d'*écritures*. « *Romana Ecclesia*, dit le Décret, *post illas Veteris vel*

---

(1) *Remarques critiques sur le Dict. de Bayle*, art. *Tapper*, 11º. — Le P. Stilting, partisan à la fois de l'authenticité du Décret attribué au pape Gélase et de l'orthodoxie de Fauste de Riez, croit que les mots *opuscula Fausti Regiensis apocrypha* n'avaient pas encore été insérés dans le Décret au temps du pape Hormisdas. « *Mihi probabilius videtur*, dit-il, *imo quasi certum hæc de Fausti opusculis postmodum Decreto addita esse, prout alia quædam... Si vero apocrypha fuissent declarata à Gelasio Fausti opera, neque Possessor Episcopus, neque Hormisdas Papa, neque Joannes Maxentius id ignorassent. Si tamen omnes de libris Fausti sic loquuntur, ut eâ de re nihil prorsùs videantur intellexisse.* » Quant à l'auteur de cette addition, voici ce qu'en pense le P. Stilting : « *Nescimus cujus auctoritate id factum sit. Certo non videtur id factum legitimâ potestate.* » (*De S. Fausto commentarius historicus*, n. 106-117 ; *Acta SS. Sept.*, t. VII, ed. Antuerp., p. 671-673). — Le P. Antoine Pagi (*Crit. in Annal. Baronii*, ad ann. 494, n. 3), affirme, au contraire, que les paroles concernant Fauste de Riez étaient déjà contenues dans le Décret de Gélase, et que le pape Hormisdas s'est borné à l'envoyer, *sans y rien changer*, aux évêques qui le consultaient. — Mais D. Coustant ne partage pas cet avis. Il soutient que l'addition a été faite par Hormisdas, précisément à la suite des controverses élevées au sujet des ouvrages de Fauste de Riez. En conséquence, il date du même jour que la lettre à Possesseur, c'est-à-dire du 13 août 520, l'édition augmentée que ce Pape donna, selon lui, du Décret de Gélase et des 70 Évêques (V. *Epistolæ RR. Pontif.*, p. 50, 51, 120).

(2) Mgr Héfélé trouve aussi cette phrase du Décret « assez surprenante », et il ajoute que Windischmann cherche, dans ses *Vindiciæ Petrinæ* (p. 66), à l'expliquer par la remarque suivante : « *Gelasium magis perversam hæreti-*

Novi Testamenti, quas regulariter suscipimus, etiam has suscipi non prohibet (c'est bien peu dire lorsqu'il s'agit de Conciles œcuméniques) SCRIPTURAS, *id est, sanctam Synodum Nicænam,* etc. ». — Il demande pourquoi le pape Gélase compose d'un si petit nombre de Pères la liste de ceux qu'il déclare reçus et approuvés par l'Eglise Romaine, lui qui, dans son *Traité des deux natures,* en cite quantité d'autres, et de bien plus célèbres que saint Prosper et saint Théophile d'Alexandrie, par exemple saint Ignace, saint Irénée, saint Hippolyte, saint Amphiloque, saint Damase, saint Grégoire de Nysse, etc. — Il demande s'il est vrai, comme le dit l'auteur du Décret, que les Actes des Martyrs n'étaient pas lus publiquement dans l'Eglise Romaine, et si la réponse de D. Ruinart (qui restreint la prohibition à l'Eglise de Saint-Jean-de-Latran et aux Actes dont les auteurs sont inconnus) n'est pas en contradiction et avec elle-même et avec le texte du Décret (1). — Il demande si saint Jérôme a écrit une vie de saint Antoine distincte de celle de saint Paul, premier ermite ; si les longues disputes de ce saint Docteur avec Ruffin ont jamais eu pour objet la question du libre arbitre ; s'il n'y a pas contradiction à déclarer *apocryphe* l'histoire d'Eusèbe, après l'avoir simplement blâmée sans la condamner (2) ; si Posthumius et Gallus sont deux auteurs, et non pas deux

---

corum qui eâ traditione abutebantur, intentionem reprehendisse credimus, quàm quod ipsam illam traditionem hæreticam esse censuerit. » (*Hist. des Conc.*, l. cit., p. 222.) — De nos jours encore, le R. P. Gams, Religieux Bénédictin, conclut ainsi un travail qu'il a composé sur ce sujet : « L'apôtre saint Pierre a été martyrisé le 29 juin de l'an 65 après Jésus-Christ ; l'apôtre saint Paul, le 29 juin de l'année 67 après Jésus-Christ. » (*Année du martyre des saints apôtres Pierre et Paul,* trad. de M. l'abbé P. Bélet ; Paris, 1867, in-8º, p. 79).

(1) D. Coustant avoue que la défense de lire les Actes des Martyrs s'applique à toute l'Église de Rome, mais non aux fidèles, à qui cette lecture est permise en leur particulier. (*Epistol. RR. Pont. genuinæ,* p. 458).

(2) « Il y a évidemment là une contradiction, dit Mᵍʳ Héfelé, à moins que l'*Historia Eusebii Pamphili,* mentionnée dans la cinquième division, soit, en effet, un ouvrage apocryphe, n'ayant rien de commun avec la véritable Histoire authentique d'Eusèbe. » (*Hist. des Conciles,* tom. III, p. 226.) Mais voy. D. Coustant, *Epist. RR. Pont.,* p. 466-467, not. 69.

interlocuteurs d'un dialogue composé par Sulpice Sévère, etc. (1).

Voilà, dépouillée des raisons plus ou moins probables qui
leur servent d'appui, quelques-unes des *difficultés* de M. Le
Clerc. Les réponses faites à la plupart d'entre elles, réponses
souvent ingénieuses, souvent aussi opposées les unes aux
autres, ne sont peut-être pas toutes de nature à lever tous les
doutes, à dissiper tous les nuages. Néanmoins nous pensons
qu'aujourd'hui on ne peut guère s'écarter de l'opinion commune, qui attribue le fameux Décret aux papes Gélase et
Hormisdas. Ce serait, en effet, récuser l'autorité de plus de
quarante manuscrits vus, collationnés, minutieusement exa-
minés par les critiques les plus compétents et par eux déclarés antérieurs à tous ceux qui contiennent la collection du
faux Isidore (2). Or, cet argument qui, au temps de M. Le
Clerc, n'avait pas toute la force et l'évidence qu'il a de nos
jours (3), grâce aux travaux de D. Coustant, des Ballerini et
surtout de Thiel (4), cet argument, disons-nous, doit être
prépondérant dans la matière présente, et c'est bien ici le cas
de dire avec Gfœrer : « Lorsqu'il s'agit de discuter l'origine
et l'authenticité d'un ouvrage, je préfère de beaucoup l'argu-

(1) D. Coustant répond affirmativement et ajoute que saint Jérôme avait
remarqué dans ce Dialogue des erreurs qui, aujourd'hui, n'y sont plus.
(*Epist. RR. Pont.*, p. 467, not. 71).

(2) Sur le nombre et l'antiquité de ces manuscrits, voir Ballerini, *De
Antiquis collectionibus et collectoribus canonum*, part. 2, cap. XI, parag. V.
Appendix ad. S. Leonis Magni opera ; Venetiis, 1754, tom. III, pag. CLI-
CLVII. D. Coustant et Thiel, *Epistolæ RR. Pontif. genuinæ*, p. 45-50, 53-
58. — L'antiquité du *Codex vaticanus Palat.*, n. 493, paraît néanmoins avoir
été exagérée par Mabillon. Arevalo, qui avait vu ce manuscrit, le croyait
du XIe, ou tout au plus du Xe siècle. V. *Prolegomena in Sedulii opera*, apud
Migne, *Patrolog. Lat.*, tome XIX, col. 495-496.

(3) Heller disait encore en 1854 : « *Decretum Gelasianum ea est conditione,
ut diligenti criticorum curâ adhuc indigeat.* » (Fausti Regiensis... fides...,
p. 39.)

(4) « *Neque hactenus*, dit le P. De Smedt, *satis ea controversia dirimi poterat,
deficiente argumento quod præcipuum esset, illud nempe quod ex collatione codicum
mss. variarumque eorum lectionum desumendum erat. Hunc laborem denique suscepit Cl. Thiel ann. 1866 et 1867* ». (Diss. cit.)

ment du témoignage aux conclusions tirées du livre même. Ces derniers ne dépassent guère la vraisemblance et se réduisent, en général, à des résultats plus négatifs que positifs; tandis que les raisons extrinsèques, surtout quand les raisons intrinsèques viennent les confirmer, permettent une décision certaine en indiquant le véritable auteur du livre. C'est pourquoi tout critique sérieux n'hésitera pas à donner le premier rang aux preuves tirées du témoignage » (1).

V. — *Appendix. S. Fausti innocentia, sanctitas et bona præsertim fides, contrà ejus, sive antiquos, sive neotericos, obtrectatores demonstrantur.*

Manuscrit original d'environ 80 pages.

Le sujet traité dans cet *Appendix* l'avait été déjà avec quelque étendue dans la Dissertation précédente où il ne remplit pas moins de 68 pages. M. Le Clerc y promettait aussi de montrer dans un Appendice séparé que saint Césaire copiait souvent Fauste de Riez. Ces deux écrits ont donc été composés après le travail sur le Décret de Gélase, et selon toute probabilité, vers 1714 ou 1715. Sur la fin de sa vie, M. Le Clerc compléta cette dissertation dont on trouvera l'analyse au chapitre XXVI. Là, sous ce titre général, *Apologie de Fauste de Riez,* nous présenterons l'ensemble de ce que notre savant critique composa pour défendre l'illustre évêque des Gaules contre ses imposants détracteurs.

VI. — *S. Cæsarii Arelatensis Augustinianismus discutitur et excutitur.*

Manuscrit de 130 pages, mais dont plusieurs ne sont pas remplies. Il en sera parlé au chapitre XXVI de cette *Notice.*

(1) Gfœrer, *Histoire des premiers temps du Christianisme,* tome I, page 24.

CHAPITRE V

REMARQUES SUR DIFFÉRENTS ARTICLES DU DICTIONNAIRE DE MORÉRI.

La plus grande partie des ouvrages de M. Le Clerc que nous aurons désormais à faire connaître a pour objet la vie et les écrits des gens de lettres. Il désigne quelquefois cette science par le mot *littérature* : on pourrait assez justement l'appeler *biographie littéraire.* « Ce genre d'études, dit M. Collombet, a presque besoin d'être défendu aux yeux de certains lecteurs qui veulent sans doute connaître à quelle époque vécut un homme, quand et comment il publia ses ouvrages, mais qui s'étonnent que l'on passe de longues heures à des investigations de cette nature, et qui affectent de les traiter avec un superbe dédain, comme si elles n'étaient bonnes que pour des gens sans imagination. Nous avons besoin de protester contre ce ridicule mépris pour des occupations utiles et même nécessaires (1). »

Mais peut-être, tout en reconnaissant leur mérite et leur avantage, certains esprits trouveront-ils que M. Le Clerc consumait en de semblables recherches un temps qu'ils estimeraient mieux employé à l'étude des sciences sacrées ? Peut-être même, à la vue de ces volumes par lesquels M. Le Clerc s'est placé « au premier rang parmi nos meilleurs biographes » (2), seront-ils tentés de penser que leur auteur n'a

(1) *Vie de l'abbé L. J. Le Clerc*, Revue du Lyonnais (Nouv. série), t. V, p. 143.

(2) Bégin, *Biographie de la Moselle*, tome I, p. 274.

pu obtenir de pareils résultats qu'en sacrifiant aux goûts de
l'érudit les devoirs plus importants de Directeur de Séminaire?
Des travaux tels que ceux qui ont été analysés dans les chapitres précédents, et dont la publication eût suffi pour illus-
trer, au moins parmi nous, le nom de M. Le Clerc, répondent suffisamment au premier de ces deux reproches. Quant
au second, M. le Clerc en écartait, sans le savoir, l'injurieux
soupçon, lorsque, en 1725, dans sa *Lettre sur le Dictionnaire
de Bayle,* composée au Séminaire de Lyon, il écrivait ces
paroles : « Pendant près de trente ans, mon capital a été la
Théologie et la critique ecclésiastique, la critique littéraire ne
m'ayant servi d'occupation qu'en partie et seulement depuis
environ dix ou douze ans. Aujourd'hui que je suis plus porté
que jamais à m'y appliquer, je n'ai presque plus de temps
pour le faire, étant chargé ici d'environ six sermons par mois,
sans compter les autres occupations que la direction dans un
Séminaire entraîne nécessairement après soi. La présente
lettre que j'ai commencée le 13 de ce mois (de mai), et que
j'espère finir avant le premier jour de juin, n'est faite, comme
l'on dit, qu'à bâtons rompus, et il se trouvera qu'avant de la
terminer j'aurai fait cinq discours ou sermons de trois quarts
d'heure chacun ». (*Lettre ms.* p. 216-217). Aussi verrons-
nous plus d'une fois M. Le Clerc qualifier de simple *amusement* des recherches qui, à elles seules, rempliraient dignement la vie d'un homme.

Sa critique s'exerça d'abord sur le *Dictionnaire historique* de
Moréri (1). Il publia à la fin de décembre 1719 un premier
volume de Remarques (2). Le livre parut sans nom de lieu
ni d'imprimeur, mais à Orléans, ainsi que nous l'apprenons
de l'auteur lui-même. Il n'en fit tirer que quatre-vingt-dix

(1) Cependant, dès 1718, lorsque parut la *Nouvelle Description de la France,*
par Piganiol de La Force, M. Le Clerc avait envoyé au libraire Delaulne
l'indication des fautes à corriger dans l'article *Orléans,* ainsi que des Mémoires
sur les entrées des évêques de cette ville *(Lettre de M. Le Clerc au P. Lelong
du 7 septembre 1720).*

(2) *Remarques sur différents articles du premier volume du Dictionnaire de
Moréri, de l'édition de 1718;* 1719, in-8º, pp. XLVIII-208.

exemplaires (1), qui ne furent même pas mis dans le commerce; aussi, comme le Président Bouhier le remarquait déjà dans une note écrite à la tête de son exemplaire, cet ouvrage est-il extrêmement rare. « Je n'en ai communiqué que trèspeu à quelques amis, disait M. Le Clerc au P. Lelong, pour les prier de prendre la peine de les lire et de ne me pas épargner leur critique, et je m'en suis bien trouvé *(14 août 1720)*.

La préface, que Mathieu Marais appelle *merveilleuse*, expose avec beaucoup de simplicité l'occasion et le but du livre.

« Je n'ai point entrepris la révision entière du *Dictionnaire de Moréri*, et ce n'est pas mon dessein d'en corriger toutes les fautes; je n'ai ni les lumières, ni le temps, ni les livres nécessaires pour une si vaste entreprise. J'ai encore moins en vue d'en choquer ou d'en décrier les habiles réviseurs, que je regarde comme mes maîtres en fait de recherches et de découvertes littéraires; je sais trop ce que coûte la discussion exacte des faits, et combien il est aisé de s'y méprendre. Un Dictionnaire universel est d'une exécution si longue, si pénible, et souvent si rebutante, que ceux qui ont eu le courage de l'entreprendre pour rendre service au public méritent assurément, quelque imparfait que soit leur travail, que l'on ait pour eux toute l'indulgence possible. Voici donc, en peu de mots, toute l'histoire de mon petit ouvrage, l'occasion qui l'a fait naître et les vues que je m'y suis proposées.

» J'achetai, au mois de mars dernier, le *Dictionnaire de Moréri* de l'édition de 1718. Je la croyais beaucoup plus parfaite que les précédentes, mais je ne fus pas longtemps à me détromper de l'idée avantageuse que j'en avais conçue. Je remarquai d'abord, en m'amusant à en lire différents articles à l'ouverture du livre, qu'il y avait bien des dates fautives, des noms défigurés, des contradictions, etc. Je formai le dessein d'en parcourir le premier volume de suite et de noter en marge toutes les fautes que j'y apercevrais. Je le fis, et, dans l'espace d'un mois, mes Remarques se trouvèrent monter à plus de trois cents. Je n'avais, pour lors, d'autre dessein que de satisfaire ma curiosité, et de m'amuser d'ailleurs assez agréablement dans des heures où je n'avais rien de plus pressé. Un religieux de mes amis. auquel je parlai de mes Remarques, me demanda si je serais d'humeur à les communiquer à un habile homme de sa connaissance qui travaillait à réformer le Dictionnaire. Je l'assurai que je les lui communiquerais de bon cœur. Ce religieux en écrivit à son ami. En attendant la réponse (qui n'est

---

(1) Dans sa *Bibliothèque du Richelet* (art. *Méri*), M. Le Clerc dit *cent,* probablement pour faire un compte rond; mais, dans sa lettre au P. Lelong du 14 août 1720. il dit *quatre-vingt-dix*.

point venue) (1), je repassai de nouveau le premier volume du Dictionnaire, mais avec plus d'attention que je n'avais fait la première fois, et je commençai à mettre mes Remarques au net. Ce travail m'occupa pendant environ trois mois, et jusqu'à la fin de juillet. Le loisir que me donna ensuite le temps des vacances me porta à recommencer tout de nouveau à relire différents articles que je n'avais parcourus qu'à la hâte. Mes Remarques augmentèrent chaque jour ; enfin, je pris la résolution, au commencement du mois d'octobre, de faire imprimer mon manuscrit et d'en faire tirer un petit nombre d'exemplaires qui pussent seulement me servir comme de simples copies de mon ouvrage mises au net. L'impression alla assez lentement et ne fut achevée que quelques jours avant Noël. Je profitai de ce temps pour revoir différents endroits, d'où je tirai un assez grand nombre de fautes que je n'avais point jusques-là aperçues et que j'ai fait imprimer par manière d'addition. » (p. I. II.)

Répondant ensuite à quelques difficultés qu'on lui avait proposées contre son ouvrage, M. Le Clerc achève de peindre les dispositions dont il était animé en le composant.

« Je sens bien, dit-il, qu'on peut me faire un reproche de
» ce que je me suis hasardé de faire imprimer mes Remar-
» ques avant d'avoir entièrement terminé mon travail. Je ne
» devais pas tant me presser, j'en conviens. Mais après tout,

(1) Cet endroit quelque peu mystérieux est expliqué dans la lettre de M. Le Clerc au P. Lelong du 31 août 1720 : « Si celui pour qui j'avais commencé ces Remarques, dit-il, eût voulu en profiter, je ne les aurais point fait imprimer. Je pense que celui qui m'avait promis de lui en écrire s'était trompé et avait cru, sans beaucoup de raison, que cet homme (c'est un nommé de Wailli, avocat) travaillait à nous procurer une nouvelle édition de Moréri. J'ai su depuis qu'il avait travaillé à l'édition de 1718. Apparemment, il se choqua de ce que le religieux (c'était un P. Jésuite de ses parents) lui marqua que je trouvais cette édition extrêmement défectueuse, et ne crut pas qu'un inconnu comme moi pût lui donner de bons avis. » — Qu'était ce Wailli, dont parle ici M. Le Clerc ? Le P. Lelong nous l'apprend dans sa réponse du 5 septembre 1720 : « Je crois connaître ce Wailli, avocat, qui a revu l'édition de Moréri de 1718. C'est le fils d'un crieur qui s'est donné la peine de ramasser, depuis plus de 25 ans, les Mémoires du temps. Il voit toutes les Gazettes de l'Europe et les Mémoires sur lesquels se compose celle de France, et il marque en particulier les histoires qui se confirment par les nouvelles suivantes. J'ai parcouru quatre ou cinq volumes de sa façon, dont j'ai extrait quelques dates. Il a une bibliothèque assez médiocre. » On sent bien, à ce dernier trait, que le P. Lelong était un bibliothécaire.

» ce n'est point ici une impression dans les formes, ni par
» conséquent un ouvrage proprement mis au jour et donné
» au public. Ce ne sont que des copies au net de mon
» ouvrage, destinées à être mises entre les mains de mes
» amis, afin qu'ils soient plus en état de m'en dire leur sen-
» timent et d'y marquer, comme je les en supplie, tout ce
» qu'ils y trouveront de peu correct et de défectueux. Une
» critique impitoyable de leur part me mettra en état de per-
» fectionner mon travail, et de le donner ensuite au public
» avec plus d'assurance, s'ils jugent qu'il en vaille la peine...
» Il a semblé à quelques personnes que j'avais relevé un
» trop grand nombre de fautes peu considérables, surtout des
» dates fautives, qui sont pour la plupart des fautes d'impres-
» sion. J'avoue de bonne foi que si j'avais eu dessein de
» faire ce que l'on appelle une critique, c'eût été à moi une
» espèce de pédantisme de m'amuser à remarquer un si
» grand nombre de ces sortes de fautes. Mais mon dessein
» était de contribuer à la perfection du Dictionnaire et non
» pas de le critiquer » (p. III, IV).

M. Le Clerc expose ensuite longuement le plan de ses
Remarques, plan qui contient un détail des principales
imperfections du Dictionnaire. Chronologie défectueuse, géographie inexacte, noms propres défigurés, citations fausses,
vagues ou obscures; défaut de discernement dans le choix
des auteurs, narrations imparfaites, contradictions et omissions nombreuses, expressions peu correctes, équivoques,
outrées; tels sont, avec preuves à l'appui, les principaux
reproches qu'il adresse à la nouvelle édition du Dictionnaire
(pag. V–XLVII).

Les Remarques contenues dans ce premier volume portent
uniquement sur les articles du Dictionnaire commençant par
les lettres A et B. Un pareil travail ne s'analyse pas. Tout au
plus peut-on en signaler les endroits les plus importants. C'est
ce que nous ferons tout naturellement en parlant des éloges
et des critiques dont ce livre fut l'objet.

M. Le Clerc l'ayant envoyé aux Jésuites qui rédigeaient les
Mémoires de Trévoux, le P. Thoubeau lui répondit par la lettre

suivante, datée de Paris le 17 mai 1720 : — « J'ai bien des
» excuses à vous faire sur mon silence depuis près de deux
» mois. Le sieur de Bure, libraire, qui m'apporta le paquet
» que vous me faisiez l'honneur de m'envoyer, se chargea de
» vous écrire que je lirais et ferais lire par des personnes
» intelligentes votre livre. Je l'ai fait voir à un célèbre avocat,
» à un chanoine, habile homme, à d'autres savants, à de nos
» Pères. Tous louent votre dessein et le croient utile au pu-
» blic, mais généralement on désire : 1° que vous ne donniez
» votre ouvrage au public qu'in-folio quand il sera achevé, et
» que vous le nommiez *Supplément du Dictionnaire historique;*
» 2° que vous mettiez par conséquent à chaque article ce qui
» le regarde, pour épargner la peine aux lecteurs d'aller cher-
» cher dans les catalogues ou de fausses dates, ou d'omis-
» sions, ou d'autres fautes, s'il n'y a rien qui regarde cet
» article qu'ils ont devant les yeux. Ces recherches que l'on
» oblige de faire quand on ne met pas tout au même en-
» droit, déplaisent aux lecteurs et leur paraissent une étude
» chagrinante. 3° On croit qu'il faut éviter l'air de chagrin
» contre qui que ce soit, et d'acharnement sur certaines per-
» sonnes ; des airs de modération font plus d'effet. Il ne faut
» aussi prendre fait et cause pour personne. Il faut blâmer
» ce que vous jugez blâmable dans ceux même que l'on loue
» d'ailleurs selon la vérité. 4° On a trouvé peu de fautes pour
» le langage. Celles qu'a trouvées cet avocat célèbre, il a mis
» dessus des papiers bleus. Il n'a trouvé rien à redire pour
» ce qui regarde le droit. Il n'a pas eu le temps d'éclaircir
» l'histoire des jurisconsultes. J'avais envie de le faire pour
» lui, mais nous n'avons ni la première ni la seconde édition
» de la *Bibliothèque* de M. Simon, et d'ailleurs on m'a chargé
» du soin du Journal de Trévoux, non pas que je compose
» des extraits, mais j'ai soin qu'on les fasse, et je fais les
» nouvelles littéraires, ce qui m'emporte plus de temps que
» je ne puis vous dire, à cause des mouvements que je me
» donne pour avoir des livres qui méritent qu'on en fasse
» l'extrait, et des lettres qu'il me faut écrire pour avoir des
» nouvelles, sans parler des autres soins qu'il me faut prendre

» pour que rien ne paraisse qui ne soit dans l'ordre. A l'oc-
» casion de ce journal, quand vous le jugerez à propos, on
» y annoncera votre ouvrage, Monsieur, et de la manière que
» vous le souhaiterez, et quand vous le désirerez on en fera
» l'extrait. Ayez seulement la bonté de me dire ce que vous
» désirerez, afin que je ne fasse ni plus ni moins. J'ai pris la
» liberté de mettre diverses remarques à la marge de votre
» ouvrage. On ne peut être avec plus d'estime de votre zèle
» pour la religion et de votre érudition, ni avec plus de
» respect que je suis, Monsieur, votre très-humble et très-
» obéissant serviteur en N.-S. — THOUBEAU, de la Compagnie
» de Jésus ».

Le P. Lelong, de l'Oratoire, avec lequel M. Le Clerc
était entré en relation, reçut également un exemplaire des
Remarques avec prière de les examiner. L'envoi était accompagné de cette lettre où M. Le Clerc découvre à la fois la
candeur et la fermeté de ses sentiments. « Vous me ferez
» plaisir de me dire ce que vous pensez de mes Remarques
» sur Moréri, qui ne doivent passer que comme un manus-
» crit ou projet d'un ouvrage, le nombre des exemplaires en
» étant très-petit. J'ai reçu dessus de fort bons avis et j'y ai
» découvert plusieurs fautes, quoique en petit nombre.
» J'avoue que je tremble quand je pense à devenir auteur,
» étant fort mal aisé de ne pas se tromper dans beaucoup de
» faits dont la recherche est difficile et la découverte encore
» davantage. On m'a reproché en particulier que je fais
» paraître du préjugé contre les écrivains de Port-Royal. Je
» ne me défends point là-dessus. Ce n'est pas que je ne sois
» convaincu que c'est un défaut que je dois éviter dans un
» ouvrage comme le mien. Mais en supprimant beaucoup
» d'autres choses que je pouvais dire et qui pouvaient paraî-
» tre odieuses quoique vraies, j'ai cru que je ne devais pas
» passer sous silence différentes vérités que j'ai dites. Je fai-
» sais des Remarques sur un ouvrage dans lequel le préjugé
» en faveur de ces Messieurs saute aux yeux. Les anti-Port-
» Royalistes s'en plaignaient, les Port-Royalistes en triom-
» phaient. Je souhaitais ramener le tout à un juste milieu. J'ai

» donc été nécessité de m'étendre un peu sur le *sed contrà*. Je
» ne l'ai fait qu'afin que ceux qui travaillent à une nouvelle
» édition se renferment plus dans le style historique. Au reste,
» je retrancherai dans une nouvelle édition, etc. Peut-être les
» nouveaux réviseurs, sentant de la peine en lisant certains
» faits que je rapporte, suivront la règle de l'équité naturelle,
» *quod tibi fieri non vis, alteri ne feceris*. J'ai d'ailleurs cette
» voie sûre pour me défendre, que j'ai opposé des vérités à
» plusieurs faits qui n'étaient pas vrais, ou au moins qui
» étaient altérés. Je sais de bon lieu qu'on a fait imprimer
» ici un petit ouvrage contre le mien, mais je n'ai pu encore
» parvenir à en avoir un exemplaire. Après tout, je suis tou-
» jours prêt à me corriger et sans peine, même sans dispute,
» dès qu'on me fera voir que je me suis trompé. »
(31 août 1720) (1).

La critique dont parle ici M. Le Clerc était une brochure
in-8° de 96 pages, imprimée au mois d'août 1720 à Orléans,
sans nom de libraire ni de lieu, avec ce titre : *Discussion
critique et théologique des Remarques de M*** sur le Dictionnaire
de Moréri de l'édition de 1718, par M. Thomas, docteur de Louvain*. Dom Le Cerf a attribué cet opuscule à Dom Billouet,
mort à l'âge de 36 ans, le 2 mars 1720. Une preuve certaine
qu'il est du P. Méri, c'est le témoignage de M. Perdoulx de
La Perière, ami intime de ce religieux, qui le visitait souvent,
qui l'y a vu travailler (2), et a appris de lui que le faux nom
de Thomas, sous lequel il se cachait, était le nom de famille
de sa mère (3). « C'est ce que M. de La Perière m'a assuré

(1) Le P. Lelong trouva la préface « judicieuse » et reconnut que les
Remarques elles-mêmes « venaient d'une personne éclairée et fort exacte. »
(Lettres du 30 août et du 5 septembre 1720.)

(2) « On ne peut pas être plus certain que je le suis de ce fait, ayant été
témoin oculaire de l'entreprise et de la composition de cet ouvrage. » (*Lettre*
(première) *de Dom P. Le Richoulx de Norlas* (Michel Perdoulx) *à un de ses
confrères sur la* Bibliothèque historique et critique des auteurs de la congrégation de Saint-Maur, composée par D. Le Cerf ; Orléans, 1727.)

(3) Dom François Méri, natif de Vierzon au diocèse de Bourges, fit
profession dans l'abbaye de Saint-Faron de Meaux, le 4 septembre 1694, à
l'âge de 19 ans. Il travaillait à une Bibliothèque des écrivains du Berri lorsque

en 1721, dit M. Le Clerc. D. Méri fit tirer 200 exemplaires de sa *Discussion.* Cet opuscule n'ayant paru qu'après la mort de D. Billouët, et M. Le Clerc ayant appris du P. Lelong, son ami, qu'elle venoit des Bénédictins d'Orléans, il crut que D. Billouët en étoit l'auteur, et il fut confirmé dans cette pensée parce que D. Méri gardoit avec lui un profond silence à ce sujet. Cependant, M. Le Clerc lui en ayant parlé comme d'un ouvrage dont il ne connoissoit point l'auteur, D. Méri lui en parla à peu près sur le même pied, et cela n'alla pas plus loin. M. Le Clerc, qui avoit encore presque tous les exemplaires de son ouvrage, corrigea à la main, sur chacun d'eux, cinq à six endroits où il se sentoit bien relevé. Il acheta ensuite une douzaine et demi d'exemplaires de la *Discussion,* qu'il distribua à ses amis, après y avoir mis de courtes notes en marge, dans lesquelles il se justifioit ou se condamnoit, suivant que son adversaire le reprenoit avec raison ou sans raison. Une seule chose lui fit de la peine dans la suite, ce fut que D. Méri, dans le Catalogue de la *Bibliotheca Prustelliana* — ou Catalogue de la Bibliothèque publique d'Orléans, qui vient de M. Prousteau, — en parlant des Remarques sur Moréri, y eût ajouté *par M. Le Clerc.* »

la mort l'enleva, le 18 octobre 1723. Voici en quels termes M. Perdoulx de La Perière annonçait cette nouvelle à M. Le Clerc : « Je dois vous informer de la mort du petit Père Méri, arrivée à Maçai en Berry le 18 du mois dernier. On assure qu'il s'est épuisé en passant les nuits à la composition de son ouvrage, qu'il avait bonne envie de faire paraître.

> La Parque apprenant que Merri
> Alloit nous enrichir d'un livre
> Qui le feroit à jamais vivre,
> Et rendroit immortels les auteurs du Berri,
> Par une jalouse colère
> L'a mis dans l'éternelle bière ;
> Mais malgré son cruel courroux,
> Ce digne et savant personnage,
> Eussions-nous le malheur de perdre son ouvrage,
> Il vivra toujours parmi nous.

Je me suis hasardé de faire ces vers à sa louange, et, qui pis est, de vous les envoyer. » (12 novembre 1723.)

Tel est le récit fait par M. Le Clerc dans sa *Bibliothèque du Richelet* (art. *Méri*).

Quant à la *Discussion critique,* elle ne porte que sur la première partie, c'est-à-dire sur les Remarques qui comprennent l'A. Elle ne touche même qu'à 23 ou 24 endroits pris dans 14 articles des Remarques, lesquelles sont au nombre d'environ 200 plus ou moins considérables (1). Encore faut-il observer que près de la moitié de la *Discussion* (35 pages sur 96) est employée à justifier l'article *Arnauld* du Dictionnaire, article émané du janséniste Dupin, qui, « n'ayant pas eu la liberté de l'insérer dans sa *Bibliothèque des Auteurs ecclésiastiques,* profita de la nouvelle édition de Moréri pour le faire paraître. » (*Lettre du P. Lelong à M. Le Clerc, 28 octobre 1720.*) On connaîtra suffisamment l'objet et la portée des critiques de D. Méri par la réponse qu'y opposa M. Le Clerc. Elle n'est pas parvenue jusqu'à nous, mais l'auteur en a fait une analyse détaillée dans sa lettre déjà citée au P. Lelong. Nous en donnons ici une partie, ajoutant entre parenthèses ce qui est nécessaire à l'intelligence du texte.

« Je vous aurais écrit plus tôt pour vous remercier de
» votre lettre, mais j'en ai été empêché, ayant été obligé
» de faire assez vite une réponse au petit ouvrage que l'on
» a fait contre moi et que j'achetai le jour même qu'il parut,
» qui fut le 9 septembre. Je l'ai finie en moins de quinze
» jours, et je l'ai communiquée ici à mes amis, mais sans
» dessein de la faire imprimer. Voici la méthode que j'ai
» suivie.

» J'ai fait voir, sur l'article *Abelly,* que ce prélat n'a point
» enseigné ce que la *Discussion* lui impute touchant (l'obli-
» gation du précepte de) *l'amour de Dieu et le délai de l'abso-*
» *lution* (à l'égard des récidifs), et que, sur le fait de la vie
» de M. Vincent, il démontra fort bien l'unique point con-
» testé par l'abbé de Barcos, savoir que ce qu'il avait rapporté
» des paroles de M. Vincent sur le compte de l'abbé de

(1) Savoir : 633 sur la lettre A, 401 sur la lettre B, et 154 dans les *Additions.* Total : 1,188.

» S. Cyran était tiré des mémoires que lui avaient fournis
» MM. de la Mission...

» Sur *l'Absolution*, je cite les auteurs que j'avais en vue en
» disant que *tous les savants convenaient de la fausseté de la
» proposition de M. Arnauld* (affirmant que, dans l'ancienne
» Église, on n'accordait l'absolution aux pénitents qu'après
» une satisfaction publique)... Ainsi, pour justifier mon as-
» sertion, je produis plus de 130 Docteurs ou écrivains,
» pendant que mon docte censeur, pour la combattre, n'a pu
» venir à bout de m'en opposer 3. Je fais même voir que les
» deux seuls qu'il a nommés, savoir : M. de l'Aubespine et
» le P. Juénin, lui sont opposés autant qu'à moi (1)...

» Sur *Agrippin*, sans répéter de nouveau ce que j'en ai
» dit, je persiste à soutenir que mes preuves sont bonnes
» (à l'effet de démontrer que, nonobstant la décision contraire
» d'Agrippin, évêque de Carthage, l'ancienne pratique de re-
» cevoir les hérétiques sans les rebaptiser avait été continuée
» en Afrique). J'avoue pourtant que je me suis trompé dans la
» dernière que je tire de Saint Augustin, laquelle je n'avais
» citée que de mémoire et que je conviens n'être point de
» lui, quoiqu'au fond elle soit bonne. C'est là proprement le
» seul fait de conséquence sur lequel j'ai été bien relevé et
» dont je ne puis m'empêcher de savoir gré à mon censeur.

» Sur M. *Arnauld*, je fais voir qu'il est faux que les pro-
» testants aient jamais désavoué les faits principaux objectés
» à M. Arnauld par le ministre Jurieu, tels que sont, par
» exemple, ceux-ci : que sa doctrine et celle de Jansénius sur
» la Grâce ne diffèrent point de celle de Calvin; que M. Ar-
» nauld a porté fort loin l'obligation d'obéir au pape et aux
» évêques lorsqu'il a écrit contre les protestants sur l'autorité
» de l'Église, mais qu'au contraire il a parlé là-dessus comme
» les protestants quand il a écrit contre le pape et les évêques
» pour la défense de Jansénius; que, dans ses ouvrages contre
» les protestants, il a reconnu avec tous les catholiques l'obs-

____

(1) M. Le Clerc reproduit cette réponse avec de nouvelles preuves au
tome III de ses *Remarques*, art. *Goudrin*, pages 117-119.

» curité de l'Écriture, mais qu'il en a parlé comme les pro-
» testants quand il a écrit pour la défense du Nouveau Tes-
» tament de Mons et contre M. Mallet...

» Enfin, je fais voir par un acte très-authentique que le
» cardinal de Richelieu et M. Lescot n'agirent point par pré-
» vention contre M. Arnauld, mais par un principe très-bon,
» et qu'ils suivirent constamment dans différentes occasions
» semblables (lorsqu'en 1641 ils empêchèrent que M. Arnauld
» fût admis à la Société de Sorbonne *contre les lois et les cou-*
» *tumes de cette maison,* M. Arnauld n'ayant achevé d'ensei-
» gner son cours de philosophie qu'un an et demi environ
» après avoir fini sa licence) (1).

« Je ne ferai point imprimer ma réponse, quoique la plu-
» part de mes amis m'y exhortent, parce que je suis résolu de
» ne jamais publier aucun écrit contentieux, surtout contre des
» gens enclins à attaquer et à répondre par des tours et des
» phrases injurieuses et insultantes. Je hais à mort ces sortes de
» disputes, que je regarde comme indignes de gens de lettres
» et même d'honnêtes gens. Pour éclaircir amiablement des
» faits, je serai toujours prêt à le faire ; mais les soutenir par
» des écrits qui ne font ordinairement qu'aigrir, j'espère que
» je ne le ferai jamais. D'ailleurs, mes confrères ont eu de la
» peine de voir un auteur, qui m'attaque personnellement et
» sur des faits absolument étrangers à mes Remarques (2), et
» qui, surtout, déclame nommément contre les Sulpiciens (3).

(1) M. Le Clerc développe cette réponse dans le tome III de ses *Remar-*
ques, art. *Lescot,* p. 184-188.

(2) « Étant, à ce qu'on dit, Bibliothécaire du Séminaire d'Orléans, est-il
excusable d'avoir défiguré le nom du principal bienfaiteur (Fourcroy) de la
Bibliothèque de ce Séminaire ? » (*Discussion,* p. 29.)

(3) « Si cette pratique de rebaptiser les hérétiques avoit été interrompue,
seroit-ce parler raisonnablement que de dire, comme fait saint Cyprien
(Ep. 79), qu'elle avoit été pratiquée par lui et par d'autres ? Ce saint se
seroit exprimé d'une manière aussi ridicule et aussi peu sensée que feroit
M*** s'il s'avisoit de dire que les Sulpiciens se sont toujours attachés à
suivre, sur la grâce efficace par elle-même et sur la prédestination gratuite,
des sentiments conformes à ceux des SS. Pères et à la tradition de l'Église. »
(*Discussion,* p. 33.)

» Ils ont cru qu'un homme qui se déchaîne ainsi de gaité de
» cœur, et sans avoir été attaqué, serait capable de dire de
» nouveau quelque chose de plus satirique s'il se voyait criti-
» qué publiquement par un écrit démontrant qu'il n'est pas
» fort instruit des faits qu'il conteste...

» Cette discussion critique a eu très-peu de succès ici. J'en
» ai acheté une douzaine d'exemplaires, et je les ai prêtés à
» ceux qui avaient mon ouvrage. Celui qui les vend m'a
» assuré qu'il n'en avait pas vendu vingt en tout, hors ceux
» que j'ai achetés, et que personne ne lui en demande plus.
» M. de La Perière m'a dit que les amis mêmes des Béné-
» dictins ont généralement désapprouvé cet opuscule : 1° parce
» que le style en est trop aigre ; 2° parce que cet ouvrage,
» dans lequel on espérait trouver des faits éclaircis, n'est pro-
» prement qu'un écrit théologique rempli de digressions sur
» l'amour de Dieu et sur la probabilité, de longues ironies,
» etc., et que j'y suis dépeint par des traits que tous ceux
» auxquels j'ai l'honneur d'être connu savent fort bien ne me
» point convenir. »

Le P. Lelong loua la disposition où était M. Le Clerc
de ne pas pousser plus loin ces démêlés littéraires, lui
déclarant que son parti était « le plus sage » et serait « toujours le plus approuvé » (28 octobre 1720). Au reste, la
Discussion ne méritait que le silence. « C'est peu de chose »,
écrit le président Bouhier sur son exemplaire des *Remarques*
(*Bibliothèque de la Faculté de Médecine de Montpellier*, F. f.,
n. 939). Le P. Oudin est encore plus incisif : « Je ne
vous renvoie pour le présent que la discussion monacale,
écrit-il à M. Le Clerc; il faudrait bien des brochures semblables à celle-ci pour faire tort à votre ouvrage » (23 mars
1727).

Aussi M. Le Clerc ne se laissa-t-il pas décourager par cette
attaque. Il donna, en 1720, un second volume de *Remarques* (1).

(1) *Remarques sur différents articles du second volume du Dictionnaire de
Moréri, de l'édition de 1718* (Orléans), 1720, in-8°, pp. 184. Elles portent
sur les lettres C, D, E.

En 1721, il publia le troisième (1), où le P. Desmolets trouva
des articles « intéressants » et des corrections « très-judicieuses
et marquant beaucoup de critique. » Voici sur tout l'ouvrage
l'appréciation de Mathieu Marais, avocat au Parlement de
Paris, généralement bon juge lorsque Bayle, son ami, n'est
pas en cause.

« J'ai lu les *Remarques* sur le Moréri par l'abbé Le Clerc,
» fils du graveur, en 3 volumes in-12, imprimés *incognito*. Il
» est fort partial contre les Jansénistes ; sa critique est vive,
» pleine de faits curieux, mais quelquefois un peu trop pré-
» cipitée... L'abbé Le Clerc montre une grande lecture, et
» il sait bien manier les faits et les preuves. Il attaque Bayle
» en quelques endroits, mais je lui ai montré (2) qu'il n'a pas
» raison contre lui sur le chapitre de M. Arnauld et d'autres,
» et qu'il n'est pas aisé de le prendre en faute. Il a beaucoup
» raisonné pour prouver son erreur sur la première édition
» des *Centuriateurs,* et, à la fin, il s'est trouvé qu'il a tort,
» et il s'est rétracté. Il a fait un article sur son père, Sébas-
» tien Le Clerc, fameux graveur, qui est bien travaillé, et il
» a ramassé bien des curiosités sur la *Conception-Immaculée,*
» sur la Congrégation *de Auxiliis,* où il montre la fausseté de
» deux lettres attribuées au docteur Duval par le P. Serry, et
» où il a placé bien des faits inconnus qui regardent Rose,
» évêque de Senlis, fameux ligueur ; sur la *Calprenède,* qui
» s'appelait Coste ; sur *Callot, Casaubon,* les *Canons Aposto-*
» *liques,* Mlle *Chéron,* peintre, *Chambord,* le P. *Desmares* et
» autres. Et certainement, c'est un des grands critiques de
» nos jours, s'il n'y avait pas un peu trop de partialité pour
» le molinisme. Il parle mal de Bayle, qui était excellent et
» qui valait mieux que lui. » (*Journal,* tome III, p. 29, 30.)
Nous achèverons ce qui concerne les *Remarques* de M. Le
Clerc en extrayant de son livre quelques anecdotes peu con-

(1) *Remarques sur différents articles du troisième volume du Dictionnaire de
Moréri, de l'édition de 1718* (Orléans), 1721, in-8°, pp. 200. Elles vont
de la lettre F à la lettre L inclusivement.

(2) Marais n'envoya que plus tard la lettre à laquelle il fait ici allusion.
Voir le chapitre XII de cette Notice.

nues, mais authentiques. Tous ceux qui ont écrit sur Guillaume de Paris attribuent en entier à Le Féron l'édition de ses œuvres, donnée à Orléans, l'année 1674, en deux volumes in-folio (1). « Voici le fait tel qu'il est, dit M. Le Clerc; *je* » *l'ai appris d'original.* Hotot, imprimeur et libraire à Or» léans, voulant faire une nouvelle édition des ouvrages de » Guillaume de Paris, s'adressa à M. Étienne Bouchet, pour » lors encore assez jeune, lequel se chargea de revoir l'édi» tion de Venise de 1591 et de corriger les feuilles de celle » d'Hotot à mesure qu'on les imprimerait. L'édition était » presque achevée, lorsque M. Le Féron, en ayant eu des » nouvelles à Chartres, prit la peine de comparer l'édition de » Venise avec un ancien manuscrit des ouvrages de cet évêque » de Paris, que l'on conservait dans la Bibliothèque du cha» pitre de Chartres. Ayant reconnu qu'il y avait dans ce ma» nuscrit quatre traités qui manquaient dans l'édition de Ve» nise, il les transcrivit tous quatre et les envoya au libraire » d'Orléans, auquel il en avait écrit auparavant. Il y joignit » une préface de sa façon. Hotot mit le tout à la fin de son » second volume, sous le titre de : *Supplementum,* etc., *ex* » *codice Manuscripto insignis Eccl. Carnotensis, curâ et studio* » B. LE FERON, *Doctoris ac Socii Sorbonici, et Basilicæ Carnot.* » *canonici.* Ce titre fait sentir par lui-même que le reste de » l'édition n'est point de M. Le Féron (2). »

On voit souvent à la fin des articles du Dictionnaire de Moréri cette indication : *Mémoires du temps.* « J'ai été assez » longtemps, dit M. Le Clerc, en peine de savoir ce que » c'est que ces *Mémoires.* Je pense l'avoir depuis peu décou» vert. Entre différents manuscrits qui viennent d'une com» munauté qui ne subsiste plus, et qu'une personne qui y

---

(1) V. en particulier D. Ceillier, *Histoire générale des auteurs sacrés et ecclésiastiques,* Paris, 1763, tome XXIII, p. 482. Son dernier éditeur ne le rectifie par sur ce point, quoiqu'il le complète sur d'autres. — Daunou, *Histoire littéraire de la France,* Paris, 1835, tome XVIII, page 364. — *Biographie universelle* de Michaud. — *Biographie générale* de Didot. — Les éditeurs de Moréri eux-mêmes n'ont pas mis à profit cette remarque de M. Le Clerc.

(2) *Remarques sur... Moréri,* art. *Guillaume de Paris,* pages 128, 129.

» avait demeuré assez longtemps m'a donnés, j'ai trouvé
» quelques éloges de divers évêques et prêtres qui ont été de
» leur vivant soupçonnés ou accusés de jansénisme. En con-
» frontant ce peu d'articles avec ceux que l'on a donnés, dans
» le Dictionnaire, de ces mêmes personnes, j'ai vu que ces
» derniers étaient comme des abrégés des autres. On les
» a copiés mot pour mot dans plusieurs choses, mais dans
» d'autres on a pris soin d'en adoucir quelques expressions
» trop peu ménagées et qui auraient trop naturellement porté
» le lecteur à faire usage de ce vers de Boileau :

» Ce coup part, j'en suis sûr, d'une main Janséniste (1). »

Le troisième volume des *Remarques* s'arrête à la lettre L.
M. Le Clerc avait continué et mis au net ses Remarques sur
les autres articles du Dictionnaire, mais cette suite n'a point
été imprimée séparément. La raison de ce fait est sans doute
dans ce qui arriva après l'impression du troisième volume.
M. Leschâssier ayant chargé le visiteur de 1721 de « persuader
M. Le Clerc de ne s'occuper plus à examiner le Dictionnaire
et d'obtenir que s'il avait fait quelques remarques sur ce livre
il n'en fît ou n'en laissât imprimer aucune feuille sans l'avoir
envoyée au Séminaire de Saint-Sulpice, M. Le Clerc promit
de ne rien faire imprimer que du consentement de M. le
Supérieur ». Ces Remarques ne furent cependant pas perdues
pour le public. Elles servirent à perfectionner l'édition de
Moréri donnée en 1724, ainsi qu'on le verra au chapitre X.

En divers endroits de ses *Remarques*, M. Le Clerc avait
promis sur certains faits des éclaircissements trop longs pour
être insérés dans le corps de l'ouvrage. C'était d'abord un
« article assez curieux » sur le Décret du pape *Gélase I,* qui
eût été tiré de la Dissertation dont nous avons rendu compte
au chapitre précédent; puis un autre sur *Lucidus* et le prédes-
tianisme au ve siècle, dont le fonds aurait été pris dans les
Dissertations sur Fauste de Riez; enfin, un troisième sur le
P. *Labbe,* où M. Le Clerc eût très-probablement fait de ce

(1) *Remarques sur Moréri,* art. *Luthumières,* p. 198.

célèbre jésuite, accusé de plagiat, l'apologie dont il donne une analyse dans sa *Bibliothèque du Richelet* (art. *Labbe*). A l'article *Dagobert I* du second volume, il promettait également une suite chronologique des rois de France de la première race ; mais, au commencement du troisième, il renvoie cette chronologie au mot *France*. Là, il s'engage de nouveau à la donner avec ses preuves à la fin du volume ; mais, infidèle à sa parole pour la troisième fois, il ajourne à un volume séparé qui n'a jamais paru et ce point et les trois précédents. Comme nous avons déjà eu ou que nous aurons l'occasion de parler de ces derniers, nous allons dire un mot des *Remarques chronologiques sur l'histoire des deux premières races des rois de France.*

Tel est le titre de l'ouvrage sur la copie qu'en fit faire le président Bouhier, et qu'on voit aujourd'hui à la Bibliothèque de la Faculté de Médecine de Montpellier (1). Cependant, ce titre n'est pas absolument exact. Il exprime ce que M. Le Clerc projetait plutôt que ce qu'il a exécuté. Son travail, en effet, s'arrête à Childéric III, dernier roi de la première race, au moins dans la copie que nous connaissons, car nous ignorons ce qu'est devenu le manuscrit original.

Plein d'estime pour toutes les productions de M. Le Clerc, le président Bouhier lui exprimait sa satisfaction de celle-ci par ces paroles : « Le P. Oudin m'a fait part de vos *Remarques chronologiques* sur nos anciens rois, où il y a d'excellentes choses, et qui m'ont fait grand plaisir. C'est bien dommage que vous laissiez perdre tant de bonnes choses » (18 novembre 1727) (1). — Nos lecteurs éprouveraient-ils la même jouis-

----

(1) *Catalogue général des Manuscrits des Bibliothèques publiques des Départements,* Paris, 1849, tome I, p. 333, n. 103. Ce manuscrit est un in-folio de 110 pages.

(1) Le P. Desmolets n'avait pas encore lu la Dissertation de M. Le Clerc lorsqu'il lui écrivait, le 4 octobre 1721 : « J'attends avec impatience votre Chronologie des rois de France. Je ne doute pas que vous n'y ayez rassemblé plusieurs traits curieux et savants. Le P. Lelong en a fait une qui est, je crois, ce qui lui a causé la mort. Je compte de la donner à la tête de sa Bibliothèque des Historiens de France, après, cependant, que je l'aurai examinée de nouveau. »

sance si nous leur faisions l'analyse de cet écrit substantiel ?
Une analyse est-elle même possible ? C'est là « un livre dont
il est très-difficile de rendre compte, parce qu'il ne contient
que des discussions chronologiques, par conséquent des raisonnements très-liés, très-précis et très-nécessaires » (1). Ces
paroles des *Mémoires de Trévoux*, entreprenant l'extrait d'un
ouvrage composé sur la même matière (2), s'appliquent de
tout point à celui de M. Le Clerc. Tout au plus pourrions-
nous donner ses conclusions sur les questions les plus controversées, telles que la mort de Clovis I et de Dagobert I,
qu'il soutient être arrivées en 511 et en 638 ; mais il suffira
de renvoyer à l'édition que M. Le Clerc donna, en 1729, des
Éléments de l'Histoire de l'abbé de Vallemont, et reproduite
sans changements sur ce point par l'abbé Goujet, en 1758 (3).
On y verra le système de chronologie adopté par M. Le Clerc,
et quelquefois une partie des preuves qu'il apporte dans son
ouvrage manuscrit.

CHAPITRE VI

RAPPORTS DE M. LE CLERC AVEC LA MONNOYE.

Les trois dernières années que M. Le Clerc passa à Orléans sont dignes d'intérêt principalement par les relations
qu'il entretint alors avec plusieurs savants de la capitale.

Le premier dans l'ordre des temps, comme de la célébrité,

(1) *Mémoires de Trévoux*, juin 1749, pages 1291, 1292.
(2) *Dissertation sur la Chronologie des rois Mérovingiens depuis la mort de
Dagobert I jusqu'au sacre de Pepin...*, par M. Gouye de Longuemare ; Paris,
1749, in-12.
(3) *Les Éléments de l'Histoire...*, par M. l'abbé de Vallemont ; Paris, 1758.
tome V, pages 215-246.

est le poète et érudit La Monnoye, de l'Académie française (1).
L'origine de ce commerce littéraire nous est révélée par une
lettre de l'abbé Simon à M. Le Clerc, qui l'avait connu au
Séminaire de Saint-Sulpice. Voici cette pièce intéressante;
elle n'est pas datée, mais elle est sûrement de la fin de 1719
ou du commencement de 1720 :

« Vos judicieuses *Remarques sur différents articles du premier*
» *volume du Dictionnaire de Moréri de l'édition de 1718*, m'étant
» tombées entre les mains, je les ai lues avec beaucoup de
» satisfaction les vacances dernières, en Beauce, chez un gen-
» tilhomme de mes amis. L'illustre M. de La Monnoye, mon
» compatriote, et je puis dire mon ami, se trouvant cité et
» relevé dans quelques endroits des dites *Remarques*, je l'en
» ai averti vers la fin du mois d'octobre, à mon retour à
» Paris. Il voulut voir votre ouvrage et en savoir l'auteur; je
» me fis un honneur de le lui déclarer. Ce ne fut point assez
» de cette déclaration, il vint me demander les *Remarques*. Je
» les lui offris de bon cœur; il me les renvoya avec la lettre
» que vous trouvez ici, qui ne doit point, ce me semble, vous
» faire de déplaisir. J'ai cru qu'il fallait vous l'envoyer. Si vous
» avez quelque envie d'écrire au même M. de La Monnoye,
» il demeure à la rue *Honoré Chevalier, faubourg Saint-Ger-*
» *main, près les Jésuites du Noviciat*. Vous savez sans doute
» qu'il est un des quarante de l'Académie française. Il tra-
» vaille actuellement à un ouvrage considérable, c'est à la
» révision des *Jugements des Savants*, par feu M. Baillet. Il y

(1) Bernard de La Monnoye, né à Dijon le 15 juin 1641, étudia sous les
Jésuites, puis alla faire son droit à Orléans. De retour dans sa patrie, il fut
d'abord avocat au Parlement, ensuite correcteur en la Chambre des Comptes
de Bourgogne. En 1707, il alla s'établir à Paris. Après avoir été cinq fois
lauréat de l'Académie, il en devint membre en 1713. Il avait fait sa principale étude des langues savantes, de la critique littéraire et de la poésie, et
il a composé dans ces divers genres quantité d'ouvrages dont l'abbé Papillon
donne la liste (*Bibl. des aut. de Bourgogne*, tome II, p. 61-79). « Modeste
sans affectation, dit de lui ce dernier auteur, fidèle à ses amis, d'un commerce doux et désintéressé, on le vit toujours égal jusqu'aux derniers moments de sa vie » (*Ibid.*, p. 65). Il mourut à Paris le 15 octobre 1728, « âgé
de quatre-vingt-huit ans », selon l'acte de son décès.

» mettra des notes très-curieuses. Tout l'ouvrage sera fini
» (en 5 vol. in-4°) pour l'impression dans un an et demi.
» C'est ce qu'il m'a témoigné à la fin du mois d'octobre der-
» nier. Il a déjà revu les sept premiers volumes, auxquels il
» a joint des notes. Je suis ravi, Monsieur, d'avoir une oc-
» casion aussi favorable de vous assurer que je suis, avec le
» plus profond respect, votre très-humble et très-obéissant
» serviteur. *Simon, pre.* »

La Monnoye fit, en effet, à M. Le Clerc « l'amitié » de
lui « marquer les fautes » qu'il aperçut dans les *Remarques*
sur Moréri, et de lui « dire son sentiment sur divers endroits »
où il ne pensait pas comme lui (1). De là, entre l'Académicien
et le modeste Directeur de Séminaire, une correspondance
littéraire qui dura environ sept ans, mais dont nous n'avons
pu retrouver un seul fragment, *disjecti membra poetæ*, quoiqu'elle ait été très-fréquente, comme en font foi les ouvrages
de l'un et de l'autre et les documents que nous avons entre
les mains. Nous citerons seulement ici ces paroles de La Monnoye à une personne que Rigoley de Juvigny ne nomme pas,
mais qui pourrait bien être le président Bouhier : « Accou-
tumez-vous, s'il vous plaît, à ma paresse; j'en ai comme fait
habitude, et je ne me sens guère désormais en état de m'en
corriger. Je ressemble au landgrave de Hesse, qui ne pouvait
ni ne voulait changer de vie. Il en fit sa déclaration à ses ministres, qui compatirent à son infirmité. J'ai, ces jours passés,
déclaré la mienne à M. l'abbé Le Clerc, que j'ai réduit au
semestre ; j'ai réduit sur le même pied ma fille et son frère le
Cordelier. Pour vous, Monsieur, vous aurez la bonté d'agréer
qu'un vétéran, mais un vétéran presque *nonagénaire,* ait l'honneur de vous servir par quartier (2). »

La correspondance de La Monnoye avec M. Le Clerc ayant

(1) *Lettre critique sur le Dict. de Bayle;* La Haye, 1732, page 369. —
« J'ai reçu quelques bons avis de M. de La Monnoye sur mon ouvrage,
dont je profiterai. Il m'a écrit de la manière du monde la plus obligeante. »
(Lettre de M. Le Clerc au P. Lelong du 11 janvier 1721.)

(2) *Œuvres choisies de feu M. La Monnoye,* de l'Académie française ; La
Haye (Dijon), 1770, tome III, page 173.

pour principal objet l'histoire littéraire, chacun d'eux a dû reproduire dans ses écrits les remarques qu'il devait à l'autre (1). Aussi, les notes du premier sur les *Bibliothèques françaises de La Croix du Maine et de Du Verdier* font-elles souvent mention de celles qui lui ont été communiquées par le second (2). Il est certain, par le témoignage de l'abbé Brun, ami intime de M. Le Clerc, que celui-ci « envoya au savant critique, son ami, des corrections pour divers articles de la Bibliothèque de La Croix du Maine (3) ». M. Perdoulx de La Perière, en confirmant le même fait, exprimait un vœu très-flatteur pour M. Le Clerc : « Je ne doute point, lui dit-il, que l'ouvrage de M. de La Monnoye sur La Croix du Maine et du Verdier ne se sente de vos bons secours, mais je suis encore persuadé qu'il s'en sentirait davantage si ce savant homme vous communiquait son manuscrit avant de le faire imprimer. Ses notes sur ces deux auteurs seraient sans doute, ou augmentées par l'étendue de votre littérature, ou rectifiées par la sagacité de votre critique » (28 juillet 1724).

Au reste, les auteurs et leurs ouvrages n'étaient pas le seul objet des lettres de M. Le Clerc à La Monnoye. Comme tout homme en ce monde, le poëte avait une âme à sauver, et, jusque vers la fin de sa vie, il avait beaucoup trop négligé cette importante et unique affaire. Nous sommes fondé à croire que ce point délicat fut abordé par le prêtre de Saint-Sulpice. « Je voudrais, écrit en 1727 l'abbé Papillon à M. Le » Clerc, que M. de La Monnoye prît les sentiments dont vous » me parlez et dont un chrétien ne doit jamais s'écarter; mais » il est bien tard pour chercher à convertir ce poëte. *Genus* » *insanabile vatum. Heu vatum insanæ mentes, quid vota furen-* » *tem, quid delubra juvant?* Nous devons remettre cette affaire

(1) Voir, du côté de M. Le Clerc, *Lettre critique*, p. 44 ; *Remarques crit. sur... Bayle*, art. *Amaseus, Bouchet*, etc.

(2) V. dans l'édition revue par Rigoley de Juvigny; Paris, 1772, tome I, p. 138, *Claude Fauchet*; page 156, *Clément Marot*. — Tome II, page 289, *Pierre Hamon*; page 387, *Robert Garnier*. — Tome V, page 346, *Pierre Sutor*; page 409, *René des Freux*, etc.

(3) *Mémoires pour servir à l'Histoire des poëtes français*, art. *Jean Bouchet.*

» entre les mains du Seigneur, *cujus vult miseretur* » (12 août
1727). — « La Glose de sainte Thérèse, par M. de La Mon-
» noye, est une pièce excellente et marque un dévot du pre-
« mier ordre ; c'est l'idée qu'en prendront ceux qui ne con-
» naissent pas M. de La Monnoye sur un certain pied. *Je*
» *voudrais qu'il profitât de vos bons avis.* Il me semble qu'il n'a
» pas de temps à perdre ; mais la conversion d'un poète ne
» peut être que l'ouvrage d'un apôtre. C'est au Seigneur à qui
» il faut s'adresser pour cela, et vous avez pris le parti le plus
» sûr » (15 septembre 1727).

La grâce toucha enfin le cœur de l'auteur des *Noëls Bour-*
guignons, et M. Le Clerc, qui avait eu sa part dans la bonne
œuvre, dut bien se réjouir en lisant ces lignes du président
Bouhier : « Nous avons perdu, le vendredi 15 octobre, le
pauvre M. de La Monnoye, ce dont j'ai été infiniment touché.
On m'a mandé qu'il était mort chrétiennement et qu'il avait
reçu ses sacrements des mains de *MM. de Saint-Sulpice.* C'est
tout ce que j'en sais » (1er décembre 1728). M. Le Clerc
exprimait lui-même cette joie, que les Anges ressentirent
comme lui dans le ciel : *Gaudium erit coram Angelis Dei super*
uno peccatore pœnitentiam agente (Luc. XV, 10). Il écrivait à
M. de La Bastie : « Au sujet de feu M. de La Monnoye, notre
ami, je vous dirai en passant une chose qui m'a bien consolé,
c'est que M. Brossette a écrit ici qu'il était mort d'une manière fort chrétienne et fort édifiante. »

CHAPITRE VII

CORRESPONDANCE DE M. LE CLERC AVEC LES PP. LELONG ET DESMOLETS, DE L'ORATOIRE.

On voit dans quelques endroits des *Remarques sur le Dic-*
tionnaire de Moréri (art. *Guillaume de Paris*), que M. Le Clerc

tenait de l'abbé Brillon, chanoine et chancelier de l'église de Chartres, plusieurs renseignements sur les auteurs Chartrains. M. Le Clerc ne s'était pas d'abord adressé à cet ecclésiastique, qui lui était sans doute inconnu, mais à l'abbé de Chéray, qu'il avait très-probablement vu au Séminaire de Saint-Sulpice, à Paris (1). Peu familiarisé avec les recherches littéraires, l'abbé de Chéray pria l'abbé Brillon, son confrère, de répondre

(1) Louis-Nicolas de Chéray (et non *Chéret*, comme on écrit communément), était déjà clerc lorsqu'il entra au Grand-Séminaire de Saint-Sulpice, le 12 juillet 1701. Dans sa lettre à M. Le Clerc, il trace lui-même l'histoire de sa vie en quelques mots d'une naïveté charmante. « Pour ce qui me regarde, Monsieur, quoique je ne mérite pas de place dans un livre comme le vôtre, je vous dirai que je suis né à Paris en 1684, le 5e novembre, que j'ai été reçu Docteur en 1710, le 13e novembre, que j'avais été fait chanoine de Chartres au mois d'octobre précédent, et que j'ai pris possession le onzième; que, depuis que je suis à Chartres, j'ai commencé à exercer le ministère de la prédication; que j'ai prêché dans la province et aussi à Paris, dans des chaires assez considérables. Vous avez mon sermon de l'Académie, je ne vous en dirai rien. Vous savez qu'il a été imprimé une seconde fois parmi les recueils. Depuis ce temps, j'ai continué à travailler, et M. le cardinal de Rohan, pour qui je fais un Rituel avec M. de Romigny, aussi Docteur (de la maison et société), — j'ai mis la parenthèse, car je n'en suis pas, — m'a promis un sermon devant le Roi et m'a fait espérer que je n'en resterai pas là, et qu'il me procurera d'autres actions devant sa Majesté. Au reste, si vous me citez comme travaillant à cet ouvrage, mettez seulement qu'outre la prédication j'ai quelque talent pour les Rubriques, Cérémonies et Offices de l'Église, que j'ai travaillé à quelques-uns des Offices du Séminaire de Saint-Sulpice, — l'Office du Sacerdoce est de moi presque en entier, — que j'ai fait quelques Offices pour des Églises de différents diocèses, et qu'actuellement je travaille, avec l'abbé de Romigny, à un Rituel pour une des plus célèbres Églises, sans nommer Strasbourg. Cependant, ménagez-moi, je vous supplie, et ne me préconisez point tant; outre que je ne le mérite guère, trop de louange me serait nuisible, parce qu'elle me procurerait peut-être plus d'ouvrage que je n'en veux et n'en puis faire. »

L'abbé de Chéray *n'en resta pas là*, en effet. Il fut nommé à la cure de Saint-Roch, à Paris, le 28 mars 1739, et prit possession le 3 avril, second dimanche après Pâques. Son zèle pour la doctrine de l'Église lui valut les injures des *Nouvelles ecclésiastiques,* qui vont jusqu'à l'appeler *Sulpicien de cœur et d'esprit* (2 avril 1740, p. 53)! Il mourut le 5 juillet 1743 (et non en 1739, comme le disent les éditeurs des *Lettres de l'abbé Lebeuf,* t. II, p. 104, note 4), et eut pour successeur M. Badoire.

aux questions de M. Le Clerc. C'est ce qu'il lui écrit de Chartres le 6 novembre 1720 : « L'abbé de Méronville m'avait remis entre les mains les deux lettres que vous m'y aviez écrites. Je les ai rapportées ici pour faire les perquisitions qui vous sont nécessaires, et M. l'abbé Brillon vous a rendu de grands services. Le petit mémoire que je vous envoie est de son écriture. Il est homme né pour chercher des dates et des époques s'il en fût jamais, et vous lui devez un remercîment pour tous les soins qu'il s'est donnés. On ne peut vous les avoir donnés de meilleure grâce. »

Ce fut le même abbé Brillon qui donna lieu aux rapports de M. Le Clerc avec le P. Lelong (1). En 1719, le P. Lelong avait publié sa *Bibliothèque historique de la France*, ouvrage plein de recherches et d'érudition. M. Le Clerc s'empressa de la lire. Il y nota quelques fautes et quelques omissions qu'il releva dans le premier volume de ses *Remarques sur Moréri*, « ce livre, dit-il (Préface, p. XLVI), ne pouvant manquer d'être

---

(1) Jacques Lelong naquit à Paris le 19 avril 1663, entra dans l'Institut de l'Oratoire en 1686, et fut ordonné prêtre le samedi de la Pentecôte 1689. Après quelque temps passé dans sa famille et au Séminaire de Notre-Dame des Vertus, dans le village d'Aubervilliers, il fut nommé Bibliothécaire de la maison de Paris. Les soins qu'il donna à l'emploi de sa nouvelle fonction ne l'empêchèrent pas de se livrer à la composition d'ouvrages savants et pleins de recherches, dont les plus connus et les plus considérables sont la *Bibliotheca sacra* et la *Bibliothèque historique de la France*. Son ardeur excessive pour l'étude et le peu de soin qu'il prenait de sa santé abrégèrent une vie toute consacrée aux recherches de l'érudition. Il mourut à Paris, chez sa nièce, le 13 août 1721, âgé de 56 ans et 3 mois. Son corps fut transporté et inhumé dans l'église de l'Oratoire de la rue Saint-Honoré. — Voir sa vie en tête de la *Bibliotheca sacra*, Paris, 1723, in-fol. Le P. Desmolets, qui en est l'auteur, n'a pas oublié M. Le Clerc dans l'énumération des savants auxquels le P. Lelong devait de la reconnaissance. « *Aurelianis*, dit-il, *cum D. Clerico, celeberrimi sculptoris pictorisque filio, tunc Aurelianensis Seminarii Theologo* » (p. XXIV). Sur quoi M. Le Clerc écrivait au P. Desmolets : « Je suis assez content de la *Bibliotheca sacra*, que j'ai reçue il y a quelque temps, et je vous remercie de la mention honorable que vous y avez faite de moi. J'aurais voulu qu'en parlant au même endroit de mon père, vous eussiez mis *scalptoris* au lieu de *sculptoris*, et que vous n'eussiez pas mis *pictoris*, parce qu'il était simplement graveur » (24 décembre 1723).

fort estimé ». Ayant su qu' « un habile homme de la province travaillait sur son ouvrage », le P. Lelong pria le P. Desmolets, sous-bibliothécaire de l'Oratoire de Saint-Honoré, de vouloir bien s'informer du nom de cet homme. Le P. Desmolets interrogea l'abbé Brillon et apprit de lui que le critique bienveillant était M. Le Clerc. Alors, le P. Lelong prit le parti de s'adresser directement à celui-ci *(Lettre de l'abbé Brillon à M. Le Clerc du 14 novembre 1720)*. Il le fit par la lettre suivante :

« J'ai appris que vous aviez fait des remarques sur la *Bi-* » *bliothèque historique de la France,* et que vous vous disposiez » à les donner au public. Je vous suis obligé de ce que vous » avez bien voulu examiner cet ouvrage, dans lequel je recon- » connais qu'il m'est échappé quelques fautes, que j'ai corri- » gées. Je vous aurais encore plus d'obligation si, au lieu de » publier vos Remarques, vous m'en envoiassiez une copie » manuscrite. J'espère, dans la suite, donner une nouvelle » édition ; je ne manquerai pas, si vous m'accordez cette » grâce, de vous en faire honneur. Voyez, Monsieur, quel » parti vous paraîtra le plus honnête et celui qui vous con- » viendra le mieux. Si vos Remarques me tombent entre les » mains, imprimées ou manuscrites, j'en ferai mon profit. » Je suis, etc. »

Cette lettre est du 13 août 1720. La réponse de M. Le Clerc ne se fit pas attendre ; elle est du 14, c'est-à-dire du jour même où il reçut celle du P. Lelong :

« Mon révérend père, j'ai été fort surpris, mais bien agréa- » blement, en recevant la lettre que vous m'avez fait l'hon- » neur de m'écrire. Je puis vous assurer que je n'ai jamais » pensé et que je ne pense point encore à publier aucun ou- » vrage contre le vôtre. Il est vrai qu'ayant fait l'acquisition » de votre curieuse et savante *Bibliothèque* dès qu'elle parut, » j'en ai lu depuis la meilleure partie, non pas cependant tout » de suite, mais suivant la fantaisie ou le besoin où je me » suis trouvé quelquefois de m'instruire, ou seulement pour » m'amuser. Quand je suis tombé sur quelque endroit fautif, » je me suis contenté de marquer la faute en marge ou d'y » mettre la correction nécessaire, si je la savais. Ces endroits

» sont en petit nombre, en comparaison de celui des articles,
» et je ne crois pas que mes Remarques aillent à 400. Le tout
» ne consiste presque qu'en noms défigurés ou en chiffres qui
» ne sont peut-être que déplacés ou renversés, et qui font
» néanmoins des dates fausses. M. Perdoulx de La Perière,
» qui a l'honneur d'être de vos amis et qui est aussi des miens,
» pourra vous dire que mon caractère est de respecter tous les
» savants, ceux surtout qui se donnent de la peine pour ins-
» truire les gens de ma sorte, et que je suis l'homme du monde
» qui appréhende le plus de ne pas leur rendre la justice qui
» leur est due. Je pousse la délicatesse d'esprit en ce point
» jusqu'à être dans la disposition de supprimer tout ouvrage
» que j'aurais fait et que l'on m'assurerait être capable de
» chagriner un écrivain habile et laborieux, quel qu'il pût
» être. Je ne dois pourtant pas vous céler un fait. Profitant,
» l'année passée, du loisir que me donnaient les vacances, je
» fis imprimer quatre-vingt-dix exemplaires des Remarques
» que j'avais faites depuis cinq à six mois sur le premier vo-
» lume du *Dictionnaire de Moréri*, édition de 1718... Dans ma
» préface, n. 45 et 46, je parle de votre *Bibliothèque* de ma-
» nière à ne devoir pas vous déplaire... Je n'ai pas le temps
» de vous marquer ici, mon Révérend père, les endroits, en
» assez petit nombre, que j'ai corrigés en passant dans diffé-
» rentes Remarques. J'aurai l'honneur de vous faire tenir un
» exemplaire de mon livre... J'ai le second volume tout prêt...
» J'y relève quelques endroits de votre ouvrage... Ces fautes
» ne sont pas de grande conséquence; mais, enfin, étant habile
» homme autant que vous l'êtes, je ne doute point que vous
» ne soyez convaincu qu'on ne peut être trop exact. Vous
» voyez, mon Révérend père, avec quelle naïveté je vous
» écris. Je me donnerais bien de garde de le faire si li-
» brement, si je n'étais convaincu que vous n'êtes pas du
» nombre des auteurs délicats qui ne peuvent aisément souf-
» frir que des gens qui savent beaucoup moins qu'eux aper-
» çoivent les moindres défauts dans leurs ouvrages. »

Le 18 août, au reçu de cette lettre, le P. Lelong remerciait en ces termes son nouveau et aimable correspondant :

« Vous en usez, Monsieur, d'une manière si obligeante à
» mon égard, que je ne saurais trop tôt vous en témoigner
» ma reconnaissance. J'ai profité avec plaisir des remarques
» et des corrections que vous avez eu la bonté de m'en-
» voyer; mais comme vous en avez jusqu'à 400, vous me
» feriez beaucoup de plaisir de faire copier par quelqu'un
» les autres, en marquant seulement le numéro, comme vous
» avez fait dans votre lettre. Je paierai les frais qu'il faudra
» faire pour cela. — Je vous remercie d'avance du présent
» que vous voulez bien me faire, et je vous prie d'accepter
» en échange l'*Histoire des Polyglottes,* que je fis imprimer en
» 1713. (1) »

M. Le Clerc envoya au P. Lelong ses *Remarques sur Moréri,*
accompagnées de quelques autres sur la *Bibliothèque historique.*
Il reçut aussitôt une nouvelle lettre de remercîment, datée du
30 août, et où le P. Lelong expose le plan qu'il se proposait
de suivre dans une nouvelle édition de son ouvrage. Durant
cette seconde quinzaine du mois d'août 1720, *l'ordinaire* de
Paris à Orléans ne semble occupé qu'à transporter les paquets
du P. Lelong et de M. Le Clerc. Le lendemain du 30 août,
— il faut bien signaler toutes ces dates éloquentes alors même
qu'il serait certain que le Séminaire d'Orléans était en vacances,
— le 31 août, c'était au tour de M. Le Clerc à écrire ce qu'il
avait fait et trouvé depuis le départ de sa dernière lettre :
« Vous verrez par celle-ci, mon Révérend père, comme par
» les précédentes, que je travaille pour vous non *segniter.*
» Lorsque j'ai reçu votre dernière lettre, celle-ci était toute
» prête... J'en ai commencé une autre que je vous enverrai
» le plus tôt que je pourrai. J'y examine votre liste des Con-
» ciles, où je trouve plusieurs choses défectueuses. C'est une
» vérification un peu longue, parce que je confronte tout.
» Mais je ne plains pas ma peine quand il s'agit de rendre
» quelque petit service à ceux qui s'épuisent pour en rendre
» au public. *Hoc me eruditis debere existimo.* Vous avez pu voir

(1) *Discours historique sur les principales éditions des Bibles polyglottes, par*
l'auteur de la Bibliothèque sacrée; Paris, 1713, in-8º. .

» dans ma Préface sur Moréri, page 2, que c'est depuis long-
» temps mon inclination. »

Étonné de tant de richesses si promptement acquises et si
libéralement répandues, le P. Lelong ne peut assez exprimer
toute la vivacité de sa reconnaissance. Il écrit le 5 septembre :
« J'aurais bien de la peine, Monsieur, à tenir le marché que
» vous me proposez. Je ne me sens ni ne me connais pas
» assez riche pour pouvoir remplir toutes les conditions. Vous
» m'avez déjà envoyé plusieurs grands mémoires tous fort
» instructifs et qui m'ont été fort utiles, et à peine vous ai-je
» envoyé deux notes qui vaillent quelque chose. Je vous prie,
» du moins, d'agréer ma bonne volonté. »

Le courrier qui avait apporté cette lettre remportait, le
lendemain 6 septembre, de nouvelles et nombreuses Remarques de M. Le Clerc, lesquelles, le 10, provoquent de nouveaux remercîments et de nouvelles observations de la part
du P. Lelong. Vingt-huit jours à peine s'étaient écoulés depuis
celui où le Bibliothécaire de l'Oratoire écrivait pour la première fois à celui du Séminaire d'Orléans, et déjà ils avaient
échangé plus de huit lettres ! Et quelles lettres, sous le rapport de l'étendue et plus encore de la matière ! La correspondance, interrompue à la dernière date par la réponse que
M. Le Clerc fit à la *Discussion* de D. Méri, est reprise le
20 octobre pour continuer, toujours sur le même plan, les
28 octobre, 13 novembre, 1er décembre 1720, 11 et 16 janvier, 6 mai, 4 juillet 1721, etc., c'est-à-dire jusqu'à la mort
du P. Lelong, arrivée le 13 août, jour anniversaire de celui
où ses rapports directs avec M. Le Clerc avaient commencé.

Nous croyons inutile de reproduire, même partiellement,
les Remarques qui remplissent cette correspondance, parce
qu'elles ont dû passer dans la seconde édition de la *Bibliothèque
historique,* donnée par Févret de Fontette. Les notes de M. Le
Clerc, nous n'en doutons pas, faisaient partie de ces *Lettres
de divers savants,* mêlées aux recherches du P. Lelong, dont
parle l'éditeur dans sa Préface (p. VII), et qu'il dit lui avoir
été communiquées par le P. Jannart, bibliothécaire de la
maison de l'Oratoire de Paris.

Le successeur immédiat du P. Lelong dans cette même charge de Bibliothécaire fut le P. Desmolets, qui renoua bientôt et continua avec M. Le Clerc le commerce littéraire commencé par son illustre prédécesseur (1). Dès le 4 octobre 1721, il envoyait au Séminaire d'Orléans une lettre dont voici quelques passages :

« J'aurais eu plus tôt l'honneur de répondre à votre obli-
» geante lettre, si je n'avais été, lorsque je la reçus, dans les
» embarras d'un déménagement qui m'empêchait de me re-
» connaître, mes livres et mes papiers ayant été remués en
» mon absence et brouillés de manière que j'ai eu besoin de
» sept ou huit jours pour les rassembler, ce que j'eusse fait
» en vingt-quatre heures, si j'avais présidé à l'ouvrage. J'ai
» hérité de la charge du P. Lelong, comme de sa chambre
» et de ses manuscrits. La *Bibliothèque sacrée* est déjà fort
» avancée ; il y a fait des additions considérables et quelques
» corrections. Les commentateurs paraissent ici pour la pre-
» mière fois ; le Catalogue est exact et nombreux, mais il est
» sec et décharné. Il ne porte aucun jugement ; j'en donnerai
» les raisons dans une Préface, qui est tout ce que je pourrai
» ajouter, avec la vie de l'auteur, que je donnerai assez courte,
» n'y ayant rien eu dans toute sa vie que de très-uniforme.
» J'en ai fourni un abrégé à MM. les Auteurs du *Mercure* ;
» c'est tout ce que j'en sais pour le présent.

» A l'égard de la *Bibliothèque historique,* j'ai le manuscrit du
» P. Lelong, sur lequel il y a beaucoup de corrections et des
» augmentations considérables qui peuvent aller à un tiers ;
» mais comme le livre n'est pas encore achevé de vendre, et
» que l'édition n'est pas prête à se faire, j'espère, moyennant

----

(1) Pierre-Nicolas Desmolets naquit à Paris vers la fin de 1678. Il fit sa théologie au Séminaire de Saint-Magloire, et entra dans la Congrégation de l'Oratoire le 2 septembre 1701. Son assiduité aux exercices de la maison, sa rare modestie, sa complaisance et son affabilité lui concilièrent l'affection de tous ses confrères. Il mourut le 26 avril 1760, dans sa 83e année. Ses nombreux travaux consistent principalement dans des éditions et des recueils faits avec soin, et dont on peut voir la liste dans la *Biographie universelle* de Michaud, art. *Desmolets.*

» Dieu et l'aide des habiles gens qui voudront bien m'aider
» de leurs lumières et m'indiquer les manuscrits qui sont con-
» servés dans les provinces, donner une édition exacte et par-
» faite de ce livre. »

M. Le Clerc satisfit selon son pouvoir aux désirs du P. Desmolets, et lui envoya plusieurs Remarques en 1722 et 1723,
c'est-à-dire l'année qui précéda et celle qui suivit sa translation au Séminaire de Lyon. Le nouveau Bibliothécaire de
l'Oratoire avait aussi hérité des sentiments reconnaissants de
l'ancien, et il en donne de nombreux témoignages à M. Le
Clerc : « Vous voyez, Monsieur, que je profite avec plaisir
» de vos savantes Remarques ; j'aurai soin de vous en faire
» honneur dans la Préface de la seconde édition que je mé-
» dite, et m'offre, en revanche, de vous communiquer toutes
» celles qui pourraient vous intéresser, autant qu'elles seront
» en mon pouvoir » (9 mars 1722). — « Vos lettres me font
» un plaisir infini ; je trouve dans chacune une moisson abon-
» dante d'instructions et de choses agréables » (20 mai 1722).
— « Je vous remercie de la bonté avec laquelle vous continuez
» à m'avertir des fautes dans lesquelles est tombé le P. Lelong
» et des corrections qu'on pourrait faire à son ouvrage »
(19 juillet 1722). — « Je vous rends mille grâces de la bonté
» que vous avez de vous souvenir toujours de moi en me
» communiquant vos judicieuses Remarques sur la *Bibliothèque*
» *historique* » (22 janvier 1723). — « Je vous rends mille grâces
» des Remarques que vous avez eu la bonté de m'envoyer, et
» encore plus des perquisitions que vous faites dans le Lyon-
» nais par rapport à vos desseins et à celui de la *Bibliothèque*
» *historique*. J'espère être en état de travailler tout de bon à
» cet ouvrage dans l'année prochaine et les suivantes, et d'en
» commencer une nouvelle édition en 1726 ou 1727, si Dieu
» me prête vie jusqu'à ce temps. Je me flatte qu'avec les re-
» cherches que je ferai de nouveau dans les Bibliothèques de
» Paris, et les Remarques que quelques personnes savantes et
» obligeantes ont bien voulu me communiquer, entre lesquelles
» vous tenez une des premières places, ce livre deviendra et plus
» parfait et plus digne de l'attention du public » (sans date).

« J'ai lieu de croire, dit Févret de Fontette, que le P. Desmolets avait abandonné ce projet et qu'il n'y a plus songé jusqu'à sa mort, arrivée en 1760, puisque, quelque recherches que j'aie faites, je n'ai rien pu trouver de lui qui eût rapport à cet objet » (*Préface*, p. VII). Ce que le P. Desmolets n'a pu ou voulu exécuter, l'a été par le même Févret de Fontette qui, de 1768 à 1778, publia à Paris, en cinq volumes in-folio, la seconde édition de la *Bibliothèque historique de la France* (1).

(1) Nous trouvons dans les lettres du P. Desmolets à M. Le Clerc de curieux détails sur un nommé Martel, avocat au Parlement de Toulouse, auteur de plusieurs ouvrages, entre autres des *Mémoires historiques et littéraires*, publiés à Genève en 1721 (2 vol. in-12). Selon l'abbé d'Artigny (*Nouv. Mém.*, tom. VII, p. 8), ils n'ont presque rien d'intéressant que la vie de Jean-Étienne Duranti, premier président au Parlement de Toulouse, avec l'apologie de ce magistrat célèbre contre les critiques qui ont prétendu lui enlever son excellent ouvrage *De Ritibus Ecclesiæ Catholicæ*. Cette *Apologie* avait déjà paru séparément en 1686, à Toulouse, in-12, sans nom d'auteur. Barbier et ses derniers éditeurs ne font pas connaître cet anonyme.

« Ce M. Martel, dit le P. Desmolets, est un Toulousain dont l'esprit est tout plein de chimères. Comme il croit son livre excellent, il en a fait tirer deux mille ; encore est-ce une modestie étonnante, car il en voulait avoir cinq mille. Ce n'est pas tout ; il prétend le faire traduire en latin, en italien, en espagnol, et compte d'en distribuer cinq mille de chaque langue. Cependant, c'est ici la troisième édition de son ouvrage, et il n'y en a peut-être pas eu cent de vendus de chaque édition. Il est vrai qu'à chaque édition le livre a été revu, corrigé et augmenté et par lui et par d'autres. Vous avez pu connaître, par le prospectus que j'ai eu l'honneur de vous envoyer, combien il roule de desseins dans sa tête. Le fâcheux, c'est qu'il n'est propre qu'à les imaginer et est infiniment au-dessous de chacun de ses projets. Un autre de ses projets, c'est comme il vous l'a déclaré, de publier le Moréri, corrigé et augmenté, en langues italienne et espagnole ; et si le ciel le favorise, il le mettra en persan, en copte, en moscovite, en arabe, etc. Mais tout cela n'est que dans son imagination. Il croit qu'on peut imprimer et traduire 5 volumes in-folio en un an, et qu'on les lui traduira pour 500 fr. Il ne lui en coûterait pas plus de promettre cent mille écus, car il paierait autant l'un que l'autre, n'ayant pas souvent de quoi dîner. Voilà un article curieux pour le nouveau Moréri, car je crois qu'il s'est peu trouvé d'originaux de cette espèce » (19 juillet 1722).

CHAPITRE VIII

RAPPORTS DE M. LE CLERC AVEC LE P. ECHARD.

De l'Oratoire de la rue Saint-Honoré au couvent des Dominicains, situé même rue, il n'y a pas loin (1), et la tran-
sition est d'autant plus facile, que le P. Lelong lui-même
nous introduira chez le P. Echard. C'est aussi le P. Echard
qui nous dira d'abord qui il est :

« Puisque vous désirez savoir qui je suis, je vous dirai simplement que
je suis né à Rouen le 22 septembre 1644. Mon père s'appelait Robert Echard,
secrétaire du Roi ; ma mère Marie de Cavelier, fille de M. de Cavelier, sieur
de Mocomble, maître des Comptes à Rouen. J'ai pris l'habit à Paris dans ce
couvent, rue Saint-Honoré, le 15 novembre 1659, et fait profession l'année
suivante, même jour 1660. J'ai prêché quelques années en d'assez bonnes
chaires, Châlons-sur-Marne, Soissons, Troyes. Mais voyant le R. P. Quétif
mort en 1698, comme j'avais goût pour l'histoire de l'Ordre et que j'y avais
déjà travaillé, on me confia toutes les collections et on m'exhorta à achever
son ouvrage, qu'il n'avait qu'ébauché. Il m'a coûté bien des pas et bien des
assiduités dans les Bibliothèques de Paris les plus riches en manuscrits.
Vous verrez le reste dans ma Préface » (*Lettre à M. Le Clerc du 4 juin
1721*).

L'ouvrage dont parle ici le P. Echard a pour titre : *Scriptores Ordinis Prædicatorum recensiti notisque historicis et criticis
illustrati* (Paris, 1719-1721, 2 in-fol.). En le lisant, M. Le

(1) Le couvent de l'Annonciation de la rue Saint-Honoré portait aussi le
nom de Jacobins réformés, parce qu'il avait été bâti par Sébastien Michaëlis,
qui, désirant faire revivre l'ancienne austérité de la règle de saint Dominique,
institua une réforme de son Ordre. L'autorisation de construire cette nou=

Clerc y nota quelques fautes dont il parla au P. Lelong, avec prière d'en entretenir le P. Echard. Le P. Lelong termine en effet ainsi la lettre qu'il écrivait, le 13 novembre 1720, à M. Le Clerc : « Je n'ai point voulu achever cette lettre sans vous rendre compte de la visite que vous souhaitiez que je rendisse au R. P. Echard, dont le second tome est achevé d'imprimer. Je l'allai voir hier. Il m'a dit qu'il avait parlé des auteurs rapportés par Nicolas Le Fèvre. »

A partir de ce moment, le P. Echard et son livre entrent toujours comme élément dans la correspondance de M. Le Clerc et du P. Lelong. Mais, enfin, M. Le Clerc pensa à communiquer directement avec le P. Echard. Le P. Lelong, qui lui avait jusque-là servi d'intermédiaire, l'engagea à envoyer au bibliographe Dominicain les Remarques qu'il avait faites sur son livre. « Le P. Echard, écrivait-il, est un homme fort traitable ; ainsi, vous pouvez lui communiquer sans rien craindre les fautes qui lui sont échappées. Je suis sûr qu'il

velle maison lui fut accordée par lettres patentes du mois de septembre 1611, enregistrées le 23 mars 1613. Au-dessus de la porte de la Bibliothèque, — composée de 2,500 volumes dont quelques-uns étaient très-curieux, — on remarquait un tableau allégorique fort singulier dont il faut lire la description dans le *Dictionnaire historique de la ville de Paris,* par Hurtaut (Paris, 1779, t. III, p. 301). Ce monastère enrichit l'Ordre d'une pléiade de Théologiens, de Philosophes et de Missionnaires dont les noms sont encore honorablement prononcés : Combefis, Penon, Le Quien, Goar, Dassier, Quétif, Echard, etc. — « Le couvent, qui avait d'assez beaux revenus et peu de charges, fut fermé à la Révolution, et, le 21 avril 1791, on loua l'église pour 1,200 livres à la Société des Amis de la Constitution, qui, bientôt appelés Jacobins, exercèrent une si grande influence sur le Gouvernement Constitutionnel. Par un arrêté du 14 janvier 1795, la salle des séances fut affectée aux écoles normales, et, quelques mois plus tard (17 mai et 24 juin 1795), le monument condamné à être démoli. C'est sur l'emplacement de ce couvent que le Marché des Jacobins, dénommé primitivement Marché du 9 Thermidor, et connu depuis 1815 sous le nom de Marché Saint-Honoré, fut élevé, de 1809 à 1810, sur les plans de Molinos » (*Histoire de la ville et de tout le diocèse de Paris, par l'abbé Lebeuf, nouvelle édition, annotée et continuée jusqu'à nos jours, par Hippolyte Cocheris;* Paris, 1863, t. I, p. 308). — Sur la vie, la réforme et les ouvrages de Sébastien Michaëlis, v. le P. Echard, *Scriptores Ord. Præd.,* tome II, page 409-411.

vous en témoignera sa reconnaissance » (6 mai 1721) (1).

M. Le Clerc eut bientôt la preuve que le P. Lelong ne s'était pas trompé sur les dispositions du P. Echard. Ayant écrit à ce dernier, il en reçut la réponse suivante, datée du 4 juin 1721 :

« Je reçus vendredi dernier, 30 de mai, la lettre dont, tout » inconnu que je vous suis, sinon par mes ouvrages, il vous » a plu de m'honorer. Vous m'avez fait plaisir, Monsieur, et » vous êtes entré dans mes sentiments dans les avis que vous » avez la bonté de me donner. Ma joie serait pleine si, non- » seulement dans toutes les villes de France, mais dans toutes » celles des autres royaumes, il y avait des gens curieux et » éclairés qui voulussent m'avertir ou des omissions que j'ai » faites des écrivains de leur patrie, ou des fautes qui me sont » échappées dans ceux que je traite. Je n'ai rien oublié, de mon » côté, pour en obtenir des nouvelles sûres. J'en ai eu des » réponses de quelques-uns, d'autres n'ont pas daigné m'en » honorer. C'est pourquoi j'ai cru devoir exposer mon travail » au public, afin que chacun, le critiquant chez soi, il ajoute » ce que j'ai omis ou corrige où j'ai erré..... Au reste, » Monsieur, je ne saurais assez vous témoigner ma recon- » naissance pour les bons avis que vous m'avez donnés ; je » souhaite en recevoir de toutes parts de semblables, mais je » ne sais si vous serez aussi content de moi que je le suis de » vous ».

La correspondance du P. Echard avec M. Le Clerc est toute *Dominicaine* et roule uniquement sur le *Scriptores ordinis Prædicatorum*. Aussi intéressa-t-elle non-seulement le P. Echard lui-même, mais, depuis et aujourd'hui, son continuateur. Dès que le R. P. Bonnet en a eu connaissance, il s'est empressé d'en faire tirer une copie (2). Nos lecteurs, moins directement

---

(1) La date de 1722, qu'on lit sur l'autographe, est évidemment un *lapsus*, puisque le P. Lelong était mort le 13 août 1721.

(2) Le R. P. Thomas Bonnet, dominicain français, actuellement Biblio- thécaire de la Casanate, à Rome, travaille depuis près de vingt ans à une nouvelle édition du *Scriptores O. P.* Dès à présent, il pourrait augmenter l'ouvrage du double, c'est-à-dire donner les notices de plus de 3,000 auteurs

en cause, n'y trouveraient probablement pas le même charme. La lettre du 1er septembre 1721, par exemple, ne contient pas moins de quatorze longs éclaircissements du P. Echard sur autant d'articles envoyés par M. Le Clerc. Bornons-nous à citer les passages qui montrent la science et la générosité de l'un, l'estime et la reconnaissance de l'autre ; plus une sorte de réponse posthume du P. Echard à la critique que firent de son ouvrage les *Mémoires de Trévoux*.

« *20 juin 1721.* — Je reçus jeudi dernier au matin celle que vous me faites l'honneur de m'écrire, datée du 20 du courant, où vous acquérez de nouvelles obligations sur moi par les nouvelles lumières que vous continuez de me donner sur nos auteurs ; ce qui me fait bien regretter de n'avoir pas eu plus tôt l'avantage de votre connaissance. J'ai lu tout l'ample Catalogue de la Bibliothèque du Roi, et je n'y ai rien trouvé, touchant notre Jean Journé, que ce que j'en ai imprimé dans ma Collection. Les livres mêmes des ministres à qui il a eu affaire n'y sont pas, en sorte que c'est à vous seul, Monsieur, que nous devrons la découverte de ces deux ouvrages, que vous me faites le plaisir de m'indiquer, et qui ne sont pas même connus dans la province Toulousaine, dont il était, et dont il a été le supérieur (1).

» Continuez-moi la grâce, Monsieur, de me mander toutes les nouvelles découvertes que vous ferez sur nos auteurs, étant vrai qu'on trouve bien des livres en province qui ne sont point à Paris, et qui, même, y sont tout à fait inconnus. Je vous assure, non-seulement de ma reconnaissance, mais

inconnus ou postérieurs à Echard, et une foule d'additions, souvent considérables, à ceux que ce dernier a enregistrés. La nouvelle édition formerait 9 volumes in-folio plus maniables que ceux de la première, savoir : un volume de préliminaires contenant des Notices géographiques et statistiques de l'ordre, plus complètes que celles d'Echard, et un Catalogue chronologique de tous les provinciaux et chapitres provinciaux ; sept volumes pour les écrivains des sept siècles de l'Ordre ; enfin, un volume de Tables. Puisse le zélé Bibliographe mener à bonne fin et promptement une entreprise si glorieuse à l'Ordre illustre de saint Dominique et si utile aux savants ! Puisse-t-il, du moins, nous donner bientôt la partie qui comprendra le xviiie siècle et les notices de plus de 1,500 auteurs, parmi lesquels le P. Echard occupera certainement une place digne de son mérite et conforme au vœu de son docte continuateur !

(1) Le P. Echard décrit ces deux ouvrages dans son *Supplementum novissimum* (p. 2), et là, comme en plusieurs autres endroits de ce supplément, il confesse devoir cette indication à M. Le Clerc.

encore de celle de tout notre Ordre, à qui je ferai connaître la bonté dont
vous m'avez prévenu sans l'avoir mérité par aucun endroit.

» *4 août 1721.* — Je reçus samedi au soir votre dernière pleine de nouvelles Remarques qui me font un vrai plaisir, et qui me font regretter de
n'avoir pas eu plus tôt l'honneur de connaître un homme si plein de cette
érudition littéraire... J'accepte la grâce que vous m'offrez de me faire faire
une copie figurée et entière des thèses du P. Nicolaï, car inutilement les
chercherais-je à Paris.....

» *1er septembre 1721.* — J'ai reçu exactement et le petit paquet où étaient
les thèses du P. Nicolaï et votre lettre du 21 du présent, et ne puis vous
exprimer combien je vous ai d'obligation de l'un et de l'autre. Je reconnais
de plus en plus combien vous êtes au fait sur ces sortes d'ouvrages tel qu'est
le mien, et votre exactitude aussi bien que votre érudition pour les livres,
leurs auteurs et leurs éditions. On ne saurait me faire un plus grand plaisir
que de m'avertir de mes fautes, et je crois avoir fait une grande acquisition
que d'en avoir corrigé une. Vous m'avez donné jusqu'à présent bien de
bons avis sur cela, et je vous conjure de vouloir bien me les continuer,
n'ayant rien plus à cœur que de voir mon ouvrage bien corrigé. Je m'en
vais présentement répondre à tous les articles de vos deux lettres du 31 juillet et du 21 août, dans le même ordre qu'ils y sont marqués.

» Il est vrai que le P. Nicolaï n'est pas si Moliniste qu'on l'a fait passer
dans la censure qui est imprimée dans la *Causa Arnaldina ;* il est vrai aussi
qu'il a quelques propositions qui ne sont pas du vrai Thomisme. Vous remarquez aussi fort judicieusement qu'il a un style bien embrouillé, et je me
souviens d'avoir ouï dire dans ma jeunesse à de fort habiles gens, soit docteurs de Paris, soit de nos professeurs, que le P. Nicolaï était obscur dans
ce qu'il écrivait. M. de Fieux, évêque de Toul, qui avait quelque bonté pour
moi, me dit un jour que le P. Nicolaï lui ayant été proposé dans la Faculté
pour son Grand-Maître, il avait préféré le P. Louvet, qui était tout d'un
autre caractère pour la clarté de son style et de l'expression de ses pensées.
Au reste, j'ai rendu justice au P. Nicolaï dans une feuille de supplément que
j'ai fait imprimer... (1).

» On n'a pas jugé à propos de faire imprimer la Théologie du P. Goudin
pour de bonnes raisons (2).

(1) *Suppl. noviss.*, page 3. Le P. Hurter (*Nomenclator litterarius*, t. II,
p. 40) y eût trouvé le vrai titre des Thèses de Nicolaï ; mais peut-être n'avait-
il entre les mains qu'un de ces nombreux exemplaires du *Scriptores,* auxquels
manquent les deux suppléments.

(2) Quelles sont ces « bonnes raisons » sur lesquelles le P. Echard garde
un si mystérieux silence ? On peut, ce semble, conjecturer qu'elles furent

» Faites-moi la grâce de me continuer vos Remarques ou sur mes *errata* ou sur les livres que vous découvrirez que j'ai omis, car je suis persuadé que les ouvrages comme le mien, quelque achevés qu'ils paraissent, ne sont jamais finis et qu'on trouve toujours quelque chose de nouveau à y ajouter ou à corriger. Si je ne le fais pas imprimer, je le marquerai sur mon exemplaire, et ce seront toujours de bons mémoires pour celui qui, quelque jour, le fera réimprimer. Si je n'eusse pas rompu la planche et n'eusse pas fait imprimer cet ouvrage, tout aurait été perdu, et jamais personne n'aurait pris les peines que je me suis données et vous n'auriez pas eu l'occasion d'adresser à aucun de nous vos Remarques si judicieuses. Je ne puis

entièrement extrinsèques à l'ouvrage du P. Goudin. Lorsque ce religieux mourut (1695), et encore au temps où écrivait le P. Echard, les disputes sur la Grâce étaient dans toute leur effervescence. Tandis que, d'un côté, les Jansénistes affectaient de déguiser leur hérésie sous le nom spécieux de *nouveau Thomisme*, et d'appeler *Molinistes* les catholiques qui rejetaient leurs erreurs ; d'un autre côté, quelques esprits, mûs sans doute par des intentions différentes, celles de servir la gloire de Dieu, blasphémé par les Jansénistes, et peut-être aussi les intérêts d'une école théologique, confondaient pareillement le vrai Thomisme avec le Jansénisme. Aussi, sous Louis XIV, et même pendant toute la durée de la Régence, on n'imprimait que très-difficilement en France sur les matières de la Grâce ; et telle est peut-être la raison pour laquelle, dans son ouvrage, le P. Echard est presque muet sur les disputes du temps, alors même que l'occasion s'offrait naturellement d'en parler ou d'y faire allusion. Bien qu'en 1723 la sévérité fût moindre en France à l'endroit du Thomisme, ce ne fut pourtant pas à Paris, où se trouvaient les manuscrits de Goudin, mais à Cologne, qu'ils furent imprimés. La Théologie posthume parut avec toutes les approbations des Docteurs de l'Ordre, et dédiée au Maître Général, preuve évidente que l'Ordre ne trouvait rien à reprendre sur la doctrine du livre. En outre, l'éditeur, dans l'Épître dédicatoire, parmi les raisons qu'il apporte d'avoir placé l'œuvre du P. Goudin sous un si haut patronage, en donne celle de le protéger contre les « *minùs æquos rerum æstimatores qui injuriâ carpunt quod non capiunt* », etc. Nous pourrions, à l'appui de ce que nous venons de dire, produire d'autres faits aussi incontestables que peu connus qui transformeraient nos conjectures en certitude, mais mieux vaut imiter le silence prudent du P. Echard. Au reste, nos paroles elles-mêmes ne signifient qu'une chose, le désir de voir respectée par tous la liberté en matière d'opinion laissée par l'Église à ses enfants, liberté dont les souverains Pontifes eux-mêmes se sont plus d'une fois constitués les énergiques défenseurs (Voir surtout Benoit XIV, Constit. *Sollicita ac provida*, n. 22-24, en tête de l'*Index librorum prohibitorum*). C'est la seule que nous revendiquions, et nous n'en voudrons jamais d'autre.

assez reconnaître les obligations que je vous ai. Comme Dieu, à la gloire de qui seul vous travaillez, et que seul j'ai eu aussi en vue dans un travail d'ailleurs si ingrat et si difficile, sera votre récompense, j'espère que vous continuerez à me faire part de vos lumières. Je vous assure de toute ma reconnaissance...

» *24 mars 1722*. — Vous me ferez le plus grand plaisir que je puisse recevoir de continuer à examiner les fautes où je puis être tombé. C'est un profit tout clair pour moi de corriger une erreur. Il n'y a personne qui m'ait fait plus de grâce que vous en ce genre.

» *30 avril 1722*. — Peu de jours après que j'eus reçu votre lettre, on m'apporta le mois de janvier des *Mémoires de Trévoux*, où j'étais averti que ces Messieurs avaient enfin commencé de porter leur censure sur mon ouvrage (1).

» Ils débutent d'abord en m'accusant que je ne me suis pas dépouillé de la passion naturelle qu'on sent pour la compagnie où l'on vit, dont un historien, disent-ils, est obligé de se défaire. Je puis dire certainement que je n'ai point été conduit par cette passion dans tout mon ouvrage, et que je n'ai eu en vue que de découvrir la vérité. Que tous ceux qui liront mon ouvrage le comparent aux *Mémoires de Trévoux*, et qu'ils jugent en qui règne plus cette passion pour sa société, ou d'eux ou de moi. Mes notes et mes Dissertations sur la vie de saint Dominique, qu'ils approuvent eux-mêmes, sont des preuves que cette passion ne me domine point.

» Ils en viennent ensuite à Moneta de Crémone et prétendent que, sans y penser, j'ai donné une preuve de la mauvaise foi de Bandellus dans la manière dont il rapporte un passage de Moneta. A d'autres ; j'ai bien pensé à tout ce que j'ai dit là ; j'ai justifié et Moneta et Bandellus ; celui-ci en rejetant la fausseté de la citation sur les imprimeurs, car il ne peut entrer dans l'esprit d'une personne judicieuse qu'un homme aussi savant que Bandellus, qui avait beaucoup lu saint Thomas, et qui a même fait imprimer ses *Questions disputées,* ait pu dire que Jésus-Christ ait été fils adoptif de Dieu. C'est donc une pure faute des imprimeurs. Je ne connais point d'auteur qui ait convaincu Bandellus d'avoir falsifié les passages qu'il cite. Alva l'a entrepris, mais Alva est un furieux et un faussaire lui-même (2).

(1) *Mémoires de Trévoux,* janvier 1722, pages 59-101. La lecture de cet article sera fort utile pour bien comprendre et apprécier la réponse du P. Echard.

(2) M. Le Clerc eut peut-être de la peine à souscrire à ces deux dernières assertions, car, dans le Traité dogmatique de la sainte Vierge, dont nous avons parlé au chapitre III, il se proposait d'établir que les textes des Pères allégués par Bandello contre l'Immaculée Conception ont été altérés par le

» Quant à l'ouvrage de Bonacursius contre les Grecs, ils désirent qu'on l'imprime ; mais je ne crois pas qu'on l'entreprenne. Ces livres étaient bons en ce temps-là ; mais à présent que l'on a examiné avec la plus exacte critique les ouvrages des saints Pères grecs et latins, ces sortes d'ouvrages auraient fort peu de poids, même parmi les Grecs schismatiques, qui savent présentement bien distinguer les véritables passages des Pères grecs d'avec les supposés. Ainsi, c'est fort inutilement que l'auteur de ces *Mémoires* me fait un gros procès sur ce que j'ai abandonné, comme un passage fabriqué, une prétendue autorité qu'on citait au iiie siècle sous le nom de saint Cyrille d'Alexandrie, comme si j'avais succombé sous la fausse critique de M. de Launoy, contre lequel il déclame dans trois pages. On peut voir dans mon Saint-Thomas (1) si j'ai eu bien des égards pour la critique de M. de Launoy. Mais je vous assure que ce n'est nullement lui que j'ai consulté sur ce passage ; c'est d'autres personnes actuellement vivantes à Paris, plus versées que Launoy dans l'Histoire ecclésiastique et dans la lecture des Pères grecs, qui ont décidé que jamais ce passage n'a été de saint Cyrille d'Alexandrie.

Général des Dominicains. Cependant, l'opinion du P. Echard ne paraît pas dénuée de probabilité. En effet, bien que le livre de Bandello eût été publié en 1481, l'imputation d'avoir falsifié les textes se produit pour la première fois au milieu du xviie siècle seulement, sous la plume du Franciscain d'Alva y Astorga. Mais d'Alva n'est pas un critique dont l'autorité puisse avoir du poids ; les injures lui servent trop souvent de raisons, et ses ouvrages sont remplis de paradoxes. Il devait se lever de meilleure heure encore que le célèbre P. Hardouin. Dans son *Funiculi nodi indissolubilis de conceptu mentis* (Bruxellis, 1663, in-4°, condamné par l'*Index*), Alva affirme bien que Bandello a inventé des autorités parmi celles qu'il cite, mais il n'en apporte aucune preuve. Il se contente de dire (et c'est ce qu'on lit de plus fort) p. 71 : « *Auctores contrarios pro contrariâ opinione vel non extare* (ce qui prouve seulement qu'Alva ne les avait pas vus), *vel id non asserere, vel aliter exponendos esse,* ce qui est une question d'appréciation, mais ne saurait prouver une falsification de la part de Bandello. Ni Thomas Strozzi, jésuite, dans sa *Controversia della concezione descritta Istoricamente* (Palermo, 1700, 2 in-fol.), ni Théophile Raynaud lui-même, n'ont accusé Bandello d'avoir inventé ses textes. Le premier se contente de le blâmer de s'être trompé dans l'interprétation des auteurs, « *degli sbagli presi negli autori* » (Tom. II, p. 144) ; le second, réfutant Bandello *ex professo,* lui reproche bien son assertion « que les autorités de 260 Pères ou Docteurs doivent être préférées aux Constitutions des Papes ou des Conciles », mais non d'avoir inventé ou altéré ces mêmes autorités (*Diptycha Mariana,* Oper. tom. VII, p. 153).

(1) Le P. Echard désigne ici son livre intitulé : *Sancti Thomæ Summa suo auctori vindicata ;* Parisiis, 1708, in-8°, tiré à 500 exemplaires.

Il ne faut que lire ce passage en grec, m'ont-ils dit, pour juger que ce grec n'a jamais été l'original, qu'il a été premièrement fait en latin plat et grossier, et traduit ensuite en grec plat et du plus bas grécisme, ce qui ne peut convenir à saint Cyrille, dont le style est élégant, comme étant sa langue naturelle. Si, parmi ces Messieurs de Trévoux, il y a encore quelque Sirmond ou Pétau, ou Fronton du Duc, ou Labbe, ou Garnier, comme je ne doute point qu'il n'y en ait, qu'il examine ce passage grec, et je suis sûr qu'il n'y reconnaîtra point le style de saint Cyrille, ni une phrase originale grecque. Il ne manque point, chez les Pères grecs, d'autorités solides pour soutenir la primatie et l'autorité des Papes sur toute l'Église. C'est lui faire tort que d'employer pour cela de faux témoignages, et que les schismatiques grecs peuvent si aisément rebuter, comme ils font de celui-ci, ce qu'a fait, ces années passées, un patriarche de Jérusalem, répondant à un Cordelier, qui lui avait objecté ce passage. Je ne charge point mon Ordre de la fabrique de ce passage, parce que, dans mon Ordre, la qualité de définiteur n'est que passagère et ne dure tout au plus que huit jours, après quoi on rentre dans son rang de profession et sans aucune autorité.

» Ces Messieurs trouvent mauvais ensuite que je me sois engagé en dispute avec les Franciscains. C'est donner, disent-ils, aux séculiers des scènes qui ne leur rendent pas les ordres religieux plus respectables. Ils devaient eux-mêmes se servir de cette règle pour leur conduite et ne pas entreprendre de gaîté de cœur d'entrer en dispute avec moi. J'ai eu raison de douter qu'Innocent IV ait commandé à Alexandre de Halès d'écrire ses Commentaires sur les Sentences, parce que Wadding qui le dit, parmi tant de Bulles et de Brefs qu'il a recueillis, n'en apporte aucun sur ce point. C'est moi, le premier, qui ai imprimé la Bulle d'Alexandre IV, qui ordonne au supérieur des Cordeliers de faire achever cet ouvrage. Wadding ne l'a point, et ce soin que j'ai eu de la donner au public est une preuve que la jalousie n'a point de part dans mon ouvrage, car rien ne m'obligeait de la donner.

» Jean de La Caille a fait l'*Histoire de l'Imprimerie,* ou plutôt des imprimeurs et libraires de Paris ; il est exact pour ceux-ci, mais non pas pour les ouvrages qu'ils ont imprimés, qu'il a recueillis et copiés de divers auteurs. La Somme des Vices et des Vertus d'Alexandre de Halès, qu'il dit avoir été imprimée chez Jean le Petit, 1509, il l'a prise dans Wadding, et celui-ci dans Possevin ; mais ceux-ci ne disent point l'avoir vue, ni imprimée, ni manuscrite. Ainsi, c'est une vision que cette Somme. L'histoire rapportée par Gerson est une pure fable et un conte fait à plaisir. Il est surprenant que ces Messieurs veulent que je reconnaisse une Somme des Vertus de Halès que nul n'a jamais vue, et qu'ils me blâment d'adresser à saint Thomas les

Commentaires sur Isaïe, Jérémie, saint Mathieu et saint Jean, qui non-seulement existent, mais qui lui sont attribués par des auteurs contemporains.

» Il n'y a rien, dans le reste de leur critique, qui mérite d'être relevé, si ce n'est ce qu'ils ont voulu repasser de l'Opuscule contre les Grecs. J'ai dit, et il est vrai, que le Recueil des passages des Pères qui sont dans cet ouvrage n'a point été fait par saint Thomas, et qu'il avait été présenté par un autre à Urbain IV, qui l'envoya à saint Thomas pour lui en rendre compte et savoir s'il pourrait être de quelque utilité. Cela se prouve par l'ouvrage même. Tous les raisonnements qu'ils font à ce sujet sont en l'air. Peut-on dire que saint Thomas avait consulté les sources quand on voit qu'il n'y a pas un passage de saint Athanase qu'on puisse trouver présentement dans les écrits de ce Père ? Ce n'était point à saint Thomas à répondre de l'authenticité de ces passages ; on les lui avait envoyés, et il crut qu'ils étaient véritablement extraits. Il se plaint de quelques-uns que la traduction latine envoyée par le Pape n'est pas conforme au grec ; cela prouve qu'il avait les originaux de ceux-là, mais il ne s'ensuit pas qu'il eût les originaux de tous les autres, et principalement de ceux qui ne se trouvent plus.

» Sur les autres auteurs de notre ordre, touchant lesquels ils me chicanent, je renvoie à mon ouvrage même, où toute personne raisonnable conviendra que j'ai tout éclairci d'une manière solide. Il est très-faux de soupçonner que la Somme de saint Thomas ait été corrompue exprès en l'endroit que marquent ces Messieurs. La multitude infinie de manuscrits qu'il y en a dans tous les pays de l'Occident, est une preuve constante de son intégrité dans les éditions différentes qui s'en sont faites depuis l'invention de l'imprimerie.

» Pardonnez-moi, Monsieur, si je vous ai entretenu sur un sujet qui ne vous regarde point et qui ne regarde que moi personnellement. Il est impossible de ne pas entrer en quelque mouvement d'indignation quand on voit des gens s'ériger, de leur autorité privée, en censeurs de tout le monde, décider sur des matières qu'ils n'entendent point et donner aux autres des règles qu'ils n'observent pas eux-mêmes. Au reste, Monsieur, quelque maltraité que je sois par ces censeurs, je suis résolu de demeurer en public dans le silence, et je ne crains point que leur censure discrédite mon ouvrage. Ceux qui le liront me rendront justice et reconnaîtront que je n'ai eu en vue que de chercher la vérité et de la dire après l'avoir trouvée. Nulle passion de communauté ne m'a fait soutenir de faits que j'aie reconnus faux.

» Je vous suis très-obligé, Monsieur, de la promesse que vous me faites de continuer avec moi le commerce de lettres. Je profite de tous vos avis, qui sont justes et solides.

» *27 mai 1722.* — Je doute que MM. de Trévoux parlent encore de moi, parce qu'ils n'en ont pas averti, comme ils font d'ordinaire quand ils doivent repasser un auteur (1). Au reste, je suivrai vos avis, comme d'abord ça été ma résolution.

» *2 janvier 1723*. — Il y a déjà longtemps que je vous dois réponse sur la lettre, toujours pleine d'érudition comme les autres, que vous m'avez fait l'honneur de m'écrire de Lyon. J'ai pensé même plusieurs fois à vous écrire; mais j'ai cru que je devais attendre que je pusse vous envoyer ma feuille imprimée (2)..... Vous y verrez plusieurs additions de ma main d'avis que j'ai reçus trop tard pour pouvoir les insérer à leur place; car, de faire une nouvelle feuille, c'est un *opera* que mon libraire ne voudra jamais entreprendre. Je les ajoute cependant de la main, afin que ce soit une chose prête quand on voudra faire une nouvelle édition (3).

» Il m'est arrivé un malheur à l'égard de votre dernière lettre, et elle s'est égarée sur ma table parmi un tas de papiers que j'y ai, en sorte que je ne l'ai jamais pu retrouver. Ce qui m'intéresse le plus, c'est la date du mois du Bref de Clément VIII, car il me semble que je me souviens assez bien du reste dudit Bref. Il est vrai qu'Antoine, dans la *Bibliothèque d'Espagne,* reprend M. de Thou d'avoir mis la mort de Chacon à l'an 1599, et prétend qu'en 1601 il a fait imprimer un extrait des Épitres de Cicéron, qu'il dédia cette année-là à un abbé, fils de l'ambassadeur d'Espagne à Rome. Il faut bien pourtant qu'Antoine se soit trompé, n'y ayant rien à répliquer contre le Bref de Clément VIII, comme vous le jugez très-bien (4). Marac-

(1) Les *Mémoires de Trévoux* donnèrent un second article en mai 1723 (p. 749-784). Ils en promettaient un troisième, qui n'a pas paru.

(2) *Addenda adhuc quædam vel emendanda in utroque hujus operis tomo quorum notitia nonnisi post absolutam operis editionem ad nos pervenit.* 4 pages.

(3) Le R. P. Bonnet a vu deux exemplaires où les suppléments sont accompagnés de notes autographes du P. Echard : l'un au couvent des Dominicains de la rue Jean-de-Beauvais, à Paris; l'autre entre les mains du P. Thomas Bonora, religieux du même Ordre à Bologne. La Bibliothèque du Grand-Séminaire de Bordeaux en possède un troisième, lequel, outre les notes ajoutées sur les marges de l'*Addenda,* contient une autre addition, également de la main du P. Echard, placée à la fin du tome II, p. 850.

(4) L'erreur d'Antonio a été reproduite dans la seconde édition de la *Bibliotheca Hispana Nova* (Matriti, 1783, tom. I, p. 17, 18). Le P. Echard termine la note manuscrite où il fait cette rectification par ces paroles bien honorables pour M. Le Clerc : « *Notitiam hanc debeo diligentiæ D. Le Clerc, Doctoris Theologiæ, Parisiensis, viri in hoc eruditionis litterariæ genere accuratissimi, qui et Breve laudatum vidit, et nuper è Lugduno, ubi nunc moratur, suis litteris mihi significavit; cui et plura alia in his emendandis laudata debeo, nec pro summis ejus in me meritis gratias æquas unquàm referre possum* ».

cius attribue aussi à Chacon un livre du Rosaire imprimé, dit-il, en 1601 ; mais je ne fais pas grand cas de ce dernier, qui n'est pas exact, outre que ces éditions peuvent être des secondes éditions, et il les faudrait voir pour en juger sûrement.

» Je garde très-précieusement toutes vos lettres, et je ne désespère pas de retrouver la dernière, qui n'est que brouillée parmi mes papiers. Ce sont de bons mémoires que je conserverai avec tous mes autres, et qui serviront un jour à ceux qui voudront revoir et réimprimer mon ouvrage.

» Si vous avez eu des contre-temps dans votre voyage de Lyon, j'ai eu, depuis votre départ, de fâcheux accidents pour ma santé. Le dimanche et le jour de saint André suivant, ma jambe gauche fut entièrement perclue, sans me pouvoir soutenir et sans pouvoir faire un pas, en sorte qu'on fut obligé de me porter à la table et au lit. Cela est un peu revenu depuis, mais elle est moins forte qu'auparavant (1). Tout cela m'avertit de me préparer au grand voyage de l'éternité, où l'on n'a point besoin de pieds pour y parvenir, puisqu'il les faut laisser ici-bas pour y aller. Je me recommande instamment à vos prières, Monsieur. Priez Dieu pour moi, je vous supplie, qu'il me fasse miséricorde par son infinie bonté. J'en ai d'autant plus besoin, que je reconnais que je suis un très-grand pécheur, qui n'ai pas vécu selon la sainteté de mon état et que, s'il entre en discussion avec moi, je n'aurai pas à répondre une seule chose contre mille.

» Je finis en vous souhaitant la meilleure et la plus heureuse de vos années, pleine des bénédictions du ciel et des grâces de Jésus-Christ, dans les entrailles duquel je vous embrasse, et suis avec un très-grand respect, et avec toute la reconnaissance possible, votre très-humble et très-obéissant serviteur. F. ECHARD ».

Restons sur ces paroles si humbles et si affectueuses comme sur les plus touchantes, bien qu'elles ne soient pas les dernières, du P. Echard à M. Le Clerc. D'ailleurs, les lettres du 26 juillet et du 17 décembre 1723 répètent à peu près les mêmes sentiments. Le P. Echard mourut à Paris le 15 mars 1724.

(1) Un an auparavant, le 7 janvier 1722, le P. Echard avait écrit à M. Le Clerc : « Depuis quatre ans que je tombe paralytique, je suis à l'infirmerie, n'ayant l'usage que d'une main. »

CHAPITRE IX

RAPPORTS DE M. LE CLERC AVEC D. LIRON.

Tout livre nouveau portant le titre de *Bibliothèque* était aussitôt acheté, lu, annoté, corrigé et complété par M. Le Clerc. Après, ou plutôt avec celles du P. Lelong et du P. Echard, la *Bibliothèque Chartraine* de D. Liron (1). En effet, dans sa première lettre au P. Lelong, le 14 août 1720, M. Le Clerc s'exprimait ainsi : « J'ai un autre petit ouvrage d'amusement tout prêt à être imprimé. C'est un supplément à la *Bibliothèque Chartraine* du P. Liron. J'y renferme plus de cent auteurs inconnus à ce père, lesquels, pourtant, devaient avoir place dans son ouvrage. J'ai travaillé à cela dès que la *Bibliothèque Chartraine* parut, mais je n'avais pas dessein de le donner au public. C'est M. de La Perière, auquel je l'ai fait voir, qui me presse de le faire imprimer. A mon supplément je join-

---

(1) Dom Jean Liron, né à Chartres le 11 novembre 1665, se consacra à Dieu dans la Congrégation de Saint-Maur, et fit profession à l'âge de 20 ans. Il fut appelé à Paris par ses supérieurs et demeura plusieurs années dans l'abbaye de Saint-Germain-des-Prés. En 1708, il fut envoyé dans celle de Marmoutiers, dont il mit en ordre les archives, et ensuite à Saint-Vincent-du-Mans, dont il fut Bibliothécaire. Il mourut dans l'abbaye de La Couture, de la même ville, le 9 février 1749, selon D. Tassin, et, selon d'autres, le 1er juillet 1748. D. Liron avait « sans doute ses défauts en qualité d'auteur, mais il était habile et laborieux, d'une critique exacte et judicieuse » (*Mémoires de Trévoux*, mars 1717, p. 537 ; mars 1719, p. 389). On peut voir le détail de ses ouvrages dans l'*Histoire littéraire de la Congrégation de Saint-Maur*, par D. Tassin (p. 670-676). Celui dont il est ici parlé a pour titre : *Bibliothèque Chartraine, ou Traité des Auteurs et des Hommes illustres de l'ancien diocèse de Chartres qui ont laissé quelques monuments à la postérité, ou qui ont excellé dans les beaux-arts, avec le catalogue de leurs ouvrages*, etc.; Paris, 1718, in-4°.

drai une espèce de critique de la plupart des articles de la *Bibliothèque Chartraine* » (1).

Bien qu'il eût l'approbation et les encouragements du P. Lelong (2), ce projet fut, quelques mois après, abandonné par son auteur. Sur ces entrefaites, en effet, dans le Mémoire ou *Réponse aux questions de M. Le Clerc*, dont il est parlé au chapitre VII, l'abbé Brillon invita M. Le Clerc à « communiquer ses lumières » à D. Liron, assurant que celui-ci se ferait « un vrai plaisir d'en profiter et de rendre » au généreux critique « toute la justice qui lui serait due ». « Le P. Lelong, ajoutait le chanoine de Chartres, a été ravi de profiter des Remarques judicieuses de M. Le Clerc, qui les lui a envoyées de la manière du monde la plus gracieuse et la plus obligeante ».

M. Le Clerc fut aussi gracieux pour le Bénédictin qu'il l'avait été pour le Prêtre de l'Oratoire. Écoutons encore l'abbé Brillon, s'adressant, cette fois, directement à M. Le Clerc :

« J'ai déjà eu l'honneur de vous marquer que le P. Liron, ayant senti les fautes de son ouvrage, avait travaillé à y faire des corrections et des additions considérables... Je lui ai envoyé ce matin, par l'ordinaire du Mans, votre lettre en entier, parce que vous me l'avez permis ; je le félicite, Monsieur, sur les offres généreuses que vous lui faites ; il doit être charmé de la politesse et de la bonté avec laquelle vous le prévenez. Votre lettre est une critique d'ami et très-sensée de son ouvrage. Les raisons que vous détaillez

---

(1) Avant de développer ses Remarques, M. Le Clerc les avait indiquées en marge de son exemplaire de la *Bibliothèque Chartraine*, lequel est aujourd'hui conservé à la Bibliothèque de la Faculté de Médecine de Montpellier (F. f., in-4º, n. 99). Il a appartenu au président Bouhier, qui le mentionne dans le Catalogue manuscrit de sa bibliothèque, et qui, en tête de ce précieux volume, a écrit les lignes suivantes : « Les petites notes critiques ci-après qui se trouvent en marge du présent volume sont du sieur Laurent Josse Le Clerc, directeur du Séminaire de Saint-Irénée, à Lyon, auteur de plusieurs ouvrages. Dom Le Cerf n'a pas épargné son confrère dans la Bibliothèque des Écrivains de la Congrégation de Saint-Maur ». — Les Remarques de M. Le Clerc sont au nombre de plus de 400, dont quelques-unes assez longues. Elles peuvent donner une idée de ce qui fait le fond de ses lettres à D. Liron.

(2) Lettre à M. Le Clerc du 18 août 1720.

contre son projet de supplément sont solides, et je les laisse à ses réflexions. Je n'ai point voulu lui envoyer votre lettre par extrait, crainte d'en diminuer la force et pour ne lui rien cacher des obligations qu'il doit vous avoir. Elle le désabusera de l'idée qu'il avait que la lettre de Melchior Duplex venait de vous (1). Je ne puis, Monsieur, que vous remercier par avance pour lui, et applaudir au parti que vous avez pris, en honnête homme, de seconder ses vues en voulant bien lui communiquer vos lumières » (14 novembre 1720).

D. Liron remercie M. Le Clerc par la lettre suivante, datée du 21 novembre 1720, et, comme celles qui lui succédèrent, écrite de l'abbaye de Saint-Vincent-du-Mans.

« Il n'y a que quatre ou cinq jours que M. l'abbé Brillon, chanoine de Chartres, m'a fait part d'une lettre que vous lui avez écrite à mon occasion. Je vous suis d'autant plus redevable que, n'ayant point l'honneur d'être connu de vous que de nom, je n'avais pas lieu d'espérer cette faveur. C'est pourquoi je vous rends de très-humbles actions de grâces des offres que vous me faites pour perfectionner la *Bibliothèque Chartraine*. Ce livre ayant paru contre mon intention, et, ce qui est encore plus fâcheux, avec mon nom, — car je n'aime point l'éclat, — je n'en fus pas content. Je vis bien qu'il y manquait beaucoup de choses. D'ailleurs, on avait oublié ou perdu quelques articles, comme ceux de Jean Rotrou, de M. Duhan, etc. Mais le mal étant fait et n'étant pas sans remède, je pris résolution de travailler tout de bon à revoir, corriger et augmenter ce livre, et de n'épargner pour cela ni le temps, ni ma peine..... Avec le temps, j'ai fait un second volume presque aussi étendu que le premier..... Si vous voulez m'aider de votre travail, comme vous me l'offrez d'une manière si généreuse et si obligeante, je vous rendrai la justice qui vous sera due, et ma gratitude, quoique publique et éclatante, sera moins grande au dehors qu'au dedans. »

Ce témoignage public de reconnaissance, souvent promis par D. Liron dans ses lettres privées, était, en effet, exprimé

(1) *Lettre d'un conseiller de Blois à un chanoine de Chartres sur la Bibliothèque Chartraine ou Le Traité des Auteurs de l'ancien diocèse de Chartres du R. P. Liron, Bénédictin ;* 1719, in-16, pp. 20. — « Elle n'est pas de moi, dit M. Le Clerc au P. Desmolets, quoique j'y aie eu quelque part. Elle est signée *Melchior Duplex,* qui est le nom anagrammatique de Michel Perdoulx....., lequel est de vos amis. Ce que je fais sur la même *Bibliothèque* n'est qu'un Commentaire assez étendu de cette lettre, que je ferai imprimer à la tête des miennes, parce qu'il n'en a fait tirer que cent exemplaires. »

dans la Préface de son livre. Là, après avoir parlé de tout ce qu'il a fait pour rendre son *Supplément* aussi exact et aussi complet que possible, D. Liron continue en ces termes :

« J'avoue néanmoins que mon ouvrage, après tant de recherches et de travail, aurait encore été imparfait si deux hommes savants n'étaient venus à mon secours. Le premier est M. Brillon, chanoine de Chartres... Le second est M. Le Clerc, Parisien, licencié en Théologie de la Faculté de Paris, directeur du Séminaire de Saint-Irénée, de Lyon, où il enseigne la Théologie, fils de M. Sébastien Le Clerc, fort connu par ses ouvrages de gravure et de mathématique. Les emplois de M. Le Clerc ne l'ont pas empêché d'acquérir une grande érudition. Ayant lu la *Bibliothèque Chartraine* et remarqué plusieurs omissions, il s'appliqua à faire des notes et à recueillir ce qui pouvait servir à l'augmenter et à la perfectionner. Vers la fin de l'an 1720, il apprit que je travaillais très-sérieusement de mon côté, et il voulut bien me communiquer tout ce qu'il avait ramassé, ce qu'il fit au commencement de l'année suivante, avec une honnêteté, un désintéressement et une générosité qui a très-peu d'exemples et qu'on ne saurait trop louer. Comme nous avons souvent consulté les mêmes sources, nous nous sommes aussi souvent rencontrés. Mais il a trouvé des choses que je n'ai pu recouvrer ; ainsi, je lui suis redevable de plusieurs ouvrages, de quelques faits et d'un bon nombre d'auteurs. C'est ce grand accroissement de ce savant et généreux ami, très-capable de faire honneur à sa patrie, qui me fait juger qu'il manque aujourd'hui peu de chose à cette Bibliothèque (1). »

Ainsi que plusieurs autres fruits de la féconde plume de D. Liron, l'ouvrage auquel cette Préface devait servir d'introduction est resté inédit. « Je n'espère pas, écrivait plus tard à M. Le Clerc le Bénédictin du Mans, avoir la liberté de faire imprimer mon ouvrage tant que mes envieux seront les maîtres. Mais si je puis le faire imprimer par le moyen d'un ami, j'y consentirai volontiers. Vous, Monsieur, qui êtes à Lyon, où l'on imprime beaucoup de livres, et avec facilité, ne pourriez-vous point y faire imprimer mon *Histoire des*

---

(1) *Supplément de la Bibliothèque Chartraine, divisée en deux parties : la première contient, outre les corrections des fautes, un grand nombre d'additions aux articles imprimés ; la seconde comprend plus de deux cents auteurs nouveaux et quelques articles qui ont été refaits et augmentés.* Manuscrit original de D. Liron (Bibliothèque nationale. Manuscrits, Fr. 17005).

Évêques de Chartres? On pourrait, en ce cas, y joindre le *Supplément de la Bibliothèque Chartraine?* » (17 février 1723.) M. Le Clerc fit sans doute à cette ouverture un accueil réservé, car, quelques années après, il écrivait au Président Bouhier à propos d'une nouvelle et semblable demande : « Il y a longtemps que je n'ai écrit au P. Liron. D'ailleurs, je crains fort tout tracas, et je ne veux guère me faire entremetteur pour l'impression, arrivant assez souvent qu'on mécontente ou l'auteur ou l'imprimeur, ou quelquefois tous les deux » (12 juin 1729.)

Mais où était l'obstacle qui empêchait D. Liron de publier ses ouvrages? Nous touchons ici à un point délicat, et plus que jamais nous devons laisser la parole aux autres. Citons d'abord M. Le Clerc, qui avait sans doute appris la chose de la bouche même de D. Liron, lors d'un voyage que celui-ci fit à Orléans en 1722 ou 1723 (1). Il écrit de Lyon, le 23 décembre 1727, au président Bouhier :

« Pour dire encore un mot de D. Le Cerf, il y a des gens qui le croient fort exempt de ce qu'on appelle préjugé d'ordre, parce qu'il a fort maltraité D. Martianay et D. Liron, et parlé assez peu favorablement de D. Thuillier, etc. Mais ces gens n'y font pas assez d'attention. D. Martianay était brouillé avec les principaux et les savants de l'Ordre, et avait écrit pour la Constitution *(Unigenitus)* un ouvrage que la mort ne lui a pas permis d'achever. Voilà la source. Pour D. Liron, le P. de Montfaucon n'a pu lui pardonner quelque chose qu'il avait dit contre lui dans ses *Aménités de la Critique,* et il a ameuté contre lui tous les autres (2). C'est de D. Montfaucon que dépend la fortune des savants de l'Ordre, laquelle consiste à avoir une place à Paris, et c'est pourquoi on lui fait sa cour ». — « Je sais, dit encore M. Le Clerc, que D. de Sainte-Marthe dit, en passant à

(1) « Si je puis en obtenir la permission, j'irai à Orléans pour vous saluer après Pâques. C'est là que je pourrai vous dire quelques faits de bouche. Sinon, je prendrai une autre voie pour vous les faire savoir » (28 décembre 1721). — Si le voyage n'eut pas lieu en 1722, D. Liron le fit certainement en 1723, car, le 1er janvier de l'année suivante, il écrit encore à M. Le Clerc : « J'ai achevé depuis dix jours mon ouvrage, qui m'a occupé *depuis mon retour d'Orléans* ».

(2) *Les Aménités de la Critique ou Dissertations et Remarques nouvelles sur divers points de l'antiquité ecclésiastique et profane;* Paris, 1717 et 1718, 2 in-12.

Orléans, qu'on empêcherait bien D. Liron de rien imprimer. Et en effet, depuis ce temps-là, ce dernier n'a jamais pu en obtenir la permission de ses supérieurs » (Lettre au Président Bouhier, 2 avril 1729) (1).

Cependant, D. Liron avait cherché, mais apparemment sans succès, à apaiser l'esprit de D. Montfaucon. La correspondance de ce dernier, qui fait aujourd'hui partie des manuscrits de la Bibliothèque nationale (Fr. 17,709), contient une lettre inédite et autographe que lui adressa D. Liron, et qu'on nous saura gré de reproduire ici :

« Mon Révérend Père, je voudrais de tout mon cœur que vous eussiez voulu m'entendre le 17 du passé au matin ; je crois que je vous aurais satisfait au moins en partie. Mais si je ne l'ai pu faire de vive voix, je suis encore moins disposé à l'entreprendre par écrit. Je juge devoir prendre un autre parti, c'est de vous marquer simplement que je suis très-fâché de ce qui est arrivé et de vous avoir fait de la peine, quoique je n'en aie jamais eu intention. Je vous prie de me rendre justice sur ce point. J'agis avec simplicité, et si vous étiez en ma place, et que vous eussiez besoin, comme moi, de vous occuper l'esprit, peut-être que vous m'avoueriez que, dans ce cas, ces sortes de fautes sont fort naturelles. Mais, quoi qu'il en soit, j'ai déjà promis en général au Révérend Père, et je vous promets encore en particulier, que vous n'aurez jamais désormais aucun sujet de vous plaindre de moi. Je vous ai toujours estimé et honoré, j'ai dessein de vous en donner dans la suite de bons témoignages dans toutes les occasions qui pourront se présenter. Lorsque je me rencontrerai avec vous, si je suis dans vos sentiments, je vous rendrai la justice qui vous est due, et je parlerai de vous comme le mérite une personne de votre distinction. Si je ne puis entrer dans vos opinions, je ne vous nommerai pas ; ainsi, on ne verra aucune opposition. D'ailleurs, si je puis vous être utile en quelque chose, je vous prie de me regarder comme absolument disposé à vous servir et à vous marquer que je suis très-sincèrement à vous. Voilà, en deux mots, ce que vous devez

— « Cet ouvrage, disent les *Mémoires de Trévoux* (Mars 1719, p. 389), contient des recherches très-curieuses sur l'antiquité ecclésiastique et profane, avec une critique exacte et judicieuse sur les points qui y sont traités. C'est le fruit des lectures d'un homme qui a lu avec réflexion, et qui, par là, s'est mis en état de relever des méprises où sont tombés de très-savants hommes, ce qu'il fait, néanmoins, avec tous les égards et les ménagements qui sont dus à leur réputation et à leur mérite ».

(1) Toutefois, de 1734 à 1740, D. Liron publia ses *Singularités historiques et littéraires*... Paris, 4 vol. in-12.

vous promettre de moi. Je suis, avec une estime singulière et un véritable respect, mon Révérend Père, votre très-humble et très-obéissant serviteur et confrère, F.-Jean LIRON, m. B. — Le second de novembre 1718. »

Nous nous sommes laissé entraîner déjà bien loin dans ces détails tout personnels à D. Liron ; mais quelques anecdotes littéraires seront encore peut-être du goût des curieux. Ils trouveront dans ces confidences intimes des révélations piquantes sur quelques hommes et sur quelques écrits. En ce qui concerne spécialement D. Liron, elles sont un complément nécessaire de ce qu'en dit D. Tassin dans son *Histoire littéraire de la Congrégation de Saint-Maur.* Peut-être des yeux pénétrants apercevront-ils dans l'âme du moine Bénédictin un vague sentiment de jalousie qui le porte à rabaisser le mérite des autres et à relever le sien propre. Ce n'est pas à ce titre, nous n'avons pas besoin de le dire, que nous recommandons ces lettres à nos lecteurs.

« *1er janvier 1724.* — Il y a cinq mois que j'appris ici qu'un religieux de l'abbaye de saint Vincent travaille à une *Bibliothèque universelle des écrivains Français* (1). *Je n'en fus pas surpris, et je ne m'en mis pas en peine.* Ce religieux s'appelle D. Antoine Rivet (2). Il m'a caché cela avec grand soin, et je suis

(1) Cette *Bibliothèque* est devenue l'ouvrage si connu sous le titre d'*Histoire littéraire de la France.* Il est assez inutile de protester ici qu'en citant ces paroles notre intention n'est nullement de déprécier une œuvre estimable sans doute, mais dans laquelle, cependant, il faut bien voir, avec Montalembert, une œuvre de « Bénédictins dégénérés » (*Les Moines d'Occident,* tom. VII, p. 473, note).

(2) Dom Antoine Rivet de La Grange naquit, le 30 octobre 1683, à Confolens, dans un faubourg situé au-delà de la rivière, suivant D. Liron, et qui faisait alors partie du diocèse de Limoges (*Lettre à M. Le Clerc du 27 avril 1727*). Il reçut l'habit bénédictin dans l'abbaye de Marmoutiers, le 25 mai 1704, et fit profession le 27 mai de l'année suivante. En 1716, il fut transféré de l'abbaye de Saint-Florent de Saumur, où il avait fait ses cours de philosophie et de théologie, au monastère de Saint-Cyprien, de Poitiers. L'année suivante, il fut appelé à Paris et placé aux Blancs-Manteaux. N'ayant pu, à cause de son ardent Jansénisme, obtenir une place à Saint-Germain-des-Prés, il fut obligé de se retirer dans l'abbaye de Saint-Vincent du Mans. On sait qu'il se chargea de revoir et d'achever le *Nécrologe de l'abbaye de Notre-Dame de Port-Royal des Champs* (Rouen, sous le nom d'Amsterdam, 1723, in-4°). Il mourut le 7 février 1749 (deux jours avant D. Liron), après

bien éloigné de lui en parler, et je le serai encore plus de lire cet ouvrage, s'il paraît. Il faudrait bien du temps pour vous rapporter ce que je pourrais dire sur cela. Il alla à Paris au mois de septembre, et il en revint comme il était allé. Si le fait est vrai dans toute l'étendue qu'on lui donne, j'admire sa témérité ou plutôt sa folie, car ce n'est pas une entreprise à former à un homme seul, et encore moins à un moine qui sait très-peu. Il est vrai qu'étant fort intrigant, il a engagé trois autres religieux à travailler avec lui. Ce sont de jeunes gens (1). Vous serez bien plus étonné quand je vous dirai que c'est lui qui a fait imprimer ma *Bibliothèque Chartraine*. C'est lui qui y a mis ce que je crois vous avoir dit n'être pas de moi, savoir le titre général, la première préface, le Catalogue des livres cités et l'article de Pintard, chanoine régulier (2). Il avait ma confiance dans ce temps-là ; mais, après l'impression de ce livre, on m'écrivit des choses qui me firent changer de conduite, en gardant néanmoins à l'extérieur mes manières précédentes.

avoir fait assurer ses amis de trois choses : « 1º De son opposition persévérante à la Bulle ; 2º de ses gémissements pour la décadence de l'Ordre ; 3º de sa confiance que le temps du renouvellement de l'Église était proche » (Lettre de D. Housseau, Bénédictin, à son cousin, aussi Bénédictin, ap. *Documents inédits concernant l'Histoire littéraire de la France, publiés par Ulysse Robert ;* Paris, 1875, in-4º, p. 90-91). V., sur D. Rivet, *Histoire littéraire de la Congrégation de Saint-Maur,* p. 651-666.

(1) Ces trois religieux, plus jeunes en effet que D. Liron, étaient D. Joseph Duclou, D. Maurice Poncet et D. Jean Colomb, sur lesquels on peut voir D. Tassin, *Histoire littéraire de la Congrégation de Saint-Maur,* pages 722-723, 760-761.

(2) D. Rivet n'a-t-il pas aussi revu à sa manière la Notice consacrée à Abra de Raconis, évêque de Lavaur (p. 240) ? N'est-il pas l'auteur des contradictions flagrantes que l'on y rencontre, et qui ont été si bien relevées par l'abbé d'Artigny au tome VII (p. 261-277) de ses *Nouveaux Mémoires ?* N'est-ce pas le Janséniste D. Rivet qui a imprimé ces paroles, que nous reproduisons avec les notes manuscrites dont les accompagne M. Le Clerc ? « M. de Raconis se perdit entièrement de réputation *(dans l'esprit des gens faits comme Dom Liron)* par la lettre qu'il écrivit au Pape contre le livre de *la Fréquente communion...* L'assemblée du clergé résolut même d'un commun accord *(il en faut donner une preuve),* par un décret solennel, de renvoyer cet évêque à son Métropolitain pour être procédé contre lui selon les canons, s'il avouait la lettre qui lui avait été attribuée. Comme on dit qu'il était fort vain et fort rempli de l'estime de lui-même *(ce sont des gens qui déchirent tous ceux qui ne sont pas de leurs sentiments qui le disent),* il conçut un chagrin mortel... et mourut bientôt après à Raconis. On crut effectivement que les excès que lui avait fait commettre l'engagement de soutenir une si méchante cause *(méchante au jugement de D. Liron. Ce n'est pas un grand malheur, car*

C'est, selon toutes les apparences, lui seul qui a détourné le libraire et sa
femme d'imprimer mon second volume, ou D. Montfaucon et lui. Il ne
faut pas croire que la préface générale dont je viens de parler soit de lui dans
l'état où elle est. On me l'envoya. Je retranchai dans un endroit une page
entière, dans un autre une demi-page ; je fis une addition et six ou même
sept changements, et dans ma réponse je lui rendis raison de chaque chose
en particulier, et il suivit tout fidèlement. Mais je vis clairement qu'il ne
savait pas composer, car rien n'était plus pitoyable. Tout son talent est de
copier (1). En voilà assez, car si je voulais vous dire tout, je ne finirais pas
aujourd'hui. *Et hæc inter nos.* Car je ne fais rien paraître, et je suis pacifique
avec ceux mêmes qui n'aiment pas la paix. Comme je lui avais toujours fait
beaucoup de bien, je n'ai jamais pu découvrir la cause de son changement
à mon égard, ne lui en ayant donné aucun prétexte. J'ai seulement soupçonné qu'il avait voulu gagner D. Montfaucon et s'établir à Saint-Germain.

Mais Dieu a renversé ses projets. En voilà plus que vous n'en attendiez ;
mais j'ai une entière confiance en vous (2). »

le pauvre homme n'est pas grand clerc) avaient beaucoup contribué à sa mort. »
Le jugement exprimé ici par M. Le Clerc est bien plus défavorable à D. Liron
que les quelques lignes imprimées à la fin de la préface (p. XLVI) des *Remar-*
ques sur le Dictionnaire de Moréri. Cependant, elles sont condamnées dans
une note manuscrite placée en marge de l'exemplaire conservé à la Bibliothèque de la ville de Lyon. « J'ai effacé ceci, dit M. Le Clerc, après avoir
fait connaissance avec le P. Liron, lequel, au fond, est savant, mais qui
convient pourtant lui-même de l'imperfection de sa *Bibliothèque Chartraine.* »

(1) « Votre style n'est pas bien châtié... Vous faites trop souvent des in-
terrogations, et presque toujours à la seconde personne ; c'est contre le bon
goût » (Lettre de D. Doussot à D. Rivet du 7 juin 1732, ap. Robert, *Docu-*
ments inédits, p. 27).

(2) Les disputes qui divisaient alors l'Église et l'Ordre de saint Benoît
n'étaient-elles pour rien dans les dispositions de D. Rivet, réfractaire aux
Bulles des Souverains Pontifes, à l'endroit de D. Liron, soumis à ces mêmes
Bulles, et s'attirant par là les reproches de la secte ? Nous inclinons beaucoup à le penser. Quoi qu'il en soit, il nous suffira de remarquer ici deux
choses : 1º que D. Rivet ne se refusait pas non plus le plaisir de raconter à
ses amis, et sans doute aussi à sa façon, l'histoire de ces petits démêlés de
cloître (Voir la lettre de l'abbé Granet à D. Rivet, en date du 21 avril 1725,
ap. Robert, *Docum. inéd.,* p. 13) ; 2º que la lettre de D. Liron montre au
moins combien est peu vraisemblable ce qu'affirme, avec quelque réserve
cependant, la *Biographie universelle* de Michaud (art. *Liron*), savoir, que
D. Liron est un des principaux auteurs des premiers volumes de *l'Histoire*
littéraire de la France.

« *26 mai 1725*. — Je vous confesse que j'ai eu plusieurs fois la même pensée que vous, et que si j'avais eu quelque raison particulière de vous écrire, je l'aurais fait avec bien du plaisir. La principale cause de mon silence est néanmoins venue de ce que je ne sais ce que sont devenus mes deux derniers ouvrages, dont j'ai eu l'honneur de vous parler. Ceux qui les ont s'opiniâtrent malhonnêtement à ne point écrire. Je crains fort qu'ils ne me fassent de la peine, car, en les leur livrant, je leur avais abandonné tout ce qu'ils pourraient tirer des libraires, ne me réservant que les exemplaires en petit nombre et le pouvoir de dédier, leur défendant de dédier sans ma participation ; or, je soupçonne qu'on veut s'emparer de tout, et que voilà la cause du silence qu'on garde si honteusement. Au moins je n'en puis deviner d'autre. *Quid non mortalia pectora cogis honoris et auri sacra fames ?* Mais *sufficit diei malitia sua.* J'attends avec patience le dénouement de cette énigme. *Hæc inter nos.*

» J'ai répondu par avance à ce que vous me demandez, s'il y a espérance de voir quelque chose de ma façon. Indépendamment de ces 5 vol. in-4°, que je livrai il y a un an, j'en trouverais d'autres si j'avais un libraire. Faute de cela, il faut attendre *tempora et momenta.* Je mets au net actuellement un *Traité Historique des personnes illustres qui ont abandonné les Églises protestantes pour se réunir à la catholique...* Que dites-vous, Monsieur, de ce dessein ? Je l'ai jugé utile, édifiant et curieux. Cela vaudra mieux qu'un livre de controverse, car les exemples valent mieux que tous les discours. J'en ai recueilli trois ou quatre cents, ce qui fera un petit volume. — J'ai augmenté de près de la moitié le *Traité de ceux qui ont appris la Bible par cœur,* qui est dans les *Aménités.*

» J'ai fait plusieurs Dissertations sur des matières toutes neuves et des Traités singuliers (1). J'avais commencé à travailler à la *Bibliothèque du Maine,* mais ce Traité des réunis a interrompu mon dessein je ne sais comment. Un ami m'ayant communiqué l'Histoire du Concile de Pise, j'ai fait trente remarques au moins pour corriger autant d'endroits... Il y a huit ans qu'un supérieur que j'aimais tendrement me demanda quelques mémoires pour D. Pez. Je lui en envoyai de bons, particulièrement sur D. Adrien Gautier, dont les ouvrages ne sont pas fort connus aujourd'hui. »

(1) Les *Singularités historiques* contiennent la plupart de ces Dissertations ou Traités, avec quelques autres dont nous trouvons la liste dans la lettre de D. Liron à M. Le Clerc, en date du 3 octobre 1728. Le Bénédictin désirait avoir sur ces sujets la pensée du prêtre de Saint-Sulpice et celle du Président Bouhier ; « mais surtout, ajoute-t-il, que les moines n'en aient pas connaissance, vous en savez la raison. »

« *27 avril 1727.* — Ce n'est ni par oubli, ni par négligence que je ne vous ai point écrit cette année. J'ai pris deux fois la plume pour cela. Vous allez en voir la cause, puisque vous demandez ce que je fais à présent.

» Peu après ma dernière, je pris la résolution de faire la *Bibliothèque du Maine,* qui est un grand diocèse de plus de 800 paroisses. J'avais pour cela de grandes recherches aussi bien que pour l'Anjou. Je commençai à digérer et mettre au net tout cela au commencement du carême, et j'achevai vers la fin de l'année. Ce livre, qui est un très-gros in-4º, m'a beaucoup coûté. Comme il échappe toujours quelques auteurs, je communiquai le Catalogue, et aussitôt un grand nombre de personnes parurent s'intéresser dans cette affaire, car effectivement il y a plusieurs familles dans la ville qui ont donné des Auteurs à la République des Lettres. Par ce moyen, je découvris quelques-uns des noms de baptême, des dates mortuaires et quelques faits. On songea à faire imprimer l'ouvrage au Mans, et le libraire promit tout. Une personne d'un grand rang écrivit à M. le Garde des Sceaux pour le prier de nommer un examinateur dans la ville et de donner un privilége. Il répondit que c'était un abus qui s'était introduit à Lyon et dans quelques autres villes, et qu'il l'avait aboli ; qu'il fallait envoyer le manuscrit afin que, sur l'approbation d'un censeur royal, il donnât le privilége. Les personnes qui s'intéressaient particulièrement en cela me demandèrent mon manuscrit pour l'envoyer. Mais je découvris qu'on me faisait en cela *un tour de Manceau.* Quelques paroles lâchées, quelqués rapports, etc., me firent comprendre qu'on voulait se rendre maître de tout. Ayant le manuscrit et le privilége, on l'aurait fait imprimer comme on aurait voulu ; on y aurait ajouté des choses étrangères, et quelques-unes ridicules, pour se faire honneur, et j'aurais été le valet des tambourineux. Je déclarai que j'avais compris qu'on n'agissait pas avec la franchise qui m'est naturelle, que je voulais être le maître du privilége et de l'ouvrage, traiter moi-même en mon nom avec le libraire et disposer de toute l'édition selon les règles ordinaires ; que je ne cherchais point mon intérêt particulier, n'ayant besoin de rien, mais qu'il ne convenait pas qu'un auteur dépendit d'un libraire et qu'il reçût comme une grâce quelques exemplaires qu'on lui voudrait bien donner si on voulait. On fut surpris de voir que j'avais éventé la mine, et peu à peu on en est demeuré là. J'ai reçu une lettre avec la vôtre qui m'apprend que celui qui a la Touraine viendra ici cette semaine, et je lui donnerai le Maine. Il ira à Paris, mais je ne sais s'il réussira.

» Cette affaire étant terminée ainsi, j'avais grande envie de faire l'Anjou, par où je finirai mon projet ; mais, ne pouvant pas avoir sitôt une copie du manuscrit de Claude Ménard, qui a fait un Traité des illustres Angevins de son temps, cité par le P. Lelong, j'ai cru devoir attendre, et j'ai commencé une nouvelle édition de Sulpice-Sévère, pour laquelle j'ai recueilli depuis longtemps une infinité de choses. Si Dieu me donne vie et santé, j'espère achever cet ouvrage à Pâques. J'ai fait en passant, et pour me délasser, quelques Dissertations et quelques Remarques assez curieuses. Je les donnerai aussi à la même personne. Telles sont mes occupations.

» A la fin du mois dernier, je reçus deux livres en même temps qui font à mon égard un merveilleux contraste. C'est la nouvelle édition de saint Cyprien, de feu M. Baluze, qui est assurément un bel ouvrage. L'autre est la *Bibliothèque* de D. Philippe Le Cerf. Rien n'est plus opposé sur mon sujet que ces deux auteurs. Le dernier me calomnie et ne me connaît pas quand il dit que j'ai pris dans la République des Lettres un rang que je ne mérite point. Car je n'y ai pris aucun rang, et j'ai toujours évité d'être connu (1). Ayant lu ces mots qui lui ont peut-être été suggérés, je suis passé immédiatement à l'article de D. Antoine Beaugendre, où il dit que ses notes ont été revues et retouchées par le P. Massuet. Cela m'a fait quitter mon Sulpice-Sévère pour faire l'histoire de mes aventures littéraires, à quoi plusieurs de mes amis m'ont excité en diverses occasions. La peine que j'ai de parler de moi m'en avait toujours détourné. Mais enfin, comme on a donné à D. Massuet ce qui m'appartient, il est à propos d'expliquer tous les mystères et de développer toutes les intrigues de cette édition d'Hildebert, et, à cette occasion, de faire l'Histoire de l'*Apologie pour les Armoricains,* dont M. l'abbé de Vertot n'a pas su ce qu'il y a de plus curieux et de plus secret (2). Je parlerai aussi des autres ouvrages auxquels j'ai eu quelque part, de sorte que, tout ignorant que je sois, il se trouvera que les plus savants de la Congrégation, qui vivaient il y a 20 et 25 ans, m'ont recherché avec soin, et que, pendant que j'ai demeuré à Saint-Germain, je n'ai presque pu rien faire pour moi, chacun voulant avoir de mes plumes. Je ferai deux ou trois copies de cette Relation, où il n'y aura pas un mot qui ne soit dans la plus exacte vérité, car j'aimerais mieux perdre la vie que de dire la moindre chose qui n'y serait pas conforme et dont je n'aurais pas une entière connaissance. Cette Relation me détournera un peu de mon travail, mais, malgré l'aversion que j'ai pour parler sur ce sujet, je ne puis m'en dispenser.

» M. Baluze parle tout autrement de moi dans ses notes sur saint Cyprien.

(1) D. Tassin lui-même avoue que D. Le Cerf « n'aurait pas dû *insinuer* que D. Liron *a pris dans la République des Lettres un rang qu'il ne méritait pas* » (*Hist. litt. de la Congr. de Saint-Maur,* p. 676).

(2) *Histoire critique de l'établissement des Bretons dans les Gaules,* par M. l'abbé de Vertot; Paris, 1720, Discours préliminaire, tome I, pages 63-72.

Quoique je l'aie réfuté en quelques choses dans le premier tome des *Aménités,* comme je l'ai fait avec les égards qu'on doit aux personnes de mérite, il a fait voir qu'il avait plus de vertu que bien des moines, car il a approuvé avec éloge la correction que j'ai faite sur la lettre 38 de saint Cyprien (1)...

Vous savez que M. Baluze est mort en 1718, et que je n'ai commencé à être connu pour l'auteur des *Aménités,* qu'en 1719. Voilà deux jugements bien opposés, mais je vous assure que j'ai regardé tout cela d'un œil fort chrétien, et que je n'ai pas été plus touché de l'un que de l'autre. Les éloges de l'un ne me donnent rien, et la brutalité de l'autre ne m'ôte point ce qu'il a plu à Dieu de me donner. Je ne travaille que pour plaire à celui de qui j'ai tout reçu, en évitant le mal et en faisant un bon emploi du temps dont il nous demandera compte à tous.

» L'exemple des notes du P. Beaugendre me fait comprendre que D. Le Cerf n'est pas instruit de beaucoup de faits ; ses jugements sont fort étranges. Il parle du P. Rivet, qui n'a encore rien donné au public, et de son dessein qu'un homme ne peut pas remplir. Il fait mention de l'ample collection du P. Méri pour les auteurs du Berry, mais il ne dit rien de celle de D. Guillaume Roussel, qui avait formé le dessein que D. Rivet ne fait que suivre et qu'il a entre les mains. Il dit que j'avais formé un semblable dessein, et ce que j'ai eu l'honneur de vous écrire sur cela vous fait comprendre que cela n'est pas vrai. Entre les devoirs d'un bibliothécaire, il marque celui-ci, qu'il doit redoubler le plaisir du lecteur en éclaircissant ce qui regarde les contestations qu'ils ont eues à l'occasion de leurs ouvrages. Néanmoins, il n'a rien dit de ce qui me regarde, ce qui va pourtant fort loin. Il n'a pas su aussi que D. Rivet, demeurant aux Blancs-Manteaux, a eu pendant plusieurs mois mon Histoire ecclésiastique de l'ancien diocèse de Chartres, marquée par le P. Lelong, qui l'a vue aussi, et qui contient 72 in-4°, qui est approuvée par un censeur royal, et dont j'ai un privilége du Roi et une permission du P. Général L'Hostallerie, laquelle aurait paru si mes adversaires n'avaient pas empêché mon retour à Paris. Il est vrai que je n'ai pas voulu faire connaître ce fait...

» Quand il dit que j'ai seulement publié la *Bibliothèque des auteurs du pays Chartrain,* il ne sait pas que la cabale de Venance me tient, pour ainsi parler, en prison.

» Enfin, pour finir l'article de D. Rivet, dont il dit que c'est un auteur laborieux, exact et judicieux critique, et qu'on peut compter sur ses recherches, il fait voir qu'il ne connait pas celui dont il parle, et je ne puis com-

(1) Voir sur ce point *Mémoires de Trévoux,* juillet 1719, pages 1128-1134.

prendre qu'on connaisse un homme pour exact et judicieux critique lorsqu'on n'a rien vu de lui...

» Ce que je viens de tirer de l'article de D. Rivet en écrivant cette lettre prouve bien ce que vous dites, que le P. Le Cerf a fait quantité de bévues, et qu'un savant qui voudrait s'en donner la peine pourrait écrire contre lui une fort bonne critique. »

« *20 septembre 1727.* — Je crois vous avoir autrefois parlé de ma *Bibliothèque du Maine,* qui étant achevée, je communiquai le Catalogue des auteurs, afin de déterrer quelques dates et quelques noms de baptême, aussi bien que quelques auteurs vivants, dont on ne connaît pas souvent la patrie. Cela ayant fait connaître l'ouvrage, un magistrat de cette ville s'avisa, il y a quelque temps, de faire imprimer un Almanach à l'usage de la Province pour l'année prochaine. Il me pria de lui communiquer ce Catalogue et quelques autres pour mettre à la fin de cet Almanach, pour l'orner et faire plaisir aux Manceaux. Je m'en excusai d'abord ; je le refusai la seconde fois. Enfin, étant revenu à la charge, je lui donnai : 1º le Catalogue des auteurs, qui passe 400 ; 2º un nouveau Catalogue des Évêques du Mans, un peu raisonné et historié, que j'ai fait, en travaillant, à l'occasion des difficultés que je rencontrais à chaque pas ; 3º un nouveau Catalogue des comtes du Maine ; 4º la Généalogie et postérité de Garsende, comtesse du Mans, dans l'onzième siècle, dont la postérité subsiste aujourd'hui dans le duc et la princesse de Modène. Cela fera trois feuilles d'impression.

» D. Rivet est allé à Blois et peut-être ailleurs. Il fait plus par ses fréquents et longs voyages que vous et moi par toute notre étude et notre application. »

« *26 février 1729.* — J'ai reçu votre dernière lettre, belle, longue, savante, agréable, et telle que je l'attendais, dont je vous remercie très-particulièrement... Ayant vu chez un de mes amis l'ouvrage du P. Nicéron, je jugeai que ce n'était qu'un simple compilateur semblable à cet allemand qui nous a donné deux gros volumes in-folio avec des portraits.

» Il y a longtemps que j'ai lu le livret intitulé : *Les Aventures de Pomponius* (1). Je ne sais qui en est l'auteur, mais je n'ai jamais vu une satire si cruelle. Il a mis en pièces le feu P. De Sainte-Marthe et D. Montfaucon. Je n'ai point ouï dire que la vie de Cassiodore ne fut point du premier, et il a passé parmi nous pour l'avoir faite.

» Un prêtre de Vitré en Bretagne, nommé Duval, demeurant à Rennes, a entrepris l'Histoire de cette ville. Voici un nouvel historien qui va com-

____

(1) Barbier attribue ce livre à Labadie, religieux convers de la Congrégation de Saint-Maur. *Dict. des ouv. anonymes,* 2ᵉ édit., n. 1455.

mencer à naître, à l'occasion duquel je vous apprendrai un fait qui me regarde. Lorsque l'*Apologie pour les Armoricains* fut publique, quelques esprits jaloux, qui voyaient avec chagrin que l'auteur était fort considéré par ses supérieurs, se servirent de cette occasion pour le perdre, c'est-à-dire pour le faire sortir de Paris, et gagnèrent l'esprit du Général, dont le grand âge affaiblissait l'esprit. Ils y réussirent. Cela fut su au dehors. M. le prince de Soubise, évêque de Strasbourg, aujourd'hui cardinal de Rohan, qui fit estime de cette Apologie, et qui apprit ce qui se passait, envoya son Aumônier au libraire pour lui dire d'aller trouver l'auteur et de lui proposer que s'il voulait donner parole de travailler à l'Histoire généalogique de la maison de Rohan, on le ferait rester par ordre du Roi. L'auteur ne balança pas sur le parti qu'il devait prendre. Il jugeait : 1° qu'il ne lui convenait pas de vivre *cum malevolis et invidis;* 2° qu'il se perdrait de réputation en soutenant les fables du Roi Grallon, qui n'a jamais été au monde. Ainsi, il répondit que la conjoncture des temps ne lui permettait pas de s'engager, et que les supérieurs feraient ce qu'ils jugeraient à propos. A la fin de l'année dernière, on s'est adressé au Général de Saint-Maur pour lui demander un religieux, afin de composer cette Histoire. On a jeté les yeux sur un jeune homme qui demeure à Rennes, nommé Hyacinthe Morice, qui s'en est chargé. Il a fait ici son cours de Théologie. Il a de la piété, mais il ne sait pas le métier auquel il s'est prêté (1).

» Vous dirai-je encore un fait historique qui vous surprendra sans doute, mais *Hæc omnia inter nos; tecum enim balbus non sum.* Passant par Vendôme au mois de septembre dernier, on m'engagea et je m'engageai à faire l'*Histoire de la sainte larme.* Ne dites-vous point déjà :

Periculosæ plenum opus aleæ Tentâsti ?

L'affaire est faite il y a plus de deux mois. On est très-satisfait dans le lieu, et on prend des mesures pour la publier ; ce qui se fera si mon bienfaiteur, en ayant connaissance, n'y met des obstacles. La Préface est employée à réfuter les deux livrets de M. Thiers (2). L'Histoire est courte, et

---

(1) Dom Pierre Hyacinthe Morice de Beaubois naquit à Quimperlé le 25 octobre 1693, et fit profession dans l'abbaye de Saint-Melaine le 24 septembre 1713. Son *Histoire de la maison de Rohan,* retouchée par D. Taillandier, aurait formé deux volumes in-4°. Elle était conservée dans cette ancienne et illustre maison. D. Morice mourut aux Blancs-Manteaux le 14 octobre 1750 (D. Tassin, *Hist. litt. de la Congr. de Saint-Maur,* p. 679-683).

(2) *Dissertation sur la sainte larme de Vendôme,* et *Réponse à la lettre du P. Mabillon touchant la prétendue sainte larme de Vendôme,* 2 in-12.

il n'y a aucun fait faux. Il y a de l'érudition ancienne et moderne, mais sans affectation, et en se tenant renfermé dans le sujet. Voilà des nouveautés littéraires qui vous seront nouvelles, et je crois que vous serez content. »

CHAPITRE X

M. LE CLERC EST ENVOYÉ AU SÉMINAIRE DE LYON. — ESTIME DONT IL JOUIT AUPRÈS DES SAVANTS DE CETTE VILLE. — NOUVELLES REMARQUES SUR LE DICTIONNAIRE DE MORÉRI.

La nécessité de ne pas interrompre la suite des lettres du P. Echard et de D. Liron nous a fait anticiper sur l'ordre des temps. Il faut, maintenant, nous reporter à l'année 1722.

M. Le Clerc était, depuis quinze ans, au Séminaire d'Orléans, où il avait enseigné la Théologie durant treize années (1), lorsqu'aux vacances de 1722, il fut envoyé au Séminaire de Saint-Irénée de Lyon, gouverné à cette époque par M. Fyot de Vaugimois, docteur de Sorbonne, connu par plusieurs écrits de piété (2). Il y succéda à M. Duvignau, qui, après avoir été vingt-deux ans Directeur dans cette maison, venait d'être rappelé à Paris. M. Le Clerc arriva à Lyon le 29 octobre 1722, mais il en partit presque aussitôt pour aller à Viviers aider les Directeurs du Séminaire pendant la retraite des curés de ce diocèse. Il y donna six ou sept entretiens et ne put rentrer à Lyon que le 24 novembre, après la retraite

---

(1) Dans sa *Bibliothèque du Richelet* (art. *Clerc*), M. Le Clerc parle en ces termes du troisième des enfants de Sébastien, c'est-à-dire de lui-même : « Il a enseigné la Théologie pendant seize ans, savoir, trois ans au Séminaire que MM. de Saint-Sulpice ont à Tulle, et treize autres dans celui qu'ils ont dans la ville d'Orléans, où il a demeuré quinze ans. Pour le présent, il est à celui de Lyon depuis le mois d'octobre 1722. »

(2) Voir à la fin de ce volume la *Notice sur M. Fyot de Vaugimois*.

du commencement de l'année. Le professeur de dogme,
M. Payan, docteur de Sorbonne, qui était allé voir sa famille
à Aix en Provence, n'ayant pu être de retour à Lyon que le
13 décembre, M. Le Clerc le suppléa en attendant (1). Le
Traité qu'il enseigna alors fut celui de l'Eucharistie, car, dans
les notes marginales ajoutées à son manuscrit, il termine ainsi
la Préface : « Id nos hodiè muneris lubentissimè acceptamus,
et ut id vos quoque aliquando pro viribus... præstare possitis,
*docendi apud vos officium ab augustissimo Eucharistiæ sacramento
feliciter auspicamur.* »

En dehors de cette circonstance, et probablement de quelques autres semblables, où il occupa momentanément la chaire
du professeur, M. Le Clerc ne paraît pas avoir exercé à Lyon
d'autre fonction que celle de premier Directeur du Séminaire (2). C'est à peu près tout ce que nous savons de sa vie
à l'intérieur de la maison. Le visiteur du Séminaire, en 1725,
le dit « estimé pour sa science et sa manière de parler, » mais,
de tous ses discours et sujets d'oraison, on ne nous a conservé que le *souvenir* d'un entretien qu'il donna sur la mort
de M. de Fontenay (3), ancien Directeur au Séminaire de

(1) *Mémoire de ce qui est arrivé de plus considérable dans le Séminaire de Saint-
Irénée depuis le mois de septembre 1696,* tome I, p. 132. — Ce manuscrit, qui
forme 2 volumes in-folio, est au Séminaire de Saint-Sulpice. Pour plus de
commodité, nous l'appellerons simplement *Journal manuscrit de Lyon.* La
majeure partie de ces deux volumes (environ 400 pages) est de la main de
M. Fyot de Vaugimois.

(2) Quelques auteurs (par ex. Picot, *Mém. pour servir à l'hist. ecclés.
pend. le dix-huitième siècle,* 3ᵉ édit. t. II, p. 467) donnent à M. Le Clerc le
titre de *Supérieur* du Séminaire de Lyon. Ils ont été mal informés ou ils
ont confondu la qualité de Directeur avec celle de Supérieur.

(3) Charles de Fontenay, né dans le diocèse de Rouen, entra au Petit-
Séminaire de Saint-Sulpice en 1685, passa au Grand-Séminaire en 1693,
et, après une année de probation à Issy, fut envoyé au Séminaire de Lyon.
Au bout de deux ans, on l'employa dans le Séminaire de Bourges, et ensuite
dans celui de Clermont. En l'année 1710, il fut de nouveau envoyé au Séminaire de Saint-Irénée de Lyon, où il travailla, dit M. Fyot de Vaugimois,
« avec beaucoup de réputation et de fruit. » Enfin, en 1723, il fut désigné
pour remplacer M. de L'Épinay dans la charge de Supérieur du Séminaire
de Viviers. Il partit de Lyon le 12 juin ; mais, dès les premiers jours de

Lyon, et mort dans celui de Viviers peu de temps après y
être arrivé pour le conduire en qualité de Supérieur (1). Nous
savons aussi que le jour où se fit la translation solennelle de
la relique de saint Irénée, accordée au Séminaire par l'Archevêque et les Comtes de Lyon (14 août 1735), M. Le Clerc
prononça le soir, après les vêpres, en présence d'une nombreuse assemblée, un sermon sur la vénération des saintes
reliques, qu'il avait composé tout exprès pour la circonstance.

A Lyon, comme à Orléans, les belles qualités du nouveau
Directeur lui gagnèrent l'affection et la confiance de tous, soit
au dedans, soit au dehors. Pendant les quatorze années qu'il
vécut encore, il reçut, de la part des Archevêques qui se succédèrent sur le siége de saint Irénée, de nombreux témoignages d'estime et de considération (2). Lorsque Mgr de
Neuville de Villeroy eut fixé son séjour au Séminaire, en
1726 (3), il fit de M. Le Clerc son « commensal assidu pour

juillet, il fut attaqué de convulsions et expira le 20 du même mois. Le Séminaire de Lyon fit un service solennel pour le repos de son âme, et plusieurs discours furent prononcés à sa louange. Dans celui qu'il fit pendant
la retraite des curés qui eut lieu en 1724, M. de Vaugimois dit que si saint
François de Sales avait été suscité de Dieu pour instruire les hommes, et le
P. De Condren pour instruire les Anges, M. de Fontenay l'avait été pour
instruire et sanctifier le clergé *(Journal ms. de Lyon)*.

(1) Journal ms. de Lyon, tome I, page 136.

(2) M. Le Clerc avait aussi conservé l'affection de l'Évêque d'Orléans,
Mgr Fleuriau d'Armenonville, qui continuait à l'honorer de son amitié et
de ses lettres. « J'ai été informé, dit-il au P. Côme de Saint-Étienne, par
Mgr l'Évêque d'Orléans, de tout ce qui s'est passé au sujet de son Mandement » (21 juin 1729). Il s'agit ici du Mandement de Mgr Fleuriau contre
la Consultation des Avocats en faveur de l'Évêque de Senez. Voir sur cette
affaire les *Nouvelles ecclésiastiques* du 4 avril et du 20 mai 1729, pages 53,
54, 68, 69, 80-83.

(3) « Depuis une douzaine de jours, nous avons cinquante ouvriers qui
travaillent à préparer un ou plusieurs appartements pour Monseigneur notre
Prélat, lequel vient demeurer avec nous » (Lettre au Prés. Bouhier du
20 juillet 1726). Le Prélat se retira, en effet, au Séminaire, où il entra le
29 juillet 1726 pour sa propre édification, comme il le disait dans un Mandement, et aussi, ajoute-t-on, pour faciliter le paiement de ses dettes *(Journal ms. de Lyon, t. I, p. 152)*.

le souper » *(Lettre de M. Le Clerc à Bouhier, décembre 1726).*
Son successeur en 1731, Mgr de Châteauneuf de Rochebonne,
eut pour M. Le Clerc les mêmes bontés. Quelquefois, il l'in-
vitait à sa table et l'envoyait prendre pour le mener avec lui
à la campagne, afin de jouir plus longtemps de sa conversation *(Lettre à Bouhier du 10 février 1734).* Il se servit aussi
de la science et du zèle de M. Le Clerc pour ramener ou
maintenir dans le sein de l'Église plusieurs religieuses Béné-
dictines égarées par les erreurs Jansénistes. Une des plus en-
têtées dans son hérésie était la sœur Becherand, cousine ger-
maine de l'abbé de ce nom, grand partisan du Jansénisme et
des convulsions. Le P. de Montauzan, jésuite, ayant eu le
bonheur de décider cet esprit obstiné à se soumettre à la
Constitution *Unigenitus,* M. Le Clerc fut chargé de l'entretenir
dans ses bons sentiments. Nous apprenons ces faits du journal
de la secte, qui, on le pense bien, déplore amèrement cette conversion. « La sœur Becherand, dit-il, fait de jour en jour de
nouveaux progrès dans le funeste parti qu'elle a pris. A la place
du sieur Bertaud, qu'elle désirait avec tant d'ardeur, le prélat
lui a donné pour Docteur et Directeur le fameux M. Le Clerc,
Sulpicien si connu par ses sentiments ultramontains, qu'il débite partout. Il va la voir deux fois la semaine régulièrement,
et lui procure des écrits de sa façon dont elle se sert pour
entraîner dans le même précipice celles de ses sœurs qui l'é-
coutent avec trop de facilité (1). »

Dans les intervalles libres que lui laissaient ces travaux
extraordinaires de zèle et ses fonctions ordinaires de Directeur, M. Le Clerc revenait à ces amis « qui ne changent
jamais, » aux livres dont il pouvait bien dire, avec un jurisconsulte célèbre : « *Genus hoc est voluptatis meæ quærere et per-*

______

(1) *Nouvelles ecclésiastiques* du 20 février 1734, p. 35. — Le même journal
(10 juillet 1746, p. 110) fait figurer M. Le Clerc comme acteur dans la
Journée de saint Laurent. C'est évidemment une erreur. La conférence
entre les Joséphites et les Directeurs du Séminaire de Saint-Irénée, appelée
par eux *Journée de saint Laurent,* eut lieu le 10 août 1722, près de trois mois
avant l'arrivée de M. Le Clerc à Lyon. Voir sur cette journée la *Notice sur
M. Fyot de Vaugimois* à la fin de ce volume.

scrutari libros (1). Cependant, au mois de février 1723, il n'avait pas encore reçu les siens, et la Bibliothèque du Séminaire, qui n'était pas alors ce qu'elle devint plus tard, lui faisait regretter les trésors de celle d'Orléans. « Paris, disait-il avec douleur, est le centre où l'on trouve. Ici, nous avons peu de livres et encore moins de savants qui aient du goût pour cette espèce de littérature. Au contraire, on est à Paris à portée de s'instruire de tout. » Le Parisien auquel M. Le Clerc confiait sa peine était le P. Desmolets, qui, dans sa réponse, tâche de faire concevoir de douces espérances : « Je suis fâché que votre Bibliothèque soit moins bonne à Lyon qu'à Orléans; en tout cas, vous en devez avoir de meilleures en cette ville que dans l'autre, et vous aurez bientôt fait connaissance avec les savants du pays » (22 janvier 1723).

La prédiction ne tarda pas à se réaliser. Le P. Echard, qui connaissait tant de bibliothèques, signala à M. Le Clerc celle des RR. PP. Jésuites comme une des meilleures que possédait la ville de Lyon (2 janvier 1723). M. Le Clerc vit bientôt s'ouvrir devant lui ces immenses trésors. En même temps, il liait amitié avec plusieurs pères de la Compagnie de Jésus, parmi lesquels nous citerons le P. de Montauzan, le P. De Colonia, auteur de plusieurs ouvrages, et le P. Folard, qui composa quelques tragédies et quelques oraisons funèbres.

Il y avait aussi à Lyon, dans ce temps-là, un « curieux en fait de livres » (2), qui devait être et fut en effet particulièrement recherché de M. Le Clerc à cause de sa science, de sa belle bibliothèque et de l'aménité avec laquelle il communiquait ses recherches littéraires. C'était Jean-Ferdinand Michel, né à Lyon en 1675, mort le 14 décembre 1740, chanoine de l'église d'Ainay, dans la même ville. « Il s'est rendu recommandable, dit l'abbé Pernetti, par une grande connaissance des livres, qui était rare alors dans cette ville; elle l'avait fait l'arbitre de ceux qui voulaient former des bibliothèques. Il s'en forma une pour lui assez considérable; elle fait partie

(1) Cujas, lettre du 11 janvier 1574.
(2) *Remarques critiques sur... le Dictionnaire de Bayle*, art. *Dorat*.

aujourd'hui de la Bibliothèque publique de cette ville, à qui il la vendit sous une rente viagère... Nous n'avons qu'un reproche à lui faire, c'est de n'avoir pas recueilli les anecdotes et les particularités de plusieurs savants, qu'il avait apprises par sa correspondance avec eux ; il en parlait volontiers et en savait beaucoup (1). »

Anthelme Tricaud, abbé de Belmont, était aussi chanoine d'Ainay (2). Passionné pour l'étude, il y donnait tous les instants dont il pouvait disposer. Il avait composé plusieurs ouvrages d'érudition, entre autres les *Remarques critiques sur la nouvelle édition du Dictionnaire de Moréri donnée en 1704.* Ses goûts et ce genre d'études devaient naturellement l'attirer vers l'auteur des *Remarques sur différents articles du Dictionnaire de Moréri de l'édition de 1718.* Mais il était un point sur lequel les deux savants critiques ne se rencontraient malheureusement pas, c'était la Constitution *Unigenitus* (3). L'opposition de l'abbé Tricaud à cette Bulle lui attira même, en 1735, une lettre de cachet qui l'obligea à sortir du diocèse. Aussi, M. Bimard de La Bastie avait-il raison de supposer qu'il n'y avait pas, entre ce chanoine et M. Le Clerc, *une liaison bien intime* (Lettre à M. Le Clerc du 9 juillet 1735). Le Licencié de Sorbonne fut même chargé de présenter à la signature du Docteur le Décret de la Faculté ordonnant à tous ses membres l'acceptation de la Bulle, comme nous l'apprenons par une lettre de M. Le Clerc au président Bouhier, en date du 10 juin 1735 (4).

(1) *Recherches pour servir à l'Histoire de Lyon, ou les Lyonnais dignes de mémoire,* Lyon, 1757, tome II, p. 293-295.

(2) « Docteur de Sorbonne le 25 mai 1708. C'est le jour de la prise de bonnet. Il est né à Belley le 4 mars 1671, comme il me l'a dit lui-même » (Lettre de M. Le Clerc à Bouhier du 12 juin 1729). L'abbé Tricaud mourut le 19 juillet 1739, âgé de 68 ans.

(3) L'abbé d'Artigny raconte dans ses *Nouveaux Mémoires* une anecdote qui justifie bien notre assertion. Voy. tome II, page 6.

(4) « Allant ce matin à sept heures dire la messe dans un couvent de religieuses nos voisines, j'ai rencontré l'abbé Tricaud qui sortait de cette ville, à cheval, pour se rendre à son prieuré de Belmont en Bugey. Vous savez apparemment que Monsieur notre Intendant lui fit porter, dimanche

Parmi les Lyonnais avec lesquels M. Le Clerc eut également ment des relations, il faut encore citer l'abbé de Faramant, prévôt d'Ainay, qui fut plus tard vicaire-général de Christophe de Beaumont, archevêque de Paris ; M. Roman, prêtre et bénéficier dans l'abbaye de l'Ile-Barbe, de qui il apprit plusieurs détails concernant Philippe‑Sylvestre du Four (1) ; M. de « Millière, Lyonnais curieux en livres et qui en avait de fort bons » (2) ; Brossette, avocat, éditeur et commentateur de Boileau ; enfin, Laurent Dugas, né à Lyon le 10 septembre 1670, président au présidial de cette ville à l'âge de 28 ans, et prévôt des marchands de 1724 à 1730, « magistrat aussi recommandable par sa piété que par son amour pour la justice et pour les sciences » (3). En 1700, il fut, avec l'abbé Tricaud, un des sept fondateurs de l'Académie Lyonnaise, qui comptait également parmi ses membres l'Archevêque de Lyon, Mgr de Neuville de Villeroi, l'abbé de Faramant, Brossette, les PP. De Colonia et Folard, tous amis de M. Le Clerc.

La haute estime qu'ils avaient conçue de ses talents et de sa science, moins d'un an après son arrivée à Lyon, leur inspira l'idée de l'associer à leur Compagnie, témoignage d'autant plus honorable que le nombre des Académiciens était alors fort restreint (4). Mais les Supérieurs de Saint-Sulpice, jugeant sans doute cette distinction peu compatible avec la vie cachée dont la Compagnie a toujours fait profession, ne permirent

dernier, une lettre de cachet qui l'oblige de sortir de ce Diocèse... Je suis fâché qu'il ait donné lieu à cette lettre. Je n'en appris la nouvelle que mardi dernier, à mon retour de la campagne. Ayant été, le lendemain, dîner chez Monseigneur, Sa Grandeur me dit ses griefs, auxquels je ne sus que répliquer. Monseigneur savait que quand je portai à l'Abbé le Décret de la Faculté pour l'acceptation de la Constitution, il y a environ deux ans, il ne voulut point le signer, et que, de 27 Docteurs qui étaient dans le Diocèse, dont deux ou trois étaient Jacobins, il fut le seul qui en fit refus, etc. »

(1) *Bibliothèque du Richelet*, art. *Four*.

(2) *Remarques critiques sur... Bayle*, art. *Utino*.

(3) *Mémoires de Trévoux*, octobre 1713, page 1716.

(4) Les statuts de l'Académie arrêtés en 1724 portent : « La Compagnie sera composée de vingt-cinq personnes » (*Hist. de l'Acad. roy. des Sciences, Lettres et Arts de Lyon*, par J.-B. Dumas ; Lyon, 1840, tome I, p. 20).

pas à M. Le Clerc d'accepter cet honneur. Ce fait intéressant nous est révélé par M. Perdoulx de La Perière dans sa lettre à M. Le Clerc en date du 16 août 1723 : « Etes-vous présentement de l'Académie Lyonnaise ? Permettez-moi de vous le demander et de le souhaiter pour l'avantage de cette société naissante. Serait-il possible que les Supérieurs de Saint-Sulpice désapprouvâssent une liaison purement littéraire avec quelques personnes choisies, la plupart ecclésiastiques, qui ont pour chef leur Archevêque ? Comptez toujours également sur ma discrétion pour tout ce qu'il vous plaira de me confier et sur la bonne envie que j'ai de vous rendre tous les petits services dont je suis capable ».

Mériter les honneurs vaut infiniment mieux que les recevoir. C'est aussi à quoi s'appliquait M. Le Clerc. Pendant cette même année 1723, il contribuait à l'amélioration du *Dictionnaire* de Moréri en communiquant « cinq à six mille corrections » (1) à celui qui prenait soin de l'édition qu'on en faisait alors à Paris. Ce savant était La Barre, membre de l'Académie des Inscriptions et éditeur de plusieurs ouvrages auxquels son nom est demeuré attaché (2). Quelques fragments de ses

----

(1) *Bibliothèque du Richelet*, art. *Moréri*.

(2) En 1727, lorsqu'il composait sa *Bibliothèque du Richelet*, M. Le Clerc demanda à La Barre les éléments d'une notice biographique qu'il espérait lui consacrer, mais dont il ne put donner qu' « un mot » à l'article *Moréri*. La Barre répondit par une lettre qu'on nous saura gré de citer en entier, parce qu'elle confirme et complète sur plus d'un point l'Éloge composé par De Boze, et inséré au tome XIV (édit. in-4°, p. 308-315) de l'*Histoire de l'Académie Royale des Inscriptions et Belles-Lettres*. La voici :

« Je ne suis point, Monsieur, de l'Académie des Sciences, mais de l'Académie des Inscriptions et Belles-Lettres, où j'ai été reçu au mois de février de cette année (1727). Je vous suis très-obligé de la part que vous voulez bien y prendre, mais je ne sais comment répondre à ce que vous me demandez à la fin de votre lettre, n'étant point de ceux qui méritent qu'on parle d'eux dans le monde. Il est vrai qu'il faudra qu'on le fasse tôt ou tard, puisque l'Académie me doit un éloge après ma mort. On trouvera peut-être que vous deviez attendre à ce temps-là à parler de moi; n'importe, ce serait vous désobliger que de ne vous rien dire ; ainsi je vous marquerai que je m'appelle Louis-François-Joseph, ayant reçu ces trois noms au baptême le 9 de mars de l'année 1688 dans la paroisse de Saint-Jacques, à Tournay,

lettres à M. Le Clerc montreront le cas qu'il faisait de ses Remarques :

« Ce n'est qu'aujourd'hui, 18 avril, que les libraires m'ont
» remis entre les mains vos Remarques sur les lettres R, S, T,
» avec quelques autres sur les lettres précédentes, quoique vous
» leur eussiez écrit que vous vous pressiez, afin que l'unifor-
» mité pût être mieux gardée. Je vous assure, ce qui est très-
» vrai, que je fais tout le cas possible de vos Remarques; je
» les emploie avec beaucoup de plaisir, et j'estime heureux
» qu'un homme aussi habile et aussi laborieux que vous se
» soit intéressé à la perfection de cet ouvrage. Je l'ai dit à
» beaucoup de gens, parce que je ne dois pas me parer du

où mon père a été référendaire à la Chancellerie. Il avait épousé une fille d'un marchand de Valenciennes, où il se retira après la déroute de ses affaires, et il y mourut âgé de 63 ans ou environ, après avoir fait pendant une douzaine d'années la profession d'avocat au Conseil provincial du Hainaut, qui a été supprimé depuis. Pour moi, ayant été amené dès l'âge de trois ans et demi à Paris, j'y ai toujours demeuré depuis, n'ayant fait qu'un voyage de six mois à Valenciennes en 1712. J'ai fait une partie de mes études dans cette communauté dont feu M. Durieux avait pris la conduite après la mort de M. Gillot qui l'avait instituée. » — La Barre désigne ici le Collége de Sainte-Barbe. V. *Dictionnaire de Moréri*, art. *Gillot*. Quicherat, *Histoire de Sainte-Barbe*, IIIe partie, chap. 1 et 2, tom. II, p. 249-282. *Vie de M. Olier*, par M. Faillon, 4e édit., tom. III, p. 308-310. — « On ne m'obligea pas à suivre bien exactement l'ordre des études, et j'y eus assez la liberté de satisfaire mon goût pour l'Histoire ancienne. Je pris ensuite la part que pouvait prendre un jeune homme de dix-huit ans, à l'ouvrage que le R. P. D. Anselme Banduri, Religieux Bénédictin de la Congrégation de Meleda, présentement bibliothécaire et antiquaire de S. A. S. Monsgr le Duc d'Orléans, et Académicien honoraire étranger de notre Académie, a donné au public en deux volumes in-folio, sous le titre *Imperium Orientale,* etc. Après cet ouvrage, D. Banduri en entreprit un autre de même taille, sous le titre : *Numismata Imperatorum Romanorum à Trajano Decio ad Palæologos Augustos,* etc., et je l'y secondai encore. Aussitôt après, je fus chargé de revoir le Moréri et de préparer une nouvelle édition du *Spicilége* de D. Luc d'Achery. Vous savez, Monsieur, combien peu de part j'ai eu au premier ouvrage; c'est à vous que sont dues la plupart des corrections qui y ont été faites, et je n'ai presque fait que vous copier. Si vous voulez en parler, du moins marquez bien que je n'ai aucune part aux généalogies, tout ce qui a été fait en ce genre étant de M. Vailly, Avocat, qui y a ajouté aussi divers articles. A l'égard du *Spicilège,* j'en ai préparé

» bien d'autrui, quoique, en ne me parant que du mien, je
» me trouve presque nu ; il serait ridicule d'aimer en moi-
» même la vanité qui me déplairait dans les autres hommes »
(18 avril 1723). — « Vos Remarques sont toujours très-
» exactes » (6 juin 1723). — « Elles sont presque toujours
» sûres, et le public vous aura obligation aussi bien que moi »
(3 mars 1724).

Les rapports de M. Le Clerc avec La Barre cessèrent avec
la cause qui leur avait donné naissance, savoir, la nouvelle
édition du *Dictionnaire de Moréri*. D'autre part, à la date où
nous sommes parvenus, c'est-à-dire en 1724, de tous les érudits
avec lesquels M. Le Clerc entretenait un commerce littéraire,
les uns, comme les PP. Lelong et Echard, ont passé une vie

l'édition qui n'a pas été faite sous mes yeux ; c'est l'imprimeur Boudet qui
en a vu les épreuves. La préparation a consisté à en ranger les pièces, et à
faire usage des diverses leçons de plusieurs de ces pièces, recueillies tant
par feu M. Baluze, que par les RR. PP. D. Edme Martène et D. Ursin
Durand, Religieux Bénédictins de la Congrégation de Saint-Maur. J'y ai
ajouté quelque peu de notes et des conjectures pour corriger principalement
les sermons de S. Pierre Chrysologue aux Catéchumènes, et les ouvrages
de Rathérius, Évêque de Vérone, qui n'étaient pas lisibles dans l'édition de
D. Luc d'Achery, et qu'on entend parfaitement dans la nouvelle édition.
Voilà beaucoup parler de moi : j'y ajouterai pourtant encore que, depuis que
j'ai fini les deux travaux dont je viens de rendre compte, je me suis appliqué
à préparer une édition grecque et latine d'Hérodote, et une traduction du
même historien. Cela ne se peut bien faire en peu de temps. Je joindrai à
l'édition du texte qui sera rectifiée en une infinité d'endroits, une nouvelle
version latine et beaucoup de remarques toutes neuves. J'y ajouterai aussi
un Lexicon d'Hérodote, parce qu'au moyen de cette édition, les Lexiques
que nous avons se trouveront tous chargés de beaucoup de mots qu'il en
faut bannir, ou auxquels on a donné une signification qui ne leur convient
pas. Je ne puis vous parler ainsi sans que mon travail soit avancé ; aussi
l'est-il ; à l'égard de la traduction française, j'en ai préparé les deux premiers
livres qui font à peu près le tiers de l'ouvrage entier. »

L'ouvrage est resté inédit, mais l'Histoire de l'Académie des Inscriptions
et Belles-Lettres en contient quelques fragments détachés. On trouvera
dans l'*Éloge* déjà cité la suite des travaux de La Barre. Il avait aussi conçu
le projet d'un *Dictionnaire géographique de l'état présent de la France*. Dans
ses lettres à M. Le Clerc il y revient souvent, et il comptait beaucoup sur
son concours pour la partie concernant le diocèse de Lyon.

meilleure ; les autres, comme M. Perdoulx de La Perière, le P. Desmolets, Dom Liron, n'écrivent plus que rarement et n'embrassent qu'un cercle assez restreint. Autour de lui, — nous ne l'avons pas oublié, — M. Le Clerc ne voit que bien « peu de savants » qui aient du goût « pour cette espèce de littérature, » à laquelle il a voué ses loisirs. Qui ne sait, cependant, « quel charme l'amitié répand sur les travaux des hommes consacrés aux lettres, et combien elle sert à les conduire, à les corriger, à les exciter, à les consoler » (1)? Mais l'aimable et douce Providence avait préparé à M. Le Clerc des savants capables de s'intéresser à ses travaux, de l'aider dans ses recherches et d'en contrôler les résultats. Ils habitaient la ville de Dijon, toujours féconde en hommes de mérite, *magna (parens) virûm,* toujours jalouse de conserver le rang distingué qu'elle a conquis dans le monde littéraire. Un des érudits Lyonnais, qu'il voyait quelquefois, mit M. Le Clerc en relation avec le plus célèbre des trois Dijonnais. Les deux autres vinrent naturellement à la suite du premier, et c'est ainsi que successivement, en 1725 et 1726, M. Le Clerc devint et resta jusqu'à sa mort le correspondant habituel et l'ami dévoué du président Bouhier, de l'abbé Papillon et du révérend père Oudin.

CHAPITRE XI

RAPPORTS DE M. LE CLERC AVEC LE PRÉSIDENT BOUHIER, LE POÈTE SENECÉ ET LE BARON BIMARD DE LA BASTIE.

On a écrit que « l'amitié de Bouhier fut l'honneur et le charme de la dernière moitié de la vie de Marais » (2). Dans

(1) Voltaire, *Discours de réception à l'Académie Française.*

(2) M. de Lescure, *Mathieu Marais, sa vie et ses ouvrages; Journal,* tome I, page 63.

une certaine mesure et pour les mêmes motifs, cette parole pourrait aussi s'appliquer à M. Le Clerc. Personne, du moins, après avoir lu cette Notice, ne contestera que, de toutes les correspondances du modeste Directeur de Séminaire, celle qu'il entretint avec le président Bouhier durant les onze dernières années de sa vie n'ait été la plus utile à son biographe.

La première pièce offerte à nos regards curieux est de M. Le Clerc et datée du 3 mai 1726; mais, outre qu'elle en suppose évidemment d'antérieures (1), nous savons par le président Bouhier lui-même que ses rapports avec M. le Clerc remontent aux premiers jours de mars 1725. « J'oubliais de vous dire, écrivait-il à Marais, que l'abbé Le Clerc m'envoie ses trois volumes sur Moréri et *m'écrit une grande lettre* où il me fait toute la généalogie de cet ouvrage » *(7 mars 1725)*. Avant de l'avoir reçu, Bouhier le connaissait seulement par Marais, qui avait envoyé au président la lettre destinée à M. Le Clerc, dont nous parlerons au chapitre suivant *(5 décembre 1724)*. Elle fit concevoir à Bouhier le désir de se procurer l'ouvrage vanté par son ami, et il résolut d'écrire « à Lyon pour tâcher de l'avoir » *(19 décembre 1724)*. Le correspondant de Bouhier, à Lyon, était l'abbé Tricaud, déjà lié avec M. Le Clerc, comme nous l'avons dit plus haut. Ce fut lui qui donna à M. Le Clerc la connaissance du président *(Journal... de Marais,* tom. III, p. 328); et le nouveau correspondant de Bouhier lui avait écrit au moins déjà deux fois *(Lettre de Bouhier à Marais du 17 avril 1725)*, lorsqu'il recevait, touchant ce nouveau bonheur littéraire, les félicitations de M. Perdoulx de La Perière : « Je vous félicite, disait celui-ci, sur la connaissance que vous avez faite avec le président Bouhier, dont le nom est célèbre, et à bon titre, dans la République des Lettres » (16 avril 1725).

A cette époque, en effet, le nom du président Bouhier était

---

(1) « Vous aurez une réponse un peu subite et un peu dépêchée, parce que nous allons avoir pour environ trois semaines forte besogne sur les bras... Je vous ferai transcrire la dédicace de Du Ferron... Je suis bien aise que vous approuviez ma pensée sur Daucour auprès de M. de Blainville, etc. »

célèbre parmi les jurisconsultes et les érudits (1). « Jurisprudence, philologie, critique, langues savantes et étrangères,
histoire ancienne et moderne, histoire littéraire, traductions,
éloquence et poésie, il remua tout, dit d'Alembert, il embrassa
tout ; il fit ses preuves dans tous les genres, et dans la plupart
il fit des preuves distinguées et dignes de lui ». Sans souscrire
en tout à ce jugement empreint de quelque exagération, nous
ne dirons pas non plus, avec M. Gaston Boissier, que Bouhier
dut uniquement « la gloire d'être l'un des plus savants hommes
de son temps » à la complaisance intéressée ou à la reconnaissance trop généreuse des « érudits de profession, » des
« pédants de collège » qui, « flattés de voir l'un des premiers
magistrats d'une cour souveraine honorer leurs travaux en s'y
livrant, payaient libéralement en éloges » les « prévenances »
et les services qu'ils en recevaient (2). Sa correspondance est
là pour prouver le contraire ; et si dans ses ouvrages il paraît
quelquefois manquer de critique, ainsi que l'affirme le nouvel
Académicien, il est sûr, néanmoins, que le président savait

(1) Jean Bouhier naquit à Dijon le 16 mars 1673, et devint Président à
mortier au Parlement de cette ville en 1704. Sur sa vie et ses écrits,
V. Oudin, *Commentarius de vitâ et scriptis Joann. Buherii*, Dijon, 1746, in-
4°, et en tête des *Recherches et Dissertation sur Hérodote*, par le Président
Bouhier, Dijon, 1746, in-4°. — *Le Président Bouhier ; sa vie, ses ouvrages et
sa Bibliothèque*, par Charles Des Guerrois ; Paris, 1855, in-8°. — Papillon,
Bibliothèque des auteurs de Bourgogne, tome I, art. *Bouhier*. Il renvoie, pour
la biographie du Président, à l'article qu'en a donné M. Le Clerc dans sa
Bibliothèque du Richelet. Voici un passage de la correspondance qui y a rapport : « Si vous voyez M. le Président Bouhier, auquel j'aurai l'honneur
d'écrire un peu amplement au premier loisir, présentez-lui mes respects.
Dites-lui que je ne l'ai pas consulté pour mettre son article, parce que je
n'eus pas le temps, etc. Je l'ai mis à l'occasion des Thérapeutes, et il est
cité dans quelques endroits du Richelet. Je fis son article pour ainsi dire *sur
le dos de l'imprimeur*, comme travaillait La Serre, suivant Guéret » (*Lettre
de M. Le Clerc au P. Oudin du 5 décembre 1728*). Dans cet article, M. Le
Clerc donne au Président le nom de Savigny. « Il est vrai, dit celui-ci, que
dans ma jeunesse on m'a appelé *de Savigny ;* mais, mon père ayant vendu
cette terre, j'ai cessé d'en porter le nom » (*3 mars 1729*).

(2) *Le président de Brosses ;* ap. Revue des Deux-Mondes, 15 décembre
1875, page 770.

estimer à sa juste valeur l'érudition solide et puisée aux sources mêmes. « Si on s'appliquait comme vous, écrivait-il un jour à M. Le Clerc, à chercher les premières éditions des ouvrages et à les bien éplucher, on ferait souvent d'excellentes découvertes; mais il faut une vocation particulière pour cela » (11 janvier 1728).

Quoi qu'il en soit, au reste, du mérite réel et intrinsèque de Bouhier, aussi bien que de la compétence et de l'impartialité de ses prétendus panégyristes, c'est parmi ces « érudits » ou ces « pédants de collége, » comme on voudra, que M. Le Clerc occupe une place honorable et même distinguée, à ne considérer que le nombre des lettres écrites (40, plus celles de la première année, qui nous manquent), après Mathieu Marais (373), l'abbé d'Olivet (138), l'abbé Le Blanc (95), le président de Mazaugues (92), le marquis de Caumont (73), le cardinal Passionei (57), le président Espiard (52), l'Académicien de Valincour (45), Iselin, professeur de philosophie à Bâle (43), et avant Cuenz (38), l'abbé Goujet (37), Louis Bourguet (35), Laroque (35), l'abbé Gédoyn (30), Secousse (26), Rémond de Montmort (25), D. Montfaucon, Bénédictin (21), etc., etc.

Bouhier ne cultivait pas l'amitié de M. Le Clerc avec moins de soin que celle de tant d'autres savants plus distingués et plus célèbres. En 1727, le Président était à Paris, chargé par sa Compagnie de poursuivre un procès de grande importance que le Parlement de Dijon avait au Grand Conseil contre la Chambre des Comptes de Bourgogne. L'arrêt, qui jugea en faveur du Parlement, fut donné le 7 août. Trois jours après, le 10, Bouhier répondait de Paris à une lettre de M. Le Clerc qu'il avait reçue sur ces entrefaites, et qui manque à la collection parce qu'elle fut sans doute égarée dans le voyage.

« J'ai bien des excuses à vous faire, Monsieur, d'avoir tant » tardé à vous faire réponse. Mais j'ai compté que vous vou- » drez bien les recevoir, d'autant plus qu'elles ne sont pas » sans fondement. Quand votre dernière me fut renvoyée de » Dijon, elle me trouva dans un accablement d'affaires que

» j'aurais peine à vous exprimer et qui a duré jusques à pré-
» sent presque sans interruption.

   » A tous ces embarras s'est joint celui de mon élection à
» l'Académie, auquel je ne m'attendais en aucune manière (1),
» et qui m'a engagé, non-seulement en des devoirs indispen-
» sables, mais encore dans la nécessité de faire précipi-
» tamment mon discours de remercîment, que M. l'abbé
» Tricaud a dû vous faire tenir de ma part. Enfin, je n'ai été
» occupé de rien moins que de cette littérature qui fait le
» fonds de nos lettres (2). »

   La *littérature*, c'est-à-dire l'histoire littéraire, voilà bien en
effet le fonds, voilà presque l'unique objet de la correspondance du Président et de M. Le Clerc. Cette correspondance,
dit avec raison M. Des Guerrois, est « très-nourrie, très-lit-
téraire, très-intéressante, et serait à regarder de près » (*Le*

----

(1) Ce fut l'abbé d'Olivet, ami du Président, qui proposa à l'Académie
de le nommer à la place laissée vacante par Malézieu sur le XIIe fauteuil.
Dans sa lettre à M. Le Clerc, en date du 3 mars 1729, Bouhier raconte au
sujet de son élection un trait qui doit être consigné ici. « Vous demandez
(article *Arnaud d'Andilly*, de la *Bibliothèque du Richelet*) en quelle année
l'Académie résolut de ne recevoir personne en son corps qui n'eût sollicité.
Je ne crois pas qu'elle ait fait jamais de pareille résolution par écrit. Il est
vrai que M. de Lamoignon, l'Avocat général, ayant fait refus d'accepter la
place à laquelle il avait été élu, on convint tacitement qu'on ne tiendrait
plus l'élection pour faite, qu'un des Académiciens ne répondit que l'élu
accepterait. Cela se pratiqua en 1727 à mon élection, car je n'avais sollicité
ni directement ni indirectement personne, et il y avait plusieurs Académiciens que je n'avais jamais été voir. Mais après mon élection, M. le
Cardinal de Fleury qui y présidait et auquel je n'avais pourtant pas encore
rendu mes devoirs, mais de qui j'avais l'honneur d'être connu, eut la
bonté d'être mon répondant, et sur cela mon élection fut consommée. J'en
sais beaucoup d'autres qui ont brigué, mais je ne voulus pas faire un pas
pour cela ». On voit par là à quoi se réduisent ces « visites de prévoyance »
par lesquelles Bouhier, selon M. de Lescure, aurait « préparé sa candidature
future à l'Académie » (*Mathieu Marais. Journal,* tom. I, p. 61). L'élection
eut lieu le 16 juin 1727, et le dernier jour du même mois, Hénault, Président au Parlement de Paris, reçut à l'Académie le Président au Parlement de Bourgogne.

(2) Veut-on savoir si M. Le Clerc était de ceux qui, selon M. Gaston
Boissier, « payaient libéralement en éloges » les « prévenances » du pré-

Président Bouhier..., p. 93). Nous l'avons regardée de fort près. On peut y distinguer comme trois parties. La première a rapport à l'histoire et à l'appréciation des travaux de M. Le Clerc; elle est citée presque à chaque page de ce livre, dont elle fait tout l'intérêt et presque toute la substance. La seconde comprend les éclaircissements d'un grand nombre de faits curieux concernant l'histoire des gens de lettres dont M. Le Clerc parle dans ses écrits; nous n'avons non plus rien à en dire, car elle est imprimée, et ce qui vient du Président Bouhier porte souvent la mention de son origine, comme on peut le voir dans les articles *Accurse* des *Remarques sur le Diction- naire de Bayle, Gilles, Du Féron, Princesse de Clèves,* etc., de la *Bibliothèque du Richelet*. Nous noterons cependant ici un trait dont M. Le Clerc ne paraît pas avoir fait usage. Il se rapporte à une question sur laquelle l'opinion des savants ne paraît pas encore bien fixée. Peut-être ce fragment de lettre mérite-t-il de figurer dans le débat. D'une part, en effet, la parole du Président est celle d'un témoin bien informé et digne de foi; de l'autre, la sincérité de Valincour doit paraître moins suspecte lorsqu'il s'adresse à un ami dans l'intimité de la con- versation, que lorsqu'il écrit à l'abbé d'Olivet une lettre dont il pouvait bien prévoir la publication. Voici ce qu'écrit Bou- hier à M. Le Clerc le 10 avril 1730 : « M. l'abbé Papillon

sident? Qu'on lise la réponse du premier. « J'ai fort bien conçu que vous n'étiez pas sans affaires à Paris et que le choix que l'Académie avait fait de votre personne pour l'associer à son corps vous causerait de nouveaux embarras. Je ne doutais pas que cela ne vous attirât un fort grand nombre de compliments et de lettres, et c'est ce qui m'avait déterminé à garder le silence de mon côté. Je ne voulais pas augmenter la foule de ceux qui pouvaient, nonobstant la bonté de votre cœur et du leur, vous être néan- moin importuns. J'ai reçu votre compliment à l'Académie, lequel m'a été remis par M. l'abbé Tricaud, et je vous en fait mon remerciement avec toute la reconnaissance dont je suis capable. Je l'ai fait lire ici à nos Messieurs pendant une récréation, et ils en ont tous été fort contents; le choix de l'Académie est une preuve certaine du bon goût qui règne dans ce corps illustre. J'en ai une joie que je ne puis vous exprimer » (16 août 1727). Nous en savons qui, en pareille occurrence, auraient parlé beaucoup plus tôt, et en auraient dit bien davantage.

m'a demandé de votre part d'où était feu M. de Valincour. J'ai su de lui-même qu'il était de Nemours (1). Vous avez vu sans doute son éloge dans le discours de son successeur (2). On y suppose qu'il avait beaucoup avancé son *Histoire* du feu Roi, et qu'elle avait péri dans l'incendie de sa maison de Saint-Cloud. Rien de plus faux. *Il m'a dit souvent lui-même* qu'il n'avait jamais écrit une ligne de cette histoire, non plus que M. Despréaux. Ils s'en reposaient sur M. Racine, qui en lisait de temps en temps quelques morceaux au Roi, et qui avait même, sur la fin, abandonné cette besogne, dont peut-être ne reste-t-il plus rien (3). »

La troisième partie de la correspondance du Président et de M. Le Clerc comprend tout ce qui n'est pas renfermé dans les précédentes. Quelques mots suffiront à en donner une idée. Les deux amis, étant tous deux auteurs, s'envoyaient réciproquement leurs ouvrages et se communiquaient librement

---

(1) La *Biographie universelle*, ainsi que la *Biographie générale*, le font naître à Paris. M. Jal (*Dict. crit. de Biogr. et d'Hist.*, art. *Valincour*) est aussi de ce sentiment, et il s'appuie sur l'acte extrait des registres de la paroisse de Saint-Louis en l'Ile, à Paris, portant que, *le 18 mars 1653, fut baptisé Jehan, fils de Henri Trousset, escuier, et de demoiselle Marie Dupré.* « On voit par la date de ce document, ajoute M. Jal, que reporter la naissance de Valincour au 1er mars » (comme le fait le P. Lelong) « est une grande hardiesse. Si Valincour était né dix-sept jours avant celui de son baptême, l'acte qu'on vient de lire le dirait assurément, selon l'usage des sacristies de l'époque. » Néanmoins, si le fait de la naissance à Nemours est vrai, comme l'affirme le Président Bouhier, ne pourrait-on pas dire que, né à Nemours le 1er mars, Valincour, pour des raisons inconnues, n'a été baptisé à Paris que le 18 du même mois ?

(2) Jean-François Leriget de La Faye succéda à Valincour et occupa après lui le XVIIe fauteuil de l'Académie Française.

(3) Rapprocher de ce texte de Bouhier ce que dit M. Paul Mesnard dans sa *Notice Biographique sur Jean Racine; Œuvres de J. Racine;* Paris, 1865, tome I, pages 115-118. — Citons encore un trait emprunté à la lettre du Président à M. Le Clerc, en date du 4 août 1726. Bouhier termine par cette épigramme ses remarques sur la Dédicace que De Ferron a mise en tête de son Commentaire sur les Coutumes de Bordeaux, et dans laquelle il juge avec beaucoup de liberté ses contemporains, qui rendaient la justice : « Il parle des magistrats de son temps comme de grands ignorants. Que dirait-il donc de ceux du nôtre, s'il revenait au monde ! »

leurs observations. « M. l'abbé Tricaud, écrivait Bouhier le
2 juillet 1726, doit vous remettre de ma part ma Dissertation
sur le Regrès (1). Elle sera un peu plus conforme à vos études
que l'Édit de Saint-Maur (2). Je serai bien aise d'en avoir
votre sentiment et celui de vos Théologiens. » Cette Dissertation parut « fort belle » à M. Le Clerc, « mais la morale,
dit-il, en paraîtra, je m'assure, un peu *durette* aux intéressés » (3).
Il donne ensuite ses raisons, mais il ne réussit pas à convaincre
le savant jurisconsulte, qui répondit le 4 août 1726 : « J'ai
bien cru que mon opinion sur le Regrès paraîtrait sévère à
bien des gens. Mais je la crois dans les règles et le croirai toujours jusqu'à ce qu'on ait renversé mes principes, qui me paraissent néanmoins solidement établis. » Saint François de
Sales ne pratiquait pas mieux la maxime exprimée par ce distique :

Non sentire bonos eadem de rebus iisdem
Incolumi licuit semper amicitiâ (4).

Deux amateurs de livres comme le Président et M. Le Clerc
n'étaient point sans se parler souvent de l'objet de leur passion ; leurs lettres sont pleines de passages comme ceux-ci :
« Je vous félicite, écrit Bouhier, des emplettes que vous avez

(1) *Dissertation sur le Regrès en matière bénéficiale*, 1726, in-4°, sans nom
de lieu, d'auteur, ni d'imprimeur. Il y a *Regrès* lorsque, dans la résignation
d'un bénéfice, le cédant se réserve, ou à un tiers, le droit de le reprendre
dans certains cas, par exemple en cas de vacance par décès ou résignation
de celui à qui il est cédé, ou encore au cas où celui-ci ne paierait pas la
pension convenue. Schmalzgrueber, *Jus ecclesiasticum universum*, Lib. V,
tit. III, n. 38.

(2) *Traité de la succession des mères, en vertu de l'édit de Saint-Maur*, Dijon,
1726, in-8°.

(3) Lettre au président du 20 juillet 1726. Néanmoins, M. Le Clerc était
« très-convaincu qu'il se commettait beaucoup d'abus en cette matière. »
« Je crois, ajoute-t-il dans sa lettre, que ce serait un vrai bien si les cours
souveraines profitaient de votre travail pour restreindre au moins les Regrès
et ôter divers abus... Il y aurait beaucoup moins de résignations et moins
de vocations fondées uniquement sur la chair et le sang, et sur les espérances
d'entrer comme par voie d'héritage dans les bénéfices des oncles. »

(4) Lettre 141ᵉ, à un ami (M. Milletot, Conseiller au Parlement de Bourgogne) ; *Œuvres complètes ;* Paris, 1833, tome VIII, p. 312.

faites à Viviers ; en ces endroits écartés, il y a souvent de bons coups à faire » *(15 décembre 1726).* — « Voici un temps où apparemment vous allez recommencer de bouquiner. Je vous prie de ne pas m'oublier dans vos recherches » *(10 avril 1730).* Suit une longue liste de livres à chercher. La lettre de M. Le Clerc du 30 mars 1735 prouve qu'il était fidèle à ces recommandations, car elle ne renferme que des détails de livres achetés pour le Président ou qu'il est prié de remettre à différentes personnes de Dijon. « Voilà bien de l'embarras, dit M. Le Clerc en finissant, mais gens comme moi en reçoivent et en donnent (1). »

En dehors du curieux, du « savant poli, modeste, utile à ses amis » (2), il y avait encore chez Bouhier le magistrat qui rendait la justice. Si parfois M. Le Clerc le sollicite en faveur de quelques personnes, c'est que lui-même a été sollicité d'agir. Il le fait d'ailleurs toujours brièvement, et revient aussitôt à la *littérature.* Ainsi, le 5 mai 1726, il prie le Président de s'intéresser auprès de M. De Monplaisant pour que sept à huit valets de la maison de campagne de Vassieu (appartenant au Séminaire) soient exonérés de la milice ; mais, « afin qu'il ne soit pas dit » qu'il aura fait payer « un port de lettre » au savant magistrat « sans qu'il y eut de la littérature, » il en joint quelque *peu,* c'est-à-dire trois grandes pages « *per modum appendicis.* » Une autre fois, il entreprend de recommander M. De La Forest, « jeune homme plein d'esprit » (3), qui va plaider à Dijon pour un procès de bois coupés dans les Brotteaux. Mais l'infatigable chercheur venait de trouver la première production imprimée de Pierre Mathieu. Tout entier à la joie de communiquer sa découverte, il expose d'abord lon-

____

(1) L'autographe de cette lettre est à la Bibliothèque de la ville de Lyon.

(2) *Réponse de l'abbé d'Olivet au Discours prononcé par Voltaire lors de sa réception à l'Académie Française ;* Paris, 1746, in-4º, page 29.

(3) « Je vous remercie de la connaissance que vous m'avez donnée de M. de La Forest ; il a beaucoup de politesse et de goût, et l'on voit bien qu'il a profité de vos leçons. Je ne doute pas que dans la suite il ne soit de votre Académie. Il n'a qu'à suivre la route que vous lui tracerez » (Lettre de l'abbé Papillon à M. Le Clerc du 3 avril 1730).

guement les nombreuses curiosités qu'il y a apprises (1); puis
tout à coup, se souvenant du sujet pour lequel il a pris la
plume, « voilà, Monsieur, dit-il, un plaisant exorde pour une
lettre de client, et vous pourriez me dire avec raison : *Jam
dic, Clerice, de tribus capellis.* Mais je serais fort embarrassé
de dire un mot de la cause que je ne sais pas, et dont M. de
La Forest vous expliquera le fond bien mieux que moi » *(23 juin
1731).*

Telle est cette correspondance, à la fois simple et savante,
sérieuse et enjouée, respectueuse et pleine d'abandon. Mais
on n'en aura une juste idée qu'après avoir lu les nombreux
extraits que nous en ferons dans les chapitres suivants. Nous
voulons, en achevant celui-ci, compléter l'histoire de ce
que l'on pourrait appeler les relations *laïques* de M. Le
Clerc.

« J'ai fait nouvelle connaissance. C'est avec M. de Senecé,
de Mâcon. Il me *mande* que Brice Bauderon avait 89 ans
quand il mourut, en 1623, et que c'est la tradition de leur
famille » *(Lettre à Bouhier du 20 juillet 1726).* — « Je me
souviens d'avoir vu le *Tombeau de M. de Turenne,* de Martinet.
Voici ce que M. de Senecé *m'en a écrit...* » *(Lettre au même
du 8 août 1726).* M. Le Clerc parlait ainsi en 1726. Le poète
Mâconnais, avec lequel il venait de nouer correspondance, se
trouvait alors âgé de 83 ans, étant né le 28 octobre 1643. C'est
à cette source que sont puisés les détails rapportés par M. Le
Clerc dans la *Bibliothèque du Richelet* sur *Fourcroy,* sur Senecé
et ses ancêtres. Il y est dit de celui que Sainte-Beuve a appelé
le « poète aimable » (*Causeries du Lundi,* Paris, 1857, tom. 12,
p. 232) : « En 1717, on a imprimé à Paris un Recueil de
quelques-unes de ses épigrammes et autres poésies; mais il en
a composé vingt fois autant d'autres, que les sentiments très-
modestes qu'il a de lui-même l'empêchent de communiquer
au public par l'impression. Il s'occupe et se divertit par là avec
ses amis, et c'est tout ce qu'il se propose sans porter ses
vues jusqu'à souhaiter de se faire un nom » (art. *Bauderon de*

______

(1) V. *Remarques critiques sur le Dict. de Bayle,* art. *Racan.*

Senecé (1). Nous lisons aussi dans le même ouvrage que Gratien Bauderon, aïeul de notre poëte, a laissé « entre les mains de ses héritiers vingt-deux volumes in-folio manuscrits de ses ouvrages. » Au sujet de Brice Bauderon, médecin célèbre par sa *Pharmacopée,* qui a eu plusieurs éditions, M. Le Clerc tenait de son arrière petit-fils une anecdote qu'il raconte, « sauf, dit-il (et nous le disons avec lui), à ceux qui la regarderont comme trop mince, de ne m'en savoir aucun gré. »

. « M. de Senecé, arrière petit-fils de Bauderon, étant à Paris
» vers 1715, et ayant besoin de quelques drogues, entra chez
» un apothicaire et les fit peser et empaqueter après être con-
» venu du prix. En tirant de l'argent pour payer, son cachet
» tomba par hasard sur le comptoir, et l'apothicaire, y ayant
» aperçu les armes de Bauderon, le regarda de plus près et
» les confronta avec celles qui se trouvaient à la tête d'une
» *Pharmacopée* de Bauderon, qui était sur une tablette. Seriez-
» vous, Monsieur, dit-il ensuite à l'acheteur, de la famille de *ce*
» *grand homme?* L'autre lui ayant répondu qu'il était son arrière
» petit-fils, ah! Monsieur, reprit aussitôt l'apothicaire, que je
». suis heureux d'avoir vu quelqu'un de sa race! C'est lui qui
» me donne du pain et à dix mille de mes confrères. Sa mé-
» thode, qui est merveilleuse et qui durera éternellement, est
» la seule à laquelle on doit s'attacher. Quelque effort que fit
» M. de Senecé pour lui faire prendre son argent, il le refusa
» constamment, lui protestant que sa boutique était tout en-
» tière à son service et qu'il lui ferait plaisir d'y venir prendre
» librement tout ce qui lui pourrait être nécessaire. *Je sais*
» *le fait d'original* (2). »

(1) « Les vers du bon M. de Senecé ne valent pas grand'chose. Ce n'est pas la vieillesse d'Homère. Dans tout le Recueil de ses épigrammes, il n'y a pas deux dragmes de sel » (Lettre de Bouhier à M. Le Clerc du 4 août 1726).

(2) Si M. Émile Chasles avait lu cette anecdote, avec les mots soulignés à la fin, dans la *Bibliothèque du Richelet,* il n'aurait sans doute pas écrit que la *Pharmacopée* « demeura longtemps célèbre, *s'il en faut croire Le Clerc,* et après lui Papillon » (*Œuvres choisies de Senecé; Nouv. édit. précédée d'une Monographie de la famille Bauderon de Senescey,* par M. Émile Chasles; Paris, P. Jannet, 1855, p. 11). Papillon, dans sa *Bibliothèque des auteurs de Bour-*

Le baron Bimard de La Bastie était né à Carpentras, le 6 juin
1703. Sa famille appartenait à l'ancienne noblesse du Dauphiné. Doué d'un esprit solide, d'un jugement sûr et d'une
mémoire très-heureuse, il avait acquis de bonne heure l'habitude d'écrire en latin avec une facilité et une pureté remarquables. Il était, de plus, d'un caractère ferme et ennemi de
toute dissimulation. Un procès considérable qu'eut sa famille
en 1726 le força de se rendre à Grenoble, où le président Val-
bonnais lui inspira le goût des recherches historiques. L'affaire
qui l'occupait ayant été renvoyée devant le Parlement de
Dijon, il fit plusieurs voyages dans cette ville, où il connut
le Président Bouhier, qui lui communiqua bientôt son ardeur
pour l'étude de l'antiquité (1).

C'est en 1727, au retour d'un de ses voyages qui l'obligeaient
à passer par Lyon, que le jeune antiquaire vit M. Le Clerc,
auquel le Président l'avait sans doute recommandé, comme il
l'avait déjà fait l'année précédente pour M. d'Orville, jeune
Hollandais plein de mérite et de savoir, allant également à
Lyon pour se rendre ensuite en Italie (2). La première entrevue eut lieu le 19 mars 1727, car, le même jour, M. Le
Clerc écrivait au Président Bouhier : « J'ai reçu aujourd'hui
la visite de M. le baron de La Bastie, et je vous avoue que
je n'ai pas été moins surpris de sa grande érudition, dans un
âge si peu avancé, que j'ai été charmé de sa politesse. Je vous
suis très-redevable d'une connaissance si estimable que vous
m'avez procurée. »

M. Le Clerc n'eut garde de négliger cette nouvelle ressource,
qui lui était envoyée par la Providence. Comme il travaillait
alors à la *Bibliothèque du Richelet*, il demanda à M. de La Bastie

gogue (art. *Bauderon*), raconte l'histoire un peu différemment, et, dans une
lettre à M. Le Clerc *(31 mars 1729)*, il dit la tenir « d'un M. de la Sencerie,
parent de Bauderon et habile homme, » qui la lui écrivit avant l'année que
l'auteur de la *Bibliothèque du Richelet* dit être celle où elle arriva.

(1) *Biographie univ. de Michaud*, art. *La Bastie*. — Voir surtout son *Éloge*,
par Fréret, dans l'*Histoire de l'Académie royale des Inscriptions et Belles-Lettres ;*
Paris, 1751, in-4°, tome XVI, p. 335-347.

(2) Lettre de Bouhier à M. Le Clerc du 2 juillet 1726.

quantité de renseignements sur certains personnages dont il voulait donner des articles. Le baron répondit toujours avec une complaisance égale à son érudition, et justifia l'opinion que M. Le Clerc s'était formée de sa politesse et de sa science. « Vous auriez eu tort, Monsieur, de me soupçonner de vous avoir oublié. Je gagne trop à entretenir commerce de lettres avec vous pour ne pas chercher à m'attirer souvent de vos nouvelles (1). » Ainsi commence la première des quatorze lettres du baron à M. Le Clerc. La plus grande partie de ce qu'elles renferment a passé dans la *Bibliothèque du Richelet*, principalement dans les articles *Allemand,* Thomas de *Lorme* et *Marville*. Quant aux fragments de cette correspondance, qui ont un rapport direct avec les ouvrages de M. Le Clerc, ils auront leur place naturelle dans le cours de cette Notice.

CHAPITRE XII

M. LE CLERC COMPOSE SA « LETTRE CRITIQUE SUR LE DICTIONNAIRE DE BAYLE. »

Dans cette foule de correspondants que le président Bouhier entretenait sur presque tous les points de la France et même de l'Europe, il en était un qui se distinguait par la variété et l'étendue de ses lettres, véritable journal de l'époque où elles furent écrites : c'était Mathieu Marais, Avocat au Parlement de Paris (2). Il a dit en parlant de M. Le Clerc : « Ce n'est

(1) Lettre datée de Valence le 8 mai 1723. 1723 est évidemment un *lapsus,* pour 1727.

(2) Mathieu Marais fut baptisé, le dimanche 11 octobre 1665, dans l'église Saint-Eustache de Paris, et naquit probablement la veille de ce jour. Il fut reçu Avocat au Parlement de Paris le 22 novembre 1688. Les premières lettres qu'on ait de lui au Président Bouhier sont de 1724. Il mourut à Paris le 21 juin 1737 (*Mathieu Marais, sa vie et ses ouvrages. Journal*, t. I, p. 8, 9, 62, 97).

pas à lui qu'il appartient de faire des caractères généraux ; ce n'est qu'aux grands hommes qu'il est donné de faire de pareils traits (1). » Sans examiner la valeur absolue de ce principe ni la justesse de son application, nous prenons ces paroles pour nous, et dans la nécessité où nous sommes de faire connaître à nos lecteurs cette nouvelle figure, nous en emprunterons les traits principaux à deux auteurs dont Marais n'eût contesté ni la compétence, ni la sympathie pour sa personne, savoir, M. de Lescure, son éditeur, et le célèbre critique Sainte-Beuve.

Le premier nous représente Marais comme un homme « cachant sous un masque d'ironie et de septicisme une honnêteté naïve et une sensibilité délicate ; hardi en paroles et surtout la plume à la main, prêt à se dérober sans cesse aux compliments et aux critiques, ayant l'horreur instinctive du scandale et ne voyant dans la gloire elle-même qu'un scandale heureux ; toujours prêt au moindre bruit à rentrer dans sa coquille ; d'une modestie susceptible et d'une insouciance fière ; indiscret et tenant au secret de ses indiscrétions ; malin mais ne voulant pas passer pour méchant ; d'une franchise qui n'exclut point la prudence ; faisant un journal pour son plaisir, et non pour l'instruction de la postérité » (2).

Selon Sainte-Beuve, Marais est un « esprit français, bourgeois, de bon aloi et de bonne trempe ; curieux jaloux d'être bien informé sur toutes choses ; auditeur plein de justesse et de savoir ; informateur et correspondant excellent ; aimant les lettres et ceux qui les cultivent ; homme de sens, et, qui plus est, de goût », excepté toutefois quand il appelle Massillon *un bel esprit, un faux apôtre et un déclamateur qui a joué la religion,* car « cela est injuste et forcé » (3).

Mais « c'est Bayle surtout, c'est son admiration, sa prédilection pour ce libre esprit » qui, aux yeux de Sainte-Beuve,

(1) Lettre au Président Bouhier du 10 novembre 1725. *Journal,* tome III, page 374.

(2) *Mathieu Marais... Journal,* tome I, page 67.

(3) Sainte-Beuve, *Nouveaux Lundis,* tome IX ; Paris, 1867, in-12, pages 4, 31, 5, 11, 54.

« constitue, à proprement parler, l'originalité de Mathieu Marais, et lui fait son rôle dans l'histoire littéraire » (1). Lié avec Bayle dès 1698, Marais lui fournit plusieurs articles pour son Dictionnaire, et composa la vie de l'auteur placée au commencement de l'édition de 1732 (2). Bayle est son idole, et malheur à qui a l'audace d'y toucher. Sur ce point délicat, les meilleurs amis ne jouissent d'aucun privilége. « Il me paraît, écrit-il un jour au président Bouhier, que vous traitez M. Bayle un peu durement, en disant qu'il n'est sur ce point ni théologien, ni philosophe ; il me semble que c'est parler avec invective *de tanto viro* (3). »

Il s'en fallait de beaucoup que M. Le Clerc eût de Bayle et de son livre des sentiments aussi favorables. En même temps qu'il travaillait à corriger le Dictionnaire de Moréri, il avait relevé plusieurs fautes dans celui de Bayle, et à l'article de cet auteur il avait inséré la remarque suivante : « Cet » ouvrage a assurément beaucoup de bon, mais il y a tant » de mauvaises choses qu'il ne méritait pas que l'on en dît » autant de bien que l'on le fait ici. Il est plein de traits qui » tendent à favoriser l'athéisme, d'histoires indécentes, de » partialité pour les huguenots et le huguenotisme. A ne le » considérer simplement que par rapport aux dates, aux faits, » aux citations, et en un mot à la critique, il est plus exact » incomparablement que Moréri (4), mais il y a pourtant

(1) *Loc. cit.,* page 15.

(2) De Lescure, *Mathieu Marais...,* pages 13-17.

(3) Lettre du 6 mai 1725. *Journal,* tome III, page 321, 322. La correction rendit apparemment le Président plus sage, car, peu de temps après, il écrit à Marais : « Quand il (M. Le Clerc) reprendrait avec justice votre ancien ami, je n'en estimerais pas moins ce dernier, qui ne se bornait pas à la critique des faits, mais qui était merveilleux pour les choses et pour les raisonnements, et qui possédait une certaine éloquence philosophique, en laquelle il est inimitable » (17 juillet 1725).

(4) « Aujourd'hui, écrivait plus tard M. Le Clerc, je ne dirais pas tout à fait la même chose. Ce n'est en moi ni pur préjugé, ni simple caprice. Mais c'est que depuis ce temps-là, plus j'ai lu Bayle, et plus j'y ai découvert de fautes, que je n'y avais point aperçues pour lors » (*Lettre critique sur le Dict. de Bayle,* 1732, Préface, p. XVII-XVIII).

» beaucoup de défauts. Celui qui me paraît le plus ordinaire
» est que, dans la narration d'un grand nombre de faits,
» Bayle s'est rendu exact jusqu'au scrupule à marquer les
» sources où il puisait, mais non pas à en faire un choix
» et à ne puiser que dans les bonnes. Surtout quand il
» s'agit de certains personnages, il blâme ou il loue, très-
» souvent sur des témoignages récusables, et il semble pour
» lors avoir oublié toute sa critique. *Il avait*, dit-on, *les*
» *mœurs réglées ;* peut-on l'assurer d'un homme dont la plume
» l'est si peu ? on ne le dirait pas d'un homme dont les
» discours seraient ordinairement dangereux. La plume est
» plus préjudiciable que la langue » (1).

Cette appréciation qui, dans la suite, parut à son auteur
pécher par excès d'indulgence, ne pouvait être du goût de
l'ami intime de Bayle. Ayant eu par La Monnoye connaissance du livre de M. Le Clerc, Marais résolut de lui en
exprimer son sentiment. Il composa donc, le 7 octobre 1723,
une lettre qu'il communiqua d'abord au président Bouhier.
Celui-ci en fit faire une copie, et la renvoya ensuite à son
auteur *(Lettre de Bouhier à Marais du 19 décembre 1724)*.
Après de nouvelles sollicitations de la part du président qui
jugeait la lettre « très-curieuse et très-instructive » *(Lettre
à Marais du 22 mars 1725)*, Marais se décida enfin, le 6 mai
1725, à l'envoyer « malgré son ancienne date ; la date, ajou-
tait-il, n'y fait rien, et c'est la commodité de la littérature
qui est toujours nouvelle » *(Lettre du 5 avril 1725. Journal,*
T. III, p. 313). Aussi se borna-t-il à passer un trait au crayon
sur cette partie de la lettre dont voici quelques fragments.

« M. de La Monnoye m'a fait connaître (2) trois volumes de

(1) *Remarques sur différents articles du premier volume du Dictionnaire de
Moréri*, 1719, art. *Bayle*, pages 135-136.

(2) Il ressort clairement de ces paroles que l'Avocat de la rue du Bouloi
était en rapport avec l'Académicien de la rue Honoré-Chevalier. Ne pourrait-on pas en conclure que le second donna au premier la connaissance du
Président Bouhier ? Cette conjecture n'est-elle pas aussi fondée que celle
de M. de Lescure attribuant l'origine de cette liaison à l'abbé d'Olivet, « avec
lequel Bouhier était en correspondance intime depuis 1719, *et qui était le
voisin de Marais* » *(Mathieu Marais. Journal*, t. I, p. 61)?

» vous, Monsieur, que je ne connaissais pas, et que j'ai
» admirés pour la vivacité et la justesse de la critique. Votre
» préface est merveilleuse. Vous y donnez une idée de ce
» qu'il faudrait faire pour rendre le Moréri parfait, et il n'y
» a que vous qui puissiez l'exécuter. Je vous dois en parti-
» culier un remercîment d'avoir tiré du Dictionnaire de
» Bayle ce que je lui avais écrit sur M. Arnauld et que je
» savais de Despréaux lui-même. Vous n'avez pas fait comme
» le commentateur de Despréaux (1), qui dans l'*Épître sur*
» *l'amour de Dieu* (Tom. I, p. 277), a pris ce même endroit
» sans me citer, sans parler de ma lettre, et réduisant le tout
» à l'impersonnel *on*. Il en a ainsi usé en plusieurs autres
» endroits qu'il s'est appropriés, et qu'il n'a tiré que des
» mémoires que je lui avais communiqués. Mais, Monsieur,
» je n'en parle que pour l'exactitude et pour l'intérêt de la
» vérité ; et comme je vois que vous êtes ami de l'une et de
» l'autre, permettez-moi de plaider contre vous la cause de
» M. Bayle, qui était mon ami, et avec qui j'ai eu commerce
» pendant dix ans. C'est sur l'article de M. Arnauld, p. 203-
» 208 du Tome I. »

Marais expose ensuite ses difficultés, et dans son admiration pour Bayle, va jusqu'à dire de lui ces mots : « *Il n'est
pas facile de le prendre en faute !* » Enfin il termine par ces
paroles : « Je crois, Monsieur, que si vous aviez vu les
» quatre grandes apologies de M. Bayle, qui sont à la fin de
» son livre, et que je l'ai obligé de faire, vous ne l'eussiez
» pas jugé si sévèrement que vous avez fait à l'article que
» vous donnez de lui. Il a répondu à tous vos reproches.
» M. de Leibnitz qui a écrit contre lui après sa mort ne parle
» de son Dictionnaire que comme d'un ouvrage merveilleux,
» plein d'éloquence et de pénétration. Et pour ce qui est de
» sa partialité pour les protestants, il n'est pas étonnant que
» sa religion l'ait mené là. Je voudrais que ses apologies
» fussent à la tête de son livre. Vous voulez l'attaquer du
» côté des mœurs : il est certain qu'elles ont toujours été

(1) Brossette.

» très-pures... Il est un peu tombé dans le *Turpiloquium* en
» quelques endroits qu'on ne lui peut passer, et qui sont
» entrés dans des articles où il a cru pouvoir les mettre. Mais
» d'ailleurs quelle vaste érudition, quelle connaissance de
» toutes les philosophies des anciens, quel agrément et quelle
» force dans le discours ! Les critiques qui le blâment profi-
» teront bien de sa manière de critiquer, et on lui doit
» beaucoup de vous mettre dans la main tous les livres d'une
» même matière et de vous donner une bibliothèque dans
» chaque article. Peut-on jamais mettre Moréri en parallèle ?
» Ce n'est ni le même dessein, ni la même exécution, ni un
» livre universel, et ce qui est historique est certainement
» d'un style vif et net qui n'a guères d'égal. Despréaux, juge
» très-difficile, disait de lui qu'on entendait tout ce qu'il
» disait, et il craignait sa critique plus que celle d'un autre. »

Tant d'éloquence ne réussit pourtant pas à ébranler les
convictions de M. Le Clerc. Écoutons-le raconter lui-même
à ses lecteurs l'histoire de sa *Lettre critique* :

« Un savant ami de Bayle, dit-il, ayant lu ces trois volumes (les *Remarques sur Moréri*), ne fut pas tout à fait content de quelques endroits où il
lui parut que le même Bayle n'était pas assez ménagé. Il prit le parti de
m'en écrire, et sa lettre me fut rendue le 12 mai 1725. Elle contenait un
éloge du *Dictionnaire critique* et de son auteur. Le docte Apologiste de
Bayle m'y faisait aussi avec politesse une remontrance d'ami, et, prenant
occasion d'une remarque où, de mon aveu, j'avais repris Bayle mal à propos,
il m'insinuait d'être à l'avenir plus réservé dans ma critique, *n'étant pas facile,*
me disait-il, *de surprendre Bayle en faute.* J'étais fort convaincu du contraire,
et, qui plus est, j'avais de quoi convaincre tout homme équitable, que je
ne l'étais pas sans raison. Je mis donc sans nul délai la main à la plume.
Je ne pouvais pas douter que le docte ami, plutôt qu'adversaire, auquel
j'avais à répondre, n'eût été un peu piqué du jugement que j'avais porté de
Bayle et de son ouvrage. C'était donc pour moi un engagement d'honneur
de me justifier dans l'esprit de ce savant, et de lui persuader à force de
preuves que si je ne pensais pas, à beaucoup près, aussi favorablement que
lui du *Dictionnaire critique,* je ne le faisais pas sans raison. Mes preuves
étaient toutes prêtes, et j'en avais un assez grand nombre pour faire un ouvrage considérable. J'en fis un choix. Je me bornai aux fautes de faits sans
toucher à celles de droit, ne voulant faire qu'une *Lettre de critique* et non

pas une Lettre de Théologie et de controverse » (*Lettre critique sur le Dictionnaire de Bayle*, Préface, p. iii-vii).

M. Le Clerc communiqua sans retard à Marais sa résolution. Le 17 mai, l'Avocat écrivait au Président Bouhier :

« J'ai envoyé ma lettre à M. Le Clerc, qui m'a aussitôt répondu... Il me promet son livre (1), et il me fait une longue histoire du secret qu'il y faut garder... Il me parle de son livre sur Bayle, qui ne contiendra que des faits, et des additions et suppléments. Tant mieux... Il me doit encore écrire ; je lui trouve l'esprit vif et fort décidé, et même bon homme, car il me fait déjà des confidences Sulpiciennes » (*Journal*, t. III, p. 328, 329).

Le 4 juin suivant, réponse de Marais à M. Le Clerc, qu'il tâche habilement de détourner de son projet de critique :

« Je ne puis trop vous rendre de grâces, Monsieur, de votre politesse, du présent que vous voulez bien me faire, et des personnalités qui vous regardent à cette occasion et que vous voulez bien me confier. Je vous donne ma parole de ne le communiquer à personne... Je serai ravi, Monsieur, de le posséder et d'admirer de nouveau ce que j'ai déjà admiré, c'est-à-dire cette critique si féconde, si juste et si curieuse...

» Je suis bien aise que vous travailliez à des corrections, additions et suppléments de Bayle, et que cela se borne à de simples faits, sans discussion de controverse, et je crois aussi sans discussion philosophique, car ce serait une mer bien vaste et même bien dangereuse à tenter. Cela ne ferait que donner occasion de revoir le livre, et, comme il est écrit d'un style vif, agréable, séducteur, et qui plaît même dans les choses où il n'a pas raison, il serait à craindre que ces discussions, toutes vraies et judicieuses qu'elles seraient, ne fissent pas tout le bien qu'on en espérerait. Je ne suis pas en peine, Monsieur, de ce que vous pensez de ce livre après le portrait que vous avez fait de l'auteur, et vous avez raison de dire qu'il faut une occasion bien favorable pour donner au public vos corrections, tant parce que *parcendum est caritati hominum ne offendas qui diliguntur*, comme dit Cicéron, que par le péril dont je viens de vous donner une légère image, et que vous sentez mieux que moi. J'ai vu dans les nouvelles littéraires du Journal des Savants que le P. Souciet, jésuite, promet quelque chose contre Bayle ; j'ai vu aussi ce que le P. Laubrussel a écrit dans son livre de la critique, et je ne sais, encore une fois, s'il ne vaut pas mieux le laisser en repos... »

(1) Les *Remarques sur le Dictionnaire de Moréri*.

Lorsqu'il lisait ces lignes, M. Le Clerc avait achevé sa grande lettre, et se disposait à en écrire une nouvelle dont nous trouvons le résumé dans celle de Marais à Bouhier, du 30 juin 1725 :

« J'ai reçu les trois volumes de l'abbé Le Clerc, qui a joint à ces livres une petite lettre, où il me menace de la grande lettre de 600 pages, et dit qu'il y justifie amplement le jugement qu'il a porté de Bayle, qu'il n'y traite *ni de sa Théologie, ni de sa Philosophie, ni de son penchant au* turpiloquium, — ce sont mes phrases qu'il me rend, — qu'il se retranche sur la critique, et qu'il rapporte des fautes en grand nombre qui, peut-être, me surprendront ; qu'il a écrit sans invective, comme il aurait écrit à Bayle lui-même, et comme il écrit aux savants en leur marquant leurs fautes ; qu'avant quinze jours, j'aurai une bonne portion de cette lettre ; que si ce commencement est de mon goût, il continuera, et que j'aurai le reste avant la fin d'août. Il me marque que cette longue lettre, après l'avoir relue, lui paraît très-bonne et très-curieuse, quoiqu'il n'y ait travaillé que vingt-cinq jours (1) ; mais qu'il ne doit pas prévenir mon jugement, auquel il se soumet de très-bon cœur. Nous verrons donc cette lettre du grand Aristarque de Lyon, et je n'aurais jamais cru que mes petites observations sur son livre, dont je vois qu'il n'a pas été content, auraient produit cette grande lettre qui va devenir une pièce curieuse. C'est cette fois-là qu'on peut dire : *Nardi parvus onyx eliciet cadum.* Je vous prie que ce que je vous ai écrit sur lui ne soit que pour vous » (*Journal,* t. III, p. 343, 344).

Pour le ton et la manière de juger, Marais est loin, bien loin du 25 septembre 1723 et même du 17 mai 1725. Celui qui, hier, était le « grand critique de nos jours », n'est plus aujourd'hui qu' « un critique tout des plus nouveaux et des plus inconnus », étonnant par sa hardiesse à juger et mépriser d'aussi « grands hommes » que Bayle et Baillet ! (Journal, t. III, p. 345, 346). Le « bonhomme » de tout à l'heure, est maintenant « un homme de parti qui voit des fautes chez

(1) La Lettre critique, dans le manuscrit envoyé à Marais, commence ainsi : « Je suis bien assuré, Monsieur, que la lettre que je commence aujourd'hui, 14 mai, pour servir de réponse à celle que vous m'avez fait l'honneur de m'écrire en date du 6, et qui me fut rendue avant-hier, ne soit fort longue et ne dégénère en livre. » A la fin, on lit ces mots : « Au Séminaire Saint-Irénée, à Lyon, 2 juin 1725. »

tous ceux qui ne sont pas du sien » (Ibid. p. 341), en attendant qu'il devienne le méchant assez vindicatif, — et aussi
sans doute assez puissant, — pour faire supprimer le *Nouvelliste du Parnasse !* C'est là le langage tenu avec les amis. Avec
le critique lui-même, Marais est plus réservé et plus courtois.
L'ami de Bayle qui, il n'y a qu'un instant, avouait qu' « il
est difficile de le trouver en faute », s'oublie même jusqu'à
le déclarer « très-faillible », et il ne « doute pas qu'il ne se
trouve beaucoup de fautes dans son Dictionnaire ! » Aussi,
loin de redouter la censure pour son auteur favori, Marais
l'appelle au contraire de tous ses vœux, et, non sans quelque
ironie, assure le correcteur, de toute sa reconnaissance. Rap-
prochée des précédentes, la lettre de Marais à M. Le Clerc
en date du 4 juillet 1725, est tout à fait curieuse à étudier.

« Enfin, Monsieur, j'ai la joie de posséder vos trois volumes, et je vous
en renouvelle mes très-humbles grâces. J'en ai déjà relu plusieurs articles
du 3e tome avec grand plaisir. On y trouve la sagacité de la critique jointe
avec une vivacité de style et la curiosité nécessaires pour la rendre aimable.
Je vous assure, Monsieur, que je tiendrai ces livres très-secrets, et que je
n'en partagerai le plaisir qu'avec peu de gens. J'attends avec impatience la
grande lettre que vous me promettez sur Bayle ; elle ne saurait venir trop
tôt, et de la manière dont vous écrivez, elle ne peut que me plaire infiniment, quoique je dusse souffrir un peu de voir reprendre mon ami... Mais
comme vous dites fort bien, Monsieur, je ne dois pas être plus délicat qu'il
l'aurait été ; et sans doute il eût reçu de très-bonne grâce des corrections si
sûres et si vraies. Il avait une disposition d'esprit toute faite pour cela, et
aimait à corriger des fautes même chez lui. Je ne doute pas qu'il ne s'en
trouve beaucoup dans son Dictionnaire, ouvrage où il avait trouvé moyen
de joindre, par une invention nouvelle, l'historique et le critique sans
les mêler, et de prouver les faits par un nombre infini de citations, en sorte
que dans les faits et dans les citations, et dans les autorités plus ou moins
graves et bien ou mal choisies, il se peut rencontrer un grand nombre
d'erreurs, malgré l'attention qu'il a eue à les éviter. Ajoutez son protestantisme qui a formé dans lui bien des préjugés, quoiqu'il s'en défasse assez volontiers quand il le peut, et je ne m'étonne point du tout qu'on ne le puisse
trouver très-faillible. Mais au milieu de cette faillibilité, il faut convenir qu'il
a fort éclairci et égayé la science de la critique dure et ennuyeuse jusqu'à
lui ; qu'il en a pratiqué l'usage d'une manière qui peut devenir très-utile, et

que, indépendamment de ses opinions où il a montré une pénétration d'esprit peu commune, les seules narrations historiques de son texte sont excellentes en beaucoup d'endroits, et surtout le caractère qu'il donne en peu de mots des plus grands hommes. Si vous le purgez de ses erreurs de faits, Monsieur, combien ne le ferez-vous pas aimer davantage, et quel service ne rendrez-vous pas à ses amis qui voudraient le voir parfait ? Je voudrais déjà tenir cette critique, en charger les marges de mon Dictionnaire, et nommer partout le critique du critique. Bien loin de vous savoir mauvais gré de votre censure, Monsieur, elle ne fera qu'augmenter ma passion pour mon ami, et l'extrème considération et reconnaissance avec lesquelles j'ai l'honneur d'être, Monsieur, votre très-humble et très-obéissant serviteur. »

Avant d'envoyer sa Lettre critique à Marais, M. Le Clerc la communiqua au Président Bouhier, qui devait, s'il le jugeait à propos, la faire parvenir à l'Avocat Parisien avec le billet suivant non moins naïf que les lettres qui l'avaient précédé.

« La lettre, Monsieur, que je vous envoie aujourd'hui n'est que le premier projet que j'en fis *currente calamo* dans l'espace d'environ 20 jours. Depuis, je l'ai voulu transcrire ; mais en la transcrivant, je l'ai absolument refaite. J'en ai un peu plus châtié le style. J'y ai ajouté beaucoup de choses, mais j'en ai aussi retranché beaucoup, que j'ai barrées en marge dans ce mauvais exemplaire que je vous envoie en attendant. L'autre lettre est d'un tiers plus longue, et j'y approfondis un peu plus la plupart des articles. Je voulais la faire transcrire, mais n'ayant trouvé ici qu'un scribe lequel me demandait plus de dix écus pour cela, je me suis déterminé à la récrire moi-même. Mais comme cela ne sera pas fait sitôt, je vous ai toujours par provision envoyé cet exemplaire avec toutes ces ratures. Ce n'est que comme un projet qui vous amusera en attendant mieux. Je l'envoie à M. le président Bouhier, votre bon ami, ce qui l'empêchera peut-être de parvenir sitôt à vous. Mais j'étais bien aise que ce savant homme la vît auparavant. Je suis, etc. — 9 juillet 1725. »

Bouhier ne reçut le paquet que le 4 août. Lorsqu'il en parle à Marais, le président s'exprime de façon à ne pas trop lui déplaire. Est-ce de sa part conviction partagée ou ménagement calculé ? Peut-être l'un et l'autre. Marais était un si bon correspondant, Bouhier un si grand curieux de nouvelles ! Notons quelques-unes de ses observations : « Je reçus, il y a deux jours, la minute de la grande lettre de l'abbé Le Clerc. Je ne puis encore vous en rien dire. Je crois qu'il y aura bien de la minutie. Au hasard je tombai hier sur une grande et longue dissertation touchant ce point de fait, si Jacques Lefèvre d'Etaples a été docteur de Sorbonne ou non. Il me paraît prouver fort bien la négative. Mais cela n'était pas assez important pour user tant de papier, et *stultus est labor ineptiarum*. On n'est pourtant pas fâché de trouver toutes ces preuves rassemblées » (6 août 1725). — « J'ai fait quelques remarques sur sa lettre qui lui feront voir qu'il ne faut pas être si décisif en matière de critique de faits » (25 août 1725). — « Il est bon d'apprendre à ces Messieurs les hypercritiques qu'il faut être un peu plus humain sur les fautes des autres » (15 septembre 1725). — « Je profite de cette occasion pour vous envoyer l'esquisse de la lettre que notre hypercritique vous destine » (10 octobre 1725). La réponse de Marais au Président est du 14 octobre 1725.

« J'ai reçu, Monsieur, le gros paquet où est la lettre de l'hypercritique, et qu'il ne me veut envoyer qu'à condition que je la lui renverrai, condition singulière pour une lettre, mais j'en ai assez de l'échantillon, qui me fait juger de la pièce. Je l'ai lue à Auteuil où je me suis trouvé alors. Je n'ai point été étonné de toutes ces fautes marquées par M. l'Abbé ; je crois qu'il en eût pu remarquer encore plusieurs autres, mais cela ne me fait point désister de l'estime que j'ai pour notre critique (Bayle), pour sa science, pour sa pénétration, pour la netteté, la force et l'agrément de sa diction, pour sa manière de caractériser les grands hommes, pour sa philosophie et sa métaphysique, etc. Il a pu errer, mais qui est-ce qui est exempt de fautes ? J'aime à le voir corrigé, il m'en plaît davantage, et c'est un nouveau plaisir pour moi de repasser sur ces articles... » (*Journal*, t. III, p. 371).

C'est aussi ce que Marais écrit directement à M. Le Clerc, mais avec plus d'urbanité et de meilleure grâce, accompagnée toutefois d'une légère pointe d'ironie.

« Je n'ai pas eu l'honneur, Monsieur, de répondre à votre lettre du 14 octobre, parce que j'étais à la campagne, d'où je ne suis revenu que d'hier. Je vous rends mille très-humbles grâces de la grande lettre que vous voulez m'envoyer à condition de vous la remettre ; je ne vous la demande plus, car M. le Président Bouhier m'a envoyé celle que vous lui avez écrite, qui est le plan ou esquisse de l'autre, et j'ai vu par là vos corrections, vos répréhensions, votre critique ; en un mot, toute cette profonde et vaste littérature qui vous fait persister dans le jugement général que vous avez porté de Bayle dans vos *Remarques*. Sur quoi vous me permettrez de vous dire, Monsieur, que, supposant toute cette critique particulière juste, on n'en pourrait pas tirer une conséquence générale contre l'auteur, dont le livre contient tant d'autres articles et tant d'autres observations non critiqués. Un grand homme disait, le dernier jour, que Bayle peut s'être trompé sur les autorités et sur les hommes de cent ans et deux cents ans, mais non sur ceux de deux mille et trois mille ans, c'est-à-dire sur toutes ces philosophies et histoires anciennes qu'il a si bien développées. Il est arrivé, Monsieur, de votre critique, ce que j'avais prédit, c'est que vous ôtez les taches d'un portrait que l'on aime encore davantage après cela, parce que vous l'approchez de la perfection. Vous n'y laissez pas le moindre défaut, vous censurez tout jusqu'au scrupule, vous avez eu occasion de découvrir cent particularités singulières et inconnues, et des faits très-anecdotes, et vous avez fait si bien, que je serais fâché que mon ami n'eût pas manqué, puisqu'il vous a donné sujet de composer un si bel ouvrage..... Après tout, vos recherches seront toujours merveilleuses, les siennes le seront aussi en ce qu'elles ne seront point censurables, et voilà de quoi contenter tout le monde » (16 novembre 1725).

L'opinion de Marais sur la *Lettre critique* devait être partagée par Sainte-Beuve, esprit plus fin mais non moins sceptique que Bayle, autant et peut-être plus *Bayliste* que Marais lui-même. Puisqu'il a accordé à M. Le Clerc l'honneur de sa critique, il est juste que nous fassions à sa critique l'honneur de la citer. « Un abbé Le Clerc, de Lyon, dit-il, un prêtre Sulpicien, avait été scandalisé, non sans quelque raison et motif, des réflexions de Bayle en matière de religion et de son penchant aux libres propos (*turpiloquium*) ; ce premier scrupule l'avait conduit à faire des ouvrages de Bayle toute une critique étendue et minutieuse. Marais le réfute par lettre, discute pied à pied avec lui, et conclut juste en disant : *Je sais bien ce qui arrivera de cette grande lettre de 600 pages : il y aura peut-être 600 fautes corrigées ou plus, et ce sera 600 endroits qu'on relira avec grand plaisir, parce que ces fautes de faits seront environnées de traits éloquents,*

vifs, agréables, et qui feront toujours admirer l'esprit et la péné-
tration de l'auteur critiqué. Cela me fera peut-être lire des endroits
que je n'ai jamais lus (1). Voilà l'effet ordinaire des critiques
contre Bayle, et des critiques aussi contre Voltaire; elles
vous renvoient à l'auteur critiqué, et vous voilà débauché
par lui de plus belle. Marais le dit encore en un autre
endroit assez agréablement (2) : *Je vous renverrai incessamment*
la longue et éternelle lettre de l'abbé Le Clerc : non est in tanto
corpore mica salis. *Je lui avais bien dit que pour vérifier sa*
critique on irait à Bayle, et qu'on resterait sur Bayle sans
retourner à sa critique : c'est ce qui m'est arrivé, car l'article
censuré m'amuse, puis me mène au suivant, et j'oublie M. l'Abbé.
N'est-ce pas Platon qui dit à Xénocrate : Sacrifiez aux Grâces!
Il faudrait que quelqu'un lui dît aussi cela du matin au soir,
mais je ne sais s'il serait exaucé dans son invocation, car il y a
des gens que les Grâces fuient, comme ils fuient les Grâces » (3).

Tout cela est fort bien dit, mais tout cela est-il justement
pensé et historiquement vrai? D'abord, on ne le remarque
peut-être pas assez, c'est M. Le Clerc qui fut provoqué par
Marais et mis au défi de trouver Bayle en faute. Que « le
scrupule » sur « les réflexions » de Bayle « en matière de
religion » ait « été le fondement de » sa « critique sur d'autres articles qui ne traitent pas de la religion, » nous ne le
nions pas, et M. Le Clerc l'avoue, « ingénument, » selon
Marais (4). Mais Sainte-Beuve, aussi peu sévère en matière
de dogme que de morale, reconnaît cependant qu'il y avait
bien « quelque raison et quelque motif d'être scandalisé. »
Ajoutons qu'en suivant Bayle sur le terrain de la critique historique, M. Le Clerc ruinait du même coup son autorité en
Histoire et en Théologie, servait à la fois la Religion et les
Lettres, et cela sans exposer ses lecteurs à ces dangers si re-
doutés, ou plutôt si délibérément cherchés par Marais et par
Sainte-Beuve, auxquels on pourra toujours répondre que la

(1) Lettre du 30 juin 1725. *Journal,* tome III, p. 346.
(2) Sainte-Beuve, *Nouveaux Lundis;* Paris, 1867, tome IX, pages 23, 24.
(3) Marais, Lettre du 10 novembre 1725. *Journal,* tome III, p. 374.
(4) *Journal,* tome III, page 377.

réfutation d'un auteur mauvais n'est un danger de perversion que pour des lecteurs déjà pervertis ou disposés à l'être (1).

Mais une lettre de 576 pages, vit-on jamais naïveté plus ridicule? Nous l'avouons, une pareille simplicité nous fait aussi sourire; et cependant, ces pages si nombreuses et si pleines de choses, écrites en si peu de temps, nous étonnent et nous ravissent; cette bonhomie même nous plaît; ce zèle empressé pour la conversion d'un avocat, d'un partisan et d'un ami de Bayle, nous paraît encore plus touchant que simple et naïf. Nous n'avons pas le courage de le blâmer, car nous lui sommes redevables d'un bon livre. Et puis, nous savons que les âmes droites et toujours disposées à embrasser la vérité dès qu'elle leur est montrée, se trompent souvent lorsqu'elles jugent des autres par elles-mêmes, et que, sur ce point, elles sont et se déclareraient volontiers incorrigibles. Enfin, nous aimons à penser qu'en composant sa *Lettre*, M. Le Clerc se disait qu'elle serait utile à d'autres qui l'apprécieraient à sa juste valeur, en quoi, du moins, il ne s'est pas trompé.

Mais encore, *non est in tanto,* — Catulle a dit : *Nulla in tàm magno est — corpore mica salis* (Carm. LXXXVI, 4) ! Il est vrai que l'ouvrage de M. Le Clerc, où abonde l'érudition la plus solide, n'a pas la grâce et la légèreté d'une *Causerie du Lundi*. Ici Marais a même tout à fait raison : « Il y a des gens que les Grâces fuient comme ils fuient les Grâces ! » Ces gens-là, nous les connaissons bien... M. Le Clerc les connaissait aussi, car « il avoue de bonne foi qu'il n'a pas sacrifié aux grâces du style épistolaire, et qu'il ne se sent point né pour elles » (Lettres de Bouhier à Marais des 25 octobre et 3 no-

(1) Bouhier regarde comme « une excellente épigramme de dire qu'on va à Bayle pour vérifier la censure de son critique, et qu'on reste sur Bayle sans retourner à la censure... Il est pourtant à propos qu'il y ait des critiques, ajoute-t-il. Cela rend les auteurs plus circonspects, et, d'ailleurs, il y a toujours à apprendre pour les lecteurs. Pour ce qui est de notre ami (M. Le Clerc), son ingénuité et son désir de parvenir à la vérité doivent lui faire passer bien des choses, et mon avis est d'en prendre le bon et d'en laisser le mauvais. Or, on ne peut nier qu'il n'y ait par-ci par-là quelque chose à apprendre dans ses recherches » (Lettre à Marais du 19 novembre 1725).

vembre 1725). Mais la vérité, la vérité historique surtout, a-t-elle donc besoin de condiment pour pénétrer l'esprit? N'est-elle pas elle-même ce sel qui devrait assaisonner tous les discours? N'est-ce pas la pointe de tant de vérités démontrées et destructives des erreurs amoncelées par Bayle, qui a chatouillé désagréablement le palais trop sensible de Mathieu Marais? Est-il même bien sûr que ni lui ni Sainte-Beuve, qui a pris la peine de relire « tant de pages déjà fanées par le temps » (1), n'aient trouvé aucun sel dans la manière piquante dont M. Le Clerc réfute la fable imaginée par quelques historiens, que cite Bayle, de l'enlèvement de Cayet et de son assassinat par le diable (2)?

Enfin, Sainte-Beuve avance, sans en donner aucune preuve, que Marais *réfute par lettre* M. Le Clerc et *discute pied à pied*

(1) « Vicissitude des livres! Versatilité des goûts! Quand on vient, comme moi, de relire tant de pages que le temps a déjà fanées, et qu'on sort de tous ces noms qui circulaient alors, *et qui signifiaient quelque chose,* Basnage, l'abbé Le Clerc, Sorbière, Bouhier lui-même, une tristesse vous prend, et je suis frappé de ceci, c'est qu'il n'en est pas un seul dont j'osàsse conseiller aujourd'hui à mes propres lecteurs la lecture immédiate, et pour un agrément mêlé d'instruction; car tout cela est passé, bon pour les doctes et les curieux seulement, pour ceux qui n'ont rien de mieux à faire que de vivre dans les loisirs et les recherches d'un cabinet » (*Nouveaux Lundis,* t. IX, p. 29).

(2) « Un autre auteur, rapporté et censuré par Bayle, a brodé autrement le fait en disant que le diable, en conséquence du contrat par lequel Cayet s'était donné à lui, le *tua* dès 1602. Malheureusement pour ce cinquième menteur, Cayet vécut huit ans au-delà et ne mourut qu'en 1610. Il eut au moins pallié sa sottise s'il se fût contenté de dire, comme Tronchin, que le diable *l'avait emporté.* Cela vous paraîtra une énigme. Je vous l'expliquerai; mais il faut, pour cela, que vous me permettiez, Monsieur, pendant que je traite une matière ridicule, de vous régaler d'un trait risible. Je me souviens d'avoir entendu dans ma jeunesse deux hommes qui se querellaient tout en se divertissant. L'un dit à l'autre : *le Diable t'emporte;* l'autre lui répliqua sur-le-champ : *passe; mais qu'il t'entraîne, car ce qu'il emporte il le rapporte, et ce qu'il entraîne il le garde.* Notre protestant eut pu se tirer d'affaire par une semblable réponse, s'il se fût contenté de dire que le diable avait emporté Cayet en 1602. Quand on lui aurait objecté que Cayet vécut jusqu'en 1610, il en eût été quitte pour dire que ces deux faits ne se détruisaient pas l'un l'autre, et que le diable qui avait emporté Cayet l'avait aussi rapporté fort peu après » (*Lettre critique,* p. 203, 204).

avec lui. Le spirituel critique a donc oublié ce qu'il a tant de fois rencontré dans la correspondance de Marais? « Je vous assure que je ne répondrai point aux 600 pages de l'abbé Le Clerc » (1). — « Je vous assure que je ne contesterai point avec lui, étant prêt de lui passer toutes ses Remarques, hors celle où il dit que Bayle, ayant employé beaucoup de *Mémoires* que je lui ai fournis, ayant parlé de moi avec éloge, il n'est pas surprenant que je sois prévenu pour lui, qu'il en aurait fait autant » (2). Cette promesse, Marais l'a fidèlement tenue. Ni la lettre que M. Le Clerc lui écrivit au mois de décembre 1725, peut-être pour se plaindre de son silence (3), ni celle « assez ample » (4), trop ample peut-être, qu'il lui envoya au mois de janvier 1726, ne furent honorées d'une réponse, malgré les reproches que le Président Bouhier en fit à Marais (5), et M. Le Clerc put dire en 1732, dans la Préface de

(1) Lettre de Marais du 29 juillet 1725. *Journal*, tome III, page 350. — Marais répond ici à Bouhier, qui lui avait écrit le 17 juillet : « Il y aurait de la folie à vous de vouloir répondre *pied à pied* à l'abbé Le Clerc. Il fait sa principale occupation de ces sortes de discussions critiques, et vous n'en faites, avec raison, que votre amusement. » *Amusement,* tel est, on l'a vu bien des fois, le mot par lequel M. Le Clerc désigne ce que le Président appelle « sa principale occupation ! »

(2) Lettre du 24 octobre 1725. *Journal,* tome III, pages 371, 372. Marais nous semble ici bien chatouilleux, et la prévention avec laquelle il lit lui fait prendre mal la pensée de M. Le Clerc, qui avait dit : « Vous avez lu Bayle, Monsieur, avec des yeux d'ami ; vous lui avez fourni en divers endroits de bons mémoires, et il vous en a témoigné hautement sa reconnaissance en toute occasion : *la bonté de votre cœur vous a empêché d'apercevoir ses défauts,* et je ne puis m'empêcher de vous en louer ; je puis vous assurer qu'en pareilles circonstances j'en aurais fait tout autant » (*Lettre* manuscrite, p. 205, 206).

(3) Marais, *Journal,* tome III, p. 377.

(4) « J'écrivis une lettre assez ample à M. Marais au mois de janvier, et je suis un peu surpris de n'en avoir jusqu'ici reçu aucune réponse » (Lettre de M. Le Clerc à Bouhier du 20 mai 1726).

(5) « J'ai fait des reproches à M. Marais de son long silence » (Lettre de Bouhier à M. Le Clerc du 2 juillet 1726). — Ces reproches, il faut en convenir, n'avaient rien de bien pressant. Les voici : « J'ai reçu une lettre du bon abbé Le Clerc, qui se plaint de votre long silence. Il se plaît à dénicher des erreurs d'une autre espèce que celles après lesquelles nous courons, mais il n'a pas le pied tout à fait bien sûr » (27 juin 1726).

sa *Lettre critique* (p. VII) : « Ça été pour moi une petite mortification de n'avoir point eu de réponse. »

Cependant, ce silence obstiné ne changea rien aux sentiments de M. Le Clerc à l'égard de Marais. A la fin de cette même année 1726, ayant découvert une accusation de plagiat faussement intentée *sur le témoignage de M. Des Marets, Avocat,* M. Le Clerc écrivit au Président Bouhier : « Ne serait-ce point notre ami qui serait désigné ici? Au fond, j'en serais fâché. Au reste, je le nomme notre ami, parce que je suppose que, comme de mon côté je veux être le sien, il veut bien de son côté me faire aussi l'honneur d'être le mien, quoique, depuis environ un an, il ne m'ait point écrit » (décembre 1726). — « Le Demarets est fort différent de notre ami, répondit le Président... M. Marais m'a toujours paru faire grand cas de votre mérite. S'il ne vous écrit pas, c'est sans doute qu'il est fort occupé des affaires du palais. »

Ces occupations durèrent sans doute longtemps, car Marais ne rompit le silence qu'en 1732, et sur les instances réitérées du Président Bouhier, comme nous le dirons au chapitre XXII. Quant à la *Lettre critique,* première cause de ces mécontentements et de ces plaintes, distrait sans doute par d'autres travaux ou dans le but de la perfectionner, M. Le Clerc la conserva longtemps encore en manuscrit. « Pour ce qui est de mes Remarques sur Bayle, écrivait-il le 3 mai 1726, elles se trouveront peut-être en tel état que la tentation me reprendra de les communiquer au public. Je puis surtout les augmenter assez notablement si je veux le faire par manière de supplément. »

Malgré les exhortations du Président, qui trouvait ces recherches sur Bayle « curieuses et instructives » (Lettre du 12 mai 1726), la tentation ne reprit M. Le Clerc, ou il ne put y succomber, qu'au mois de novembre 1731. Laissons donc là, jusqu'à cette époque, et Bayle, et Marais, et Paris, et revenons à Dijon, où M. Le Clerc rencontra dans l'abbé Papillon et le P. Oudin deux savants aimables et deux amis vraiment dignes de ce beau titre.

CHAPITRE XIII

CORRESPONDANCE DE L'ABBÉ PAPILLON AVEC M. LE CLERC.

Philibert Papillon était né à Dijon, le 1er mai 1666, d'un riche Avocat au Parlement. Après de longues hésitations, il s'était déterminé à embrasser l'état ecclésiastique, et avait été ordonné prêtre le 27 mars 1694. Mais une difficulté de parole qu'il ne put jamais vaincre, lui ayant interdit les fonctions de la chaire et du Tribunal de la Pénitence, il se consacra à l'étude des Belles-Lettres. Exempt d'ambition et d'avarice, il se contenta jusqu'à la mort d'un canonicat fort modique à la Chapelle aux Riches de Dijon. Ses études continuelles avaient fait de sa mémoire un dépôt précieux dont il communiquait volontiers les richesses aux érudits qui le consultaient. « C'était, dit l'abbé Joly son compatriote et son contemporain, un homme doux, simple, modeste, sans fard, ami de la vérité et de la justice dont il prenait dans l'occasion les intérêts contre tout le monde. Il aidait ses amis de ses conseils, de ses livres ; et sa bourse était toujours ouverte pour eux » (1). Tel est le savant dont nous avons 45 lettres à M. Le Clerc.

La première est du 17 mai 1725. Ayant reçu de M. Le Clerc quelques renseignements qu'il lui avait demandés par l'intermédiaire du président Bouhier, l'abbé Papillon crut devoir par lui-même remercier l'aimable érudit de Lyon, toujours heureux d'obliger un savant, toujours assuré de s'en faire un ami. Papillon s'exprimait en ces termes :

---

(1) *Éloges de quelques auteurs françois ;* pages 243, 244, et en tête de la *Bibliothèque des auteurs de Bourgogne.*

« Au retour de la campagne, M. le Président Bouhier m'a communiqué la lettre que vous lui avez écrite pendant le mois d'avril. La reconnaissance exige que je vous fasse un remerciment de la manière obligeante avec laquelle vous y parlez de moi, et vous voulez bien me fournir des éclaircissements sur ce qui regarde M. Guyton (1). Je vous avouerai franchement que c'est M. Bouhier qui m'a découvert cet auteur, et qu'il demanda à son frère le mémoire qu'il vous a envoyé... J'aurais besoin de la date de l'édition des Conférences du diocèse du Puy, et du nom de l'imprimeur. Vous savez, Monsieur, que tout cela m'est nécessaire. Que direz-vous de la liberté que je prends auprès de vous ? Je vous en suis très-obligé ! Votre lettre m'a fait tout le plaisir possible ; j'y ai reconnu l'étendue de votre connaissance des bons livres et l'inclination dominante que vous avez pour la vérité... Je suis ravi que vous nous annonciez votre voyage de Paris et quelque séjour à Dijon pendant le mois de Septembre ; nous aurons l'honneur de profiter de quelques-uns de vos moments. Ma *Bibliothèque des auteurs du Duché de Bourgogne* sera en état dans ce temps-là ; je n'ai plus qu'à réformer quelques articles et à les mettre au net. Je vous préparerai d'ici-là bon nombre de difficultés : puis-je mieux m'adresser ? »

A ce ton poli et même flatteur on ne reconnaîtra guère le « Bourguignon rébarbatif » dont parle l'abbé Lebeuf dans une de ses lettres au P. Prévost. Il est vrai que le chanoine d'Auxerre s'exprime ainsi à l'occasion d'un manuscrit qu'il avait emprunté au chanoine de Dijon, et à l'endroit duquel il se sentait répréhensible (2). Il est vrai encore que sur cet article les curieux sont un peu délicats : mais convenons aussi que les emprunteurs ne le sont pas toujours assez.

(1) François Guyton, né à Beaune en Bourgogne, le 2 février 1665, fut successivement directeur du Séminaire de Saint-Irénée de Lyon, troisième supérieur de celui du Puy, et enfin directeur du Séminaire de Saint-Sulpice à Paris où il mourut le 26 janvier 1724. V. *Vie de M. de Lantages ;* Paris, 1830, in-8º, p. 400-420. Papillon, *Biblioth. des aut. de Bourgogne,* art. *Guyton.* La liste des Conférences du Puy, dont M. Guyton est l'auteur, a été fournie par M. Le Clerc, comme le prouvent cette lettre de l'abbé Papillon et celle du 27 août 1725.

(2) « Comme M. Papillon est un Bourguignon quelquefois rébarbatif, ainsi qu'il paraît par ses lettres, ne pourrait-on pas (supposé que son manuscrit Pirotien fût perdu) le faire récrire sur une autre copie ? Serait-il impossible d'en trouver ? Je crains qu'au premier jour il ne me chante une mauvaise gamme » (19 décembre 1723. *Lettres de l'abbé Lebeuf,* t. I, p. 372).

Quoi qu'il en soit, c'est sous de tout autres couleurs que se peint l'abbé Papillon dans ses lettres à M. Le Clerc. Citons-en encore un extrait où se trouve probablement une allusion à l'abbé Lebeuf.

« Enfin, j'ai envoyé mon petit ouvrage à Paris. Un de mes amis l'a emporté, et il le communiquera par cahiers aux meilleurs critiques de sa connaissance. Après que nous aurons vu ce qu'ils en pensent et que nous aurons profité de leurs avis, nous songerons tout de bon à le mettre entre les mains du public. Comme cette *Bibliothèque* est par ordre alphabétique, j'ai trouvé à propos de la diviser en plusieurs cahiers. Il vous est aisé de deviner pourquoi. Vous savez qu'il y a des personnes qui rendent difficilement ce qu'on leur prête... En un mot, l'on m'a conseillé d'en user ainsi dans cette circonstance. Si tout le monde avait autant de lumières et de droiture que M. l'abbé Le Clerc, qu'on serait heureux, que le commerce de la vie serait agréable ! C'est pour le coup qu'on se pourrait vanter de jouir des plaisirs les plus estimables de la société ; l'esprit et le cœur iraient de pair, et l'un et l'autre y joueraient un beau rôle. Mais *Dis aliter visum* » (21 décembre 1725).

« Après le plaisir de posséder des livres, a dit un célèbre bibliophile de notre temps, il n'y en a guères de plus doux que celui d'en parler » (1). Nos deux savants goûtent souvent ce plaisir-là dans leur correspondance. « Vous n'êtes pas homme à prendre des livres à la Bibliothèque Colbert, écrit l'abbé Papillon. Un Virgile en vélin de 1470, dont les majuscules sont enluminées, in-folio, a coûté 481 fr. à un de nos amis, et un Anglais lui a écrit qu'il lui en offrait 800 fr. (2). Les bibliomanes gâtent bien notre métier, et nous font payer les livres bien cher » (16 août 1728). — « On m'a envoyé de Paris la *Critique de la Bibliothèque* de Dupin par M. Simon. En gros, l'ouvrage est bon... Vous savez que les remarques sont du P. Souciet son ami, et sans elles l'ouvrage n'aurait point passé au Sceau. C'est ce qu'on me marque de Paris » (10 décembre 1730).

Mais le plus ordinairement la correspondance de l'abbé

(1) Ch. Nodier, *Mélanges tirés d'une petite Bibliothèque* ; Préface, page III.
(2) Aujourd'hui, les bibliomanes ne trouveraient pas ce prix trop excessif. V. Brunet, *Manuel du libraire,* 5e édit., orig., tome V, col. 1267, 1268.

Papillon et de M. Le Clerc a pour objet les ouvrages dont ils sont les auteurs. C'est entre eux un échange continuel et amical d'observations critiques réciproquement demandées, reçues, et provoquant à leur tour des observations nouvelles. M. Le Clerc envoie à l'abbé Papillon des remarques sur ses vies d'*Abélard*, d'*Amyot*, de *Collet*, publiées par le P. Nicéron dans les premiers volumes de ses *Mémoires*; en retour il reçoit de nombreuses notes sur sa *Bibliothèque du Richelet*. On ne peut assez louer cette simplicité et cet amour, égal de part et d'autre, de l'exactitude jusque dans les plus minces détails.

La même amitié qui inspire la critique des ouvrages publiés excite plus puissamment encore les deux amis à s'aider mutuellement dans le travail de la composition. Apprenant que M. Le Clerc vient d'entreprendre la *Bibliothèque du Richelet*, l'abbé Papillon s'empresse de lui offrir ses services. « N'épargnez pas, s'il vous plaît, les endroits où je suis propre à quelque chose, et souvenez-vous quelquefois de mes bonnes intentions » (2 octobre 1726). M. Le Clerc se souvint de cette offre obligeante, et l'abbé Papillon se souvint aussi de sa promesse. Si l'on veut bien prendre la peine de lire, dans la *Bibliothèque du Richelet*, les articles *Blainville, Daucour* (1), *Ferrand, Fleury, Maumenet, Saintonge, Savot, Tribolet,* etc., on aura quelque idée de l'objet principal des lettres de l'abbé Papillon, en même temps qu'on admirera le soin scrupuleux de M. Le Clerc à faire à son docte ami hommage de tout ce qu'il en a reçu. Mais sa reconnaissance ne se bornait pas à des paroles. Il donnait aussi de son côté, et, comme nous l'avons dit dans notre Préface, ne demeurait pas sourd à ces sollicitations réitérées : « Je finis cette lettre en vous faisant

---

(1) Dans sa lettre du 28 avril 1726, l'abbé Papillon termine en cette sorte le récit de ses anecdotes sur Daucour : « De toutes ces différentes situations par lesquelles le pauvre Daucour est passé, je ne doute pas que l'inconstance de son génie ne vous saute aux yeux et ne vous fasse avoir quelques sentiments peu favorables à cet Académicien. Nous croyons, à Dijon, que les Langrois sont de bonnes gens, sans beaucoup de malice, mais nous leur attribuons à tous le même génie qui paraît ici dans Barbier Daucour. Ainsi est-il coupable en cela ? *Sub judice lis est.* »

toujours de nouvelles invitations de chercher quelques traits que je puisse placer dans ma *Bibliothèque des auteurs de Bourgogne* » (27 juin 1726). « Lorsque vous trouverez quelques-uns de nos auteurs, ayez toujours la bonté de ne nous point oublier » (7 novembre 1726).

On sait que l'abbé Papillon mourut avant d'avoir publié son livre ; mais ce qu'on sait moins, ce qu'on ignore peut-être entièrement, c'est la cause qui en arrêta la publication commencée. L'histoire en est racontée par l'abbé Papillon dans ses lettres à M. Le Clerc : ce qui suit est du 15 septembre 1727. « Notre ami, le P. Desmolets, le meilleur homme du monde, m'a engagé à donner mon ouvrage par morceaux. Le sieur Briasson l'imprimera sous le même titre sous lequel paraît celui du père Barnabite Nicéron. Pendant le cours de l'année on en recevra un volume, et par an il en fera paraître deux alternativement avec ceux du P. Nicéron. Me voilà donc auteur par la grâce du Seigneur. Que ne suis-je à portée de vous faire passer sous les yeux tous mes cahiers ; je m'en ferais un devoir et un plaisir. Mais nous sommes trop éloignés, et d'ailleurs vos occupations ne vous permettent pas de perdre beaucoup de temps ». Mais le 9 mai 1728 tout est suspendu. « Avez-vous lu, Monsieur, le quatrième volume du P. Nicéron ? Ce Barnabite a tiré de la première lettre de ma *Bibliothèque* l'article d'*Abélard* et celui d'*Amyot,* et il les a insérés dans ce volume. Il prétendait ainsi mêler mon ouvrage avec le sien, et choisir ce qui conviendrait à son dessein ! J'ai mandé au P. Desmolets que si Briasson voulait en user ainsi, ce n'était pas la peine de commencer l'impression de mon ouvrage. L'affaire est donc rompue, et ce pour bonnes raisons. »

Elle ne fut reprise qu'environ quatorze ans plus tard, en 1742, date du premier volume, et quatre ans après la mort de l'abbé Papillon, arrivée le 23 février 1738. L'abbé Joly, qui fut l'éditeur, se donna libre carrière pour corriger, remanier, augmenter et surtout diminuer le travail de son confrère. On peut s'en convaincre en comparant avec l'imprimé les articles du manuscrit aujourd'hui déposé à la Bibliothèque de Dijon. L'abbé Papillon était peut-être, dans sa première forme, moins correct qu'il ne le paraît dans la seconde; mais il offrait infiniment plus de détails anecdotiques, assaisonnés quelquefois de sel bourguignon, sur les écrivains et sur leurs ouvrages. S'il eût lui-même mis au jour son œuvre, un critique judicieux, d'ailleurs son compatriote, n'aurait pas dit de l'auteur qu'il « ne sut pas tirer des détails biographiques ce qui pique la curiosité, et que dans ses perquisitions, il s'arrêta trop souvent au titre des ouvrages » (1). Au lieu d'une histoire littéraire bien fournie et pleine d'intérêt, l'abbé Joly ne nous a en effet donné qu'un catalogue sec et aride, précieux sans doute, mais presque exclusivement pour les rares amateurs de bibliographie.

Ce n'était pourtant pas là ce qu'avait fait ni prétendu faire l'abbé Papillon, qui reprochait précisément au P. Nicéron de ne savoir pas « choisir certains faits piquants et intéressants », propres à plaire aux lecteurs. « Je cite partout, dit-il à M. Le Clerc, et si je ne rends pas mon ouvrage curieux, ce ne sera pas faute de citations. J'ai eu envie de contenter le public et de me faire lire. Je ne sais si j'aurai réussi. L'amour-propre a peut-être trop de part à ce sentiment » (17 mai 1725). — « Je ne me vante pas que ma *Bibliothèque des auteurs de Bourgogne* soit parfaite, il s'en faut bien; mais je me vanterai de n'avoir rien épargné pour me mettre au fait de tous les auteurs dont je parle et de leurs ouvrages. J'ai écrit partout et j'ai remué plus de dix mille volumes pour y trouver ce que j'ai ramassé; et cependant je n'ose assurer que j'aie vu la plus grande partie de ce que je devais voir. Mes bonnes intentions suppléeront à ce qui manque : voilà ma ressource, et je prierai toujours le lecteur d'y avoir quelque égard. Je lui crierai toujours : *Si quid novisti rectius istis Candidus imperti* » (30 décembre 1730).

Enfin ce qu'un biographe de M. Le Clerc pardonnera le plus difficilement à l'abbé Joly, c'est d'avoir mutilé l'œuvre de Papillon dans les endroits où celui-ci témoignait de sa

---

(1) M. Foisset aîné, *Biographie universelle de Michaud*, art. *Papillon*.

gratitude pour les services reçus. Nous lisons dans une lettre écrite par Papillon le 12 août 1727 : « J'ai aussi des remercîments à vous faire sur l'histoire de la censure du *Guidon des Prélats* par Morestel. J'ai placé cela dans l'article de cet auteur, et j'ai mis que je devais la découverte de ces anecdotes à M. Le Clerc. Cela est juste. *Laudare per quos profecerit.* » Or, si nous ouvrons le texte imprimé au mot *Morestel*, nous y trouvons quelques mots seulement sur la censure, mais nulle mention de M. Le Clerc. Cependant l'abbé Papillon n'avait pas varié dans ses sentiments ni dans sa résolution. Son texte inédit en est la preuve, car voici ce qu'il porte : « L'obligeant M. l'abbé Le Clerc a bien voulu me communiquer les Recherches historiques qu'il avait faites sur la censure de ce livre ». Nous aurons encore occasion d'emprunter à cet intéressant manuscrit une anecdote concernant M. Le Clerc, anecdote également supprimée par l'abbé Joly.

CHAPITRE XIV

CORRESPONDANCE DU P. OUDIN AVEC M. LE CLERC.

Né à Vignory en Champagne, le 1er novembre 1673, François Oudin avait fait ses études à Langres sous la direction d'un oncle chanoine en cette ville. Lorsqu'il eut terminé le cours de son instruction, il entra chez les Jésuites qui l'envoyèrent dans plusieurs de leurs maisons pour y professer les humanités et la théologie. Légataire de son oncle sous la condition de fixer son séjour à Paris ou à Dijon, le P. Oudin préféra Dijon. Il y brilla surtout dans les conférences académiques tenues chez le président Bouhier, et l'aménité de son caractère autant que son mérite personnel lui ménagea de nombreux amis. Plusieurs fois on chercha, mais sans succès, à l'enlever à la maison de Dijon ; il ne répondit à des instances réitérées qu'en consentant à trois voyages dont deux à Paris et un à Lyon (1). L'abbé Papillon écrivait à propos du voyage à Lyon :

« Permettez-moi de vous féliciter par avance sur la visite que vous allez recevoir de deux de nos savants de Dijon. Vous ne serez pas surpris de trouver une érudition vaste et un goût excellent dans le P. Oudin, jésuite, mais vous serez surpris agréablement que M. Bazin, Conseiller en notre Parlement, à l'âge de 24 ans, puisse entrer en parallèle avec ce que la République des Lettres peut fournir de plus habile. La connaissance de quatre ou cinq langues savantes, une critique fine et délicate de tout ce que l'antiquité a de meilleur en grec et en latin, voilà une partie de ce que M. Bazin a déjà acquis à son âge. Le P. Oudin, qui lui a servi de Mentor et de guide dans ses études, vous apprendra ce qu'il en pense, et je ne saurais trop m'étendre sur le mérite de l'un et de l'autre. Une ou deux conférences vous apprendront que je suis en reste sur leurs articles. Si jamais vous faites de nouvelles additions sur Moréri, voilà de quoi embellir l'article de Dijon. Ne croyez pourtant pas qu'il y ait grand nombre de savants de cette espèce dans notre ville. Ajoutez à cela M. Bouhier et deux ou trois autres, cela suffit pour prouver que les sciences ne sont point négligées ici, et qu'on y peut soutenir la réputation des Saumaise et des Bossuet. Mais peut-être que l'amour de la patrie m'emporte trop loin. Revenons et avouons de bonne foi que le P. Oudin n'est pas Dijonnais ; il est de Vignory, proche de Langres, mais il nous appartient par des lettres de bourgeoisie que nous lui avons accordées il y a plus de 25 ans. Une autre fois, nous pourrons en apporter d'autres raisons » (10 septembre 1726).

Le 2 octobre suivant, Papillon remerciait M. Le Clerc d'un exemplaire des *Remarques sur Moréri* que le P. Oudin lui avait remis de sa part, et il ajoutait : « Je suis ravi que vous ayez trouvé que je n'ai pas trop loué nos deux savants amis. Ils ont l'un et l'autre un mérite supérieur, et les qualités de leurs cœurs vont de pair avec celles de l'esprit ».

C'est donc entre les dates de ces deux lettres, entre le 10 septembre et le 2 octobre 1726, qu'il faut placer le voyage du P. Oudin à Lyon, et le commencement de ses rapports

______

(1) *Biographie universelle de Michaud*, art. *Oudin*.

avec M. Le Clerc. Profondément versé dans l'étude de la philosophie et de la théologie qu'il avait enseignée avec distinction pendant plus de quinze ans ; possédant la science des saints livres et des trois grands docteurs qu'il affectionnait le plus, saint Chrysostôme, saint Augustin et saint Thomas ; doué d'un talent pour la versification latine universellement admiré, et devant lequel s'inclinait Santeul, si infatué pourtant de son mérite poétique ; philologue entendant presque toutes les langues de l'Europe ; critique, antiquaire, bibliographe, le P. Oudin cultivait les sciences les plus diverses avec une égale facilité, et presque toujours avec succès. Ses débauches intellectuelles faisaient le désespoir de ses amis. « Il aurait bon besoin d'un bon directeur dans ses études, disait l'abbé Papillon ; il ne consulte que son inclination, et sur cet article il fait des débauches qu'on ne peut vous expliquer. Je lui en fais cent fois des reproches, mais l'inclination prend le dessus. *Naturam expellas furcâ, tamen usque recurret* » (1). Ajoutons à tous ces talents et à toutes ces qualités la passion des livres dont M. Le Clerc était également dévoré, et il nous sera facile d'imaginer quels durent être l'objet et le charme de leurs entretiens. Si quelqu'un de nos biographes modernes tenait la plume à notre place il nous raconterait avec précision, en un style élégant et facile, tous les détails de ces conversations intimes et littéraires. Mais nous n'avons pas reçu du ciel le don de suppléer par l'imagination au défaut des documents. Tout notre talent consiste à transcrire ce que nous avons lu, et c'est ce que nous ferons encore ici, en mettant simplement sous les yeux de nos lecteurs les lettres du P. Oudin à M. Le Clerc. Elles sont la suite et comme le prolongement de leurs entretiens. On y verra l'estime du célèbre Jésuite pour le Directeur de Séminaire, et l'on y apprendra peut-être bien des choses inconnues sur quelques écrits de l'un et de l'autre. Toutes ces lettres sont inédites ;

(1) Lettre à M. Le Clerc du 12 août 1727. Voir la liste des nombreux écrits du P. Oudin dans la *Bibliothèque des Écrivains de la Compagnie de Jésus*, par les PP. De Backer et Sommervogel.

mais elles n'ont pas besoin de ce titre pour se recommander à l'attention et au goût délicat de ceux qui les liront (1).

« *Dijon, 17 décembre 1726.* — Je vous supplie très-humblement que le départ du ballot ne me prive pas des belles et bonnes choses que vous avez la bonté de me vouloir communiquer. Puisque vous êtes encore maître du paquet, mettez ici les exemplaires de vos *Remarques sur Moréri,* desquelles vous cherchez à vous défaire. Je trouverai des curieux qui les prendront pour le prix que vous marquez. Si je puis en tirer davantage, je vous en tiendrai compte. Joignez encore aux autres écrits la *Dissertation sur le Concile d'Antioche,* et les *Notes sur le Décret de Gélase,* et puisque vous voulez faire plaisir à M. Bazin, mettez aussi le manuscrit qui concerne la *Chronologie de nos Rois.* Ce paquet vaudra bien le port, et j'aurai soin qu'il vous soit rendu fidèlement, dussé-je moi-même vous le reporter ; le point est de le faire venir. S'il était confié à quelque personne allant à Chalon, qui le remît au recteur du Collége, ce Père aurait soin de le remettre au carrosse. Le P. Mercier pourrait bien nous aider en ceci ; mais en vérité, Monsieur, je serais très-fâché que pour le plaisir signalé que vous me faites, vous eussiez l'embarras de tout ce détail de l'envoi.

» *Pierre Duval* est bien une faute que les journalistes devaient corriger en faisant imprimer mon Mémoire sur Oregius (2). J'ai recherché par plaisir ce qui m'a fait rebaptiser ce théologien célèbre ; j'ai trouvé que, l'année que je fis cet écrit, j'avais en rhétorique un écolier nommé Pierre Duval, et, comme je voyais tous les jours *Petrus Duval* à la tête des papiers qu'il m'apportait, *Pierre* coula au lieu d'André.

» J'écris à Paris pour avoir quelque éclaircissement sur le sieur Martin et sur le P. Labbe (3). Au sujet de celui-ci, je trouve ces mots dans les Mémoires que M. Massualt m'a envoyés d'Orléans sur le P. Pétau. *Dans ma jeunesse, j'ai entendu faire des plaintes assez amères par le père Léonard, qui était aussi neveu du P. Pétau, de ce que quelques particuliers se faisaient seuls honneur d'un grand ouvrage où son oncle avait eu bonne part ; il me semble qu'il parlait*

(1) Les lettres datées des 16 février, 23 mars et 21 octobre 1727, sont reproduites d'après la copie que possède la Bibliothèque des RR. PP. Jésuites de la rue Lhomond.

(2) *Mémoire concernant les Traités Théologiques du cardinal Augustin Oregius, où l'on examine si le P. Pétau en a tiré ses dogmes.* Dans les *Mémoires de Trévoux,* juillet 1718, page 124.

(3) M. Le Clerc avait demandé ces éclaircissements au P. Oudin pour les articles qu'il se disposait à donner de ces deux auteurs dans la *Bibliothèque du Richelet.* V. art. *Martin* et *Labbe.*

de la collection des Conciles. Je parle de cela dans mon histoire de la vie et des ouvrages du P. Pétau (1); mais, quoique ce Père soit mon saint, je ne dégrade pas le P. Labbe pour relever l'autre. Si, par occasion, vous pouviez savoir de l'auteur de la Bibliothèque Orléanaise quelques singularités concernant le P. Pétau, cela me viendrait fort bien. Je voudrais savoir au juste la date de sa naissance, et à quelle époque et en quel temps il alla à Bourges après avoir achevé ses études de Théologie, avant que de se faire jésuite. Feu M. Huet m'a dit que le P. Pétau avait professé quelque chose dans l'Université de Bourges, mais il ne pouvait rien spécifier là-dessus.

» Me permettrez-vous de saluer ici notre ami le P. Folard? J'ai reçu les cinq volumes qu'il m'a adressés. S'il m'en avait marqué le prix, je lui ferais tenir de l'argent; en attendant, je lui fais mille et mille remerciments.

» Ne pourriez-vous point me dire pourquoi un Père Le Clerc, de l'Oratoire, a été ci-devant obligé de sortir de Lyon? Je suis, avec respect et reconnaissance, Monsieur, etc. »

« *Dijon, 16 février 1727.* — Il y a huit jours que j'aurais dû vous avoir écrit pour vous donner avis de l'heureuse arrivée du paquet et vous en faire mes remerciments (2). Je n'y aurais pas manqué si j'avais pu; mais j'étais alors à l'infirmerie aux prises avec les restes de trois maladies compliquées qui m'assaillirent le jour même que je vous écrivis ma lettre précédente (3). Je suis hors de danger, grâces à Dieu, mais pas hors de langueur. En me rétablissant, j'ai lu une bonne partie de ce que vous m'avez fait la grâce de me communiquer. Le plaisir que j'y ai trouvé m'a fait oublier ma faiblesse, du moins pendant le temps que je vous ai lu. J'ai fait tenir les lettres à leur adresse, et les feuilles de votre premier volume à qui il fallait. Je vous rendrai bon compte des six volumes. J'ai écrit au P. Hardouin, que je connais, et avec lequel je suis en quelque sorte de commerce, pour être éclairci sur ce qui concerne le grand ouvrage de chronologie du P. Labbe. Je ne manquerai pas de vous faire part de sa réponse. Comme je ne suis pas encore bien fort, je finis en vous assurant du parfait dévouement avec lequel je suis, Monsieur, votre très-humble et très-obéissant serviteur. »

(1) Elle parut en 1737 dans les *Mémoires* du P. Nicéron, tome XXXVII, pages 81-234. Le texte souligné est à la page 227. Voir aussi la page 228.

(2) « Je ferme ma lettre pour la mettre dans une boîte, où il y a force paperasses, que j'adresse au P. Oudin » (Lettre de M. Le Clerc à Bouhier du 27 janvier 1727).

(3) Elle est datée du 24 janvier 1727 et se trouve dans les *Nouveaux Mémoires* de l'abbé d'Artigny, tome V, p. 395, 396. Nous en citerons la partie principale au chapitre XXIV.

« *Dijon, 14 mars 1727*. — Voici la réponse que j'ai reçue du P. Hardouin. Je transcris les termes mêmes de sa lettre :

» 1. Si l'on a dit que le P. Labbe a composé ses Dissertations sur les écrivains ecclésiastiques, sur les mémoires du P. Sirmond, on s'est trompé.

» 2. L'édition des Conciles, commencée par Labbe et achevée par le P. Cossart, est l'ouvrage du P. Pétau comme il est le vôtre.

» 3. La grande Chronologie du P. Labbe est la meilleure que nous ayons, et la plus utile. Elle est devenue très-rare. Les savants l'estiment particulièrement pour l'histoire de France, je veux dire pour la chronologie de cette histoire. Je l'estime pour tout. » *Ità Harduinus*.

« Dans peu de jours, une de nos marchandes libraires vous remettra quelques-uns de vos papiers et quelque chose avec. La Discussion des deux moines est une des plus impertinentes choses que j'aie lues de ma vie, quoique j'en aie lu un grand nombre de telles.

» Il faut absolument que vous mettiez en ordre vos Remarques sur les deux Dictionnaires, et que vous les laissiez imprimer dans un bel in-4º. Tout est substance dans vos écrits. J'ai dévoré ce que vous avez fait la grâce de me communiquer. A présent, je repasse à loisir. Le gentilhomme curieux et habile qui vous remettra cette lettre mérite toute votre estime (1). J'ai l'honneur d'être, Monsieur, etc. »

« *Dijon, 23 mars 1727*. — La personne qui vous rendra cette lettre vous remettra 30 livres pour les six exemplaires de vos *Remarques*. Le Bibliothécaire de notre Collége de Strasbourg, qui est ici, en a acheté deux exemplaires, et comme il a eu en ce pays-là quelque relation avec Monsieur votre frère, j'ai cru devoir les lui donner à un tant soit peu meilleur marché...

» Nos Messieurs, occupés sans cesse de leurs procès, n'ont pu encore lire à loisir les recherches sur nos Rois de la première race. Ils disent comme l'ami de Phèdre : *aliquæ veniunt feriæ* (2). Pour moi, qui n'ai point de tels embarras, j'ai tout lu. Mais il faut lire plus d'une fois, il y a partout à apprendre... Je ne puis vous exprimer à quel point je ressens l'obligation que je vous ai de m'avoir fait part de tant de belles choses.

» Si l'on trouvait à Lyon la Bibliothèque de la Congrégation de Saint-Maur (3), je vous prierais instamment de me faire la grâce de m'en pro-

---

(1) « J'ai reçu de M. de La Bastie les lettres du P. Oudin et de M. Bazin » (*Lettre de M. Le Clerc à Bouhier du 19 mars 1727*).

(2) « Le P. Oudin a reçu beaucoup de pièces curieuses de votre façon dont je compte bien qu'il me permettra la lecture dès que j'aurai attrapé un peu de loisir » (*Lettre de Bouhier à M. Le Clerc du 26 février 1727*).

(3) *Bibliothèque historique et critique des auteurs de la Congrégation de Saint-Maur*, par D. Le Cerf de la Viéville; La Haye, 1726, in-12.

curer deux exemplaires. Cette même personne vous remettra le prix et se chargera de me les rapporter.

» Priez Dieu par charité pour ceux qui ont mal aux yeux. Vos prières feront du bien à un pauvre homme qui est de tout son cœur, Monsieur, votre, etc. »

« *Dijon, 16 mai 1727.* — Quelques incommodités, une saignée, mille petits tracas que la tenue des États nous a procurés, chute de curieux qui demandent à voir notre Bibliothèque, tout cela a retardé jusques à présent cette réponse à votre dernière lettre. Pour le dire ici en passant, je ne sais si votre lettre ne fondera point dans la suite quelque procès entre les critiques, et si elle n'en autorisera point quelques-uns à m'ôter mon nom et à m'appeler *Goudin.*

» Au sujet des PP. Laubrussel et Baltus, j'ai consulté le Catalogue de notre province, qui est une pièce authentique, et voici ce que j'y ai trouvé : — *P. Ignatius de Laubrussel, Virduni natus 27 sept. 1663, ingressus in societatem 12 (1) Maii 1679, quatuor vota professus 2 Febr. 1697. — P. Joannes Franciscus Baltus, Metis natus 8 Junii 1667, ingressus in soc. 21 Novembr. 1682, quatuor vota professus 15 Aug. 1700.*

» On ne sait pas communément que le P. Laubrussel est l'auteur d'une petite brochure assez jolie qui a pour titre : *Nouvelle hérésie des Molinistes devenus Nestoriens*, ou Éclaircissement historique et dogmatique sur le fait et le droit d'une thèse soutenue chez les Jésuites de Reims, le premier août de la présente année 1698. A Liége, etc. C'est un in-16 de 34 pages.

» Je vous suis très-obligé, Monsieur, des soins que vous prenez pour me procurer la *Bibliothèque* des Bénédictins de Saint-Maur ; je vous aurai encore plus d'obligation si vous pouvez me déterrer un livre que M. Passionei, Nonce en Suisse, me demande depuis longtemps. C'est l'*Inventaire des fautes du sieur Duplessis-Mornay, par M. Fronton du Duc.* J'ai trouvé le premier et le troisième ; il s'agit du second. Fallût-il acheter les 3 volumes pour avoir le second, ne les manquez pas, je vous en supplie. *Quidquid effuderis refundam.* M. Passionei, homme de Lettres, Nonce Apostolique, Archevêque d'Éphèse, et qui me fait l'honneur de me vouloir du bien, mérite, et au-delà, que je n'oublie rien pour lui donner satisfaction sur ce point.

» J'ai fait vos compliments à M. le Conseiller Bazin. Recevez, s'il vous plaît, les assurances de sa parfaite reconnaissance.

» M. le Président Bouhier est à Paris en qualité de député de notre Par-

(1) Le Dictionnaire de Moréri, d'après un mémoire du P. Oudin, dit le 2 mai 1679. Mais n'y a-t-il pas là une faute d'impression facile à expliquer, et ne doit-on pas préférer au texte imprimé la copie faite sur le catalogue par le même P. Oudin ?

lement. Il a donné à son secrétaire quelques-uns de vos manuscrits pour les transcrire. Je ne pense pas que cela soit contre vos intentions. Il y a bien du temps que je n'ai vu M. l'abbé Papillon.

» Dans les *Mémoires pour servir à l'histoire des hommes illustres dans les Lettres*, j'ai trouvé un article de *Casimir Oudin* qui est très-fautif. Il y a trois ans qu'étant à Verdun, je vis chez l'Évêque le Général de Prémontré et son secrétaire, homme qui avait longtemps manié les affaires de l'Ordre. J'appris des choses fort singulières touchant Casimir Oudin ; je les insérai le jour même dans une lettre que j'écrivis à un ami curieux. Si je puis retrouver chez lui cette lettre, il y aura de quoi faire une addition curieuse (1).

» Le P. Lombard devrait, ce me semble, faire un article sur le P. Raynaud, où il insérerait tout ce que l'on peut communiquer au public de ce qui est dans l'histoire anecdote de ce savant homme écrite par lui-même, et vous devriez déterminer le P. Lombard à faire cet ouvrage (2).

» Je crois avoir trouvé la vraie explication de la formule *Sub ascia ded.* que l'on trouve dans les épitaphes antiques. J'achève là-dessus une Dissertation que j'aurai l'honneur de vous envoyer. Je ne dis rien de ce que l'on a dit jusqu'ici sur ces mots.

» Mes honneurs, je vous supplie, au cher P. Folard. Nous attendons son Phèdre (3).

» Richard Bentley va donner Manile (4). Je n'ai pas encore reçu le Lucain. J'ai l'honneur d'être, etc. »

« *Dijon, 16 juin 1727.* — J'ai tant fait de bruit qu'à la fin l'éditeur de mon Mémoire m'en a envoyé quelques exemplaires (5). Il y a environ

(1) Le P. Nicéron rectifia cet article dans son dixième volume (p. 48-53), en rapportant l'extrait d'une lettre datée du 13 novembre 1727, qu'il avait reçue du R. P. Jean Rouyer, Prémontré, Sous-Prieur et Maître des Novices de Saint-Paul de Verdun.

(2) La vie du P. Théophile Raynaud écrite par lui-même était conservée parmi les manuscrits de la Bibliothèque des Jésuites de Lyon. Le P. Oudin forma plus tard le projet de la compléter et de la publier avec des corrections (Michault, *Mélanges philologiques*, t. II, p. 346).

(3) « Le Phèdre de M. Burman fera grand plaisir à M. Bazin. Le P. Folard fait à présent une édition de cet auteur. Je ne pense pas qu'elle doive valoir grand'chose » (*Lettre du P. Oudin à Bouhier du 20 mai 1727*). Est-ce pour cela qu'elle n'a pas été donnée au public ?

(4) L'édition de Manile donnée par Bentley ne parut qu'en 1739.

(5) *Mémoire sur quelques propositions dictées par un professeur de Philosophie* (le P. Le Moyne, jésuite) *dans le Collège de la Compagnie de Jésus, à Auxerre, pour servir de réponse à l'Ordonnance et Instruction pastorale de M. l'Évêque d'Auxerre* (De Caylus) *en date du 18 septembre 1725.* Paris, 1726, in-4°.

quinze jours que je les ai reçus, et sur-le-champ je cherchai une occasion pour vous en faire tenir un. Lorsque je partis pour Lyon, je n'en avais qu'un seul exemplaire ; encore est-il imparfait. Je dois avoir un exemplaire de la *Nouvelle hérésie des Molinistes*, etc. Je l'ai cherché dans l'océan de nos brochures, je n'ai pu encore parvenir à le trouver. Mais fût-il au fin fond des abîmes, il ne m'échappera pas et je vous l'enverrai, pour chose que ce soit. J'y joindrai quelques pièces concernant la même affaire qui, peut-être, vous feront plaisir. Pour le présent, je ne puis joindre à mon Mémoire que trois de mes niaiseries.

» La Harangue *De Pace* (1) fut conçue, faite, apprise et débitée en huit jours. Aussi est-elle bien longue. J'aurais bien fait de l'abréger en l'imprimant, mais je voulus la donner à lire telle qu'on l'avait entendue. Si quelque jour je fais un recueil, je ne serai plus si jeune.

» La nouvelle Instruction pastorale de M. d'Auxerre ne tombe que sur la *Remontrance* du P. Bretonneau (2). Ce prélat déclare, page 105, qu'il a cru devoir mépriser mon *Mémoire* comme un ouvrage sans aveu, et il se contente de dire que je suppose aux auteurs que je cite des idées qu'ils n'ont jamais eues, et que je leur fais dire tout autre chose que ce qu'ils disent. En preuve, il cite saint Thomas, page 28, et assure que j'en impose à saint Thomas, et que, pour s'en convaincre, il suffit de lire le passage cité au bas de la page. Que répondre à un déclamateur qui n'entend pas les termes ? Je ne répondrai pas, et je m'en tiendrai au sentiment de l'auteur de la *Lettre* (3) que je vous envoie, et de laquelle je vous prie de donner un exemplaire à M. l'abbé Dupuis, sans qu'il sache de quelle main il vient. Cette lettre n'est pas de moi. S'il en était besoin, je vous en dirais l'auteur. Faites-moi encore la grâce de faire rendre ce paquet au P. Mercier. Voilà bien de la liberté que je prends ; je vous en demande pardon.

» J'ai encore une grâce à vous demander, sans laquelle je ne puis achever ma Dissertation sur la formule *Sub asciá*. Cette formule est souvent accompagnée d'une figure que quelques antiquaires prennent pour la figure de

---

(1) *De Pace. Oratio habita in collegio Divio-Godranid Soc. Jesu die 13 Maii 1714, cùm pax promulgaretur*. Divione, J. Ressayre, 1714, in-12.

(2) *Instruction pastorale de M. l'Évêque d'Auxerre, du 1er Mai 1727, au sujet de la Remontrance que les Jésuites lui ont adressée pour la défense des propositions extraites des cahiers dictés au Collége d'Auxerre par le P. Le Moyne, de leur Compagnie, que ce Prélat a condamnées par son Ordonnance du 18 septembre 1725. 1727, in-4°.*

(3) *Lettre de l'abbé de ***, du 8 Février 1725, à M. l'Évêque d'Auxerre, au sujet de la rétractation qu'il exige du Jésuite Professeur de Philosophie au Collége d'Auxerre, in-8°.*

l'*Ascia*. Il se trouve à Lyon des tombeaux où l'on voit ces figures gravées. Gruter et les anciens les représentent d'une façon, le P. Menestrier d'une autre. Lorsque j'ai été sur les lieux, je ne pensais pas que je dusse avoir le loisir de lire les Inscriptions de Gruter et de bâtir un système sur l'*ascia*. Aussi je ne m'appliquai pas à rechercher ces figures. Sur quoi je vous supplie, Monsieur, de me dire si elles sont bien représentées dans Gruter, ou si le P. Menestrier est plus fidèle. Pour faire la chose plus aisément, il suffira que vous preniez la peine de marquer dans votre lettre à quelles figures marquées dans le papier ci-joint ressemblent les figures gravées sur les tombeaux conservés à Lyon. C'est pour cela que j'y ai mis les chiffres, et comme j'ai un double, les chiffres me guideront et vous épargneront la peine d'une longue explication.

» M. le Président Bouhier s'est laissé mettre sur les rangs pour une place à l'Académie française. L'élection dut se faire lundi dernier. Je ne sais pas encore quel en a été le succès.

» Que je vous aie l'obligation de me renouveler dans l'esprit et le cœur du P. Folard. Ce nom fait penser à la poésie; la poésie me rappelle M. de La Monnoye qui s'en va tant qu'il peut, à ce que m'écrit M. le Président Bouhier. Il ne peut plus manger ni pain ni viande; il ne vit plus que de biscuits trempés dans du vin. Voilà *senectus aquilæ*.

» L'ouvrage du P. Fronton est vraiment en trois tomes que j'ai ici devant moi... C'est le second tome que je cherche. J'ai trouvé le premier et le troisième; si le second tombe entre vos mains, je vous supplie de ne le pas manquer.

» J'use de la liberté que vous me donnez de ne vous pas renvoyer vos papiers : ils ne s'égareront pas. Je n'ai pu retrouver ma lettre entière sur Casimir Oudin : il ne s'en est trouvé que quelques lambeaux. Faites-moi la grâce de m'éclaircir sur l'*Ascia*.

» Je crois que notre ami a eu raison de vous donner du scrupule. Alciat parle de son engagement avec MM. de Bourges comme d'un bail. Dans les baux, outre ce qui est écrit, il y a ce que nous appelons le pot de vin ou le chapon; c'est ce que marque Alciat par ces mots : *colonarii nomine supra conventionem*, et il parle en jurisconsulte. Ce génitif *colonarii* vient du neutre *colonarium*. Je me souviens d'avoir lu, dans les notes de Godefroy sur le Code, le fond de ce que j'ai l'honneur de vous écrire. Alciat aimait fort les louanges et l'argent. Ces traits de son caractère sont bien marqués dans ses lettres; ainsi ce pot de vin lui faisait plaisir, etc. (1).

(1) « Je ne parle pas des 40 fr. qu'on lui avait donnés par pure gratification et par manière de *pot de vin* (c'est ce qu'un savant de mes amis m'a assuré que marquait le *Colonarium*) ». *(Bibliothèque du Richelet,* art. *Alciat).*

» Permettez-moi de vous demander une grâce : c'est de me procurer un exemplaire de votre Catalogue des auteurs cités dans le nouveau Richelet. Si j'achetais ce livre, ce serait uniquement pour avoir ce morceau que vous pouvez, sans faire tort à l'imprimeur, détacher du reste de l'ouvrage. Je compte que vous ne me refuserez pas cette complaisance. Je ne manquerai pas, à la première occasion, de m'acquitter de votre commission auprès de M. de La Bastie. Il se fait ici beaucoup d'honneur par son esprit et sa capacité. Nous nous vîmes mercredi dernier chez M. le Président Bouhier que nous trouvâmes avec la goutte, et qui pis est, à la main droite.

» Le mercredi d'après la Trinité, j'écrirai au P. Folard ; il sera libre alors, et nous verrons qui de nous deux a droit de se plaindre. Saluez-le, je vous prie, très-affectueusement de ma part. J'ai l'honneur d'être etc. ».

« *Dijon, 17 août 1727.* — Si j'avais su que l'*Ascia* fût si éloignée de chez vous, je me serais bien gardé de vous faire une prière aussi incivile que celle de ma dernière lettre. J'aurais mieux aimé ne pas suivre l'idée qui m'est venue sur cette antiquaille, que de vous réduire à l'état où se trouva votre premier patron. Sur ce que j'avais lu dans Claude Guichard, Guillaume Paradin, le P. Menestrier, etc., je m'imaginais que l'*Ascia* était aussi commune à Lyon que la mauvaise foi dans les écrits des Jansénistes, et que j'avais pu dire lorsque j'y marchais : *ubique in aliquâ Asciâ pedem ponimus.* Dès-là, je pensais qu'il ne s'agirait que de sortir dans la rue pour que deux ou trois se présentassent à vous. Conclusion, Monsieur, je vous demande très-humblement pardon de mon indiscrétion, et je vous remercie très-affectueusement de votre complaisance.

» Au reste, l'observation que vous avez faite sur la forme de la prétendue *Ascia* me confirme absolument dans mon idée que cette figure n'est ni une erminette, ni une doloire, ni une gasche, ni un rabot, et que ce symbole n'a autre rapport avec le mot *Ascia,* que de se trouver sur la même pierre, et que le P. Menestrier n'a pas figuré dans son Histoire de Lyon ce qui était sur les anciens tombeaux, mais ce qu'il voulait qui y fût. Je ne suis nullement surpris qu'en ce point il n'ait pas été exact ; il ne l'est en rien. Je me garde bien de m'exprimer si crûment dans ma dissertation au sujet du P. Menestrier. Aussitôt qu'elle sera au net, je vous prierai de la lire et de la corriger.

» Je suis bien sensible au plaisir que vous m'avez fait de me trouver un exemplaire de la *Bibliothèque* des Bénédictins, et de m'avoir déjà marqué quelques-unes des fautes qui s'y trouvent.

» Notre P. Procureur, à son retour de Lyon, me remit très-exactement votre dissertation latine sur Paul de Samosate, que j'ai lue avec plaisir, et que j'ai fait lire à l'auteur de la Lettre écrite aux jésuites. M. l'abbé Papillon l'a lue aussi, mais je ne l'ai pas vu depuis qu'il me l'a renvoyée, et je ne sais pas encore si vous lui avez donné du goût pour ces sortes d'ouvrages. M. le Président Bouhier destine son premier loisir à lire ce que vous m'avez fait la grâce de me confier ; c'est ce qui fait que je ne prends encore aucune mesure pour vous renvoyer vos manuscrits.

» J'achetai dernièrement un in-12 où je trouve de bonnes choses. Il est intitulé : *Réfutation du livre des Règles pour l'intelligence des Saintes Écritures* ; Paris, J. Vincent, 1727. N'en connaîtriez-vous pas l'auteur ? Il traite comme il faut le mystique et visionnaire abbé d'Asfeld. (1)

» J'avais résolu d'écrire au cher Père Folard par cet ordinaire ; une colique de bile m'en empêche. Ce sera pour mercredi. Je m'en vais baigner ma colique et chasser ma bile à grands verres d'eau. Je suis avec respect, etc. »

« *Dijon, 21 octobre 1727*. — Nous faisons bon usage de la liberté que vous m'avez laissée de faire transcrire vos Dissertations. M. le Président Bouhier les veut avoir en belles copies dans sa Bibliothèque ; c'est ce qui en retarde le renvoi, comme j'ai eu déjà le plaisir de vous le marquer. Cet illustre magistrat est de retour. Il m'a parlé encore ce matin de la parole que vous lui avez donnée de venir voir notre ville. Vous trouverez au Collége une chambre et deux Bibliothèques. Je vous excommunierais si vous ne veniez droit au Collége comme vous iriez à un Séminaire de Saint-Sulpice.

» J'ai prié le P. Mercier de vous remettre le prix de la *Bibliothèque* Bénédictine et de recevoir de vous ce livre pour le mettre dans un paquet qui me viendra de la part de ce R. Père le plus tôt qu'il se pourra. Le port ne nous arrêtera pas. J'ai l'*Apologie de M. de La Trappe,* par M. Thiers. Je vous rends très-humbles grâces des soins que vous avez eu la bonté de vous donner pour me procurer cette Bibliothèque. Quand elle n'aurait pas été reliée, elle aurait toujours été la bienvenue ; je l'aurais fait relier ici.

» Je ne sais si ma Dissertation sur l'*Ascia* ne sera point imprimée. Je viens de faire dessiner les figures qui doivent y entrer. C'est faire l'auteur de conséquence.

» Je serais fort d'avis qu'après l'*Histoire des Papes* vous reprissiez votre projet sur le pape Libère (2).

(1) L'auteur de cette réfutation est l'abbé Martin-Augustin Léonard, fils de Frédéric Léonard, imprimeur à Paris.

(2) Quel était ce projet ? A-t-il reçu son exécution ? Ici encore nos documents sont muets. Nous trouvons seulement dans une lettre écrite à M. Le Clerc, le 30 mars 1727, par F. Archange, ces paroles, où il est question d'un autre ouvrage qui nous est également inconnu : « Je vous renvoie la

» Vos papiers vous retourneront propres et en bon état. Je suis plus que je ne puis dire, Monsieur, etc. »

« *Dijon, 13 novembre 1727.* — Je reçois actuellement votre billet du 20 octobre joint aux lettres de M. le baron de La Bastie. Notre ami le P. Folard dit tout ce qu'il veut ; il est orateur et poète. La vérité est cependant que je n'ai reçu ni la *Bibliothèque* Bénédictine, ni l'*Apologie* de l'abbé de La Trappe, par M. Thiers. La dernière lettre que j'ai reçue du P. Folard est du 17 septembre. Alors, il me fit tenir le premier tome de Polybe (1) et quelques exemplaires de Phèdre. La première fois que vous irez dans sa chambre, vous trouverez vos deux livres dans quelque coin ou sous les ficelles de son grand pupitre. Il ne faut pas cependant qu'il soient perdus. Je vois bien que ce Père n'a guères plus de disposition que moi à devenir Procureur de Province.

» J'ai eu l'honneur de vous écrire par le P. de Pierre. Par la même voie j'écrivis au P. Folard et au P. Mercier. Je priais ce dernier de recevoir de vous le livre du P. D. Le Cerf et de vous remettre le prix. Quoique j'aie déjà l'*Apologie* par M. Thiers, je vous prie de ne point changer de volonté où vous êtes de me faire tenir cet exemplaire que vous avez rencontré. Je l'enverrai à notre Collége de Strasbourg. Le P. Mercier, par sa réponse en date du 5 novembre, m'assure qu'il fera ce dont je le prie par rapport à l'avance que vous avez eu la bonté de faire pour ces deux livres ; mais il faut que notre Œdipe devine où il les a mis.

» Je suis très-fâché que notre ami M. de La Bastie manque de santé. Il m'a paru d'un très-bon caractère, et je crois qu'il sera excellent s'il vient à maturité. Quelques petites manières jeunes et décisives s'en iront avec le feu de l'âge. Ce n'est qu'à force d'étudier que l'on apprend à douter de bien des choses. Il m'assure qu'il a vu au moins douze figures de ce que l'on appelle *Ascia*, toutes conformes et assez semblables à notre erminette. Ce que vous m'avez fait la grâce de m'écrire ne conduit pas là. J'ai trouvé que votre relation s'ajustait parfaitement à mon système, et j'ai renvoyé bien

Dissertation que vous avez eu la bonté de me prêter. Elle mérite mes actions de grâces. Je les redoublerai si vous me faites le plaisir de me communiquer l'ouvrage que vous composez pour la justification du *même* Pape Libère. »

(1) *Histoire de Polybe, traduite du Grec en Français, par D. Vincent Thuillier, Religieux Bénédictin de la Congrégation de Saint-Maur, avec un Commentaire... par M. Folard, chevalier de Saint-Louis ;* Paris, 1727-1730, 6 vol. in-4°. — Le chevalier Folard était frère du Jésuite de ce nom. « Il était grand ami des Bénédictins et donna deux mille écus pour faire travailler Dom Thuillier à une nouvelle traduction du Polybe » (Lettre de M. Le Clerc à Bouhier du 3 mai 1726).

loin les erminettes. Sur cela, j'ai ci-devant demandé un éclaircissement au P. Folard ; je suis persuadé que vous ne me le refuserez pas (1).

» Vous avez vu le cabinet du P. de Colonia : je l'ai vu aussi, mais trop rapidement pour en avoir rapporté une idée bien nette de tout ce que j'y ai vu. Il me semble que parmi ses reliques, il montre une vieille ferraille, qui ressemble fort à un hoyau, et qu'il dit être l'*Ascia* des anciens. Faites-moi la grâce de me dire si cela est vrai, et si je ne me trompe point. *Item* cette ferraille a été mise, ce me semble, dans ce sanctuaire, par le P. Menestrier, si j'ai bien retenu. J'ai de quoi expliquer la raison de la différence énorme que l'on remarque entre les figures de l'*Ascia* gravées par les soins du P. Menestrier dans son Histoire de Lyon, et les figures que l'on trouve de la même chose dans les livres des autres antiquaires Au reste, comme je ne veux pas désobliger le P. de Colonia, je suis bien aise de ne pas savoir ce qu'il pense de l'*Ascia*. Il en parle, dit-on, dans le premier tome de son ouvrage. Dès-là, ma dissertation sera imprimée avant que j'aie pu voir son livre, afin qu'il ne paraisse pas que je le réfute, et dans le fonds je ne pense nullement à le réfuter.

» Si vous ne me mettez en état de satisfaire la passion de M. Passionei pour le second tome de l'*Inventaire* de notre P. Fronton, je ne sais ce que je deviendrai. Je n'ai jamais rien vu de pareil aux instances qu'il me fait là-dessus. Je suis bien vif de temps en temps lorsque je cherche quelque livre qui m'a frappé l'imagination, mais je sens que je ne suis que glace en comparaison du feu italien.

» Recommandez-moi, je vous prie, au souvenir du P. Folard.

(1) On voit par ce passage quel est cet *homme d'esprit* dont parle le P. Oudin à la page 305 de sa Dissertation : « *Un homme d'esprit, accoutumé depuis longtemps aux plus fines opérations de la critique*, m'assure que dans le quartier de Lyon, où l'*Ascia* est plus fréquente sur les tombeaux, on ne l'y voit point tournée en erminette » (*Dissertation critique sur* l'Ascia *sépulcrale des Anciens*, dans l'ouvrage intitulé : *Recueil de divers écrits pour servir d'éclaircissement à l'histoire de France et de supplément à la Notice des Gaules*, par M. l'abbé Lebeuf; Paris, 1738, 2 in-12). La Dissertation du P. Oudin est pages 281-376 du tome II. Elle ne parut pas sous son nom, probablement, comme le dit M. de La Bastie, « de peur que ceux de son ordre ne trouvâssent mauvais qu'un homme actuellement occupé à enseigner la Théologie s'occupât à donner sous son nom des ouvrages qui lui sont si étrangers » (Lettre à M. Le Clerc du 29 mars 1728). Selon M. Foisset, cette Dissertation ne fit pas fortune parmi les érudits (*Biogr. univ. de Michaud*, art. *Oudin*). Elle fut surtout violemment critiquée par D. Jacques Martin dans son ouvrage intitulé : *Explication de divers monuments singuliers qui ont rapport à la Religion des anciens peuples.....* Paris, 1739, in-4°, pages 112-121.

» J'attends avec impatience le second volume du Polybe. Il y a de bonnes choses dans le Phèdre de Bentley, mais il y a bien des conjectures hasardées. Nous attendons le Phèdre de Burmann. Avec ces deux éditions, un homme de bon goût sera à même pour en donner une excellente.

» Si j'abuse de votre complaisance en gardant vos manuscrits trop longtemps, n'hésitez pas un moment à me le dire. Permettez-moi en même temps de vous demander des nouvelles de votre *Histoire des Papes*. J'ai l'honneur d'être avec le plus sincère dévouement, etc. »

« *Dijon, 28 décembre 1727*. — Je ne me suis pas pressé de répondre à votre lettre du 25 novembre, parce que deux ou trois jours avant que je la reçusse, j'avais écrit au R. P. Folard pour lui donner avis que les deux livres étaient enfin arrivés, et que je ne doutais pas qu'il ne vous eût tiré d'inquiétude là-dessus. Je vous suis très-redevable de la bonté avec laquelle vous vous êtes porté de me faire ce plaisir. Puisque notre ami a bien voulu avancer le prix d'un de ces livres, je compte qu'il voudra bien avancer encore le prix de l'autre, mais je n'ose plus lui écrire : *Me vestigia terrent omnia in adversum spectantia, nulla retrorsum* (Horat. *Epistol. lib. I,* 74). Je serais au désespoir si je lui avais déplu par quelque endroit. Si j'ai eu ce malheur, faites-moi la grâce, Monsieur, de me faire savoir en quoi. Si ma faute est réparable, je n'oublierai rien pour la réparer.

» Lorsque je vous écrivis au sujet de la vieille ferraille baptisée *Ascia*, je supposai que vous aviez vu le sanctuaire où ces précieuses reliques se gardent. Il a été un temps où la qualité de nouveau venu vous y aurait donné entrée. Au reste, j'ai été charmé de lire ce que vous ajoutez, qu'avec moi vous en useriez sans réserve. Je vous supplie de conserver ces sentiments, et de les suivre dans la pratique. Je vous donne sur cela un bel exemple.

» J'ai lu à M. le Président Bouhier l'endroit de votre lettre qui concerne l'édition d'Hérodote à laquelle M. de La Barre travaille. Comme il ne connaît pas ce savant, il m'a chargé de vous demander quelques éclaircissements sur cela.

» On me parla dernièrement d'un jeune ecclésiastique qui devait aller à votre Séminaire. S'il part, il vous portera les papiers que vous m'avez fait la grâce de me communiquer. Je voudrais que vous n'eussiez pas la Vie de Philander par M. de La Mare, parce que j'aurais le plaisir de vous en envoyer un exemplaire que j'ai trouvé dans le chaos de nos brochures, que j'ai fait transporter dans une chambre préparée exprès pour les loger. J'ai déjà commencé à les mettre en ordre ; mais l'occupation est un peu froide pour la saison. Le petit ouvrage du P. Laubrussel ne m'échappera pas.

» Le P. Desmolets a fait imprimer la lettre de l'abbé Boisot écrite à

M. Pellisson. Elle est dans la première partie du quatrième volume. Je voudrais que vous la vissiez. Vous me direz si j'ai bien fait de procurer l'édition de cette pièce (1).

» J'ai le déplaisir de n'avoir pu trouver de souscripteurs pour le nouveau Polybe. Nos curieux ne se soucient pas fort de toutes les excursions militaires ; de plus, ils trouvent le livre bien cher, les tomes bien petits, le caractère usé ; il y a je ne sais quoi qui les choque dans la manière de souscrire et de recevoir les tomes. Enfin ce qui les rebute, c'est qu'ils ont appris que M. le Chevalier Folard semble avoir abandonné son Polybe pour travailler à l'augmentation du Dictionnaire de la Bible. On n'aime pas à se charger d'un volume dans l'incertitude si les autres viendront. Il faudrait ne proposer ces sortes d'ouvrages que dans le temps qu'ils sont achevés et en état d'être livrés à l'imprimeur.

» L'on a écrit de Lyon à M. Bouhier que vous travaillez à l'*Histoire des Papes*. C'est ce qu'il me dit dernièrement.

» Je finis en vous souhaitant une bonne et heureuse année. Je la souhaite telle à notre ami le cher P. Follard, et suis avec le plus sincère dévouement, etc. »

Sans date, mais sûrement des premiers jours du mois de janvier 1728. — « Pour ne pas trop enfler le paquet, je ne vous renvoie pas encore votre Traité de la Grâce. Le séjour qu'il fera ici tournera à mon profit. J'attendrai une autre occasion. Vous m'avez permi de garder 1. la préface contre le sieur Germain (2) ; 2. la Dissertation sur le Symbole *Quicumque* ; 3. les Remarques sur le Décret de Gélase, dont je vous remercie doublement. J'ai fait transcrire la Dissertation sur le Concile d'Antioche. M. le Président Bouhier a fait transcrire les notes sur les Rois. Il est d'avis, aussi bien que moi, que vous devez ramasser toutes vos remarques et donner un Mélange d'Histoire et de Critique. Je ne puis vous exprimer à quel point je vous

(1) *Continuation des Mémoires de Littérature et d'Histoire ;* Paris, 1727, tom. IV, 1re partie, p. 26-167 : « Lettre de M. Jean-Baptiste Boisot, abbé commendataire de Saint-Vincent de Besançon, à M. Pellisson contenant un projet de la Vie du Cardinal de Granvelle qu'il avait dessein d'écrire, et un état des Mémoires et papiers de ce Cardinal qu'il avait rassemblés. » — M. Ch. Weiss, dans sa *Notice préliminaire sur la collection Granvelle* (en tête des *Papiers d'État du Cardinal de Granvelle,* tom. I) dit avoir profité beaucoup de la lettre de l'abbé Boisot, mais il paraît avoir ignoré que le P. Oudin en procura l'édition.

(2) Nous ignorons absolument quel est le sieur Germain dont il est ici parlé, aussi bien que la nature et l'objet de cette *Préface* dont l'existençe nous est révélée par cette lettre du P. Oudin.

suis redevable pour la complaisance que vous avez de me communiquer tant de belles et bonnes choses.

» Je voudrais que vous eussiez le loisir de mettre au net votre explication du 9ᵉ chapitre aux Romains (1). Si les choses n'avaient point changé ici, je vous aurais demandé permission d'en faire usage. Voici en quoi. Il y a plus d'un an que l'on m'engagea à prendre soin de l'édition d'un Commentaire sur les Actes et toutes les Épîtres des Apôtres, par le P. Étienne Thiroux, celui dont le nom paraît à la tête des notes du P. Lescalopier sur les Psaumes, imprimées à Lyon. Comme le Commentaire n'avait rien de supportable que de très-courtes scolies dictées par le même P. Lescalopier, mon prédécesseur bien médiat, je pris le parti de refaire l'ouvrage. J'en étais déjà à la moitié des Actes, lorsque celui qui fournissait aux frais de l'impression, averti par moi-même que j'effaçais tout ce qui était du P. Thiroux, parce qu'il ne valait rien, rompit le marché fait avec l'imprimeur. Si le marché eût tenu, mon dessein était de vous demander votre agrément et de traduire votre Dissertation en l'abrégeant par-ci par-là, et en cet état, quand elle aurait passé sous vos yeux, la mettre à la suite du Commentaire sur l'Épître aux Romains (2).

» J'ai encore un autre endroit où je pourrais en procurer la lecture au public. Il y a quelque temps que j'ai croqué une Dissertation critique sur les systèmes de doctrine. Quoique je ne les considère qu'en général, et que je ne parle des systèmes particuliers qu'*in obliquo,* par manière d'exemples, etc., j'y pourrais faire entrer votre (travail) comme à moi communiqué par un ami. Je le trouve si bon, que je voudrais le voir entre les mains de tout le monde, et je me sais bon gré d'y avoir trouvé les principes sur lesquels j'avais fondé l'année d'auparavant ce que je dictai sur les endroits difficiles de cette Épître.

» Tandis que j'y suis, je vais vous détailler le projet de l'ouvrage croqué, afin que vous me fassiez le plaisir de m'en dire votre sentiment. Jusqu'ici, je partage ma Dissertation en neuf paragraphes : 1º la nature ; 2º l'origine ; 3º l'usage ; 4º l'abus ; 5º l'autorité ; 6º l'approbation ; 7º les inconvénients ; 8º les remèdes aux inconvénients ; 9º la décadence des systèmes. Je dis que cet ouvrage est déjà croqué, parce que j'ai là-dessus une Dissertation latine que j'ai dictée en classe il y a quelques années, et divers matérieux épars,

____

(1) Voilà encore un écrit que nous n'avons pu retrouver et qui nous est connu seulement par cette lettre.

(2) En 1743, le P. Oudin fit paraître : *Epistola Beati Pauli Apostoli ad Romanos, explicata per Franciscum Odinum, Societatis Jesu presbyterum ;* Parisiis, Bordelet, 1743, in-12 de 272 pages. Il ne paraît pas y avoir fait usage du travail de M. Le Clerc.

notes, extraits, réflexions. Ainsi, je suis à même pour profiter de tout ce que vous aurez le loisir de me dire. Je dis *loisir*, car je suis sûr de la bonne volonté de votre part.

» Votre dévolut aura son effet, et j'y tiendrai la main. Quoique je n'aie pas trouvé la brochure du P. Laubrussel détachée, heureusement je l'ai trouvée dans un petit recueil relié, mais non encore inscrit ; je vous l'envoie. Tout ce qui est dans ce recueil est déjà dans d'autres pareillement reliés.

» J'ai retrouvé un exemplaire de mon Mémoire sur le Bref aux Dominicains (1), et je l'ai mis dans le paquet. Les Jansénistes d'ici se flattent qu'un Jacobin Flamand m'a répondu et qu'ils ont la réponse ; mais quoique j'aie pu faire, je n'ai pu la voir. Ainsi, je leur ai déclaré que je ne les croyais pas sur ce fait. La Vie de Philander est aussi dans le paquet.

» Vous ne nous avez pas appris qui est M. de La Barre, l'entrepreneur d'Hérodote ?

» Le Bénédictin auteur des deux in-4º sur la Religion des Gaulois vous est-il connu ? (2) Il y a dans cet ouvrage bien des choses qui pourront servir à M. de La Bastie pour l'ouvrage qu'il médite.

» Dans un livre intitulé : *Antiquitates selectæ septentrionales et Celticæ, auctore Joh. Georgio Keysler, societatis Regiæ Londinensis socio ;* Hannoveræ, 1720 ; il y a, page 369, *Dissertatio de mulieribus fatidicis veterum Celtarum.* J'ai ce livre, qui m'a été envoyé de Strasbourg, parce que je ramasse tout ce que je puis trouver qui concerne les Celtes. Si M. de La Bastie veut rechercher les Antiquités Celtiques, il faut qu'il commence par apprendre la langue des Celtes, qui n'est ni le bas Breton, comme le veut le P. Pezron, ni aucune langue connue, mais qui subsiste dans toutes les langues que nous connaissons, même dans le Latin et dans le Grec, et surtout dans les langues septentrionales. Mais pour l'y trouver, il faut savoir manier la baguette.

» J'ai trouvé depuis quelques jours un livre que de ma vie je n'avais pu voir, c'est Anacréon avec les scolies grecques du fameux abbé de la Trappe. Bien des gens m'avaient assuré que ce livre n'avait pas une existence réelle. *Item* il est imprimé et très-bien imprimé (3).

» J'ai reçu tout récemment de Paris les Dissertations chronologiques du P. Étienne Souciet contre le système de M. Newton. L'ouvrage m'a paru bon, mais bien abstrait.

(1) *Mémoire instructif sur le Bref de N. S. P. le Pape Benoît XIII, qui commence par ces mots :* « Demissas preces. » Dijon, 1725, in-4º.

(2) « L'auteur de l'*Ancienne religion des Gaules* est un Gascon nommé Jacques Martin » (Lettre de D. Liron à M. Le Clerc du 18 janvier 1728).

(3) Voir sur ce livre : *Histoire de l'Abbé de Rancé et de sa réforme, par M. l'Abbé Dubois ;* Paris, 1866, tome I, pages 23-26.

» L'Horace du P. Sanadon m'est venu en même temps. J'ai eu le plaisir d'y voir à la fin de la Préface, page XXIX, un petit éloge de notre ami, le cher P. Folard, à l'occasion d'une conjecture sur le troisième et le quatrième vers de l'Art poétique. Le P. Sanadon n'a rien dit du P. Folard que celui-ci ne mérite, et au-delà. Cependant sa conjecture, entre nous, ne vaut rien. La phrase peut s'entendre sans cette conjecture, et je ne conçois pas comment notre ami peut se persuader qu'Horace ait voulu donner un coup de dent à Homère, dans un ouvrage où le poète grec est loué comme un écrivain *qui nil molitur inepte*. Mais les grands savants font comme le Préteur : ils dédaignent de s'abaisser aux petites réflexions (1).

» J'ai l'honneur d'être parfaitement votre très-humble et très-obéissant serviteur. — Oudin. »

Nous citerons plus loin deux autres lettres inédites du P. Oudin à M. Le Clerc, écrites en 1732 et 1734. Dans cet intervalle cependant, de janvier 1728 à juillet 1732, si leur correspondance fut moins active, elle ne fut pas entièrement interrompue. M. Le Clerc écrivit certainement au commencement de 1729, à propos de sa *Bibliothèque du Richelet*. Il dut le faire aussi en 1731 à l'occasion que nous allons dire.

La sixième Congrégation générale de la Compagnie de Jésus, réunie au mois de novembre 1730, ayant porté un Décret destiné à faciliter la continuation de la *Bibliothèque* des écrivains de cette Société, le P. François Retz, son Général, eut recours au P. Oudin, qui avait une vraie vocation de bibliographe (2). Ce choix lui fut notifié dans les premiers mois de l'année 1731 (3). Le 13 avril de cette même année,

(1) Voici le texte du P. Sanadon : « Le P. Folard, Jésuite distingué dans la république des Lettres, m'a proposé une conjecture sur les quatre premiers vers de l'Art poétique, dont je crois devoir faire part au public. Il est persuadé que, dans le dernier vers, Horace a eu en vue la description de la Sirène telle qu'elle est dans Homère, et que le poète latin a voulu donner un petit coup de dent au poète grec. Il prend *ut* du troisième vers pour *velut, sicut* ; il change *desinat* en *desinit,* et il soupçonne que *desinat* nous est venu de quelque copiste ignorant qui s'est imaginé que *ut* signifiait ici *de sorte que,* et gouvernait le subjonctif. »

(2) *Études religieuses... par des Pères de la Compagnie de Jésus ;* Février 1870, page 291. Article du P. V. de Buck.

(3) Et non 1733, comme le disent à tort la *Biographie universelle de Michaud* (art. *Oudin*) et Quérard (*La France littéraire,* art. *Oudin*).

en effet, le Président Bouhier annonçait à M. Le Clerc cette *nouvelle* littéraire, et réclamait son concours pour cet immense travail. « Il n'y a ici, dit-il, aucune nouveauté littéraire dont je puisse vous régaler, si ce n'est que notre ami, le P. Oudin, va devenir le successeur d'Alegambe et de Sotwel. Il en a la commission de son Général, et il l'a acceptée. Ainsi vous voilà engagé à lui fournir tout ce que vous saurez des écrivains de la Société. Il va refondre ses deux précurseurs, et ajouter ce qui s'est fait depuis eux. Je crois que cette nouvelle ne vous affligera pas. Il se propose de finir cela avant la fin du second siècle de la Société, qui touche à l'an 1740. Dieu veuille que nous puissions voir cet ouvrage achevé » (1) !

M. Le Clerc contribua-t-il, et dans quelles proportions, au travail du P. Oudin ? Nous l'ignorons. Cependant, le 26 juin 1731, il disait au Président Bouhier : « Je n'ai pu encore trouver le temps d'écrire, comme je veux le faire, au P. Oudin par rapport à sa Bibliothèque des écrivains de sa Compagnie ». Ces paroles permettent de penser que M. le Clerc avait à communiquer plus d'un document utile. Ses lettres au P. Oudin pourraient seules nous donner la certitude ; mais existent-elles encore, et où sont-elles ?

---

(1) L'article déjà cité du P. de Buck fait connaître le résultat et le sort des recherches du P. Oudin. Il était réservé à notre siècle de voir enfin réalisé le vœu du Président Bouhier. La *Bibliothèque des Écrivains de la Compagnie de Jésus*, par les PP. Augustin et Aloïs de Backer, et Ch. Sommervogel, est sans contredit un chef-d'œuvre de Bibliographie, et le plus beau monument élevé à la gloire de l'illustre Compagnie. On ne peut se dispenser d'en lire l'histoire si intéressante et si bien racontée par le P. van Tricht dans l'ouvrage qui a pour titre : *La Bibliothèque des Écrivains de la Compagnie de Jésus et le P. Augustin de Backer*, Louvain, Charles Fonteyn ; 1876, in-8º de 298 pages.

CHAPITRE XV

RÉPONSE A UNE CONSULTATION AU SUJET DE LA DOCTRINE DES « INCOMMUNICANTS ».

La correspondance de M. Le Clerc n'était pour lui qu'un délassement à ses travaux littéraires qui, à leur tour, ne l'empêchaient pas de se tenir au courant des questions théologiques soulevées de son temps, soit par les Jansénistes, soit par les catholiques leurs adversaires. Aussi était-il toujours prêt à répondre aux nombreuses consultations qu'on lui adressait. Le visiteur de Lyon en 1725 nous dit en effet qu'à cette époque, M. Le Clerc était « estimé pour sa science et consulté ». Consulté, il l'était encore en 1727, comme le prouve ce fragment d'une lettre écrite de Saint-Chamond, le 12 mai de cette même année, et signée, *Bruyas, prêtre de Saint-Pierre*, à Saint-Chamond. — « Monsieur, je craindrais
» de me rendre importun auprès de vous, si je ne savais pas
» que vous recevez avec bonté ceux qui vous exposent leurs
» doutes et vous en demandent la résolution. Votre répu-
» tation sera donc mon excuse. J'ose vous prier de vouloir
» bien lire à votre loisir l'écrit que je vous envoie, et d'y
» donner, s'il vous plaît, quelque attention. La matière m'a
» parue importante dans les conjonctures présentes où chacun
» décide selon son caprice. Votre sentiment, Monsieur, sera
» d'un grand poids. »

L'écrit annoncé par cette lettre touchait à une contro-verse alors fort agitée parmi les catholiques. Il s'agissait de la conduite à tenir envers les appelants de la Constitution *Unigenitus*, et particulièrement à l'égard de ceux qui commu-niquaient avec eux. Quelques écrivains, qu'on nomma *incom-*

municants (1), prétendaient, contre ceux qu'ils appelaient *tolérants*, 1° que les hérétiques notoires, et par conséquent les Jansénistes, étaient excommuniés *de droit divin*, et, comme tels, privés de juridiction dans l'église; 2° que les catholiques qui communiquaient avec eux *in divinis*, soit en s'en faisant approuver pour la confession, soit en leur demandant les sacrements, étaient eux-mêmes sans aucune juridiction, et coupables de péché grave, alors même que la communication n'exposait à aucun danger de scandale ou de perversion; 3° qu'il en était de même, et cela jusqu'à l'infini, de tous ceux qui communiquaient avec ces communicants.

L'origine de ce démêlé, qui occupa les théologiens et bon nombre de fidèles pendant environ trente ans, remonte à l'année 1719. A cette date, le P. Paul de Lyon, capucin, mit au jour un volume in-12 intitulé : *Les ennemis déclarés de la Constitution* Unigenitus *privés de toute juridiction spirituelle dans l'Église*. Languet de Gergy, Évêque de Soissons, ayant, dans sa réponse à l'Évêque d'Auxerre, embrassé un parti opposé sur la même matière, et dit au sujet du P. Paul un mot qui ne plut point à ce religieux, celui-ci s'attaqua directement au Prélat, et publia en 1724 un nouveau livre sous le titre de *Difficultés proposées à Monsieur l'Évêque de Soissons sur sa Lettre à Monsieur d'Auxerre en réponse à celle de ce Prélat; par un Théologien catholique*.

Ces deux écrits, qui n'étaient point indignes d'un théologien, firent sur le public quelque impression. Pour en paralyser les effets, le P. Hongnant, jésuite, inséra dans les *Mémoires de Trévoux* (janvier 1725) un excellent article dirigé contre les *Difficultés* du P. Paul de Lyon. Ce dernier y opposa, la même année, sa *Réponse à la Dissertation de l'auteur des* Mémoires. L'année suivante, parut le *Traité Théologique où l'on démontre que les fidèles ne peuvent communiquer en*

---

(1) On appela aussi plus tard du même nom les Anticoncordataires ou membres de la *Petite Église*, opposés au Concordat par lequel Pie VII avait rétabli en France le culte catholique (Blanc, *Cours d'Hist. Ecclés.*, Leçon CCII ; Paris, 1860, tome II, p. 697).

matière de religion avec les ennemis déclarés de la Bulle Uni-
genitus. On attribua généralement l'ouvrage au P. André de
Grazac, autre capucin, dont la plume était féconde, mais
bien inférieure à celle de son confrère. Le premier donna
encore en 1727 : *Les principes catholiques opposés à ceux des
tolérants, qui reçoivent dans leur communion les ennemis de la
Bulle* Unigenitus. « Le nombre des lecteurs de ce livre,
selon le mot spirituel du P. Hongnant, répondit au goût de
l'auteur, qui ne voulait *communiquer* qu'avec très-peu de
personnes » (*Mémoires de Trévoux,* juin 1728, p. 1153).

Cependant, ces écrits avaient porté le trouble dans plusieurs
diocèses. Deux dévotes de la paroisse de Saint-Louis en l'Isle,
à Paris, demeurèrent vingt-trois ans sans faire leurs Pâques,
parce que leur curé, quoique zélé partisan de la Constitution,
avait communiqué avec son Archevêque, le cardinal de
Noailles. *In vitium ducit culpæ fuga.* L'horreur exagérée du
Jansénisme les avait conduites aux conséquences pratiques du
Jansénisme, et, pour rester *incommunicantes,* elles étaient deve-
nues *incommuniantes.* « Savoir si les incommunicants vivaient
tous dans le célibat, ou si, pour se marier, on se passait du
ministère d'un prêtre, comme quelqu'un l'affirma alors, c'est
sur quoi, dit Collet, je ne puis sûrement prononcer. Ce que
je sais d'eux-mêmes, ajoute-t-il, c'est qu'il y en avait qui,
chaque année, allaient communier à Senlis, et un *marchand
d'eau,* — c'est le nom qu'il se donnait, — alla quelquefois
jusqu'à Avignon. Ce fut lui qui, cité devant l'Official, entra
dans le Prétoire son chapeau sur la tête, et, interrogé pourquoi il ne se découvrait pas, répondit savamment que par les
paroles, *nec ave ei dixeritis,* saint Jean le lui défendait » (1)!

---

(1) *Lettres d'un Théologien au R. P. A. de G.* (André de Grazac) *où l'on
examine si les Hérétiques sont excommuniés de droit divin ;* Bruxelles, 1763, in-
12. Avertissement, pages VI, VII. — « L'auteur est véritablement Théologien et très-habile. La politesse et les égards avec lesquels il réfute un
adversaire qu'il respecte avec justice, n'ôte rien à la solidité de ses raisons »
(*Mém. de Trévoux,* mai 1737, p. 934). — Nous ignorons pourquoi Barbier
traduit les initiales *A. G.* par *Ant. Gasquet.* M. Hauréau fait la même chose
(*Hist. Littér. du Maine ;* nouv. édit., Paris, 1871, t. III, p. 133).

Le système des *Incommunicants* n'était soutenu que par quelques écrivains n'osant se produire en public sous leurs propres noms; celui des *Tolérants*, au contraire, était, selon le P. Hongnant, le sentiment de « tous les Prélats, de tous les Docteurs, de tous les Théologiens scolastiques, de tous les casuistes, de tous les canonistes, de tous les fidèles éclairés de tous les royaumes » (1). Ce fut aussi celui de M. Le Clerc dans sa *Réponse au Mémoire de M. Bruyas* (2), Mémoire qui se rapporte au *Traité Théologique* du P. André de Grazac, et que son auteur termine en formulant d'une manière précise les questions dont il désire et attend la réponse.

« L'on supplie très-humblement M. Le Clerc de vouloir donner son sentiment sur les articles suivants : — 1º s'il est vrai que tous les Théologiens et casuistes qui ont écrit depuis les Conciles de Constance et de Latran, sous Léon X, ont unanimement soutenu que les fidèles ne sont pas obligés d'éviter les excommuniés non dénoncés; — 2º si l'ancien droit qui défendait de communiquer avec tout excommunié était de droit divin, et si l'Église, en changeant ce droit ancien et permettant de communiquer avec les hérétiques ou excommuniés non dénoncés, a fait ce qu'elle ne pouvait pas faire; — 3º Si tous ces Théologiens et Canonistes français, et plusieurs autres, ne soutiennent pas qu'il n'y a point d'hérétiques notoires, s'ils n'ont pas été dénoncés nommément par sentence du juge ecclésiastique; — 4º Si un fidèle peut entendre la messe d'un prêtre excommunié toléré et non dénoncé, et par là satisfaire au précepte de l'Église d'entendre la messe; — 5º Si on ferait mal de chanter des psaumes ou cantiques avec un protestant qui les chanterait en latin selon notre vulgate, *secluso periculo et scandalo;* — 6º Si c'est un crime au fidèle de communier de la main d'un excommunié non dénoncé, et si tous les Théologiens n'ont pas décidé que cela était permis, conformément aux conciles déjà cités de Constance et de Latran; — 7º Si les Prélats Appelants ont perdu toute juridiction ecclésiastique, et si les approbations et dispenses qu'ils ont données sont nulles; — 8º S'il est permis d'entendre la messe dans les Églises des Appelants; — 9º Si un curé appelant peut absoudre validement. »

(1) *Mémoires de Trévoux,* décembre 1727, page 2309.

(2) Tel est le titre donné par Delandine à ce manuscrit de 8 pages in-4º, appartenant à la Bibliothèque de la ville de Lyon, et inséré dans un recueil intitulé : *Abrégé sur la Grâce,* n. 312. La réponse de M. Le Clerc est précédée du Mémoire de M. Bruyas, qui forme 30 pages in-folio.

Voici, presque en entier, la réponse de M. Le Clerc :

« J'ai lu votre lettre avec toute l'attention qu'elle mérite, et avec d'autant plus de plaisir que j'ai toujours été, par rapport à la matière que vous y traitez fort doctement, du sentiment que vous y embrassez.

» Je ne suis dans ce Diocèse que depuis un peu plus de quatre ans et demi, et il y a environ six à sept ans qu'un Évêque très-zélé pour la Constitution, ayant assemblé sept à huit Théologiens pour examiner avec eux le parti qu'on était obligé de prendre par rapport aux Appelants, je me trouvai être du nombre. Mon avis fut que les paroissiens d'un curé Appelant pouvaient sans scrupule recevoir de lui les sacrements, hors ces deux cas : le premier, lequel est réellement de droit naturel, lorsqu'il y a *periculum subversionis* ; le second, lorsque communiquant avec lui dans des circonstances où il est aisé de ne le pas faire, on pourrait être soupçonné légitimement de participer à son erreur et à sa désobéissance.

» J'ai parcouru le *Traité Théologique* dont l'auteur ne m'est pas inconnu, et quoiqu'il soit capable de faire impression sur des personnes peu instruites, il ne m'en a point imposé. L'auteur de ce Traité n'est pas le P. A. de G. (1), mais le P. P. D. L., à ce que l'on m'a assuré (2). Le *Sanctitas vestra... exhortatus est*, est une bévue sur laquelle le journaliste se divertit. Ce dernier remarque avec raison que la lettre de compliment en question n'est rien moins qu'une approbation (3).

» 1° C'est le sentiment unanime depuis Léon X en remontant jusqu'au Concile de Constance, que l'on n'est pas obligé d'éviter de communiquer avec les excommuniés non dénoncés. Quelques particuliers qui auraient pendant ce temps tenu le contraire n'empêchent point cette unanimité.

» 2° Le droit que l'on appelle *ancien*, n'était ni absolument de droit divin, ni même absolument ancien. Dans les siècles plus reculés, les Papes et les Évêques ont souvent communiqué avec des excommuniés notoires, mais non expressément et personnellement dénoncés comme gens à éviter. Ils ont même trouvé mauvais qu'on en usât autrement et que par là l'on occasionnât un schisme. Par exemple, en 1062, S. Jean Gualbert et d'autres

(1) André de Grazac.

(2) Le nom, écrit d'abord en toutes lettres et ensuite raturé, est celui du Père Paul de Lyon.

(3) Il s'agit ici de la lettre écrite à l'auteur par le Cardinal Lercari, de la part du Pape Benoît XIII, le 18 septembre 1726. Cette lettre est si peu une approbation du livre que, poussé sur ce point, le P. André de Grazac dut se borner à dire que *le Pape avait au moins lu le titre de son livre, et très-probablement la table de ses démonstrations. (Lettres d'un Théologien au R. P. A. de G.,* p. 152).

moines d'ailleurs fort vertueux, s'étant séparés de l'Évêque de Florence, et ayant dit aux fidèles qu'ils ne devaient recevoir les sacrements ni de lui ni de ceux qu'il avait ordonnés, parce qu'il était notoirement simoniaque et en conséquence, suivant la façon de parler de ce temps-là, hérétique, le Pape Alexandre II désapprouva le zèle trop ardent de ces religieux, précisément par la raison que l'Évêque de Florence n'avait point été jusque-là personnellement condamné par le Pape. On pourrait en citer beaucoup d'autres exemples...

» 3º C'est un fait indubitable que tous les Théologiens aujourd'hui, en France, croient qu'il n'y a, ordinairement et généralement parlant, de notoriété de fait qu'après la sentence du juge, et qu'ainsi un particulier n'est censé notoirement hérétique que quand il a été déclaré tel par sentence.

» 4º *Secluso periculo et scandalo*, on ne serait pas dans le cas de la communication prohibée avec un hérétique si l'on chantait des Psaumes, selon notre Vulgate et en latin, avec un homme que l'on saurait être protestant. Cela dépendrait de diverses circonstances qui pourraient diversifier le cas. Je veux, par exemple, tâcher de ramener un Protestant; je l'exhorte, pour cela, à implorer les lumières du Saint-Esprit; je me joins à lui, et, pour l'aider, je chante avec lui quelques Psaumes. Il est clair que la chose n'est pas mauvaise. Je suis catholique et je suis à vêpres dans ma paroisse; un Calviniste y vient, se met à côté de moi et chante comme moi; je ne suis point dans le cas de la communication illicite. Il y a cent autres espèces semblables.

» 5º On satisfait à l'obligation d'entendre la Messe en assistant à celle d'un prêtre excommunié non dénoncé. Je sais, par exemple, que mon curé est simoniaque, concubinaire, et même hérétique; je le sais à n'en pouvoir douter. Il est accusé, et, quoique non juridiquement convaincu, condamné par son Évêque, puis absous par le Métropolitain, et fait publiquement ses fonctions. Je vais à sa messe comme tous ses autres paroissiens, surtout ne pouvant aller ailleurs; il est clair que je ne pèche point et que j'accomplis le précepte d'entendre la Messe. Mais si, ayant été expressément condamné, il célébrait au mépris de la sentence, et qu'il fallût ou assister à la Messe ou manquer la messe un jour de fête où il y a précepte de l'entendre, je ne devrais point y assister.

» 6º Il en faut dire autant de la communion, surtout de la Pascale et du viatique. On me demanda pendant la retraite de MM. les Curés, il y a deux ans, ce que je ferais si, étant en voyage, je me trouvais surpris d'une maladie mortelle dans un endroit où je ne pourrais recevoir les Sacrements que de la main du curé qui est Appelant. Je répondis que j'aimerais mieux mourir que de les recevoir de sa main. Plusieurs furent surpris de ma réponse, mais je leur fis entendre que je n'en userais ainsi qu'afin de ne pas

donner lieu à ce curé (car ces sortes de gens profitent de tout) de publier
que je ne trouvais rien à reprendre dans sa doctrine, dans son Appel et dans
sa désobéissance, et nullement parce que je le croirais privé de juridiction,
et dans un cas où je ne pusse absolument communiquer avec lui sans péché.
J'ajoutai que, si je n'étais que simple laïque, j'en userais tout autrement ;
que si, dans le cas précédent, j'avais un moyen assuré pour faire connaître
ma foi d'une manière authentique, je ne ferais pas difficulté de recevoir les
sacrements de ce curé, en l'exhortant, de mon côté, à revenir de son éga-
rement et à rendre à l'Église l'obéissance qu'il lui doit ; que s'il était excommunié pour un autre motif (mais non dénoncé), comme, par exemple, pour
simonie ou pour autre cas duquel personne ne pourrait s'aviser de me
soupçonner d'être consentant, je ne ferais nulle difficulté de recevoir de lui
les sacrements.

» 7° Il n'est point illicite d'entendre la messe dans une Église d'Appelants,
secluso scandalo. Voyez ci-dessus n. 5. Je ne crois pas, néanmoins, que cela
soit à propos quand ce n'est pas dans sa propre paroisse et que l'on n'est
point dans le cas de nécessité. La chose n'est pas si remarquable dans un
laïque, mais elle l'est beaucoup plus dans un prêtre, lequel sera presque
toujours légitimement soupçonné quand il ira, par exemple *(extrà necessi-
tatem)*, dire la messe chez des Appelants.

» 8° Les Prélats Appelants n'ont point perdu leur juridiction, et, conséquemment, les actes qu'ils en font sont tous valides. C'est la pratique universelle, et, à ce que je pense, le sentiment indubitablement vrai. Où en
serait-on si on prenait l'opinion contraire (1) ?

» 9° Un curé Appelant peut absoudre validement. Les Évêques bien
orthodoxes, lesquels ont des curés Appelants, les interdisent par rapport
à tous ceux qui ne sont pas leurs paroissiens, et, en ce cas, ils ne peuvent
absoudre validement que leurs paroissiens. »

(1) C'était l'opinion de Suarez (Tract. de Fide, sect. V, Disput., XXI)
par rapport aux hérétiques en général, et c'est aussi l'opinion des canonistes
modernes. V. Card. Soglia, *Institut. jur. privati eccles.*, n. 233 ; ed. 2, Paris,
pag. 520. — Vecchiotti, *Instit. canon.* ; ed. 16, Augustæ Taurinorum, 1875,
tom. II, pag. 239-241. — Scavini, *Theol. Mor. univ.* ; ed. 12, Mediolani,
1874, tom. II, n. 921, pag. 724, 725. — *Prælect. jur. canon. habitæ in
Semin. S.-Sulp.* ; ed. 4, Parisiis, 1875, tom. III, pag. 167, 168. — Craisson,
Manuale tot. jur. canon. ; ed. 2, Parisiis, 1865, tom. IV, n. 6123, pag. 223.

CHAPITRE XVI

REMARQUES SUR LA « BIBLIOTHÈQUE » DE D. LE CERF ET SUR LES « MÉMOIRES » DU P. NICÉRON — HISTOIRE DES PAPES.

Nous sommes encore en 1727.

L'année précédente, Dom Le Cerf, religieux Bénédictin, avait mis au jour sa *Bibliothèque historique et critique des Auteurs de la Congrégation de Saint-Maur* (1). Par plus d'un endroit, l'auteur donnait prise à de justes critiques. Aussi, M. Perdoulx de La Perière publia-t-il à Orléans, au mois de janvier 1727 (2), un petit écrit où, caché sous le nom de *Dom P. Le Richoulx de Norlas,* il releva un assez grand nombre d'omissions, de méprises et de fautes de conséquence répandues dans le livre du Bénédictin. Il fut aidé dans ce travail par M. Le Clerc, comme l'atteste la lettre de celui-ci au Président Bouhier, en date du 3 mai 1726 :

« Pour ce qui est de la *Bibliothèque* des Bénédictins (*inter nos* s'il vous plaît), j'ai communiqué à une personne 80 remarques au moins sur cette

---

(1) Dom Philippe Le Cerf de la Viéville, né à Rouen en 1677, entra dans la Congrégation de Saint-Maur le 18 mars 1696, y fit profession le 20 du même mois de l'année suivante, et mourut le 11 mars 1748 à l'abbaye de Fécamp, où il passa les trente dernières années de sa vie. Ses supérieurs de Paris refusèrent de laisser imprimer sa *Bibliothèque* à cause des traits satiriques qu'il y lance contre quelques-uns de ses confrères. D. Le Cerf confia alors son manuscrit à D. Prévost, si connu depuis sous le nom de *Prévost d'Exiles,* lequel demeurait aussi dans l'abbaye de Fécamp. Celui-ci l'envoya au fameux Jean Le Clerc, qui publia l'ouvrage à La Haye (D. Tassin, *Hist. littér. de la Congr. de Saint-Maur,* p. 645-647).

(2) « Quand j'ai reçu votre dernière lettre, Monsieur, j'étais occupé à revoir mes Remarques sur la *Bibliothèque des auteurs de la Congrégation de Saint-Maur,* pour les faire imprimer. Elles viennent de paraître » (Lettre de M. Perdoulx de La Perière à M. Le Clerc, du 13 janvier 1727).

Bibliothèque; à un homme, dis-je, bon bibliothécaire, et qui y avait déjà remarqué nombre de fautes qui lui avaient fait venir l'envie d'en faire une courte critique. Les principales fautes que j'ai communiquées sur cette *Bibliothèque,* sont : 1º que les titres des ouvrages sont souvent mal énoncés, en sorte qu'on ne peut quelquefois deviner si le livre est latin ou s'il est français ; — 2º qu'il y a bien des écrivains ou des ouvrages omis. J'ai indiqué sept à huit Bénédictins tirés du P. Lelong... ; — 3º beaucoup de noms défigurés ; — 4º des fautes énormes pour un homme qui tranche du savant, comme celle de *M. Le Tellier, Archevêque de Rouen, successeur de M. Colbert dans le Ministère;* de *Gennade, Évêque de Marseille;* de *M. Folard,* auteur des notes sur le Lactance *De mortibus persecutorum,* au lieu de *Toynard;* de Dom Estiennot dans la familiarité d'*Urbain VIII* au lieu de *Alexandre VII;* du *Cardinal de Richelieu, abbé de Saint-Médard de Soissons* en 1659, au lieu du Cardinal *Mazarin;* de *M. Toynard adversaire du P. Lamy de l'Oratoire, sur la Pâque,* quoiqu'il fût certainement de ses plus zélés partisans, etc. Je ne vous en marque rien de plus, parce que j'ai prêté mon exemplaire noté à un P. Jésuite de mes amis ; — 5º Il n'est guères de Bibliothèque où *l'amour de communauté* reproché par Baillet à Alegambe et à Sotwel éclate plus que dans celle-ci. D. Le Cerf prend parti sur tout pour son ordre, et dit dans un endroit : *Un ordre aussi illustre que le nôtre,* phrase dont on ne trouvera pas, je pense, la pareille dans les Bibliothèques jésuites ; je ne la crois pas intolérable en elle-même, mais *laudet te os alienum, non tuum.* Il maltraite fort le P. Germon, et pour moi qui ai autrefois examiné à fond cette dispute, le P. Germon avait raison (1) ; — 6º il y a bien des articles dénués de date, de pays, etc. Tout cela réuni à ce que le savant en question aura ramassé de son côté donnera de la matière pour faire une critique fort jolie ».

D. Le Cerf tâcha de se justifier par un écrit où, croyant avoir affaire à un confrère, il prend le haut ton et répond avec beaucoup de vivacité (2). M. Perdoulx de La Perière résolut

(1) « Je pense comme vous sur le P. Germon, qui joignait à beaucoup de science un style excellent... Il est surprenant que les Jésuites n'aient pas mis son Éloge au Journal de Trévoux » (Lettre de M. Bouhier à M. Le Clerc, du 12 mai 1726).

(2) *Défense du livre qui a pour titre :* Bibliothèque, etc. Au R. P. Dom ***, Religieux de la même Congrégation (de Saint-Maur). Paris, chez Chaubert, 1727, in-12 de 19 pages. Cette *Défense* parut aussi dans la *Bibliothèque française* de Du Sauzet, tom. XI, 2ᵉ partie, p. 167-194, année 1728. La Lettre de D. Le Cerf est datée de Rouen, le 15 mars 1727, et signée *De La Pipardière,* pseudonyme sous lequel il cacha son nom.

de répliquer, et, pour le faire avec plus de force et de solidité, il eut encore recours à M. Le Clerc (1). La nouvelle critique parut sous ce titre : « *Seconde Lettre de Dom P. Le Richoulx de Norlas à un de ses confrères sur la* Bibliothèque historique et critique des auteurs de la Congrégation de Saint-Maur, composée par Dom Philippe Le Cerf de la Viéville, etc., Orléans, 1727 » (2). Elle contient les nouvelles Remarques communiquées par M. Le Clerc; mais, au jugement de celui-ci, elle a, comme la précédente, le défaut de n'être pas écrite « dans un style assez serré » (Lettre à Bouhier, du 23 décembre 1727).

La même année 1727 vit paraître les premiers volumes des *Mémoires pour servir à l'histoire des hommes illustres dans la République des Lettres,* par le P. Nicéron, Barnabite. Ce fut un nouveau champ ouvert à la critique de M. Le Clerc, un nouvel élément fourni à sa correspondance avec ses amis de Dijon. Il écrit, en effet, au Président Bouhier le 16 août 1727 :

« Le dessein du P. Nicéron est beau, mais il n'est pas exécuté comme il faut. Ce Père ne me paraît pas homme à discuter, avec toute l'application et tout le discernement nécessaires, les matières qu'il embrasse. J'en ai dit ma pensée au libraire Briasson, lequel m'en avait écrit pour avoir quelques particularités touchant mon père, duquel le P. Nicéron avait dessein de donner un article dans son troisième volume. Je lui ai marqué que cet article me paraissait superflu. Il y en a un dans le dernier Moréri, et je l'ai rendu le plus exact qu'il m'a été possible... J'ai pris de là occasion de lui faire observer que son livre n'aurait pas grand' vogue tant qu'on y verrait quantité d'articles ne disant que ce que tout le monde sait, ou peut aisément trouver ailleurs; qu'il ne devait y parler des savants très-célèbres qu'en donnant à leur sujet des particularités remarquables et peu connues, ou bien en corrigeant les fautes des Dictionnaires, Recueils ou *Élogistes* qui en ont parlé; qu'il devait particulièrement s'appliquer à déterrer des gens de mérite touchant lesquels on ne trouve presque rien nulle part, et dont on est obligé

(1) Lettre de M. Perdoulx de La Perière à M. Le Clerc, du 26 juillet 1727. L'autographe porte 1721, mais c'est évidemment un *lapsus* qui a causé une erreur dans le classement et fait donner la première place à cette lettre, qui devait occuper la dernière ou l'avant-dernière.

(2) Elle est analysée par D. Tassin, *Hist. littér. de la Congrégation de Saint-Maur,* page 648.

de rechercher diverses particularités dans différents livres qui ne sont pas communs. Je lui ai promis de l'aider en ce cas, lorsque je serais en état de le faire. »

M. Le Clerc ne put exécuter sa promesse, car il écrit encore en 1730 : « Les corrections que le P. Nicéron a fait entrer dans son dixième volume sont en trop petit nombre de beaucoup » (elles remplissent cependant 200 pages)! « et il n'a pas été assez bien servi par ses amis. Si j'avais eu le loisir, je lui aurais fourni, sans beaucoup de peine, de quoi faire un volume entier de corrections pour les neuf premiers tomes de son ouvrage » (1).

Ces loisirs qui lui faisaient défaut pour perfectionner l'œuvre du P. Nicéron, M. Le Clerc les employait très-probablement

(1) Lettre au Président Bouhier, du 28 août 1730. — Les amis de M. Le Clerc pensaient comme lui. — « Votre jugement sur l'ouvrage du P. Nicéron est conforme à celui de tous les connaisseurs. Il aurait grand besoin et de vos avis et de vos secours » (Bouhier à M. Le Clerc, 7 septembre 1727).— « Les *Mémoires* du P. Nicéron auraient bon besoin de vos remarques. Il ne devrait faire aucun article qu'il ne l'eût communiqué à un aussi habile homme que vous » (Lettre de Papillon à M. Le Clerc, du 15 septembre 1727). — « Le P. Nicéron n'a pas de sagacité, comme vous le remarquez ; il ne sait pas choisir certains faits piquants et intéressants, et même il n'est pas toujours juste dans les éditions des livres dont il parle » (Jd. 4 octobre 1727). V. aussi la lettre de l'abbé Papillon à M. Le Clerc, du 12 juin 1735, *ap.* d'Artigny, *Nouv. Mém.* tom. V, p. 394. — « Le P. Nicéron continue à scandaliser M. l'abbé Papillon par son peu d'exactitude. Il est vrai qu'il n'est pas homme à grandes recherches. Son article du P. Théophile Raynaud fait peur. Je lui enverrai quelques suppléments. On ne doit pas exiger qu'il ait lu l'histoire anecdote que le P. Raynaud a faite de ses aventures ; mais il aurait dû lire, ou du moins parcourir, les ouvrages d'un auteur duquel il donne la vie » (Lettre du P. Oudin à M. Le Clerc, du 8 septembre 1734). — L'abbé Bonardy, que nous ne rangeons certes pas parmi les amis de M. Le Clerc, écrivait aussi le 6 mars 1729 au Président Bouhier : « Le P. Nicéron publiera dans le mois le 7e volume de ses *Mémoires*,... aussi superficiel peut-être que les précédents, et dont les éloges seront copiés des journaux jusqu'aux fautes grossières, ainsi que je lui ai montré sur le premier volume par 53 pages de remarques critiques... Dans mes réflexions, je demande à ce Père plus de faits et de raisonnements dans chaque vie, plus d'ordre dans les parties de cette histoire, plus de choix dans les sujets, et plus d'exactitude dans tout l'ouvrage » (Corresp. littér. du Prés. Bouhier; Manuscrits Fr. 24409).

à composer son *Histoire des Papes*. C'est ce qui nous paraît résulter de plusieurs passages déjà cités, du P. Oudin, dans ses lettres écrites vers la fin de 1727. Quoique achevé (1), cet ouvrage n'a pas été imprimé. Nous ne savons ce qu'il est devenu, et tous les moyens que nous avons employés afin de le retrouver, recherches personnelles et appel au public par la voie des Revues, tout est demeuré sans résultat.

Telles étaient, en 1727, les occupations de M. Le Clerc. Ce n'étaient pas les seules. Il travaillait encore à la *Bibliothèque du Richelet*, dont l'histoire mérite d'être racontée à part.

CHAPITRE XVII.

BIBLIOTHÈQUE DU RICHELET.

I. *Histoire de la publication de cet ouvrage.*

En 1726, les frères Bruyzet, libraires de Lyon, conçurent le projet de réimprimer le *Dictionnaire Français* de Richelet. Une *Table des auteurs*, ou Notice abrégée des écrivains cités dans ce Dictionnaire, figurait dans les éditions précédentes. La réputation dont jouissait M. Le Clerc, principalement à cause de ses travaux de Biographie littéraire, détermina les éditeurs Lyonnais à lui demander la composition d'un nouveau catalogue. Ceci se passa probablement au mois de septembre 1726, car, le 2 octobre suivant, l'abbé Papillon offrait à M. Le Clerc de l'aider dans ce nouveau travail. Commencée après Pâques de 1728, l'impression fut achevée à la fin du mois d'août de la même année. L'ouvrage parut en tête du *Dictionnaire*, avec ce titre : *Bibliothèque du Richelet, ou Abrégé de la vie des Auteurs cités dans ce Dic-*

______

(1) C'est le témoignage de tous les biographes de M. Le Clerc. V. *Mercure de France*, Février 1737, p. 273.

tionnaire (1). M. Le Clerc en a fait lui-même l'histoire dans la lettre qu'il écrivit au Président Bouhier le 8 janvier 1729. Nous allons en donner quelques extraits.

« Je vais vous dire quelque chose sur la fortune de cet ouvrage, duquel je ne suis pas fort content. Ce n'est pas qu'il n'y ait un petit nombre d'articles assez travaillés, par exemple ceux d'*Amyot*, d'*Audiguier*, etc., mais une simple lecture à tête reposée m'a fait apercevoir tant de fautes, qu'en vérité je voudrais presque que l'ouvrage n'eût jamais paru. J'avais des matériaux de longue main et en bon nombre ; mais ces articles, étant sur des cahiers séparés et dispersés comme les feuilles de la Sibylle, j'ai souvent dû omettre de jolis faits que je ne pouvais plus retrouver dans un temps où j'étais pressé par l'imprimeur, qui me talonnait de fort près. De plus, j'avais compté sur soixante feuilles d'impression, et j'ai été borné à trente. Encore m'a-t-on ôté la trentième. Elle était destinée uniquement à la vie de Richelet, que le libraire envoya à Paris à une personne inconnue qui lui persuada qu'elle était trop longue, qu'il y avait trop de dates et de menus faits, et qui en a donné un méchant abrégé tel qu'il est imprimé à la tête de l'ouvrage..... (2).

« J'avais écrit en chiffres tout ce qui pouvait l'être ; mes compositeurs en ont mis un très-grand nombre en toutes lettres, et par là m'ont fait tort au moins d'une feuille. Mais le pis, c'est qu'ils ont imprimé Livre *quatre*, Chapitre *trois*, etc., en cent endroits où j'aurais dit *troisième*, *quatrième*, etc. Ils m'ont mis je ne sais combien de *septante* ; sur quoi je vous raconterai un plaisant fait. Vers la fin de l'impression, allant porter un bout de copie que l'on m'était venu demander une heure auparavant, je trouvai mes deux compositeurs disputant ensemble. L'un voulait gager que l'on dit toujours *soixante-et-dix* et jamais *septante*. L'autre, au contraire, soutenait que les précieuses seules disent *soixante-et-dix*, et que les bons maîtres en fait de langage

(1) La *Bibliothèque* comprend les pages I-CXVI du tome Ier. Barbier (*Dict. des ouv. anon.*, 2e édit., n. 1739) et Quérard (*La France littér.*, art *Le Clerc*) disent à tort qu'elle parut en 1727. Le dernier se trompe également quand il affirme qu'elle « a été *réimprimée* dans le Dictionnaire de Richelet, édition de la même année. » L'Approbation est signée *Michel, chanoine d'Enay*, et datée de Lyon le 4 novembre 1726.

(2) L'abbé Joly ignorait sans doute ce détail lorsqu'il disait dans son Éloge de Richelet : « Il est surprenant que cette vie soit si courte, qu'elle ait à peine une page en gros caractères, tandis que plusieurs écrivains médiocres en remplissent plusieurs d'un caractère fort minuté dans la *Bibliothèque des Auteurs cités par Richelet* » (*Éloges de quelques auteurs Français*, p. 152).

disent constamment *septante*, *octante*, etc. Choisi pour arbitre, je dis que *soixante-et-dix* était le meilleur, et que *septante* ne valait guères. Aussi, me dit l'un, j'ai toujours mis *soixante-et-dix*; et moi, dit l'autre, toujours *septante*... Voilà d'où vient la bigarrure qui saute aux yeux sur ce point. C'est une bagatelle, il est vrai, mais enfin bien des gens crieront après moi quand ils verront tant de *septante*. J'en suis pourtant tout consolé.

» Du reste, j'avais deux fort bons compositeurs, et la plupart des fautes de chiffres, que l'on prendra pour fautes d'impression, viennent de moi. J'avoue que j'en suis surpris... Ce qui pourra paraître étrange, c'est que j'ai lu dix fois, sans les apercevoir, ces fautes, qui devaient pourtant me crever les yeux. Je ne les ai vues qu'après avoir laissé l'ouvrage plus d'un mois sans le relire... Je les ai corrigées dans l'exemplaire que j'ai envoyé au P. Oudin..... (1).

» Pour ce qui est des omissions, l'ouvrage en est plein, et je sens que si j'y remettais la main aujourd'hui, je l'augmenterais de plus du double sans beaucoup de peine. Il est vrai que je n'ai pas eu dessein de tout dire. Cependant, il y a divers articles que j'ai prétendu donner aussi complets qu'il m'était possible... (2).

» Quant aux cartons, ils ont été faits sans ma participation, et on ne me

(1) Les Bibliothèques municipales de Lyon et de Grenoble possèdant chacune un exemplaire de la *Bibliothèque du Richelet* corrigé et annoté de la main de M. Le Clerc. Aucun cependant n'est celui sur lequel il travailla dans la suite, et que l'on reconnaîtra à cette marque indiquée dans sa lettre à Papillon, en date du 6 juillet 1729 : « J'ai fait relier un exemplaire de mon ouvrage avec deux feuillets de papier blanc entre chaque feuillet d'impression, et j'y mets tous les auteurs que j'ai omis ».

(2) « J'ai omis au moins trois ou quatre cents auteurs cités par Richelet : 1° parce que je me trouvais trop borné; 2° parce que bon nombre d'entre eux ne m'étaient pas fort connus. J'avais eu dessein de dire un mot de Gui Guillot, sieur de Germigny, médecin non *pouilleux*, parce que les *Anes n'ont point de cette espèce de vermine*; mais je n'avais rien à ajouter à ce qu'en dit Richelet. J'avais pourtant, depuis plusieurs années, quelques vues à son sujet. J'ai étudié avec un Guillot, qui certainement pouvait être agrégé au privilége d'avoir des poux, car il n'était nullement *âne*. Il est aujourd'hui auteur à grand collier, mais connu sous un autre nom. Il m'était venu en pensée qu'il pouvait bien être fils de ce Gui Guillot, et que les Révérends Pères lui avaient fait quitter son nom *propter hoc*. Il a donc pris, depuis environ 35 ans qu'il est entré chez les Jésuites, le nom de sa mère, qui est *Sanadon*. Mais, comme vous le verrez sans peine, c'est un fait à éclaircir. D'ailleurs, j'aime mieux qu'un autre que moi développe le mystère, supposé qu'il fût comme je me l'imaginais. Au reste, Richelet insultait aisé-

les a montrés qu'en me faisant voir une épreuve. C'est Etienne, libraire de
Paris qui les a fait faire, et voici pourquoi. A la fin du mois d'août, comme
il ne restait plus à imprimer que la trentième feuille de mon Catalogue, on
lui en envoya un exemplaire qu'il avait demandé. Les Jansénistes, qui se
mêlent de tout, lui avaient, dit-il dans une de ses lettres, reproché de ce
qu'on s'en rapportait à un homme comme moi. Il ajoutait que ces Messieurs menaçaient même de faire supprimer tout le livre. Etienne remit
mon Catalogue entre les mains de je ne sais qui. Celui-ci le garda environ
deux mois, et après avoir intéressé à ce sujet l'abbé de Pomponne et sa
famille, ainsi que M. de Torcy, il a fait les cartons en question au nombre
de quatre. Il en avait fait six, mais les libraires de Lyon en ont laissé deux,
parce qu'on les mettait en dépense pour quelques lignes seulement... Pour
les quatre autres cartons, les deux premiers sont pour les (articles) *Arnauld*...
J'ai souligné dans l'exemplaire du P. Oudin ce que l'on a ajouté dans l'article de l'Avocat. Dans l'article du Docteur, on n'a fait que retrancher les
trois ou quatre dernières lignes... Le troisième carton a été mis pour la
page LIII. On y avait retouché l'article *Duguet*... Le quatrième carton est
à la page CXV, où l'on a retranché quelque chose qui était au mot Laurent
Daniel, contre deux endroits un peu Port-Royalistes de Richelet. A la
place on a mis ce que j'ai souligné dans l'exemplaire du P. Oudin. Je
voulais profiter de ce vide, et de quelque autre petit retranchement que je
désirais faire pour grossir l'*errata*; mais je ne fus point écouté. On me dit
qu'un ample *errata* scandalisait les lecteurs. On est malheureux quand l'on
n'est pas le maître de sa besogne » (1).

ment de fantaisie et par passion. Si j'avais su quelque bien de ce Guillot, et
de quoi contrebalancer ce qu'en dit Richelet, j'en aurais parlé » *(Lettre de
M. Le Clerc à l'abbé Papillon, du 6 juillet 1729)*.

(1) Les curieux qui désireraient connaître les passages cartonnés les
trouveront dans la lettre de M. Le Clerc à l'abbé Papillon, en date du
8 janvier 1729. — Ces détails concernant les cartons expliquent un passage
du P. Nicéron, ou de son éditeur, le tome XL de ses *Mémoires* ayant paru
après sa mort. Il dit en parlant de la *Bibliothèque du Richelet :* « Elle est
remplie de particularités singulières et curieuses que l'auteur avait recher-
chées avec beaucoup de soin. Il y a cependant bien des fautes; d'ailleurs
l'abbé Le Clerc y a fait entrer de longues discussions sur les affaires de
l'Église, qui sont absolument étrangères à son sujet, *et que l'on a eu soin de
retrancher dans les exemplaires qui sont venus à Paris* » (*Mémoires*, t. XL,
p. 376). Ensuite on renvoie le lecteur à la lettre de D. Le Cerf dont il sera
parlé au chapitre suivant. C'est bien le cas de redire avec M. Le Clerc :

« Ce coup part, j'en suis sûr, d'une main Janséniste. »

M. Le Clerc ne fut pas plus heureux au sujet de l'article qu'il avait composé sur M. Aubert, éditeur du Dictionnaire. « Je le lui envoyai, dit M. Le Clerc, afin qu'il le rectifiât, s'il y avait quelque chose de peu exact. Après qu'il l'eut examiné, il dit au libraire qu'il y avait trop de louanges, trop d'inutilités, trop de choses dont le monde ne se souciait point. Sur-le-champ il mit la main à la plume, et composa l'article que j'ai mis en son lieu, tel qu'il me l'avait envoyé, à la réserve d'une ou deux dates que j'ai ajoutées. Il faut savoir que M. Aubert n'est point du tout dans le goût de la menue littérature historique moderne, et qu'il appelle *inutilités* ce que moi et d'autres gens comme moi appellerions particularités curieuses » (Lettre à M. de La Bastie, du 9 janvier 1729).

Les plaintes si légitimes de M. Le Clerc trouvèrent un écho dans le cœur de ses amis, qui méritèrent surtout ce nom par les observations critiques dont ils accompagnèrent leurs condoléances. Au premier rang, il faut citer le Président Bouhier.

« C'est un peu tard, Monsieur, que je vous fais mes remerciments, tant sur l'exemplaire de votre *Bibliothèque du Richelet* que vous avez eu la bonté de me procurer, que des différents éclaircissements que vous avez bien voulu me donner sur cet ouvrage ou me faire communiquer par MM. De La Bastie et Papillon, et par le R. P. Oudin. Je commence par vous plaindre sur la gêne où l'imprimeur vous a tenu à cet égard, et sur les différentes traverses que vous avez essuyées. C'est ainsi qu'on a coutume d'être payé en servant utilement le public. Il n'y a rien de plus ridicule surtout que de vous avoir envié l'honneur de donner la Vie de Richelet en vous chargeant du soin de parler des auteurs que lui ou ses continuateurs ont cités. Mais je compte que vous voudrez bien m'en dédommager en m'envoyant cette Vie que je vous renverrai après en avoir tiré une copie. Du reste, j'ai copié sur mon exemplaire toutes vos corrections, et suis bien fâché qu'on vous ait resserré dans des bornes si étroites, car cela nous a fait perdre bien des choses curieuses que peut-être n'aurez-vous jamais occasion de nous apprendre. Nous vous sommes pourtant bien obligés de toutes celles que vous nous avez apprises dans cet ouvrage, qui sera toujours fort aimé de ceux qui ne méprisent point, comme M. Aubert, les particularités de la vie des gens de lettres... Venant à votre ouvrage que je n'ai pu encore parcourir que légèrement, je vous dirai quelques petites remarques que j'y ai faites, et dont vous ferez tel usage qu'il vous plaira » (3 mars 1729).

Ces remarques remplissent six pages in-4° d'une écriture serrée, et elles furent bientôt suivies de douze autres pages de critique sur divers articles de la *Bibliothèque,* que le Président trouvait néanmoins « bien fournie et d'un furieux travail » (1ᵉʳ décembre 1728). Il engagea même son ami Mathieu Marais à en prendre connaissance. « Vous ferez bien, lui dit-il, de parcourir la *Bibliothèque* de l'abbé Le Clerc. Vous y êtes cité en deux ou trois endroits. Il y a par-ci par-là des faits assez curieux, entre autres sur les brouilleries et diversités de sentiments sur la grâce entre MM. Arnauld et Nicole. Il possède parfaitement l'histoire anecdote de ce parti; et il démasque fort bien l'opposition de sa doctrine avec celle des Thomistes, auxquels ils (les Jansénistes) affectent aujourd'hui d'être si fort attachés. Le bon homme, malgré sa critique, n'a pas laissé de faire plusieurs fautes. Je lui ai envoyé sur cela un bon cahier de remarques. Il a presque acquiescé sur tout. Il a cela de bon qu'il est charmé qu'on lui montre en quoi il a erré, ce qui prouve qu'il ne cherche que la vérité » (21 mars 1729).

Mais M. Le Clerc n'était, aux yeux de Marais, qu'un adversaire de Bayle, et qui « méprise » Bayle « n'a, selon » Marais, « ni Dieu, ni foi, ni loi. » Il nous répugne de transcrire les paroles par lesquelles il caractérise la *Bibliothèque* et son auteur, qui l'appelait et le croyait naïvement son *ami.* Certes, on nous rendra cette justice que nous ne dissimulons pas les défauts de la personne non plus que des écrits de M. Le Clerc; mais quand nous le voyons traité d' « homme grossier, bas, qui ne peut dire de bien de personne, pas même des plus grands hommes; » quand nous entendons qualifier d' « expression la plus plate » dont puisse se servir une personne « qui ne sait point vivre » un mot qui, dans l'usage de la langue comme dans l'intention de M. Le Clerc, était un terme d'honneur et de politesse, nous plaignons celui qui se laisse aveugler à ce point par le préjugé ou par la passion; nous nous taisons par pitié pour le censeur bien plus que par commisération pour sa victime, et nous croyons faire assez d'indiquer en note l'endroit du livre où l'on pourra lire ces sortes de choses (1). L'expression *Monsieur l'Avocat Marais* est-elle, en effet, « plus plate » que celle de *Monsieur le Président Bouhier* ? Est-ce pour l'auteur qui s'en est servi, ou bien pour son trop susceptible critique, que le Président témoigne plus de complaisance lorsqu'il écrit à celui-ci : « L'on ne saurait excuser la manière dont il (M. Le Clerc) parle de beaucoup de gens de mérite, et de vous surtout, Monsieur, qui méritiez par tant de titres d'être traité par lui avec distinction. Mais le bon homme n'en sait pas davantage, et il faut lui pardonner cela en faveur de sa candeur et de sa simplicité » (4 juin 1729). Quoiqu'il pense faire beaucoup en accordant au condamné le bénéfice des circonstances atténuantes, l'illustre magistrat nous semble ici manquer d'impartialité, et nous nous portons appelant de sa sentence.

Combien l'abbé Papillon était un censeur plus équitable ! Censeur sévère, cependant, mais vraiment officieux, car ses remarques tendaient à l'amélioration de l'ouvrage. Lui aussi envoya à M. Le Clerc de longues et nombreuses lettres (2), dans lesquelles, après s'être plaint des libraires, qui « en usent » avec les auteurs « comme les procureurs qui prétendent avoir droit de faire passer les parties par les formalités qu'ils se mettent en tête », le savant Dijonnais montre en détail qu'il manque aux articles de la *Bibliothèque* « beaucoup de petites révisions » et plus d'une indication d'ouvrages à la partie bibliographique du livre (Lettre du 16 déc. 1728). Cette critique, toujours motivée et toujours polie, était d'autant plus sincère que, avant la publication de l'ouvrage, l'abbé Papillon en avait prophétisé le succès avec un peu trop d'enthousiasme, tout en prédisant avec plus de vérité de quel côté viendraient ses principaux détracteurs.

---

(1) Lettre de Marais à Bouhier du 31 mai 1729. *Journal,* tome IV, page 28, 29. — Desmaiseaux, éditeur de Bayle, était bien moins prévenu contre l'auteur de la *Bibliothèque du Richelet,* puisque, selon qu'il l'écrivait à Marais lui-même, il aurait voulu « faire réimprimer les livres de l'abbé Le Clerc en Hollande » (Lettre de Marais à Bouhier, du 23 octobre 1730. *Journal,* tome IV, p. 173).

(2) Voir surtout celles du 31 mars et du 20 juillet 1729.

« Je lus hier la lettre dont vous m'avez honoré à ces Messieurs, qui furent bien aise, ainsi que moi, d'apprendre que votre Richelet paraîtrait au premier jour, et que les imprimeurs entendaient enfin raison sur votre Catalogue. Il ne peut être trop long ni trop bien imprimé. Ce sera la partie noble du corps, et plus de curieux le visiteront que le reste du livre. L'on connaît votre goût littéraire ; je suis sûr que vous allez être accablé d'éloges et que cet essai vous produira mille invitations à vous appliquer à d'autres pareils ouvrages. S'il m'était permis de m'expliquer là-dessus, je vous demanderais une révision des *Jugements des Savants* par Baillet..... Je dois faire ici mention d'un petit soupçon que quelques personnes ont eu contre vous. On voulait m'insinuer que dans votre Catalogue vous prendriez les mêmes idées que vous avez suivies dans vos *Remarques sur Moréri* contre tous les auteurs de Port-Royal. J'ai pris votre parti envers et contre tous, et j'ai dit qu'il ne s'agissait point de dogmes dans cette occasion ; il ne s'agit que de l'histoire des ouvrages d'un auteur et de ses éditions ; que vous ne faisiez là qu'un personnage d'historien, et que tout le reste devenait indifférent » (9 mai 1728).

Comment et dans quelle mesure devaient être réalisées ces craintes et ces espérances, la suite va nous le montrer.

CHAPITRE XVIII.

BIBLIOTHÈQUE DU RICHELET.

II. *Critique de cet ouvrage par les Journaux du temps.*

« L'Auteur du nouvel Abrégé (de la vie des auteurs cités dans le Dictionnaire de Richelet) est un écrivain exact et judicieux, qui y a discuté un assez grand nombre de faits curieux avec sa précision ordinaire. » Tel est le jugement porté par le *Journal de Verdun* dans son numéro de mars 1729 (p. 160) (1).

(1) « J'ai été fâché que le Journaliste de Verdun m'ait déclaré auteur de la *Bibliothèque du Richelet*. C'est le libraire qui le lui avait marqué » (Lettre de M. Le Clerc au P. Côme de Villiers de Saint-Étienne, du 21 juin 1729).

Au mois d'Avril suivant, le *Journal des Savants* annonçait aussi la *Bibliothèque du Richelet*, « ouvrage, dit-il, qui renferme diverses recherches curieuses et nouvelles par rapport à la vie et au mérite des gens de Lettres dont il est parlé dans le Dictionnaire » (édit. in-4°, p. 256, 257).

En 1730, le *Journal littéraire* louait aussi l'auteur de la *Bibliothèque* qui « fait voir partout une grande connaissance de l'histoire littéraire, quelques petites fautes, toujours inévitables lorsqu'il s'agit d'un grand nombre de faits, et pour lesquelles il serait sans doute très-malhonnête de chicaner mal à propos un galant homme, n'empêchant pas que son ouvrage ne soit un bon traité de bibliographie », où l'on trouve « quantité de particularités très-curieuses et très-intéressantes » (1).

Mais en 1731, les voix discordantes commencèrent à se faire entendre. Un Bénédictin avait écrit contre les *Remarques sur Moréri ;* un autre Bénédictin écrivit contre la *Bibliothèque du Richelet.* Seulement D. Le Cerf, — c'est le nom du dernier, — qui retrouvait sans doute dans M. Le Clerc plus d'une des critiques de Dom P. Le Richoulx de Norlas, pouvait bien être mû par des sentiments que n'avait pas eus D. Méri. Quoi qu'il en soit, D. Le Cerf publia dans la *Bibliothèque française* un petit écrit intitulé : *Lettre d'un Religieux Bénédictin à Monsr P. de La R***, où il examine les Remarques de M. Le Clerc sur quelques endroits de la* Bibliothèque historique et critique des Auteurs de la Congrégation de Saint-Maur (2). Elle est datée de l'abbaye de Fécamp, le 21 Avril 1731, et débute de la manière suivante :

« Monsieur, il faut avoir autant d'autorité que vous en
» avez sur moi pour m'engager à réfuter les remarques qu'a
» fait *(sic)* M. Le Clerc, ecclésiastique du Séminaire de Saint-
» Sulpice, sur quelques endroits de la Bibliothèque de nos
» Auteurs. Si le christianisme permettait le moindre retour

_____

(1) *Journal littéraire ;* La Haye, année 1730 ; 2e partie, pages 438-441.

(2) *Bibliothèque Française ou Histoire littéraire de la France ;* à Amsterdam, chez H. du Sauzet, 1731, tome XVI, 1re partie, pages 86-107.

» sur soi-même, on pourrait compter au nombre de ses vertus
» celle de ne regarder qu'avec indifférence un ouvrage dans
» lequel on ne remarque ni solidité dans le raisonnement, ni
» justesse dans la critique, où notre langue souffre souvent
» des expressions de l'Auteur, où les phrases n'ont ni suite
» ni liaison, où l'on rapporte mille petites particularités pué-
» riles et inutiles qui n'entrent ni dans le plaisir ni dans l'ins-
» truction d'un lecteur, et où enfin on donne aux Auteurs des
» sentiments qui n'ont d'existence que dans l'imagination vi-
» cieuse du critique (1). Le seul examen de ce qui a rapport
» à mon ouvrage vous fortifiera, Monsieur, dans le sentiment
» où vous êtes que la *Bibliothèque du Richelet* est une de ces
» productions monstrueuses que l'Auteur aurait dû conserver
» dans l'obscurité de son cabinet, s'il avait été sensible à sa
» réputation » (p. 86, 87).

Après ce préambule, dont le ton fait assez pressentir celui
de toute la lettre, D. Le Cerf entreprend l'examen des reproches faits à son livre. La Lettre du Bénédictin, en effet, est
beaucoup moins une critique de la *Bibliothèque* de M. Le Clerc
qu'une apologie de la sienne propre. A peine, vers la fin
(p. 104-106), relève-t-il cinq ou six inexactitudes de dates ou
de lieux de naissance; encore, sur plusieurs points, les meilleurs Biographes donnent-ils raison à M. Le Clerc (2). D. Le

----

(1) Les sentiments dont il est ici question sont ceux des Jansénistes pour
lesquels la Congrégation de Saint-Maur avait malheureusement beaucoup
trop de sympathie. « On n'a pas lieu d'être surpris, dit D. Le Cerf, que
M. Le Clerc, élevé au Séminaire de Saint-Sulpice, ait des *sentiments* particuliers sur la Grâce. Mais ils ne sont pas tellement liés avec ceux de nos
habiles théologiens, qu'on ne puisse, sans altérer la pureté du dogme,
et sans danger pour son salut, expliquer plus judicieusement les vérités de
l'Évangile » (p. 99, 100).

(2) Par exemple, M. Le Clerc, après La Croix du Maine, fait naître le
Cardinal Du Perron à Saint-Lô, en Normandie. Selon D. Le Cerf, ce Cardinal naquit dans le canton de Berne, où son père s'était retiré durant les
troubles de la religion. Or, « il résulte d'une Histoire de Saint-Lô, composée
par l'abbé Toussin-Bloisville, que ce fut en cette ville que Du Perron vint
au monde, et que ses parents n'émigrèrent que quelque temps après sa
naissance » (*Nouvelle Biographie Générale*, art. *Du Perron*). Tel est aussi le

Cerf consacre tous ses efforts à se disculper des erreurs et des contradictions relevées dans les articles *Delfau, Germon, Lamy, Méri, Millet* et *Mabillon*, de la *Bibliothèque du Richelet*. Mais c'est toujours avec le même insuccès. Qu'on lise, par exemple (article *Mabillon*), la longue et intéressante discussion que fait M. Le Clerc des assertions de D. Le Cerf au sujet de la Préface générale des Œuvres de saint Augustin, composée par Mabillon (1), et l'on verra si cette discussion n'est, ainsi que le prétend le Bibliothécaire Bénédictin, qu'une « apologie plate » (p. 103), « un discours et des raisonnements confus et superflus, un galimatias plus embrouillé que la succession de Mathieu Gareau » (p. 101).

Mais c'est surtout dans ce qu'il dit sur l'article *Germon* que D. Le Cerf laisse voir toute la faiblesse de sa critique. Pour mettre le lecteur mieux à même d'en juger, nous placerons sous ses yeux les pièces du procès. Ce sera d'ailleurs un moyen d'appeler l'attention sur des faits intéressants qui paraissent avoir été ignorés des meilleurs bibliographes.

En parlant des contestations qui s'élevèrent sur la *Diplomatique* de D. Mabillon (2), D. Le Cerf avait rapporté (p. 250 de sa *Bibliothèque*) un texte de Bayle, lequel observe que ce n'a point été par des raisons prises de l'intérêt

---

sentiment du dernier historien du célèbre Cardinal (*Le Cardinal du Perron…*, par M. l'abbé P. Féret ; Paris, 1877, in-8º). Enfin, « une note généalogique, consignée sur une pièce de procédure, porte : *Le comte Davy du Perron est né en la maison de son oncle, au Perron de Montgardon, près La Haye-du-Puits,* » à 46 kilomètres de Saint-Lô (*Documents antérieurs à 1790,* dans *Le Contemporain* du 1er avril 1877, tom. XXIX, pages 727, 728).

(1) D. Le Cerf accusait Mabillon d'avoir sur la Grâce des *sentiments particuliers,* et de ne s'exprimer pas sur la contestation à laquelle donna lieu la Préface dont il est ici question, d'une *manière assez favorable à ses confrères en parlant des écrits publiés de part et d'autre,* c'est-à-dire pour et contre l'édition des Œuvres de saint Augustin, donnée par les Bénédictins de Saint-Maur.

(2) En voir l'histoire dans le *Nouveau Traité de Diplomatique,* par deux Religieux Bénédictins de la Congrégation de Saint-Maur (D. Toustain et D. Tassin) ; Paris 1750, tom. I, préface, p. XXI-XXVIII. La *Bibliothèque des Écrivains de la Compagnie de Jésus* donne la liste des écrits composés de part et d'autres (art. *Germon*).

commun des sciences que les Jésuites ont attaqué le célèbre Bénédictin ; que le P. Papebroch, célèbre Bollandiste, ayant inséré dans l'un des trois tomes d'Avril, publiés en 1675, une Dissertation fort longue sur la manière de discerner les fausses pièces d'avec les véritables dans les cartulaires, et le P. Mabillon l'ayant réfuté en 1681, *la Société s'en trouva offensée et lâcha le P. Germon* sur la *Diplomatique* pour venger le P. Papebroch.

A cette assertion dénuée de preuve, M. Le Clerc oppose d'abord une réflexion qui, selon D. Le Cerf, « n'a pas une forme plus heureuse que ses autres raisonnements » (p. 97).

« Si le P. Germon, dit M. Le Clerc, eût écrit peu après le docte Bénédictin, cela aurait pu avoir quelque petite vraisemblance. On aurait dit que le jésuite venait au secours de son confrère. Pour ce qui est de rejeter cela sur toute la Société, c'est, je pense, ce qu'un homme de bon sens n'eût jamais fait. Mais rien de moins raisonnable que de croire que la Société *l'eût gardé* pendant 22 ans au Bénédictin, pour *lâcher* enfin sur lui un écrivain au bout de ce temps. En effet, le P. Mabillon réfuta fort modestement Papebroch. Ce dernier, bien loin de s'en offenser, se rendit. Il félicita même Mabillon sur les découvertes qu'il avait faites... Nul jésuite ne se plaignit à ce sujet. Sur quel fondement donc aurait-on droit de supposer que la Société en corps se serait tenue offensée ? »

D. Le Cerf n'est pas embarrassé pour répondre.

« Il est aisé de remarquer, dit-il, que M. Le Clerc n'a pas une connaissance exacte de tous les replis du cœur humain. Les droits de l'amour-propre ne sont jamais plus assurés que quand le temps lui donne plus de vivacité. Les Jésuites ont été quarante ans sans répondre aux *Provinciales ;* leur ressentiment en était-il moins marqué contre l'auteur de ces lettres ? Le silence, si long qu'il puisse être, n'éloigne donc pas l'idée de l'animosité et du ressentiment, et la contestation qui regarde la Diplomatique justifie la vérité de cette réflexion, car il n'est pas aisé de former des savants qui puissent éclaircir les ténèbres de l'antiquité la plus reculée et débrouiller tant de titres, tant de chartes, tant de diplômes et de monuments anciens. Le dernier siècle n'a pu produire que le P. Mabillon qui ait donné à cette matière tout l'ornement qu'elle pouvait emprunter de sa plume » (p. 97).

Jusqu'ici ce ne sont, de part et d'autre, que des conjectures plus ou moins fondées. M. Le Clerc appuie la sienne

sur le témoignage qu'il a recueilli de la bouche même du
P. Germon, son ami, et ajoute les paroles suivantes qui
n'ont pas été connues ou assez remarquées par les historiens
de cette célèbre contestation (1),

« Au reste, voici comment le P. Germon se trouva engagé dans cette
dispute (*je sais cela d'original*). Il s'était appliqué à l'histoire, et il avait
dessein de discuter particulièrement divers points, assez difficiles à débrouiller, de celle de France. Les chartes anciennes ne pouvaient lui être
indifférentes pour en venir à bout. Mais étant certain que parmi tant de
chartes données par un grand nombre d'auteurs, avant même que D. Mabillon en eût écrit, il y en a beaucoup de fausses, le P. Germon sentit bien
qu'il fallait, avant d'en employer aucune suivant son dessein, en examiner
et en constater l'authenticité. Par là il se trouva naturellement obligé à
recourir à la *Diplomatique* du P. Mabillon, unique ouvrage où la matière
soit discutée et discutée par principes. Il la lit, il la médite ; et enfin il en
trouve plusieurs principes fondés sur des diplômes qui lui paraissent faux.
Là-dessus, il range ses doutes ; il fait une première dissertation qu'il publie
en 1703. Il l'adresse au P. Mabillon avec toute la politesse possible, et cela
comme au seul homme capable d'éclaircir ses doutes. Voilà au vrai comme
la dispute s'est formée de la part du docte jésuite. »

N'ayant rien à répliquer à un témoignage aussi précis et
aussi autorisé, que fait D. Le Cerf? Il le laisse complètement
de côté, n'en dit mot à son lecteur, et attaque directement
M. Le Clerc. « M. Le Clerc, dit-il, a la discrétion de reconnaître qu'il avait d'abord pris parti pour le P. Mabillon, parce
que son grand nom lui en avait imposé, mais qu'il est à présent dans la persuasion qu'on ne peut disputer la victoire au
P. Germon. Une autorité aussi peu respectable que la sienne
dans la République des Lettres devrait au moins être fortifiée
de preuves qui pussent changer nos idées » (p. 98).

M. Le Clerc eût pu répondre à son respectueux censeur
que, s'il les eût exposées, D. Le Cerf aurait sûrement trouvé
son ouvrage encore plus *mal digéré* (p. 91); que, d'ailleurs,
ces preuves sont dans les écrits du P. Germon; qu'enfin,
le critique Bénédictin, jugeant sans doute sa propre *autorité*

(1) Le P. De Backer lui-même n'en fait pas mention dans l'article qu'il
consacre au P. *Germon*.

très-*respectable,* se borne, pour *fortifier* son opinion, à renvoyer aux livres de Fontanini, de Lazarini et de Gatti, mais que, ainsi qu'on le lui avait déjà fait observer en 1727, « quelques raisons à la queue n'auraient rien gâté » (*Mém. de Trévoux,* mai 1727, p. 819). Au lieu de se livrer à un travail aussi inopportun qu'inutile, M. Le Clerc relève dans la Diplomatique une faute assez notable, « quoique de pure, mais constante inattention, faute que le P. Germon n'a point remarquée, que D. Ruinart a laissée dans la seconde édition, » faute, ajouterons-nous, qui se retrouve encore dans la troisième édition, donnée à Naples en 1789 par le marquis Adimari.

« Le P. Mabillon, dit M. Le Clerc, voulant donner des exemples, et en même temps des preuves de l'antiquité des archives ou chartiers des églises, parle du chartier de Cahors, dont Saint Grégoire le Grand, dit-il, fait mention : c'est au livre I, *De Re Diplomaticâ,* chap. 3, n. 1. *Gregorius Magnus,* y dit le savant Bénédictin, *in Epistolâ ad Desiderium Episcopum agit de chartis ecclesiæ Cadurcinæ.* Il cite en marge, *Greg. M. Lib. 7, Epist. 17* (il faut 117) Indict. 2. Le P. Mabillon a donc supposé ici que cette lettre, écrite par Saint Grégoire à l'Évêque Didier simplement et sans addition du nom de son siége, *Desiderio Episcopo,* était adressée à Saint Didier, Évêque de Cahors. En cela, il est certain qu'il se méprend. La lettre de saint Grégoire est, au plus tard, de l'an 600, et ce saint Pape mourut en 604, de l'aveu du P. Mabillon. Saint Didier ne fut Évêque de Cahors, de l'aveu du même P. Mabillon, qu'en 629, et au commencement de l'année huitième de Dagobert. Aussi le même D. Mabillon a-t-il dit dans ses *Annales* que ce Didier auquel Saint Grégoire écrivit la lettre en question, était Didier, Évêque de Vienne. Selon une Chronique des Évêques d'Auxerre, donnée par le P. Labbe (*Nov. Bibl. Manuscript.,* t. I, p. 25), cette lettre était adressée à Didier, Évêque d'Auxerre. Quoi qu'il en soit, il est incontestable qu'elle ne regarde ni Saint Didier de Cahors, ni le chartier de son Église.

» Au reste, dit encore M. Le Clerc en terminant son article, quoique je pense comme le P. Germon par rapport au fond, et que je sois persuadé comme lui que les Diplômes qu'il soutient n'être point originaux ne le sont point en effet, je ne suis pas de son sentiment sur divers points de chronologie. Par exemple, il place la mort de Dagobert à l'an 642, en lui donnant quatre années de règne de plus que ne lui en donne le P. Mabillon, qui fixe la mort de ce prince à 638. Je suis du sentiment de ce dernier. Le P. Germon ne donne que quatre années de règne à Clotaire III. Le P. Mabillon lui en donne seize, et je ne doute nullement qu'ils n'aient tort tous les deux. »

Le lecteur qui aura eu le courage de lire ces textes un peu longs, concluera sans doute que M. Le Clerc est un critique éclairé, judicieux, exact et impartial. Tel n'est pas cependant le jugement de D. Le Cerf qui finit sa lettre par cette conclusion, digne en tout de l'exorde : « Ces réflexions font assez voir que notre auteur est un pauvre Clerc (1) en fait de critique et de littérature, et justifient la conduite de MM. les libraires d'Amsterdam qui, dans la nouvelle édition qu'ils préparent du Dictionnaire de Richelet, en retranchent la Bibliothèque qui défigure si étrangement un ouvrage d'ailleurs estimable » (p. 106, 107).

L'abbé Desfontaines, « écrivain souvent précipité dans ses jugements et tranchant dans son ton » (2), a pour M. Le Clerc des termes plus durs encore. Il ne voit dans la *Bibliothèque* qu'un « fatras théologique qui lasse la patience du plus intrépide lecteur; où il y a des minuties puériles, des faits avancés en l'air, et des éloges prodigués aux plus misérables écrivains ». Selon lui, l'auteur est « un barbouilleur de papier (3) qui tranche du grand littérateur, et ignore quelquefois les faits les plus communs. Ainsi à l'article de *Baron* le comédien, il le fait bonnement auteur de toutes

(1) Lorsqu'il lut cette froide allusion à son nom, M. Le Clerc dut se rappeler et répéter tout bas, en les modifiant un peu, sans néanmoins rien changer à la rime, ces deux vers de la satire intitulée *La Vie de la cour* :

« N'en déplaise aux docteurs Cordeliers, Jacobins,
Pardieu, les plus grands *clercs* ne sont pas les plus fins ! »

(2) *Biographie universelle de Michaud*, art. *Desfontaines*. Voir aussi le jugement des *Mémoires de Trévoux*, juin 1749, page 1281.

(3) Marais, qui fait ordinairement preuve de meilleur goût, applaudit à ces paroles. « Vous n'auriez donc pas lu la table satirique du *Nouvelliste* sans moi ? Notre pauvre abbé Le Clerc, qui est traité de *barbouilleur de papier* et du dernier impertinent dans le corps du livre, est dénoncé par son nom propre au titre de la *Bibliothèque* de Richelet, où on l'appelle *l'abbé Le Clerc, Sulpicien*. Je crois qu'il est dans une belle fureur; et, comme on vient de me dire que le *Nouvelliste*, dont il a paru une 49ᵉ lettre du 15 janvier, est supprimé pour toujours, l'abbé et d'autres, joints à lui, auraient bien pu causer cette suppression » (7 février 1732. *Journal*, tom. IV, p. 339). Tout cela est fort amusant.

les pièces que lui attribue l'Almanach des Muses. Qui ne sait cependant que ce comédien n'a fait que prêter son nom à des personnes intéressées à garder l'incognito (1)?... Le bon goût du faiseur de Bibliothèque brille dans l'article du P. Du Cerceau. Voici comme il parle de son Recueil de poésies diverses : « C'est un bel et bon in-8°, duquel, en qualité de tisonneur, j'aime fort les *Pincettes*, et plus encore, comme bon Parisien, la *Ravigote* et les *Pâtés* » (2). Il se rencontrera probablement des censeurs de goût moins difficile ou d'humeur moins chagrine que l'abbé Desfontaines, lequel confesse néanmoins avoir « appris » des choses qu'il « ignorait » en parcourant la *Bibliothèque du Richelet*.

Cependant, ses vœux, qui étaient aussi ceux de D. Le Cerf, furent exaucés, et le *Dictionnaire* de Richelet parut à Amsterdam en 1732, sans la *Bibliothèque*. Les éditeurs crurent devoir en prévenir par un Avertissement qui fut bien relevé dans les *Lettres sérieuses et badines*. Après avoir cité les passages où il est dit que la *Bibliothèque* est « mal digérée, remplie de fautes et de traits passionnés, » La Barre ajoute ces paroles : « Du reste, par amour sans doute pour la brièveté, l'éditeur n'a rapporté aucun exemple qui justifie le moins du monde ses accusations. Accordons-lui pourtant qu'elles sont justes. Du moins, comme il en convient lui-même, *on y trouve plusieurs recherches curieuses.* C'est même, au gré de bien des gens de lettres, la partie la plus intéressante du Richelet refondu. Je veux que cette Bibliothèque ne soit pas exacte partout; il fallait la réformer et ne pas la retrancher entièrement. Je suis même persuadé que si une personne bien instruite de l'Histoire littéraire la rectifiait, on pourrait, en l'augmentant, en faire un ou-

---

(1) Louis-Simon Auger l'a pourtant ignoré. Il s'en tait dans l'article *Baron* qu'il a donné à la *Biographie universelle* de Michaud, ce qui suppose, — chose plus grave encore, — qu'il n'avait pas lu cette critique de l'abbé Desfontaines.

(2) *Le Nouvelliste du Parnasse, ou Réflexions sur les ouvrages nouveaux;* Paris, 1731, t. II, pag. 307.

vrage très-utile, surtout si l'on y marquait les éditions » (1).

Du Sauzet, éditeur du *Dictionnaire*, défendit son *Avertissement* dans une « Lettre à l'Auteur des *Lettres sérieuses et badines*. » Il s'y borne à répéter ses accusations, renvoyant, au surplus, à la *Lettre* de D. Le Cerf, qui avait déjà paru dans la *Bibliothèque Française*, dont Du Sauzet était l'éditeur, et où il avait publié la sienne (2). Mais l'auteur des *Lettres sérieuses et badines* montra sans peine que cette réponse n'était pas sérieuse. « J'avais avancé, dit-il, que de votre propre aveu, *on y trouve plusieurs recherches curieuses*. Vous en convenez de nouveau. J'avais écrit que c'est, au gré de bien des gens de lettres, la partie la plus intéressante du *Richelet* refondu. Vous me répondez seulement que Dom Le Cerf ne pense point comme eux. J'avais avoué que cependant elle n'est pas toujours exacte. Vous me répliquez là-dessus comme si je l'avais nié. J'avais ajouté que, si une personne bien instruite de l'Histoire littéraire la rectifiait, on en pourrait faire, en l'augmentant, un ouvrage fort utile. Vous vous contentez de me dire qu'il ne serait pas aisé de la réformer. J'avais marqué que vous auriez mieux fait d'en embellir votre *Richelet* en la retouchant, que de la supprimer tout à fait. Vous m'alléguez encore Dom Le Cerf qui, mécontent des critiques de M. Le Clerc, auteur de cette *Bibliothèque*, applaudit à vos libraires, qui l'ont retranchée de leur édition » (3).

Pour en finir avec les reproches faits à la *Bibliothèque du Richelet*, nous ferons connaître ici celui dont l'abbé Joly ne partage le mérite avec personne. Cet auteur qui, comme

(1) *Lettres sérieuses et badines sur les ouvrages des savants et sur d'autres matières*. A La Haye, 1732. Tom. VI, part. 1, in-12. Lettre huitième, p. 78, 79.

(2) Lettre de l'Éditeur du *Dictionnaire de Richelet* à l'Auteur des *Lettres sérieuses et badines;* dans la *Bibliothèque Française, ou Histoire littéraire de la France,* tom. XVII. Amsterdam, chez H. Du Sauzet, 1732. art. V, p. 129. — La lettre est signée *Du Sauzet*, et datée d'Amsterdam le 30 Avril 1732.

(3) *Lettres sérieuses et badines sur les ouvrages des savants et sur d'autres matières;* tom. VII, 1re partie, p. 186, 187. La lettre est signée des initiales E. I. R. O. N.

nous le verrons plus tard, n'a pas dédaigné de faire à l'ouvrage de M. Le Clerc, souvent sans l'avouer, de nombreux et considérables emprunts, paraît néanmoins adopter tous les jugements tendant à le déprécier. Dans son Eloge de Richelet, l'abbé Joly ne daigne pas même faire mention de l'article favorable à la *Bibliothèque,* donné par les *Mémoires de Trévoux,* article qu'il connaissait pourtant bien puisqu'il cite la critique du *Dictionnaire* faite par les mêmes *Mémoires,* laquelle annonce celle de la *Bibliothèque du Richelet,* insérée dans le même volume. Mais en compensation, il reproduit avec complaisance et les paroles de D. Le Cerf dont il trouve cependant la lettre « fort vive », et celles de l'abbé Desfontaines, et celles de l'abbé Goujet, au jugement duquel M. Le Clerc « n'avait ni assez de goût ni assez de critique pour faire un pareil ouvrage » (1), et enfin l'Avertissement de l'édition d'Amsterdam dont, entre autres choses, il cite le passage suivant : « L'auteur de cette *Bibliothèque* ne s'est pas borné aux auteurs cités dans le *Richelet.* Il a jugé à propos de la grossir par les Éloges de divers savants dont on n'a rien imprimé, et dont on chercherait inutilement le nom dans ce dictionnaire » (2).

Là-dessus, et comme pour démontrer, au moyen d'une pièce authentique et inédite, l'assertion de l'éditeur Hollandais, l'abbé Joly fait cette note que nous ne pouvons expliquer qu'en supposant chez son auteur la plus étonnante des distractions. « *J'ai,* dit-il, *entre les mains une lettre manuscrite de l'auteur,* où il dit qu'il a pris soin de faire insérer dans le *Dictionnaire* de 1728 une ou deux phrases, tirées des ouvrages de quelques écrivains vivants, afin qu'il pût en donner un article dans sa *Bibliothèque.* C'est ce qu'il a fait à l'égard du P. Du Cerceau, Jésuite. Mais il est tombé dans une plaisante

(1) *Bibliothèque Française*; Paris, 1741, tom. I, p. 234. Pourquoi alors dans son *Supplément au Dictionnaire de Moréri* publié en 1735, l'abbé Goujet renvoie-t-il si souvent à la *Bibliothèque?* Voir entre autres les articles *Alemand, Amelot de La Houssaye, Arcons, Audiguier, Automne,* etc., etc.

(2) *Éloges de quelques auteurs français,* p. 200.

méprise au sujet de ce poète, car au mot *Poulet,* billet galant,
il cite ces deux vers du Père du Cerceau :

> « Je sais les cas, j'ai lu Bail et Tolet,
> » Poulets ne sont condamnés par l'Église. »

où l'on voit que le poète parle des poulets à manger, et non
des billets doux » (1).

Moins heureux que l'abbé Joly, nous n'avons pas eu *entre
les mains* la lettre *manuscrite* dont il parle, non plus que tant
d'autres, également maniées par lui, de M. Le Clerc. Mais
nous avons vu, et chacun peut encore aujourd'hui voir à la
Bibliothèque de la Faculté de Médecine de Montpellier, la
copie, faite pour le Président Bouhier, d'une lettre écrite par
M. Le Clerc au P. Oudin, le 9 janvier 1729. Cette copie ne
doit pas être moins fidèle que celle des lettres adressées au
Président lui-même, lettres dont nous avons constaté la scru-
puleuse conformité avec les originaux. Or, voici textuellement
ce que M. Le Clerc dit au P. Oudin.

« Je ne suis pas fâché d'avoir manqué à corriger le *poulet.* Voici pourquoi.
Le libraire, M. Étienne (*Eh ! ne m'imprimez pas ;* prière qu'il eût exaucée
sans peine, si je la lui avais faite comme le P. Du Cerceau), M. Étienne,
dis-je, à qui le P. Du Cerceau a fait gagner des quarts d'écus, écrivit aux
deux libraires de Lyon, avec lesquels il était associé pour le *Richelet,* de
faire citer de fois à autres le même poète dans le même Dictionnaire. Ces
libraires en prièrent M. Aubert qui était au fort de son travail, dont l'impression était déjà bien avancée. Il leur répondit qu'il n'avait point ses
poésies, et que d'ailleurs il n'avait pas le temps de les lire. Ils écrivirent

(1) *Éloges de quelques auteurs français,* p. 200, 201. — Voici le passage
d'où sont tirés les vers du P. Du Cerceau :

> « Vous chicanez sur un pauvre *poulet,*
> Sur un flacon ; un rien vous scandalise...
> Je sais les cas, j'ai lu Bail et Tolet,
> Poulets ne sont condamnés par l'Église.
> Un pénitent ne peut pas vivre d'air ;
> Comme un autre homme, il est d'os et de chair, etc. »

*Poésies du P. Du Cerceau. Pièces mêlées ; Réponse de l'ermite à la mercuriale
de son chêne.* Paris, 1760, tom. I, p. 151, 152.

cette réponse à Étienne. Ce dernier alla trouver le Père, et ce père écrivit quelques mots accompagnés chacun d'un ou de deux, ou de trois vers de sa façon, chaque mot sur un petit papier différent, et le tout fut envoyé à M. Aubert chez qui j'ai vu ces papillottes. Ainsi M. Aubert trouvant sur un papier *Poulet,* et rien qui en donnât l'explication, et puis au-dessous les deux vers en question, crut bonnement qu'il s'agissait du *Poulet,* billet doux, et ne pensa pas que le poëte eût voulu dire que, suivant les casuistes, l'Église ne défend pas de manger des poulets ; et j'avoue que c'est cette idée du billet doux qui se présente, ce me semble, dans ces deux vers détachés. En lisant l'endroit dans le *Dictionnaire,* j'en fus un peu *stupéfait,* et comme j'avais alors les poésies du P. Du Cerceau de la dernière édition, je consultai l'endroit, et je me mis à rire de la méprise. Je pense qu'on la relèvera dans les *Mémoires de Trévoux* quand on y parlera de la nouvelle édition du Richelet, ce qui ne pourra être tout au plus tôt que dans le mois de mars, car on imprime actuellement le mois de février, où je sais que l'on n'en dit rien. »

Cette lettre ne serait-elle pas celle-là même que l'abbé Joly dit avoir eu *manuscrite entre les mains ?...* Quoi qu'il en soit, la faute indiquée ici par M. Le Clerc fut en effet relevée par les *Mémoires de Trévoux,* mais seulement à la fin de 1731, comme il est dit au chapitre suivant.

CHAPITRE XIX

BIBLIOTHÈQUE DU RICHELET.

III. *Principaux articles de cet ouvrage et jugement qu'en ont porté les* Mémoires de Trévoux.

En novembre et décembre 1731, les Mémoires de Trévoux donnèrent deux extraits, l'un du *Dictionnaire,* l'autre de la *Bibliothèque du Richelet.*

Le premier est une censure sévère, mais bien motivée, de l'œuvre de Richelet et de son dernier éditeur, M. Aubert.

« Si l'on croit sur ce nouveau *Richelet*, disent les journalistes, certain critique un peu chagrin de la patience qu'il a eue de parcourir ces trois immenses volumes, *et qui nous a adressé une partie de ses remarques*, la destinée (malheureuse) des premières éditions serait due à celle-ci. » (Novembre 1731, p. 1869). L'auteur de l'article reproduit ensuite avec une sorte de complaisance les observations qu'il dit avoir reçues, et dont le résumé ne remplit pas moins de quatorze pages. Il y donne même sa complète approbation, déclarant qu'il ne peut « contester au critique que ses Remarques soient bonnes et judicieuses » (p. 1882). Bien plus, il y ajoute les siennes propres, d'une étendue à peu près égale.

On pouvait bien ne voir là qu'un détour ingénieux habilement imaginé pour faire passer la critique et en tempérer l'amertume. Néanmoins M. Aubert ne prit pas la chose de la sorte, et peut-être n'avait-il pas entièrement tort, comme nous le dirons bientôt. Il alla même jusqu'à soupçonner M. Le Clerc, — lequel avait bien eu en effet « la patience de parcourir les trois immenses volumes » du Richelet, — d'avoir envoyé au journaliste le Mémoire sur lequel celui-ci disait avoir travaillé. C'est M. Le Clerc lui-même qui raconte ce fait au Président Bouhier dans sa lettre du 3 janvier 1733. « Je ne dois pas oublier de vous dire qu'allant voir, il y a quelques jours, M. Aubert que je n'avais point vu depuis environ huit à neuf mois, je le saluai et lui souhaitai une bonne année de votre part. Il se porte encore assez bien pour être à la fin de sa 91ᵉ année. Ce qui avait fait que je ne l'avais point vu depuis si longtemps, c'est que l'on m'avait dit chez son libraire qu'il croyait que c'était moi qui avais fourni aux journalistes de Trévoux le Mémoire qu'ils ont donné sur son Dictionnaire, où il n'est pas trop ménagé. Je ne voulus pas m'exposer à avoir peut-être querelle. Je me contentai de dire au libraire que je n'étais point auteur du Mémoire. »

Non, M. Le Clerc n'était point auteur du Mémoire; il l'affirme, et sa parole nous suffit; car, selon le beau mot d'un grand moraliste, « un honnête homme qui dit non mérite d'être cru : son caractère jure pour lui » (1). Mais M. Le Clerc n'avait-il pas, sans s'en douter, fourni les principaux points de la censure ? Est-ce à lui que nous devons rappeler ce qu'il écrivait au P. Oudin, le 9 janvier 1729, dans cette même lettre dont nous avons donné un extrait à la fin du chapitre précédent? « Je ne vous dis rien du *Dictionnaire* qui est à peu de chose près, tel qu'il était pour tout ce que M. Aubert n'y a point mis. Il n'a pensé qu'à ajouter, et peu ou point à corriger. Il a pourtant retranché quelque chose qui était criant au mot *Adultère*. Il a laissé un grand nombre de noms défigurés, de fautes de dates, etc., de vers estropiés, et d'autres fautes semblables qu'il eût pu corriger fort aisément. Pour la doctrine, j'en ai fait retrancher plusieurs endroits, et c'est ce qui a produit les douze cartons que l'on y voit, quand on prend le livre en blanc. Nonobstant cela, il y aurait encore bien des choses à retrancher. Les additions de M. Aubert sont, pour la plupart, à mon avis, un peu trop longues et trop chargées d'inscriptions anciennes, de latin, etc., qui naturellement n'appartenaient point à un Dictionnaire de la Langue Française. »

Si l'on rapproche de ce passage l'article des *Mémoires de Trévoux,* celui-ci en plus d'un endroit paraîtra n'être que le développement du premier, avec plusieurs termes absolument identiques. Citons-en quelques fragments.

« Le nouvel éditeur, au jugement de notre critique..., paraît s'être moins appliqué à perfectionner le Dictionnaire de Richelet, qu'à en augmenter le nombre des volumes... *Il y avait cependant plus à retrancher qu'à ajouter.* Les additions... roulent, les unes sur des termes de jurisprudence, etc., les autres sur des points de *littérature ancienne et moderne...* (p. 1871). Les citations multipliées rendent la plupart des articles *trop longs,* et la matière n'intéresse pas assez pour dédommager de l'ennui qu'elles causent par leur longueur. » — « Après ces remarques générales, notre critique entre

(1) La Bruyère, *Les Caractères......;* De la Société et de la conversation; édit. Servois, Paris, 1865, tome I, page 224.

dans le détail des principaux traits d'histoire, qui se trouvent *altérés*, soit dans leurs circonstances, *soit dans leur véritable date* » (p. 1872, 1873). — « Notre critique revient ensuite aux autres défauts qui rendent encore les *Additions* de l'éditeur plus ennuyeuses. 1° Les *noms* propres, dit-il, sont tellement *défigurés* dans les citations, qu'il n'est pas possible de les reconnaître... 2° Qui ne sera surpris, dit le critique, de trouver dans un *Dictionnaire de la langue française* de longs passages d'auteurs, anciens ou modernes, dans une langue étrangère? quoi de plus hors de sa place que des *Inscriptions antiques,* des tirades de trente et de quarante vers *latins* dans le Dictionnaire de Richelet » (p. 1874, 1875)?

Le passage suivant mérite surtout attention : « Enfin cette censure finit par un avis important. J'ai avancé, dit le critique, que le nouvel éditeur n'avait *fait aucun changement* dans le Dictionnaire de Richelet imprimé à Rouen en 1719. Le fait est vrai ; mais après l'édition achevée, les libraires, à l'insu de l'éditeur, et *par le conseil d'une personne éclairée, ont mis une dizaine de cartons* sur autant d'articles ou impies, ou contraires aux décisions de l'Eglise. Il rapporte aussitôt ces endroits, tels qu'il les a copiés sur le livre même, avant qu'on y mît les cartons ; et il indique en même temps *un grand nombre d'articles que l'on aurait dû traiter avec la même sévérité ! Voilà sans doute un homme bien au fait de tout ce qui s'est passé dans le cours de cette nouvelle impression* » (p. 1881, 1882).

La remarque sur le mot *Poulet,* que l'auteur de l'article range parmi celles qui lui sont personnelles, peut bien avoir été également suggérée par M. Le Clerc ; seulement, là où celui-ci n'a vu qu'une méprise, le journaliste croit voir une infidélité volontaire. « Si la fidélité qu'on doit aux auteurs, dit-il, exige que dans les citations on rapporte scrupuleusement leurs propres paroles ; n'est-ce pas contre la bonne foi et la probité de les détourner à un mauvais sens qu'elles n'ont point dans leur place, et dans lequel un auteur ne s'en est pas servi » (p. 1886)?

Deux choses nous semblent résulter de la comparaison de

ces textes. La première, que le P. Oudin est l'auteur de cet article et du suivant; la seconde, qu'il a puisé les idées principales de sa critique du *Dictionnaire* dans la lettre que lui écrivit, — nous empruntons ses propres termes, — « le savant et judicieux auteur qui a mis à la tête du Livre dont nous parlons ce qu'il appelle *Bibliothèque du Richelet* » (p. 1893); addition dont les *Mémoires* s'occupent dans un second article que nous suivrons en le résumant et en y ajoutant quelques traits dignes de fixer l'attention.

« Cette Bibliothèque, disent les *Mémoires,* n'est pas de la même main que le Dictionnaire ni que les Additions qui y ont été mises dans la nouvelle édition de Lyon, *dont nous avons rendu compte au mois précédent.* C'est, sans contredit, ce qu'il y a de plus curieux et de plus intéressant dans tout cet ouvrage, et ce qui nous paraît le plus propre à lui donner quelque cours parmi les gens de Lettres » (Décembre 1731, p. 2096).

L'auteur expose d'abord dans une courte Préface le but qu'il s'est proposé et le plan qu'il a suivi. Il ne « s'est point engagé à garder aucune proportion entre les articles. Par rapport aux écrivains les plus célèbres et les plus connus, » il se « contente ordinairement d'en dire fort peu de choses, » renvoyant, « pour ce qui touche leurs écrits et les particularités de leur vie, aux livres qui sont entre les mains de tout le monde. » Il a « pourtant donné des articles assez étendus à quelques savants du premier ordre, » mais seulement quand il a « eu quelque chose de singulier à en dire. » Il s'est appliqué « à déterrer plusieurs écrivains de mérite dont on ne trouve rien dans la plupart des Bibliothécaires, » et il n'a « pas cru devoir négliger bien des auteurs peu connus et même peu estimables, » parce que ce sont quelquefois ceux « au sujet desquels, quand on les rencontre en son chemin, la curiosité pique et inquiète même le plus bien des lecteurs. » S'il relève un grand nombre « de fautes plus ou moins considérables dans divers auteurs, ce n'est point par démangeaison de critiquer, mais pour empêcher, autant qu'il est possible, que ces sortes de faussetés ne se perpétuent. » Il

indique « scrupuleusement les sources où il a puisé, et cela
en faveur des gens exacts qui, dans un ouvrage comme celui-
ci, veulent, à la suite de chaque fait, en avoir de bonnes
preuves. Au reste, ajoute-t-il en terminant, je serai toujours
fort obligé à quiconque prendra la peine de suppléer à mes
omissions, d'éclaircir mes doutes et de corriger mes fautes. »

« Nous n'entreprenons pas de suivre le *Bibliothécaire* dans
toutes les particularités de la vie et des ouvrages de plus de
six cents auteurs, qui se trouvent cités dans sa *Bibliothèque*.
Nous nous bornerons à quelques traits singuliers et moins
connus de leur vie et à certains endroits critiques de leurs
ouvrages, que le savant écrivain a traités avec plus de soin,
comme plus intéressants et plus capables de plaire à ses lecteurs » (*Mém. de Trév.*, p. 2096, 2097).

« Le premier auteur qui se présente dans cette *Bibliothèque*,
selon l'ordre alphabétique qu'on y a suivi, est le fameux Pierre
Abailard ou *Abélard,* si connu par ses aventures. Après avoir
donné une suite chronologique des principaux faits de sa vie,
le Bibliothécaire fait quelques observations critiques sur ce
qu'en ont » dit plusieurs écrivains. « Il prouve en particulier,
contre le torrent des auteurs, qu'Abailard n'a jamais été disciple ou élève de Roscelin, et il le prouve par les dates, qui
sont absolument discordantes sur ce fait » (p. 2097, 2098).
— Mais cette preuve, qui pouvait paraître décisive au temps
de M. Le Clerc, doit aujourd'hui céder devant le témoignage
formel d'Abailard, lequel, dans sa *Dialectica,* publiée pour la
première fois en 1836, s'exprime en ces termes : « *Fuit autem,
memini,* MAGISTRI NOSTRI ROSCELLINI *tam insana sententia ut
nullam rem partibus constare vellet, sed sicut solis vocibus species,
itá et partes adscribebat* » (1).

« L'article d'André *Alciat* est un de ceux où paraît le plus
l'exactitude de » l'auteur « dans la discussion des moindres
faits. » Entre autres, celui de l'enseignement d'Alciat à Bourges, en 1527, est « fort bien débrouillé » (p. 2099).

____

(1) *Ouvrages inédits d'Abélard..., publiés par M. Victor Cousin;* Paris, 1836,
in-4°, page 471. Voir aussi l'*Introduction,* pages XL-XLIII.

« A l'article d'*Amelot de La Houssaie*, notre savant Bibliothécaire, après l'abrégé de la vie de cet auteur et une liste de ses œuvres, s'arrête particulièrement sur l'ouvrage posthume qui a paru sous son nom, en 1722, avec le titre de *Mémoires historiques, politiques et littéraires* » (p. 2101). « M. de La Monnoye, dit-il, m'a écrit que ces *Mémoires* ne viennent point d'Amelot, et je suis fort porté à l'en croire. Je ne voudrais pas, néanmoins, nier qu'il n'y eût quelques articles trouvés parmi les papiers de notre Amelot. Il paraît que pour en faire deux volumes, on a tiré divers traits de plusieurs livres..... qu'on a copiés sans beaucoup de choix. Aussi y a-t-il une grande quantité de fautes très-considérables. » — « Notre critique se borne à trois ou quatre faits intéressants dont il démontre la fausseté. D'autres points de ces Mémoires posthumes sont encore relevés dans quelques endroits de la *Bibliothèque,* par exemple aux articles *Daucour, Le Camus, Duperron, Richelieu,* etc. Ils y sont réfutés de point en point avec beaucoup de netteté et de solidité. »

A propos du P. *Amelotte,* de la Congrégation de l'Oratoire, il est parlé des sentiments qu'avait à l'égard de l'abbé de Saint-Cyran le P. De Condren (« c'est ainsi que son nom s'écrit, dit l'auteur, quoique l'on prononce Gondran »). « Il est prouvé, en effet, que ce Père, après avoir eu pendant un temps des liaisons avec cet Abbé, rompit avec lui, et que pendant les dix dernières années de sa vie, il ne le vit plus » (p. 2107).

On trouvera dans l'article Antoine *Arnauld* de curieux détails sur la composition et les premières éditions du livre de ce Docteur, qui fit tant de bruit, ainsi que sur le peu de fidélité avec laquelle ont été traduits les textes cités dans la *Fréquente communion.* Le sentiment de M. Le Clerc est que Saint Cyran conçut et dirigea l'entreprise, que les *ermites* de Port-Royal, dont les principaux étaient Le Maître et de Saci, son frère, Lancelot, De Barcos, etc., furent appliqués à chercher et à traduire les passages des Pères, des Conciles et des Théologiens, et qu'enfin Arnauld, que Saint-Cyran « regardait avec raison comme la meilleure plume et comme le plus fort théologien de sa petite société, » eut « la gloire d'y mettre la dernière main, d'en faire un livre non-seulement bien écrit, mais encore couché en style dogmatique et même de controverse. »

Parlant des *Jugements des savants* de *Baillet*, M. Le Clerc dit que « M. de La Monnoye y a fait assez bon nombre de corrections dans l'édition de Paris de 1722; que, nonobstant, il y reste bien des fautes, M. de La Monnoye n'ayant été engagé à y travailler que dans un temps où l'impression en était déjà commencée. » L'auteur de la *Bibliothèque* aurait bien voulu relever les « fautes que l'on n'a point corrigées, » mais il a senti qu'il allongerait trop cet article. Et ici M. Le Clerc est fort modeste, car, le 20 mai 1726, il disait au confident de ses travaux, au Président Bouhier : « On voit ici la nouvelle édition des *Jugements...*, de M. Baillet, faite en Hollande en 17 vol. in-12. Dans ma dernière lettre à M. de La Monnoye, je lui demandais s'il y avait contribué de quelque chose et s'il y avait fourni de nouvelles corrections (1). Au premier loisir, après nos retraites, je verrai cela par moi-même. J'aurais bien de quoi fournir un 18ᵉ volume en corrections, supposé que l'on n'en ait fait aucune. » L'abbé Papillon aurait bien voulu qu'elles « fussent en état d'être communiquées au public » (Lettre à M. Le Clerc, du 14 novembre 1727). Nous partageons ce sentiment, ainsi que celui de M. Le Clerc touchant les *Vies des Saints* écrites par Baillet.

Si le dernier historien du Cardinal de *Bérulle* avait eu connaissance de l'article qu'en donne la *Bibliothèque*, peut-être que, pleinement convaincu par les raisons qui y sont exposées, et dont il paraît n'avoir connu qu'une partie, il se fût décidé à placer à l'année 1599 la conversion de Mademoiselle De Raconis. Sur ce point, en effet, comme le remarque fort bien M. l'abbé Houssaye, « l'autorité de Dom Liron n'est pas incontestable » (2), et elle n'en avait pas imposé à M. Le Clerc, quoique dans une lettre écrite le 1ᵉʳ août 1723,

----

(1) « M. de la Monnoye n'a sûrement rien contribué à la nouvelle édition du Baillet » (Lettre de Bouhier à M. Le Clerc, du 2 juillet 1726).

(2) *M. de Bérulle et les Carmélites de France,* par M. l'abbé M. Houssaye; Paris, 1872, in-8º, page 135, note.

ce religieux crût avoir « démontré » que l'événement eut lieu en 1592 ou 1593, et qu'il se fût flatté de voir son sentiment adopté par M. Le Clerc.

Brantôme est jugé dans la *Bibliothèque* à peu près comme il l'a été récemment par M. Pingaud dans la *Revue des Questions historiques* (janvier 1876, p. 186 et suiv.). « Bien des gens, dit M. Le Clerc, se persuadent que Brantôme est un guide sûr pour les faits, et ils croient apercevoir dans ses Mémoires une franchise qui semble répondre de sa bonne foi, mais je crois qu'il faut être sur ses gardes quand on lit cet écrivain, » qui fournit plus d'une raison « de présumer qu'il n'a pas toujours eu les lumières, le désintéressement, la probité et les autres qualités nécessaires pour faire un bon historien. » A l'appui de ce jugement, M. Le Clerc examine le fait avancé par Brantôme du prétendu mariage du Cardinal Jean Du Bellay avec Blanche de Tournon, et il prouve fort bien que ce n'est là qu'une fable. M. Hauréau qui paraît ne connaître cette Dissertation que par la *Lettre critique* de M. Le Clerc, la cite avec éloge, et après être resté indécis sur la question, dans la première édition de son *Histoire littéraire du Maine*, il se range à l'avis de M. Le Clerc dans la seconde (1).

« A l'article de Sébastien *Le Clerc*, on remarque que dans son *Discours touchant le point de vue*, il avait montré *que les choses qu'on voit distinctement, ne sont vues que d'un œil ;* que

(1) *Histoire littéraire du Maine ;* Au Mans, 1845, tome III, page 139. Nouv. édit. Paris, 1872, tome IV, page 134. « Si l'on veut avoir d'autres détails sur cette Dame de Châtillon et sur l'invraisemblance de son mariage avec Jean Du Bellay, on peut consulter le tome V de la *Correspondance* iné⁻ dite *du Président Bouhier* (Mss. de la Bibl. Nat.). On y trouve une longue lettre de l'abbé Le Clerc dans laquelle le récit de Brantôme est très-ingé⁻ nieusement commenté » (Hauréau, loc. cit., éd. de 1845, t. III, p. 457). La discussion de ce fait comprend les pages 252-269 de la *Lettre Critique* manuscrite. M. Le Clerc l'a supprimée dans le texte imprimé, parce qu'il l'avait déjà donnée dans la *Bibliothèque du Richelet.* — Le dernier éditeur de Brantôme, M. Ludovic-Lalanne, déclare ce mariage « fort peu vraisemblable, » et croit qu'on « n'en trouverait la mention dans aucun autre historien » (Œuvres complètes de Pierre de Bourdeille, seigneur de Brantôme, etc.; Paris, 1876, t. IX, p. 677, note).

ce sentiment fut regardé comme nouveau, et rejeté par bien des savants à cause de sa singularité; que l'auteur ne connaissait aucun philosophe qui, avant lui, eût pensé de la même manière sur ce sujet, et qu'il n'avait jamais pu trouver aucune trace de cette opinion dans les anciens. Mais, ajoute-t-on, un de ses fils nommé *Claude,* a découvert un philosophe du même sentiment. C'est M. Gassendi dans une lettre datée de Marseille du 13 octobre 1637, qu'il écrivait au célèbre Galilée pour le consoler de la perte d'un de ses yeux » (1).

Trois ans après la publication de sa *Bibliothèque,* M. Le Clerc découvrit deux autres auteurs qui avaient pensé comme son père. Nous sommes assurés d'entrer dans les sentiments du fils, en rapportant les paroles par lesquelles il annonçait au Président Bouhier cette nouvelle découverte. « J'achetai, il y a huit jours, 200 volumes du *Mercure Galant,* et des 22 premières années, à deux sols le tome. En commençant à les parcourir, j'y ai trouvé bien des bagatelles littéraires... Par exemple, je trouve dans l'*Extraordinaire du quartier de juillet 1685,* que Comiers, dans sa *onzième partie du Traité des Lunettes,* y dit, p. 264 et 265, que Gassendi, et longtemps avant lui, les célèbres J. Bapt. Porta et Sennert ont cru que l'on ne voyait jamais un objet distinctement des deux yeux à la fois. Par où j'apprends qu'avant mon père, trois auteurs de réputation ont cru comme lui. J'aurais donné un bon écu pour pouvoir faire entrer cela dans cet article de ma *Bibliothèque* où je n'ai cité que le seul Gassendi » (26 juin 1731).

« Dans l'article de *Galilée,* » M. Le Clerc « donne toute la suite des procédures que fit le tribunal de l'Inquisition de Rome, tant contre Galilée que contre quelques autres qui

____

(1) *Mémoires de Trévoux,* pages 2109, 2110. — En homme délicat, M. Le Clerc tient à ce que son frère seul ait l'honneur de la découverte. « Claude Le Clerc, dit-il, qui a observé le passage en question de Gassendi, est le seizième des dix-huit enfants qu'a eus Sébastien. J'observe cela, afin d'empêcher que bien des gens qui connaissent le troisième des enfants du même Sébastien, et qui savent qu'il se mêle de littérature et de découvertes, ne lui attribuent celle-ci » *(Biblioth. du Richelet,* art. *Clerc).*

défendaient le système de Copernic. Les deux propositions capitales de ce système sont extraites fidèlement de Riccioli (1) avec leur censure. 1° *Dire que le soleil est au centre du monde, et absolument immobile ou sans mouvement local, est une proposition absurde et fausse en bonne philosophie, et même formellement hérétique, parce qu'elle est expressément contraire à la Sainte Écriture. 2° Dire que la terre n'est pas le centre du monde, ni immobile, mais qu'elle se meut d'un mouvement, même journalier, est aussi une proposition absurde et fausse en bonne philosophie, et considérée théologiquement, elle est au moins erronée dans la foi.* » — « Concluez de là en passant, ajoute M. Le Clerc, que ceux d'entre nos philosophes qui, pour se tirer de ce Décret, répondent que le système n'y fut point condamné comme hérétique, s'en tirent par une mauvaise réponse. » — M. Le Clerc cite également le Décret du 22 juin 1633, condamnant Galilée, et l'abjuration solennelle qu'il fit de son système le même jour. Ensuite il corrige Moréri qui, à l'article *Galilée,* avait dit que ce savant « fut mis à l'inquisition et tenu cinq ou six ans en prison. » — L'indication de cet article de la *Bibliothèque du Richelet* manque à l'excellente Bibliographie *Galiléiste* que M. Th.-Henri Martin a mise à la fin de son bel ouvrage sur Galilée (2). Le savant auteur n'y trouverait à reprendre qu'un seul point, celui où M. Le Clerc assigne Florence, au lieu de Pise, comme patrie de Galilée.

L'article *Jaquet* contient une anecdote curieuse que nous laissons raconter à M. Le Clerc lui-même :

« Étant à Paris, il y a douze ans (3), je trouvai, dans la petite boutique d'une veuve Libraire (4), deux gros volumes in-12, seulement brochés, dont le détail est curieux. Le premier est intitulé : *Les Bibles catholiques défendues contre les accusations de David Mallebouin, Ministre de l'Église Valone*

______

(1) *Almagestum novum Astronomiam veterem novamque complectens;* Bononiæ, 1651, tome I, pages 496 et suiv.

(2) *Galilée. Les droits de la science et la Méthode des sciences physiques;* Paris, 1868, in-12.

(3) En 1715.

(4) La veuve *Bellay,* d'après le *Supplementum novissimum* du P. Echard, cité plus loin.

de Groningue. Avec un Traité du Culte et de l'Invocation de la Sainte Vierge et des Saints. Par François Jaquet (dans la permission il y a *Jacquet*), *Religieux Recollet, Missionnaire Apostolique.* A Liége, chez Simon Barat, 1679. Ensuite il y a une permission de *Fr. Jean Brulart, Provincial des Recollets de la Province de Liége,* datée de Liége le 15 avril 1679. Au-dessous est une approbation de trois Lecteurs du même ordre, du 1er avril, et de Namur, même année. Elle est signée : *Frère Jacques Bizot, Frère Antoine Godart, Frère Pierre de la Marche.* Le volume est de 538 pages. L'autre est : *Défense par l'Écriture Sainte de la Doctrine catholique, touchant la Prédestination et la Justification, contre David Mallesson, Ministre des Arminiens d'Amsterdam, avec un Traité de l'adoration de N. S. J. C. dans le Saint-Sacrement. Par le R. Père Jérôme Guérin, Religieux Dominiquain, Missionaire Apostolique.* A Liége, chez Jacques Pelletier, 1680, in-12 de 667 pages. L'Approbation, signée *Le Fèvre,* porte : *Nous, Guillaume Le Large, Provincial des Dominiquains de la Province de Liége,* etc. *A Liége, le 15 Avril 1680.* L'Approbation des trois Lecteurs du même ordre, du 1er Avril même année et de Namur, est signée : *Frère Paul Mouton, Fr. François de La Croix, Fr. Jacques le Petit.* Ces deux ouvrages sont de même forme, même papier fin, même beau caractère.

» Je ne connaissais point ces livres, et la curiosité me porta à voir ce que c'était. J'ouvris le prétendu Guérin et je tombai justement sur un endroit que je me souvenais fort bien d'avoir lu, *et j'y reconnus bientôt le style de M. Arnauld.* Les deux ouvrages sont imprimés de manière que les prétendus *Mallesson* et *Mallebouin* n'y sont jamais mis au long, mais toujours en abrégé, en cette manière, Mall., et je vis que c'était réellement M. Mallet qui était ici désigné en raccourci (1). Je demandai à la veuve si ces deux livres étaient là en leur entier. Elle me répondit qu'il y avait quelques autres feuilles, mais qu'on lui avait dit de prendre garde à qui elle les

(1) « Charles Mallet, né au diocèse d'Amiens, docteur de la Maison et Société de Sorbonne en 1644, Archidiacre et chanoine de Rouen, y mourut en 1680. Il en était grand vicaire depuis 25 à 30 ans. C'était un homme d'une vie très-exemplaire. M. Arnauld qui l'a traité d'une manière tout à fait étrange, et qui l'a accablé d'injures dans les deux volumes indiqués ci-dessus... n'a pu trouver à mordre sur sa conduite et ses mœurs. La colère de M. Arnauld venait de ce que M. Mallet avait publié en 1676, à Rouen, un volume intitulé : *Examen de quelques passages de la Traduction Française du Nouveau Testament imprimé à Mons;* et en 1679 un autre, aussi à Rouen, *De la lecture de l'Écriture Sainte en langue vulgaire,* dans lequel il défendit l'usage alors commun, même en France, de ne pas permettre généralement à tout le monde, la lecture de l'Écriture Sainte en langue vulgaire » (*Bibliothèque du Richelet,* art. *Mallet*).

donnerait, et elle me les tira d'un endroit où elle les cachait. C'étaient justement les vrais titres avec les préfaces de M. Arnauld, savoir pour le premier tome : *Nouvelle défense de la traduction du Nouveau Testament imprimée à Mons, contre le livre de M. Mallet...;* Cologne, 1680; et pour le second : *Continuation de la nouvelle défense,* etc., Cologne, 1681. Ces titres sont des mêmes papier, caractère et forme que les précédents. Cette veuve m'avoua qu'ils ne lui coûtaient en blanc que cinq sous le volume, et qu'elle avait presque achevé de vendre les quatre cents qui lui avaient été remis. Je lui demandai encore d'où elle les avait tirés, et elle me dit que c'était d'une librairie de Rouen. Je pris les deux volumes avec leurs doubles titres qui ne me coûtèrent que vingt sols, et je les garde pour servir de témoin du fait, en cas que quelqu'un s'avisât de le révoquer en doute. ·

» Le P. Lelong dans sa *Bibliotheca sacra* a mis à la bonne foi : *Franc. Jacquet : Defensio Bibliorum catholicorum adversùs Davidem Mallebuinum, gallicè, in-12, Leodii,* 1699. Il est clair qu'il a pris cela sur un catalogue, et que s'il eût vu le livre, il n'eût pas omis la qualité de Recollet, car il est exact à marquer, quand il le sait, la qualité de chaque auteur. D'ailleurs il a mis sous le mot *Arnaldus* les deux volumes avec leur vrais titres (1).

» Lorsque je commençai en 1721 à envoyer au P. Echard quelques observations sur les *Scriptores Ordinis Prædicatorum,* je lui demandai pourquoi il n'avait pas touché ce fait concernant le prétendu père Guérin. Il m'écrivit qu'il n'en avait rien su que par ce que je lui en avais écrit. Il ajouta qu'il n'y avait point dans leur ordre de *province de Liège.* Quelque temps après il me fit savoir qu'ayant écrit en Flandres à ce sujet, on lui avait répondu que certainement il n'y avait point eu dans cette province des religieux des noms de *Le Large, Guérin,* etc. Peu après, il fit imprimer une feuille intitulée *Supplementum novissimum,* où il déclare que tous ces noms sont faits à plaisir. Mais il s'y est trompé en supposant que les deux volumes ne sont que le même donné sous les deux noms différents de *Jacquet* et de *Guérin.* — Chacun fera là-dessus les réflexions qu'il jugera à propos. »

Voici celles de Barbier, qui ne nous paraissent guère « à propos » : — « L'abbé Le Clerc, dans sa *Bibliothèque du Richelet,* s'est livré à bien des conjectures frivoles, puisque l'ouvrage dont il s'agit (*Les Bibles catholiques défendues contre... Mallebouin...*) n'est autre·que la réimpression de la *Nouvelle défense du N. T. de Mons contre M. Mallet,* par le Docteur

---

(1) L'observation de M. Le Clerc s'applique également à l'édition de la *Bibliotheca sacra* donnée en 1723 par le P. Desmolets.

Arnauld. Le libraire y mit un nom imaginaire, parce qu'il savait que l'ouvrage ne pouvait entrer en France sous son vrai titre » (1).

Qu'une ruse inventée par un libraire, pour vendre en fraude des livres Jansénistes, ait paru à Barbier chose toute naturelle, il faudrait, pour en être surpris, ignorer l'esprit répandu dans ses ouvrages. Mais ce qui est tout aussi naturel, — et le savant révélateur de tant de pseudonymes l'a su mieux que personne, — c'est le plaisir, beaucoup plus innocent, de dévoiler une superchcrie littéraire. Or M. Le Clerc ne fait pas autre chose; il ne se livre à aucunes *conjectures,* encore moins à des conjectures *frivoles* sur l'auteur qu'il *reconnut bientôt* être le Docteur Antoine Arnauld. D'autre part, la révélation avait son importance bibliographique, puisque le masque derrière lequel Arnauld s'était caché avait été ignoré de bibliographes tels que les PP. Lelong, Desmolets et Echard (2).

Jean Le Hennuyer, Évêque de Lisieux, mort en 1578, était-il dominicain ? Cette question a suscité une grave controverse où le nom de M. Le Clerc a été plus d'une fois mêlé. Déjà dans ses *Remarques sur Moréri* (art. *Hennuyer*), il s'était prononcé pour la négative, appuyé sur l'autorité du P. Echard, qui lui déclara encore, le 9 décembre 1723, n'avoir rien trouvé qui le fît changer sur ce qu'il avait dit là-dessus dans ses *Scriptores* (3). Cependant, en 1725, « un Jacobin un peu trop vif sur ce qu'il croyait pouvoir faire quelque honneur à son ordre » (4), le R. P. Texte, religieux du faubourg Saint-Germain, à Paris, empêcha de corriger

---

(1) *Dictionnaire des ouvrages anonymes,* 2ᵉ édit., n. 1704. Cette note a été reproduite dans la nouvelle édition des *Supercheries littéraires dévoilées,* de Quérard. Mais ni les éditeurs, ni Barbier, ne donnent le titre faux de la *Continuation de la nouvelle Défense...* savoir : *Défense par l'Écriture-Sainte...., par le R. P. Jérôme Guérin,* etc.

(2) « Pour le faux Jérôme Guérin, c'est une chose fort plaisante dont jamais on n'a entendu parler chez nous » (Lettre du P. Echard à M. Le Clerc, du 1ᵉʳ septembre 1721).

(3) *Nouveaux Mémoires...,* par l'abbé d'Artigny, tome V, page 365.

(4) *Bibliothèque du Richelet,* art. *Maillard.*

sur ce point l'article *Hennuyer* du Dictionnaire de Moréri, et avança entre autres choses que « le P. Echard n'aurait apparemment pas manqué de reconnaître un homme si capable de faire honneur à son ordre, s'il avait remarqué qu'il s'écoula quinze ans entre le temps où il fut reçu Docteur et celui où il fut appelé à la cour » (1). M. Le Clerc, « dont les critiques sages et judicieuses sont très-estimées », selon l'abbé Prévost, adversaire du P. Texte, M. Le Clerc, disonsnous, fait voir la fausseté de cette note injurieuse au P. Echard dans sa *Bibliothèque du Richelet*, article *Maillard*. « Le P. Texte, dit encore l'abbé Prévost, digéra ce qu'il y avait de mortifiant pour lui dans cet article » (2), — mortifiant dans la solidité des raisons, non dans la dureté de la forme, — mais il garda le silence jusqu'en octobre 1741. Alors seulement, c'est-à-dire cinq ans après la mort de M. Le Clerc, il entreprit de lui répondre par un *éclaircissement* inséré dans le *Mercure de France*. L'abbé Prévost y répliqua et il y eut ainsi pendant quelques années échange de *lettres* et de *réponses* entre les divers savants qui prirent part à la dispute (3). En 1747, selon les *Mémoires* de Trévoux, le « procès » était « encore pendant » (4). Nous le croyons aujourd'hui terminé, et jugé conformément aux conclusions du P. Echard et de son ami M. Le Clerc (5).

(1) La Barre, qui dirigeait cette édition du Moréri, fait allusion à cela dans sa lettre du 5 octobre 1723 à M. Le Clerc : « On ne trouve pas bon ici qu'on rejette le témoignage de Sainte-Marthe sur l'état religieux de J. Hennuyer ; » et, après avoir donné les raisons alléguées en faveur de cette opinion, il ajoute : « Je ne puis guères, après cela, refuser cet illustre Prélat à l'ordre de saint Dominique. »

(2) *Mémoires de Trévoux*, avril 1744, page 702.

(3) Le Moréri de 1759 (art. *Hennuyer*) fournira l'indication et l'analyse des pièces auxquelles cette discussion a donné lieu. Il cite au premier rang la *Bibliothèque du Richelet*, « où l'on trouve, dit-il, de bonnes recherches. »

(4) *Mémoires de Trévoux*, mai 1747, page 1131.

(5) Ainsi pensent l'éditeur de *Moréri* de 1759 et la *Biographie universelle de Michaud*, etc. Cependant, en 1842, M. Bordeaux de Prétréville écrivait encore que « la piété de Le Hennuyer est un motif qui entraîne vers le sentiment des auteurs qui l'ont qualifié de dominicain » (*Recherches hist. et crit. sur Jean Le Hennuyer, év. et comte de Lisieux ;* Lisieux, 1842, p. 21).

L'article *Mercure* de la *Bibliothèque du Richelet* est une défense de ce Journal contre ses détracteurs, lesquels ne sont rien moins que La Bruyère, qui déclarait le Mercure « immédiatement au-dessous de rien » (1), Boileau et autres, tant anciens que modernes. M. Le Clerc apologiste du *Mercure!* Quel scandale, dira-t-on peut-être, ou du moins quelle témérité! Néanmoins, avant de condamner un homme, il faut l'entendre : la justice en fait un devoir. Écoutons donc parler l'accusé.

D'abord est-il exact de dire, avec le premier auteur des additions faites au Dictionnaire de Richelet, que le Mercure « ne contient que des pauvretés, que ce que quelques petits esprits ont fait de plus mauvais? » Pour répondre, il suffit de remarquer que « ces petits esprits » avaient nom Deshoulières, Regnier Desmarais, Fontenelle, La Monnoye, Pellison, Scudéry, De Villiers, Pierre et Thomas Corneille, etc., et que « quantité de poésies d'autres écrivains leur ont mérité des prix, même à l'Académie Française. » Tous ces morceaux ont-ils perdu leur vraie valeur, et « sont-ils devenus des *pauvretés*, parce qu'ils ont été communiqués au public pour la première fois par le canal du Mercure? » — Ce Journal, d'ailleurs, est « en partie comme une gazette de l'histoire du temps. Il contient, sur plusieurs faits importants, plus de détails qu'on n'en saurait trouver ailleurs. » — « Pour l'Histoire Littéraire, il y a beaucoup de menues particularités touchant les écrivains, leurs pays, leurs qualités, les dates de leur mort, etc., que beaucoup de curieux seront toujours bien aises d'y rencontrer. » Mais tant de petits contes, de petits romans, d'ailleurs honnêtes, d'aventures tragiques, de descriptions de modes, etc., déplaisent à bien des gens! Soit, mais ils plaisent à d'autres. « Chacun a son humeur et son goût, et le *Mercure* était fait pour instruire et divertir. Combien de traits dans les *Caractères* de M. de La Bruyère, qui ne sont, au fond, que des espèces d'historiettes, mais, après tout, forgées de fantaisie

(1) *Les Caractères ou les Mœurs de ce siècle;* Des ouvrages de l'esprit, édit. *Servois,* tome I, page 132.

sur un petit fond de vérité? Un portrait chargé, et ensuite
hasardé par un homme de mauvaise humeur, a-t-il privilége
pour passer dans la République des Lettres comme une curiosité de bon aloi, préférablement à une petite aventure plaisante, inventée par un homme d'un génie gai, surtout quand
il n'y a rien qui choque les bonnes mœurs? Pour ce qui
concerne les modes, combien nos savants ne sont-ils point
embarrassés à rechercher celles des Grecs et des Romains?
Celles de nos pères ne les valent-elles pas? (1) — D'ailleurs,
on voit dans le *Mercure* quantité de petites Dissertations touchant les Mathématiques, la Physique, la Mécanique, la Médecine, etc., qui ont leur utilité et leur mérite. » — « Despréaux, il est vrai, blâme l'auteur du Journal d'y prodiguer
son encens aux écrivains les plus médiocres. Je conviens de
bonne foi que c'est un des plus grands défauts du livre;
mais je pense qu'il n'est guères plus considérable que celui de
tout blâmer et de tout décrier. » C'était celui de Boileau,
qui — si l'on en croit Baillet, lequel voyait assez fréquemment
le satirique chez M. de Lamoignon, — « déchargeait souvent
son chagrin contre toutes sortes de livres, et même ne paraissait trouver bons que ceux qui sortaient de la plume d'un
très-petit nombre d'auteurs d'élite (MM. de Port-Royal) qu'il
semblait quelquefois réduire à l'unité, » c'est-à-dire au seul
grand Arnauld! — « On ne doit point au reste, ajoute M. Le
Clerc, s'imaginer que je veuille faire passer le *Mercure* pour
un ouvrage sans défauts. Je ne prétends autre chose, sinon
que c'est un livre tout comme un autre, où il y a du bon et
du mauvais, et du médiocre encore plus, mais dans lequel un
homme, même savant, peut trouver bien des choses qu'il
ignore, et dont il ne serait peut-être pas fâché d'être instruit...
Je pense que rien ne fait plus de tort au *Mercure* que le grand
nombre de volumes dont il est composé. Il serait à souhaiter

(1) Les journaux spécialement consacrés aux modes n'étaient pas encore
inventés au temps de M. Le Clerc. Le plus ancien en ce genre, *Le Cabinet
des Modes,* ne date que de 1785. Aujourd'hui, on n'en compte pas moins de
cinquante-deux paraissant régulièrement dans la seule ville de Paris! V. *An-
nuaire de la Librairie,* année 1875, in-12.

que l'on en tirât ce qui ne se trouve point ailleurs, et que l'on en fît un bon abrégé. Mais qui est-ce qui se chargera d'un pareil travail? » (1)

Un pareil apologiste du *Mercure* méritait bien d'y avoir son éloge. D'ailleurs, en parlant ainsi, il était mû par un sentiment de reconnaissance autant que de justice. « Après le nombre assez grand de particularités littéraires que j'y ai puisées, dit-il, je ne pourrais sans ingratitude, ni même sans injustice, souscrire au jugement qu'on en a porté. » On en trouverait des preuves par centaines dans les ouvrages de M. Le Clerc. En voici un emprunté à sa correspondance. — « Vous me prendrez pour un Docteur en *Mercure Galant*, mais enfin tout sert en ménage à gens de notre métier. *Jean-Antoine de Charnes*, prêtre et doyen de l'Église collégiale Notre-Dame de *Villeneuve-d'Avignon*..... Voilà un éclaircissement à ce que vous m'avez demandé touchant cet auteur, et il est tiré du *Mercure Galant*, Février 1686, page 30. Vous voyez par ce petit échantillon combien la muse qui préside à la littérature nous favorise à point nommé, car je n'avais parcouru ce volume, — lequel me coûta mes trois sols il y a environ trois semaines, — que sept à huit jours avant que votre lettre du 12 de ce présent mois de Mai me fût rendue » (20 mai 1726).

Ce solliciteur, on le devine bien, était le Président Bouhier, toujours en quête de nouvelles littéraires. Peut-être ne sera-t-on pas fâché d'apprendre ce qu'il pensait aussi du *Mercure*. « On est bien heureux, Monsieur, de trouver des chasseurs qui sachent lancer le gibier aussi bien que vous. Je vous rends mille grâces de vos éclaircissements sur l'abbé de Charnes. Tout méprisable qu'est le *Mercure Galant*, aussi bien que la *Gazette de Loret*, on y trouve de bonnes choses et

---

(1) On peut aujourd'hui répondre ; Marmontel, Suard, De La Place, De Bastide et de La Porte, qui, de 1757 à 1764, publièrent le *Choix des anciens Mercures avec un extrait du Mercure Français ;* Paris, 108 volumes, dont un de Tables ; « mine très-précieuse, selon M. Hatin, et qui mériterait d'être mieux connue » (*Bibliographie historique et critique de la Presse périodique française ;* Paris, 1866, in-8º, p. 27).

des faits qu'on chercherait inutilement ailleurs (1). Ainsi, ce
ne sont point des livres à négliger. Il serait bien à souhaiter
qu'on en eût fait de pareils dans tous les temps. Combien de
choses saurions-nous qui seront éternellement ignorées? Mais
puisque depuis plus d'un demi-siècle on a pris cette méthode,
il faut profiter de ce qu'il y a de curieux et en laisser les bagatelles, comme vous savez très-bien le faire » (2 juillet 1726).
— Aussi le même Président goûta-t-il beaucoup l'article *Mer-*
cure de la *Bibliothèque.* « J'ai lu avec grand plaisir ce que vous
dites du *Mercure Galant,* et j'adhère au jugement que vous en
faites. Il y a longtemps que j'ai désiré comme vous qu'on en
fît un abrégé sur le plan que vous donnez » (23 mars 1729) (2).

La *Biographie universelle* de Michaud renvoie à la *Biblio-*
thèque du Richelet pour une plaisante bévue du ministre *Du*
Moulin. « Elle se trouve dans son *Antibarbare,* Genève, 1631,
p. 95. Le Ministre y transcrit d'après un Missel l'Antienne
du vendredi saint, qui commence (par ces mots) *Ecce lignum*
crucis, après laquelle il y a *Deus misereatur nostri... Evoae.*
Du Moulin ne sachant ce que marquent ces lettres E. V. O.
A. E. (nos livres portent aujourd'hui E. U. O. U. A. E.) a
cru que l'on chantait cela en un seul mot, et il se récrie ainsi

(1) Dans cette suite de résurrections littéraires qui se succèdent sous nos
yeux, la *Muze historique* de Jean Loret, aussi curieuse que rare, ne pouvait
manquer d'avoir son tour. Commencée par le libraire Pierre Jannet, qui
donna le premier volume en 1857, une nouvelle édition de la *Gazette bur-*
lesque, comme on l'a aussi appelée, s'achève en ce moment, avec le concours
de M. Ch. Livet, à la librairie Daffis, laquelle a racheté et continue la collection si connue sous le nom de *Bibliothèque Elzévirienne.* La *Muze historique*
formera 4 vol. in-8°.

(2) Tel est aussi le jugement d'un auteur moderne qui a fait des journaux
français une étude spéciale et approfondie. « On fait généralement, dit
M. Hatin, ou plutôt on affecte de faire peu de cas du *Mercure;* il est
certain cependant qu'il vaut mieux que sa réputation, et il serait difficile de
méconnaître le grand rôle qu'a joué dans l'histoire littéraire du XVIII⁰ siècle
ce recueil célèbre qui a eu le singulier privilége d'intéresser pendant un siècle
et demi une société qui n'était pas précisément sotte, qui a compté parmi
ses rédacteurs les plus grand noms de la science et des lettres, qui enfin a pu
sur ses bénéfices annuels servir jusqu'à 30,000 livres de pensions aux gens
de lettres » (*Bibliogr. hist. et crit. de la presse périodique française,* p. 24).

là-dessus : *lequel mot, Evoae, est un mot de triomphe dont les Baches enragées et yvres se servaient en l'honneur du Dieu Bacchus.* Je pense, dit M. Le Clerc, qu'il aurait ri lui-même de sa sottise, s'il eût dans la suite découvert que ces lettres sont mises uniquement pour marquer en abrégé les derniers mots du *Gloria Patri*, savoir, *Seculorum, Amen*, et que tout le monde le sait parmi les catholiques, jusqu'aux paysans qui chantent au lutrin dans les campagnes ».

Nous ne finirions pas si nous voulions citer toutes les anecdotes intéressantes contenues dans les articles *Nicole, Perachon* (1), *Richelieu, S. Zacharie,* pape, duquel les *Mémoires de Trévoux* parlent fort longuement. Concluons ce chapitre par où les mêmes *Mémoires* terminent leur *extrait*, et reconnaissons de nouveau pour auteur de ces lignes le P. Oudin qui, on ne l'a pas oublié, avait reçu de M. Le Clerc un exemplaire corrigé de la *Bibliothèque du Richelet*. « Finissons cet extrait. Nous en avons assez dit pour faire connaître le mérite de la nouvelle Bibliothèque, qu'on peut regarder comme un trésor d'anecdotes curieuses, et de remarques savantes sur divers ouvrages. L'Auteur y paraît partout ami constant de la vérité, et bon critique ; ses jugements ne sont point hasardés ; il n'avance rien sans preuves. Cette Bibliothèque servira à réformer un grand nombre d'articles dans

(1) A l'article *Perachon*, M. Le Clerc recherchant par qui et à quelle époque Louis XIV reçut pour la première fois le surnom de Grand, mentionne une médaille gravée par Sébastien Le Clerc, d'après l'idée fournie par le P. Souhaitty, cordelier du couvent de Vire en Normandie. Ce religieux se proposait de la faire entrer dans un ouvrage qu'il n'a pas exécuté et dont il n'a jamais voulu découvrir le dessein. Au milieu de l'estampe, on voit le portrait de Louis XIV, au-dessus duquel voltige un écriteau avec une légende écrite en cette sorte : LUDoVICUs MagnUs. Au bas sont gravés huit vers avec ce titre : *L'époque de Louis le Grand fixée à l'année de J.-C. 1671.* — M. Meaume n'a malheureusement pas connu cet article qui lui eût beaucoup servi pour rectifier sur ce point Jombert et l'abbé de Vallemont. Le savant auteur de *Sébastien Le Clerc et son œuvre* (p. 77-79), y aurait appris : 1º Que les lettres *numérales* des mots LUDoVICUs MagnUs, convenablement disposées, donnent bien MDCLVVVVI, ou en chiffres arabes 1671, ce qui explique « l'espèce de logogryphe » du P. Souhaitty ; — 2º que l'estampe n'a pas été gravée en 1671, comme on pourrait

les Dictionnaires de Bayle et de Moréri, *surtout si l'auteur veut bien en communiquer un exemplaire corrigé de sa main, comme celui sur lequel nous avons fait cet extrait.* On y trouve beaucoup d'additions, de changements et de corrections nécessaires qui en font souhaiter une nouvelle édition, que l'on vende séparément, et que l'on puisse avoir, sans être obligé d'acheter les trois gros volumes in-folio du Dictionnaire de Richelet » (*Mém. de Trév.* Déc. 1731, p. 2120).

CHAPITRE XX

PROJET DE « MÉMOIRES DE LITTÉRATURE. » — REMARQUES SUR L' « HISTOIRE DE L'ACADÉMIE » DE L'ABBÉ D'OLIVET, ET SUR L' « HISTOIRE LITTÉRAIRE DE LA VILLE DE LYON » PAR LE P. DE COLONIA. — NOUVELLE ÉDITION DES « ÉLÉMENTS » DE L'ABBÉ DE VALLEMONT.

Si le zèle de M. Le Clerc pour l'étude avait été susceptible de se refroidir, les exhortations de ses amis auraient bien

le conclure de la légende, ni même en 1672, comme on lit au revers du médaillon, mais en l'année 1685 ou environ; — 3° que, même en la supposant gravée en 1671, cette médaille ne fixe pas « par une date précise l'époque » exacte « où le nom de Grand fut donné à Louis XIV », puisque dès 1668, trois auteurs au moins, Perachon, Avocat de Grenoble, l'abbé de Faget et Mathieu Perrot, chanoine de la cathédrale de Bourges, avaient, dans des ouvrages divers, ravi au P. Souhaitty « l'honneur de l'invention » qui lui est attribuée. Sur tous ces points M. Le Clerc donne ses preuves, et parle en témoin bien informé et digne de foi. Il échappe toujours quelque chose aux chercheurs, même aux plus consciencieux et aux plus habiles. Le beau livre de M. Meaume en est une preuve nouvelle, et plût à Dieu que ce fût la dernière! Celui qui a vu et si bien décrit tant d'estampes de Sébastien Le Clerc, a pourtant ignoré celles que possède le Séminaire de Saint-Sulpice de Paris. Mais ce malheur profitera à la belle collection qui sera l'objet d'une étude spéciale, et n'aura pas nui aux amateurs, lesquels pourront bientôt joindre un *Supplément* à *Sébastien Le Clerc et son œuvre.*

suffi à le ranimer. « A quoi allez-vous vous appliquer maintenant? écrivait M. de La Bastie, moins de trois mois après l'impression de la *Bibliothèque du Richelet*. Si vous m'en croyiez, vous reviendriez sur ce que vous avez fait sur la *Chronologie de nos Rois de la première race ;* vous rempliriez les lacunes qui sont en quelques endroits : vous donneriez un peu plus d'étendue à d'autres afin de rendre le style moins sec, et vous feriez sur la seconde race ce que vous avez fait sur la première, ainsi que le titre de votre ouvrage manuscrit semble le promettre suivant la copie que M. le Président Bouhier en a fait faire, et que j'ai lue d'un bout à l'autre. De tout cela il en pourrait résulter un excellent ouvrage pour notre histoire. Je vous le dis sans compliment, et si c'est là votre goût, je vous y exhorte » (25 nov. 1728).

Le Président Bouhier n'était pas moins pressé ni moins pressant. Il terminait par ces paroles une série de remarques critiques sur la *Bibliothèque* : « Ces petites observations pourront vous servir pour une seconde édition de la *Bibliothèque du Richelet*, si vous jugez à propos de la donner, ou pourront trouver place dans quelque autre ouvrage. Je vous exhorte à en entreprendre quelqu'un où vous ayez le champ plus libre, et où vous soyez plus maître de votre imprimeur. Des notes critiques sur les Vies du P. Nicéron feraient grand plaisir au public, en les ajoutant à ces Vies, dont on pourrait faire une seconde édition, à Genève ou ailleurs. On attend aussi de vous ces *Éclaircissements sur certains faits* que vous vous êtes engagé de donner au public à la fin du troisième tome de vos *Remarques* sur Moréri, et ce que vous avez ramassé sur le *Plagiat littéraire*. Comme vous me paraissez encore parfaitement instruit d'une infinité d'anecdotes concernant les disputes qui se sont élevées depuis plus d'un siècle sur les matières de la Grâce, je voudrais que vous travaillassiez à nous en donner une histoire suivie, plus exacte que les précédentes, ou à faire au moins des observations sur quelques-unes de celles qui ont paru. Cela serait non-seulement très-curieux, mais aussi très-utile pour découvrir et démasquer les artifices du parti, qui paraît si peu disposé à se soumettre aux décisions de la Cour de Rome et du plus grand nombre de nos Évêques. Je vous exhorte à ne point laisser perdre les découvertes que vous avez faites sur ce point » (23 mars 1729). — « Les Homonymes m'ont souvent embarrassé en dressant, il y a quelques années, le catalogue de ma Bibliothèque. Cela mériterait bien quelque ouvrage de votre façon » (25 mai 1729).

Entre tant de travaux offerts à son activité, M. Le Clerc ne s'arrêta pour lors à aucun, mais il conçut le dessein de composer des *Mémoires de Littérature*. Il se proposait d'y faire entrer tout ce qui n'avait pu trouver place dans la *Bibliothèque du Richelet,* et ce qu'il apprendrait par de nouvelles recherches. La notice sur Richelet, en particulier, écartée, comme on l'a dit, par les éditeurs du Dictionnaire, devait y paraître revue et augmentée de traits nouveaux. M. Le Clerc montra « un échantillon » de cet ouvrage au Président Bouhier, pendant le séjour qu'il fit à Dijon, lors de son voyage à Paris aux vacances de 1729, comme on l'a vu par sa lettre du 11 décembre citée au chapitre II de cette Notice.

Dans ce voyage entrepris pour affaires de famille qui l'empêchèrent de voir quelques savants de ses amis (1), M. Le Clerc acheta plusieurs livres, et entre autres l'*Histoire de l'Académie,* par l'abbé d'Olivet, parue depuis peu. S'étant empressé de la lire, il y reconnut bien vite des lacunes et des défauts considérables. Aussi, huit jours après son retour à Lyon, il envoie au confrère et ami de l'abbé d'Olivet une première critique. « J'ai lu, dit-il, ce dernier ouvrage, qui me paraît trop peu chargé de personnalités, et j'y ai trouvé diverses inexactitudes. J'y ai aperçu aussi plusieurs omissions considérables dans les catalogues des ouvrages des Académiciens (2). Par exemple, dans l'article de *Vaugelas,* le docte abbé a oublié une traduction de cet illustre Académicien,

____

(1) « J'avais dessein de voir le P. Desmolets et le P. Nicéron, mais je ne les ai pas vus. Je n'ai vu nul de nos savants. J'ai vu une fois l'abbé Bonardy, mais *en brief* » (Lettre à Bouhier, du 11 décembre 1729).

(2) Ces reproches tombent encore sur la nouvelle, et d'ailleurs estimable, édition de l'*Histoire de l'Académie* donnée par M. Livet (Paris, Didier, 1858,

dont personne, que je sache, n'a fait mention, et que j'ai vue à la Bibliothèque de Saint-Sulpice. C'est une traduction française des sermons espagnols de Fonseca, que Vaugelas publia à Paris en 1615 (1). — « Quoiqu'il ait donné les

2 in-8o). Il s'est borné, à la fin du second volume (p. 513-535), à réunir et coordonner les parties du Catalogue de l'abbé d'Olivet, disséminées dans le corps de l'ouvrage, mais sans y rien ajouter.

(1) Voilà un ouvrage resté inconnu, non-seulement à tous les Biographes, comme Moréri, Nicéron, Chaudon, Feller, Michaud, Hœfer, mais encore aux plus savants bibliographes, tels que Barbier, Quérard et leurs derniers éditeurs. M. l'abbé Maynard, dans sa notice sur Vaugelas (*Bibliographie catholique*, t. XXIX, p. 252), dit que les *Remarques sur la langue Française* sont « le seul ouvrage qu'il ait mis lui-même au jour. » Cependant, en 1734, M. Le Clerc avait déjà révélé au public ce qu'il dit ici au Président Bouhier. Sa remarque a encore aujourd'hui toute la nouveauté et même la vérité qu'elle avait alors, excepté dans la première phrase, qui a cessé d'être exacte depuis que les biographes de Vaugelas, outre ses *Remarques,* mentionnent aussi sa traduction de Quinte-Curce. — « Tous les écrivains qui ont parlé des ouvrages de Vaugelas depuis sa mort, ont supposé qu'il n'avait jamais publié de son vivant qu'un seul ouvrage, savoir ses *Remarques sur la langue françoise,* volume imprimé in-4o en 1647, et souvent réimprimé depuis. J'en ai vu un autre dont personne, que je sache, n'a fait mention. En voici le titre : *Sermons de Fonséque sur tous les Évangiles de Caresme, avec une Paraphrase perpétuelle sur toutes les parties de l'Évangile : traduits de l'Espagnol en François. Par C. F. D. V.,* in-8o de 901 pages, imprimé à Paris en 1615. Il n'y a pas lieu de douter que ces quatre lettres majuscules ne marquent *Claude Favre de Vaugelas,* puisque le Privilége du 26 janvier de la même année 1615 porte *C. F. D. Vaugelas.* Les curieux pourront voir ce livre dans la Bibliothèque du Séminaire de Saint-Sulpice ; je l'y ai découvert en 1729. » (Nous adresserons les curieux d'aujourd'hui à la Bibliothèque de la ville de Lyon. Ils y verront l'ouvrage inscrit au catalogue sous le nom même de Vaugelas). « L'Approbation est du 3 janvier, et conséquemment l'ouvrage fut achevé en 1614. Je ne doute pas que Faret n'eût égard à cet ouvrage de Vaugelas, lorsqu'il parlait ainsi à M. de Méziriac, dans une lettre datée de Fontainebleau le 4 mai 1626 : « *Vous et M. de Vaugelas l'avez desjà fuict assez voir, que pour estre des derniers François, vous ne laissez pas de pouvoir enseigner aux autres le vray usage de leur langue,* etc. » Je laisse à d'autres à rechercher si Faret n'avait que cet unique ouvrage en vue, et s'il n'en voulait pas marquer encore quelque autre qui serait demeuré aussi inconnu, jusqu'à présent, que ce premier que je tire de l'oubli. Il était inconnu depuis un siècle, nonobstant la grande réputation de l'auteur » (*Remarques sur le Dict. de Bayle*, art. *Vaugelas*).

titres de plus de cinquante ouvrages de Baudoin, il en a pourtant oublié quatre ou cinq de ma connaissance. Il a aussi donné à d'Arbaud de Porchères les vers mis par-ci par-là dans les Recueils du commencement du XVII⁰ siècle, qui sont d'Honorat Laugier, aussi sieur de Porchères. Il n'a presque rien su de ce dernier, qui était le doyen des poètes, et même de tous les savants qui fondèrent l'Académie en 1634. Comme mon Histoire nouvelle de l'Académie est dans mes ballots, je ne puis vous marquer ici, Monsieur, les autres petites inexactitudes que j'ai observées dans le livre de votre élégant historien, qui, pour le répéter encore, me paraît trop désossé » (11 décembre 1729).

En étudiant de plus près cet ouvrage, M. Le Clerc y découvrait de nouvelles fautes qu'il relevait dans ses *Mémoires de Littérature,* auxquels il continuait de travailler. « Il y a, disait-il encore, je ne sais combien d'articles dans ce tome du docte Abbé, qui sont peu corrects. Il a aussi trop peu corrigé M. Pellisson, qui a manqué d'exactitude dans un fort grand nombre de faits. Dans l'ouvrage dont j'eus l'honneur de vous faire voir quelque chose durant mon séjour à Dijon, j'ai rectifié quantité de ces endroits défectueux du même M. Pellisson. Depuis que j'ai l'édition de M. l'abbé d'Olivet, je m'amuse, quand j'en ai le temps, à y suppléer et à y corriger. Mais comme je me donnerai bien de garde de l'attaquer, je fais ces suppléments et ces corrections sans parler de lui. Je ne veux me brouiller avec qui que ce puisse être » (Lettre à Bouhier, du 28 mars 1730 (1).

Les *Mémoires de Littérature* ne furent pas donnés au public.

---

(1) Bouhier répondait le 10 avril suivant : « Vos remarques critiques sur le nouvel historien de notre Académie pourront lui être très-utiles pour une deuxième édition, qui, vraisemblablement, paraîtra quelque jour, quand il poussera son histoire jusqu'à notre temps. Il y a apparence que vous trouverez occasion de placer ces Remarques dans l'ouvrage que vous préparez et que j'attends avec impatience. Je compte bien que vous garderez pour l'auteur attaqué tous les ménagements qu'il mérite. Du reste, comme il aime la vérité, je suis persuadé qu'il vous saura gré de la lui faire connaître poliment, et qu'il en fera usage quand son ouvrage reparaîtra. »

La partie des remarques sur l'*Histoire* de l'abbé d'Olivet, qui concernait les Académiciens poètes, entra dans les *Mémoires pour servir à l'histoire des poètes français,* dont nous parlerons bientôt. Mais avant que M. Le Clerc entreprît ce nouveau travail, un autre livre d'Histoire littéraire, composé par un de ses amis, appela son attention et donna lieu à de nouvelles remarques critiques de sa part.

En 1727, le P. De Colonia, de la Compagnie de Jésus, avait fait paraître le premier volume de son *Histoire littéraire de la ville de Lyon.* A peine le Président Bouhier en est-il informé qu'il s' « imagine », — peut-être n'était-ce qu'un désir, — que M. Le Clerc a fait « sur cet ouvrage une belle quantité de remarques ». La curiosité du Président fut satisfaite par la réponse de M. Le Clerc.

« Le P. De Colonia ne m'a rien communiqué jusqu'ici de son travail, sachant bien que je suis peu au fait des premières Antiquités de Lyon qui font presque toute la matière de son premier tome. Il m'a dit quelquefois qu'il me consulterait quand il serait question des écrivains modernes, mais apparemment il sera trop tard. J'entrevois d'ailleurs qu'il n'a pas dessein de s'engager dans tous les devoirs d'un Bibliothécaire, et que, sans se gêner beaucoup, il se contentera de donner de chaque auteur quelques particularités remarquables. Il imprime à peu près à mesure qu'il compose, et c'est ce qui fait que, quelque désir que j'aie que l'ouvrage soit parfait, j'appréhende néanmoins fort d'y être trompé » (23 décembre 1727).

M. Le Clerc vit ses appréhensions réalisées, et en 1730, lorsque parut le second volume de l'*Histoire littéraire de la ville de Lyon,* il pouvait dire avec vérité : « Il ne remplit point du tout le titre de *Bibliothèque des auteurs Lyonnais* (1). Entre autres, en parlant de l'imprimerie de Lyon, il marque un ouvrage seulement de 1487 pour le premier livre imprimé en cette ville. Je suis assuré qu'il y en a plus de cent plus

---

(1) *Histoire littéraire de la ville de Lyon, avec une Bibliothèque des auteurs Lyonnais sacrés et profanes;* Lyon, 1728-1730, 2 in-4°.

anciens. Le premier de ma connaissance est la *Légende dorée*, marquée dans la *Bibl. FF. Præd.* C'est un fort gros in-folio que j'ai eu entre les mains et que je voulais acheter, mais le libraire en demandait dix écus. Il fut imprimé chez Buyer, imprimeur et *citoyen de Lyon,* en 1476 (voy. Echard, tom. I, p. 853). Ce qui me surprend, c'est que le libraire qui voulait me vendre ce livre le porta, par l'avis que je lui en donnai, au P. De Colonia qui le vit, et auquel je dis quelques jours après que c'était le plus ancien livre en date d'impression de Lyon que je connusse. Il n'y a pas de cela plus de cinq à six ans. — Pour ce qui est des auteurs Lyonnais, ils sont traités seulement en gros, et il y a des pages où il y en a cinq ou six, dont chacun aurait pu remplir plusieurs pages. En un mot, ce n'est qu'un simple canevas. Ce qui m'a paru de meilleur, c'est le chapitre qui concerne le Collége de Lyon, depuis que les Jésuites y sont établis » (28 août 1730). — « Vous avez sans doute vu le second volume du P. De Colonia. J'y ai remarqué outre un très-grand nombre d'omissions, beaucoup de petites fautes... J'ai touché légèrement tout ceci au P. De Colonia, mais comme je vis que cela ne lui agréait point, je n'insistai pas. Son ouvrage, au reste, est goûté ici, parce qu'il contient bien des petits faits curieux, et que nombre de gens qui se mettent peu en peine d'être fort amplement informés de ce qui regarde chaque savant en particulier, y trouvent une variété et une multiplicité de petits faits qui les divertissent et les instruisent tout autant qu'ils le souhaitent » (23 décembre 1730).

Selon Barbier et les meilleurs biographes, M. Le Clerc donna en 1729 une nouvelle édition des *Éléments de l'histoire* composés par l'abbé de Vallemont, dont il eut « l'honneur d'être l'ami » (1), comme celui-ci l'avait été de Sébastien Le Clerc (2). Voici sur quoi l'auteur du *Dictionnaire des ouvrages*

---

(1) *Bibliothèque du Richelet,* art. *Perachon.*

(2) *Les Éléments de l'Histoire, ou ce qu'il faut savoir de Chronologie, de Géographie, de l'Histoire universelle, de l'Église de l'Ancien Testament, des Monarchies anciennes, de l'Église du Nouveau-Testament, des Monarchies nouvelles et de Blazon, avant que de lire l'histoire particulière. Avec une suite de*

anonymes fonde son assertion. « Quelques bibliographes, dit-il, attribuent à l'abbé Granet les augmentations contenues dans cette édition; ils ont été induits en erreur par le *Second Supplément au Dictionnaire de Moréri*, de l'année 1749, et par le Moréri de 1759, à l'article de l'abbé de Vallemont. L'abbé Desfontaines, dans la Table des matières du *Nouvelliste du Parnasse*, assure que ces augmentations sont de l'abbé Le Clerc; et je suis d'autant plus porté à le croire, qu'ayant inséré une notice exacte sur la vie et les ouvrages de l'abbé Granet, son collaborateur, dans le tome XXIV des *Observations sur les écrits modernes*, il n'a point compris les *Éléments de l'histoire* parmi les ouvrages réimprimés par les soins de cet abbé » (1). — Les caractères intrinsèques des *additions* confirment cette opinion de Barbier et de l'abbé Desfontaines. Ainsi, les dates de règnes des Rois de France et les raisonnements sur lesquels elles sont appuyées, sont absolument les mêmes que dans les *Remarques chronologiques sur les deux premières races*. Il faut en dire autant du jugement porté sur le P. Labbe, lequel est en tout conforme à celui qu'on lit dans la *Bibliothèque du Richelet*.

Les plus considérables des additions faites par M. Le Clerc sont des notices : 1° sur vingt-huit auteurs parmi *les plus considérables qui ont écrit l'histoire ecclésiastique* (2); et 2° sur cinquante des *écrivains de l'histoire de France* (3). Elles forment un total d'environ quarante pages. « Parmi ces additions répandues dans tout le cours de l'ouvrage, dit l'abbé Desfontaines, il y en a quelques-unes d'estimables. Mais, dans un

Médailles Impériales, depuis Jules César jusqu'à Héraclius. Par M. l'Abbé de Vallemont. Cinquième édition. A Paris, chez Gabriel Martin, Jean-Baptiste Coignard fils, Hippolyte-Louis Guérin, rue Saint-Jacques, 1729, 4 in-12. pages XXX-431, 555, 506, 488. L'Approbation datée de Versailles, le 2 février 1726, signée *Hardion*, est ainsi conçue : « J'ai lu les *Éléments* de l'Histoire, etc., et les Additions qui y ont été faites, et j'ai cru qu'on pouvait en permettre l'impression. » Cette date de 1726 semble marquer que les Additions ont été composées bien avant leur publication.

(1) *Dictionn. des ouvrages anonymes*, 2ᵉ édit., tome I, n. 4810. — V. aussi la *Biographie universelle* et la *Nouvelle Biographie générale*, art. *Vallemont*.

(2) *Éléments...* Liv. III, chap. V, tome II, pages 118-137.

(3) *Ibid.*, pages 207-226.

livre destiné principalement à l'instruction des jeunes gens, fallait-il insérer une longue liste de Théologiens Scolastiques et de Casuistes ? L'auteur des additions a totalement renversé les idées de l'abbé de Vallemont sur l'Histoire de France, et s'est éloigné de l'opinion commune. Ces changements ne servent qu'à décréditer un livre déjà estimé » (1). On voit bien que l'écrivain croit ou sait que l'auteur des *additions* est celui de la *Bibliothèque du Richelet*. Cependant, sa critique ne paraît pas avoir eu de l'influence sur l'abbé Goujet, car celui-ci a conservé les additions et les modifications faites par M. Le Clerc dans l'édition qu'il a donnée des *Éléments* en 1757.

L'*Avertissement* placé à la tête du *Supplément du Dictionnaire de Trévoux* dit que « le public en est redevable à l'abbé Berthelin, à M. Valdruche, à l'abbé du Masbaret, *à l'abbé Le Clerc, Directeur du Séminaire de Saint-Irénée de Lyon,* » etc. Barbier et le P. De Backer citent ce passage sans y faire aucune objection (2). Nous n'en voyons qu'une un peu embarrassante, c'est que le *Supplément* ne parut qu'en 1752, et que M. Le Clerc était mort au milieu de l'année 1736. Mais ce qu'on ne saurait contester, c'est sa collaboration aux *Mémoires pour servir à l'histoire des poètes Français.*

CHAPITRE XXI

MÉMOIRES POUR SERVIR A L'HISTOIRE DES POÈTES FRANÇAIS.

L'auteur de ces *Mémoires* était l'abbé Brun, Doyen de Saint-Agricol d'Avignon (3). Où et comment se forma

---

(1) *Le Nouvelliste du Parnasse ;* Paris, 1731, tome I, page 41.

(2) Barbier, *Dictionn. des ouv. anonymes ;* 2ᵉ édit., tome I, p. 298, n. 3884. — De Backer, *Bibliothèque des écrivains de la Comp. de Jésus,* art. *Souciet.*

(3) Nous ne savons presque rien sur ce savant aussi laborieux que modeste. Barjavel, dans son *Dictionnaire historique, biographique et bibliographique*

l'amitié qui l'unit à M. Le Clerc, nous n'avons pu parvenir à le savoir. Mais, le 28 août 1730, leurs rapports étaient déjà bien anciens, puisque M. Le Clerc en parlait en ces termes : « M. l'abbé Brun, homme d'étude que je connais depuis près de vingt ans, et qui est ici depuis plus de deux ans pour rétablir sa santé, se délasse à un ouvrage qu'il intitulera *Anecdotes du Parnasse Français*. Il est presque terminé, et je lui ai fourni beaucoup de mémoires sur nos poètes. Je lui ai surtout remis toutes les corrections que j'avais faites sur l'*Histoire de l'Académie* de M. Pellisson. J'aime mieux que cela paraisse sous le nom de mon ami que sous le mien. L'abbé Brun est Bachelier de Sorbonne et Doyen de Saint-Agricol d'Avignon, qui est sa ville natale. Son ouvrage sera en état d'être imprimé cet hiver, et il n'y aura quoi que ce soit qui puisse choquer aucun des écrivains, même vivants, dont il rectifiera quelques fautes. »

Le Président Bouhier, auquel ces lignes étaient adressées, répondit, on le devine sans peine, en exprimant son « impatience de voir l'ouvrage, » ne doutant pas qu'il n'y apprît « bien des faits curieux. » Peu de temps après, des encouragements non moins flatteurs arrivaient à M. Le Clerc de la part d'un autre Président de Parlement, M. De Mazaugues (1). L'abbé Tricaud, qui était sans doute en commerce de lettres avec cet érudit magistrat, lui ayant écrit touchant les *Anec-*

du département de Vaucluse (Carpentras, 1841, 2 in-8°), nous apprend seulement que l'abbé Brun « était oncle de Marie-Thérèse-Gabrielle Brun de La Martinière, des seigneurs de Flaux, et cousin de Louis Ferrier, qui lui laissa sa Bibliothèque et quelques-uns de ses ouvrages manuscrits, et qu'il fut doyen de Saint-Agricol d'Avignon et vicaire-général du diocèse. » D'autre part, nous lisons au tome III du Recueil manuscrit de l'abbé de Massilian, conservé au Musée Calvet, à Avignon, sous la date du 31 juillet 1767 : « M. Louis Crépin Brun de La Martinière, Docteur (?) de Sorbonne, doyen de l'Église de Saint-Agricol depuis 1718, vice-gérant en 1764, consulteur du Saint-Office, vicaire général et official du Diocèse, meurt à Avignon âgé de 72 ans. »

(1) « Son nom est Henry-Joseph Thomassin, seigneur de Mazaugues, Président aux enquêtes du Parlement de Provence » (Note autographe du Président Bouhier sur une lettre de M. de Mazaugues). Né en 1684, il

dotes poétiques, en reçut une lettre qu'il communiqua à M. Le Clerc. Le Président y marquait « qu'il se souvenait fort bien de la visite que » celui-ci lui « avait rendue à Aix cinq ou six ans auparavant. » Ce gracieux souvenir détermina M. Le Clerc à « renouer la connaissance » (1), et il écrivit à M. de Mazaugues pour lui faire part de son plan et en obtenir quelques renseignements sur divers poètes de Provence, particulièrement sur les Porchères d'Arbaud.

. Le Président répondit par trois lettres que nous avons, et qui sont datées des 28 Mai, 4 Juillet et 1ᵉʳ Août 1731. La première est trop honorable à M. Le Clerc pour que nous n'en citions pas au moins les premières lignes :

« Je suis très-aise, Monsieur, de ce que vous ne m'avez pas oublié, et encore plus de ce que vous me fournissez l'occasion d'entrer en commerce avec vous, avantage que j'estime infiniment, et dont j'aurais fait toutes les avances, si j'eusse été à portée de savoir où vous vous trouviez. Cette correspondance pourrait bien vous être onéreuse, car comme j'ai aussi quelque goût pour les recherches, surtout pour celles qui ont pour objet les auteurs de cette province, vous courez risque d'être souvent importuné par mes questions. Je pousserai même mon indiscrétion jusques à vous prier dans vos quarts d'heure de *bouquinerie*, de me chercher quelques livrets d'assortiments. J'ai vu avec plaisir le plan de l'ouvrage que vous préparez avec M. l'abbé Brun, et où je présume que vous aurez la principale part. Il ne saurait manquer d'être favorablement reçu du public par les curieuses recherches et les anecdotes littéraires dont il sera rempli. Cela lui donnera un relief qui manque à l'*Histoire de l'Académie* de M. l'abbé d'Olivet, écrite d'ailleurs avec esprit. »

Cependant, le travail avait subi les dernières retouches et était prêt pour l'impression. Le titre en ayant paru équivoque à quelques personnes, parce qu'il semblait annoncer un recueil de poésies ou pièces Anecdotes (c'est-à-dire *inédites*), on y avait substitué celui-ci : *Mémoires pour servir à l'histoire des*

---

mourut en 1743. Il recueillit de son père les fameux manuscrits de Peiresc. Ses relations avec Ducange et les PP. Montfaucon et Lelong le montrent comme un grand érudit. (Rouard, *Notice sur la Bibliothèque d'Aix dite de Méjanes;* Paris et Aix, 1831, in-8º, p. 78).

(1) Lettre de M. Le Clerc à Bouhier, du 18 mai 1731.

poètes français, par M. l'abbé Brun, Doyen de Saint-Agricol d'Avignon (1). Il restait à obtenir un approbateur. A cette fin, M. Le Clerc écrivit à M. Galliot, secrétaire du Garde des Sceaux (2), une lettre qui fait bien connaître l'objet et le plan de l'ouvrage, et qui a sa place marquée dans cette Notice. Elle est datée du 19 juin 1731.

« Monsieur, me permettrez-vous de renouveler une ancienne, mais bien ancienne connaissance, fondée sur une parenté un peu éloignée ? Je suis fils du célèbre Sébastien Le Clerc, des Gobelins, et je demeure depuis trente-cinq ans parmi Messieurs du Séminaire de Saint-Sulpice. Voici l'occasion pour laquelle j'ai l'honneur de vous écrire. Un de mes amis a composé un ouvrage auquel il donne pour titre : *Mémoires pour servir à l'Histoire des poètes Français.* Je l'ai fort aidé dans cet ouvrage et je l'ai dirigé dans sa composition. Je l'ai ensuite revu, corrigé, augmenté en divers endroits, et aussi diminué en beaucoup d'autres par divers retranchements. Plusieurs savants de mes amis ont eu connaissance de cet ouvrage, et l'ont vu en tout ou en partie, comme entre autres M. le Président Bouhier, à qui j'en fis voir une partie considérable à Dijon il y a près de deux ans ; M. le Président Dugas, alors Prévôt des Marchands à Lyon, qui le vit presque dans son entier il y a aussi près de deux ans ; M. Brossette en a vu les principaux articles ; M. le Président de Mazaugues, à Aix, à qui j'en ai envoyé le plan avec quelques articles séparés, etc. Ils en sont tous fort contents. Le but de cet ouvrage est de donner des particularités curieuses et anecdotes touchant les poètes français les plus célèbres, d'éclaircir d'autres particularités qui les regardent et qui ne sont pas assez correctement énoncées dans nos meilleurs Bibliographes, et, enfin, de faire voir la fausseté de divers faits que l'on en débite communément. Une autre vue de l'auteur a été d'y faire connaître un grand nombre de poètes inconnus. Au reste, Monsieur, on a évité avec soin dans ces Anecdotes que l'on donne de ces poètes (au nombre d'environ six cents) tous les faits qui ne serviraient qu'à faire tort à leur mémoire et qu'à scandaliser le public. On y a aussi évité avec soin toutes matières de dispute, c'est-à-dire tout ce qui pourrait regarder l'État ou la Religion, de façon que, quoique l'on y parle d'une centaine ou environ de protestants,

---

(1) Toujours insatiable, le Président aurait voulu un titre et un plan plus vaste : « Pourquoi avez-vous restreint les *Mémoires* de M. l'abbé Brun aux seuls *poètes français* ? Il me semble qu'il y avait bien des choses curieuses à dire sur nos autres auteurs, et qu'il aurait mieux valu mettre : *pour servir à l'histoire des Auteurs Français* » (3 août 1731).

(2) Lettre de M. Le Clerc à Bouhier, du 26 juin 1731.

et que l'on y marque de chacun d'eux qu'il était Calviniste, on ne les y envisage néanmoins uniquement que comme poètes. On n'y a donné pas un article de poète encore vivant. On y corrige, à la vérité, bien des fautes que quelques écrivains encore vivants ont faites dans leurs écrits en parlant de divers poètes morts, mais on le fait avec tous les ménagements nécessaires. La grâce, Monsieur, que je voudrais que vous obtinssiez de Monseigneur le Garde des Sceaux, serait que sa Grandeur voulût bien nous accorder ici un examinateur, Monsieur Brossette, par exemple, ou quelque autre. En cas que cela ne se pût, je souhaiterais qu'au moins vous fissiez en sorte que le Manuscrit fût remis à Paris à quelqu'un qui ne le gardât pas longtemps et qui ne nous fit pas languir, par exemple à Monsieur de La Barre, qui est de mes amis. En relisant ma lettre, j'y aperçois une équivoque dans la parenthèse où j'ai mis, *au nombre d'environ six cents*, que vous pourriez peut-être entendre des *Anecdotes*, au lieu que c'est des *Poètes* dont on parle dans l'ouvrage, qui sont au nombre d'environ six cents. L'ouvrage sera un fort in-quarto. Je suis, etc. » (D'Artigny, *Nouv. Mém.*, t. V, p. 421-424).

L'abbé d'Artigny fait suivre la citation de cette lettre des paroles suivantes : « Cette Histoire de nos poètes se trouvait malheureusement alors en concurrence avec le *Parnasse Français* de l'illustre M. Titon du Tillet. Tous les mouvements que se donna M. Le Clerc pour obtenir un Privilége furent inutiles ; et le manuscrit est resté dans la Bibliothèque de Saint-Sulpice de Lyon, de même que le *Traité du Plagiat* ». Si ce jugement n'est pas téméraire, — ce que nous ne saurions décider, — il est, du moins à notre avis, faux et erroné. M. Le Clerc obtint un examinateur, mais, en fait, il n'obtint pas de privilége, parce que l'ouvrage ne fut pas examiné pour des raisons auxquelles la jalousie des gens de lettres paraît avoir été heureusement étrangère, et dont il fait lui-même le récit dans sa lettre du 29 mars 1732. Après l'avoir lu, on appréciera davantage encore le service que rendent aujourd'hui aux auteurs les gouvernements qui se chargent de transporter promptement et sûrement leurs manuscrits.

« Je ne vous avais rien dit de l'ouvrage de l'abbé Brun, parce que je le crois fort reculé. Je m'étais chargé de le faire tenir à Paris au jeune Duplain (fils d'un libraire de Lyon), qui y était, pour le remettre à un *Approbateur*. Je l'avais porté moi-même à la diligence, et j'avais payé le port. Malheureusement celui à qui je l'avais adressé à Paris pour le remettre à Duplain se trouva parti deux jours auparavant pour Nantes. Le portier du Séminaire, qui faisait le ballot de celui-ci, ayant reçu le manuscrit que j'envoyais à ce Monsieur, le mit aussitôt dans le ballot qui, par un autre malheur, arriva à Nantes, quelques jours après que celui-ci en fut parti pour aller au Puy en Vélay. Enfin après six mois, et plus, de course, le manuscrit me fut rapporté du Puy, il y a trois semaines. Je l'ai rendu à l'abbé Brun qui travaille à le réduire sous une autre forme, et qui, comptant partir pour s'en retourner à Avignon au mois de mai, compte aussi faire imprimer l'ouvrage cet été dans la même ville. Je ne l'ai pas vu depuis quelque temps et je crois qu'il se bornera à tirer de son ouvrage uniquement ce qui concerne les poètes de l'Académie, en y joignant quelques augmentations qui pourront avoir relation à quelques endroits de l'*Histoire* de M. Pelisson sur lesquels M. l'abbé d'Olivet n'a mis nulle note. »

La lettre du 7 juillet de la même année 1732 nous donné la suite et la fin de cette histoire. « L'abbé Brun est retourné à Avignon où il travaille à mettre son ouvrage en ordre. Cela pourra venir en son temps. Ce que je lui avais communiqué me servira en temps et lieu, parce que j'en ai conservé par devers moi la minute. Ce pauvre abbé n'a pu trouver en ce pays la guérison de son mal. Il tombe de temps en temps, et il n'est pas en état d'étudier avec une certaine application. Il m'a donné ses Remarques, comme je lui ai donné les miennes, et ainsi j'ai tout ce qu'il a. »

A partir de ce moment, les lettres de M. Le Clerc sont muettes sur l'abbé Brun et sur son ouvrage. La santé de cet abbé, qui ne mourut pourtant qu'en 1767, fut-elle la cause pour laquelle son œuvre resta inédite ? Nous l'ignorons, ainsi que le sort du manuscrit de M. Le Clerc. Heureusement celui de l'abbé Brun est aujourd'hui au Musée Calvet à Avignon, ce qui nous permet d'ajouter encore quelques mots sur ce beau travail (1).

(1) Le recueil se compose de trois volumes in-folio dont le dernier est un supplément aux deux autres. Les auteurs y sont rangés d'après l'ordre alphabétique. Ce manuscrit est enrichi des notes autographes de M. Le Clerc qui, quelquefois, parle de lui-même à la troisième personne, et écrit par exemple : « Je rapporterai cette anecdote dans les propres termes de M. Le Clerc qui me l'a communiquée ». Parmi ces notes, les unes sont de

Quoique, dans le cours de son livre, l'abbé Brun soit exact à marquer tout ce qu'il doit à M. Le Clerc, il le fait d'une manière générale dans sa Préface, et en termes qui témoignent également et de sa profonde modestie et de l'estime qu'il portait à son collaborateur. En voici un extrait :

« La République des Lettres est un pays d'une étendue immense, et quelque loin que les savants y aient poussé leurs recherches, on y trouve toujours de nouvelles terres à découvrir. La Critique surtout est une science d'un fonds inépuisable. On a beau multiplier les corrections, on n'épuisera jamais les fautes. Comme ce genre d'études a toujours été mon goût favori j'avais ramassé un nombre d'observations, anecdotes et critiques que j'avais faites en parcourant quelquefois, pour me délasser, les terres les plus reculées du Parnasse français, et en feuilletant cette foule de nos anciens poètes que presque personne ne s'amuse plus à lire aujourd'hui. Je communiquai un jour ces remarques à mon illustre ami, l'auteur de la *Bibliothèque du nouveau Dictionnaire de Richelet,* c'est-à-dire, car il serait inutile de vouloir le dissimuler, à M. l'Abbé Le Clerc : son nom seul fait son éloge. Je le priai d'examiner mon Recueil avec quelque attention, et je n'avais alors d'autre dessein que de l'engager à corriger pour mon instruction particulière les fautes qui pouvaient m'être échappées. Il eut la complaisance de se recueillir pendant quelques jours sur mon manuscrit, et après l'avoir lu avec beaucoup d'attention, il m'en dit son sentiment, et il m'exhorta en même temps de donner au public les découvertes que j'avais faites. Le conseil d'un homme si éclairé m'ébranla d'abord. Je n'achevai pourtant de me rendre qu'à la proposition qu'il me fit de me communiquer ses propres Mémoires et les Remarques qu'il avait faites sur ces mêmes matières. En effet, il me les confia peu de jours après, et par une générosité dont on trouve peu d'exemples, il voulut bien s'en départir en ma faveur et m'en abandonner la propriété. Je n'oublierai jamais l'obligation que je lui en ai, et si je ne puis pas le reconnaître, j'aurai du moins soin de la

simples additions, les autres sont des notices composées en entier par M. Le Clerc. Ces dernières sont au nombre de 32, et leur ensemble forme environ 50 pages. A propos de l'abbé Abeille, successeur de l'abbé Boileau à l'Académie française, M. Le Clerc écrit ces paroles : « Je le vis à Rouen en 1716 en allant à la terre de La Martinière passer quelques mois de vacances chez M. Ferrier, poète, dont je parlerai en son rang » (M. Le Clerc n'a pas tenu cette promesse). « L'abbé Abeille me fit présent de quelques pièces qu'il avait fait imprimer séparément en 1714 à Paris. »

publier partout, et de me faire toujours honneur de l'amitié que ce savant homme me témoigne comme un des plus beaux jours sous lequel je puisse me montrer. »

Les *Mémoires* seraient utilement consultés, même aujourd'hui, par ceux qui s'occupent de l'Histoire littéraire des poètes Français. M. Livet y eût trouvé plus d'un détail précieux pour son édition de *l'Histoire de l'Académie*. Sur Boissat, par exemple, l'abbé Brun rapporte une anecdote assez curieuse qu'il dit tenir de M. Le Clerc, et que celui-ci, dans sa lettre à M. de La Bastie du 9 janvier 1729, raconte en ces termes :

« Un jésuite septuagénaire, qui a demeuré longtemps à Vienne, m'a dit y avoir appris que les parents de Boissat appréhendant qu'un poète ne fût comme une tache dans leur famille, avaient détruit quelques balles qui contenaient tous les imprimés de sept à huit feuilles, et gardé le reste, afin que ce manquement ôtât l'envie aux curieux d'avoir le Recueil. J'ai aussi ouï dire au vieux Rollet, bouquiniste ou revendeur de bouquins à Vienne, qu'il avait vu vendre, il n'y a pas 20 ans, à Vienne, tout le Boissat à la rame : *in Vicum vendentem thus et odores, et piper et quidquid chartis amicitur ineptis*. Le pauvre Boissat ne pensait pas apparemment que son Recueil dût avoir un si mauvais sort » (1).

(1) Dans ce même article, *Pierre de Boissat*, M. Le Clerc a encore écrit de sa main la petite apologie suivante : « J'avais lu l'article de l'Académicien Pierre de Boissat dans le tome 13 du R. P. Nicéron, sans remarquer que j'étais repris à la page 399 où le savant auteur en parlant des *Recherches sur les duels*, imprimées en 1610, à Lyon, in-4°, dit : *Je ne sais comment M. l'abbé Le Clerc a pu donner cet ouvrage au fils* (c'est-à-dire à l'Académicien) *dont il a mis la naissance en 1604 ou 1605.* Je fus d'autant plus surpris en lisant ceci, que je savais qu'ayant ces *Recherches* depuis vingt ans, ou environ, il ne m'était jamais venu en pensée qu'elles fussent de Boissat l'Académicien. Cependant je ne me crus pas pour cela justifié de cette faute, jusqu'à ce que j'eusse relu l'article que j'ai donné à Boissat dans ma *Bibliothèque*... Mais enfin en le relisant j'y ai vu bien certainement que je n'avais point fait la faute dont il est ici question. Voici apparemment ce qui a donné lieu à me l'imputer. J'y dis, p. 34, col. 1 : « *On peut ajouter aux œuvres de Pierre II les Recherches sur les Duels*, Lyon 1610, mince in-4°, et un autre marqué par le P. Lelong ». On aura pu, en ne lisant que cela, croire que le Pierre II dont je parle ici est Pierre l'Académicien. Je croyais pourtant m'être assez clairement expliqué pour que mes lecteurs conçussent

On remarquera encore dans les Mémoires une étude approfondie et parfois très-piquante de l'Épitre de Boileau sur *l'Amour de Dieu*. Elle n'est pas de l'abbé Brun, ni même, à ce qu'il paraît, de M. Le Clerc, mais d'un autre ami du Doyen de Saint-Agricol. « Il y a huit à dix ans, dit celui-ci, qu'un de mes amis composa une critique théologique de l'Épitre de ce poète sur *l'Amour de Dieu*. Il me l'a communiquée... Je la donne telle qu'elle est sortie des mains de l'ouvrier..., et je n'y ai ajouté que bien peu de choses de mon crû... Ce petit ouvrage n'est, pour ainsi dire, qu'un tissu de réflexions critiques et théologiques sur la pièce de Despréaux... On pardonnera l'ennui de quelques courtes controverses à la nécessité du sujet et en faveur des anecdotes dont ce hors-d'œuvre est rempli; je me flatte qu'on ne me fera pas un procès de l'avoir inséré ici » (1).

que, selon moi, l'Académicien est Pierre III : car immédiatement avant ces paroles, *on peut ajouter*, j'avais dit en corrigeant l'article de Moréri : « *On y parle... d'un autre Pierre* (c'est celui que je regarde comme Pierre I), etc. Voilà, ce me semble, la distinction des trois de Boissat du nom de Pierre, dont l'Académicien n'est que le troisième, la voilà, dis-je, bien marquée. »

(1) *Mémoires pour servir à l'histoire des poètes français*, tome III, page 40. — Cette critique de l'Épitre de Boileau fait partie d'un autre ouvrage également manuscrit conservé au Musée Calvet. Il a pour titre : *Remarques critiques en forme de lettre sur le Dictionnaire de Bayle*. Ces remarques portent la date de 1729 et remplissent les 394 dernières pages du manuscrit. Les premières, qui paraissent être de la même main, contiennent des *Nouvelles Remarques sur différents articles du Dictionnaire de Moréri de l'édition de MDCCXVIII*. La Préface, en forme de lettre, est datée du 11 Avril 1730, et signée des initiales : C. J. B. D. D. S. A. Si elles ne désignent pas *Louis Crépin Brun, Doyen de Saint-Agricol*, elles sont sûrement du moins celles d'un ami de M. Le Clerc, qui est souvent cité dans le cours de l'ouvrage. L'auteur, en effet, dit dans sa Préface : « Vous verrez dans les Remarques imprimées de notre ami M. L. C. (Préface, p. 46, n° 16) ce qu'il pense de la *Bibliothèque Chartraine* du P. Liron. » A l'article *Bièvre*, il avoue avoir vu fort souvent le père de M. Le Clerc aux Gobelins. Enfin, à l'article *Saint Amphiloque*, il écrit ces paroles : « Voici un mémoire que M. L. C. m'a communiqué (en manuscrit) où il éclaircit ce qu'on peut trouver de répréhensible dans sa remarque sur saint Amphiloque, et où il montre qu'il n'y a rien avancé que de vrai. » Qui ne reconnaît ici la réponse de M. Le Clerc à la *Discussion* de D. Méri ?

Chaudon et Delandine ont avancé que l'abbé d'Artigny a emprunté à l'abbé Brun les articles les plus intéressants dont il a enrichi ses *Nouveaux Mémoires*. « C'est ce que nous avons vérifié, disent-ils, sur l'ouvrage même que ce dernier écrivain nous avait communiqué. Cette *Histoire* existait aussi en manuscrit dans la Bibliothèque du Séminaire de Saint-Sulpice de Lyon, où l'abbé Le Clerc, ami de l'abbé Brun, avait demeuré longtemps ; et c'est par le moyen de quelque séminariste de cette maison que l'abbé d'Artigny se l'était procurée. Ce plagiat rendit ses Mémoires beaucoup meilleurs » (1). Le sentiment de Chaudon est aussi celui de la *Biographie générale* (art. *Artigny*) et du *Dictionnaire historique du département de Vaucluse* (art. *Brun*) (2). Une nouvelle confrontation de quelques articles de l'abbé d'Artigny avec le manuscrit de l'abbé Brun, nous a convaincu que celui-ci a, en effet, fourni au premier quelquefois le fond, quelquefois la forme même de certains passages des *Nouveaux Mémoires*. Si nous en produisons quelques preuves, c'est bien moins dans le but de convaincre de plagiat l'abbé d'Artigny, que pour faire connaître ce qui, dans son livre, appartient à M. Le Clerc. Ainsi, au tome VI (p. 81-85), les cinq premières pages du *Mémoire sur la vie et les ouvrages de P. Richelet* sont empruntées presque textuellement à celui de M. Le Clerc, dont l'abbé Brun dit avoir reçu communication (3). Les pages suivantes se ressen-

(1) *Nouveau Dictionnaire historique*, 8e édition, Lyon, 1804, art. *Artigny*.

(2) M. Weiss, dans la *Biographie universelle* de Michaud (art. *Artigny*), avoue qu' « on ne peut douter que l'abbé d'Artigny ne connût l'existence de l'ouvrage de Brun, puisqu'il dit que le manuscrit en était resté dans la Bibliothèque du Séminaire de Saint-Sulpice de Lyon, ainsi qu'un *Traité du plagiat*, par le même auteur. » Le biographe se trompe en attribuant à l'abbé Brun le *Traité du plagiat*. Il eût évité cette erreur en prenant d'un peu plus haut le passage de l'abbé d'Artigny auquel il fait allusion.

(3) « Je vais commencer l'article de cet auteur (Richelet). Je ne promets pas de le suivre exactement depuis son aurore jusqu'à son couchant et d'achever de le peindre. Je laisse ce soin à de plus habiles mains, et je vais seulement le crayonner sur les Mémoires qui m'ont été communiqués par M. l'Abbé Le Clerc. » — Cet article remplit 16 pages. — A propos de l'édition du *Dictionnaire* de Richelet, parue à Lyon en 1728, l'abbé Brun écrit

tent aussi de la lecture des *Mémoires*, quoique le plagiat y soit moins sensible. Il l'est davantage, il l'est surtout dans ce que l'abbé d'Artigny dit sur *Godeau* (1), sur Guillaume *Colletet* et les deux *Cotin* (2), sur *Bautru* (3) et sur les *Montereuil* (4), dont les articles, au témoignage de l'abbé Brun, lui ont été fournis par l'auteur de la *Bibliothèque du Richelet*.

Au reste, l'abbé d'Artigny avoue lui-même avoir lu les *Mémoires* dont nous parlons. C'est dans ce qu'il écrit touchant l'auteur de la *Satyre du Tems*, lequel, selon lui, est Besançon. « Voici, dit-il, sur quoi je me fonde. M. l'abbé Le Clerc, dans ses *Mémoires pour servir à l'Histoire des poètes français*, ouvrage manuscrit qui est à la Bibliothèque de Saint-Irénée de Lyon, dit expressément que cette Satyre de Besançon fut imprimée en 1619, à la suite des poésies de son compatriote d'Esternod. Voilà un fait positif, bien circonstancié, et sans doute on ne soupçonnera pas M. l'abbé Le Clerc de l'avoir tiré de son imagination, lui qui faisait une étude particulière des livres les moins connus et souvent les plus négligés... Il est vrai, comme l'observe M. l'abbé Goujet, que la *Satyre du Temps* forme la dernière pièce d'un Recueil de Courval-Sonnet intitulé : *Satyre Ménippée contre les femmes, sur les poignantes traverses et incommodités du mariage;* Lyon, in-8°, 1623; mais c'est précisément ce qui me fortifie dans mon opinion. J'ai un exemplaire de ce Recueil, dont M. l'abbé Le Clerc me fit présent un peu avant sa mort, et où il écrit au bas de la *Satyre du Tems à Théophile : Cette satyre est d'un auteur peu connu, nommé Besançon, et avait déjà paru en 1619* » (5).

encore : « Elle est enrichie d'une *Bibliothèque* des auteurs qui sont cités dans le Dictionnaire. M. l'abbé Le Clerc a fait ce riche présent au public, et, sans prévention pour mon ami, je puis dire que son ouvrage est rempli d'érudition, de recherches curieuses et de traits d'une excellente critique. »

(1) *Nouveaux Mémoires*, tome V, page 219.
(2) *Nouveaux Mémoires*, tome VI, page 104.
(3) *Nouveaux Mémoires*, tome VI, page 183.
(4) *Nouveaux Mémoires*, tome V, page 228.
(5) *Nouveaux Mémoires*, tome VII, pages 115, 116.

CHAPITRE XXII

M. LE CLERC PUBLIE SA « LETTRE CRITIQUE SUR LE DICTION-
NAIRE DE BAYLE ». — IDÉE ET APPRÉCIATIONS DE CET
OUVRAGE.

Vers la Toussaint de 1731, M. Le Clerc résolut de publier
sa *Lettre critique sur le Dictionnaire de Bayle* (1). Après l'avoir
revue, augmentée et enrichie d'une Préface, il la livra à
l'imprimeur, et elle parut dans le courant du mois d'avril ou
de mai 1732 (2). C'est un in-12 de xxii-456 pages. Il fut
imprimé à Lyon, ou plus probablement à Trévoux, quoique
le frontispice porte la rubrique de La Haye (3). A la fin, on
lit la date de « septembre 1725, » qui est celle de la copie
faite par M. Le Clerc sur le premier original envoyé à Mathieu
Marais et au Président Bouhier.

(1) Lettre de M. Le Clerc au Président Bouhier, du 7 juillet 1732. —
Œttinger (*Bibliographie biographique universelle;* Paris, 1866, tom. II,
col. 1953) nomme à tort l'auteur *Jean* Le Clerc.

(2) « On doit m'apporter aujourd'hui (29 mars 1732) la dix-septième
feuille à corriger. Il n'y en aura que deux par delà... J'espère que le tout
sera terminé avant quinze jours » (Lettre au Président Bouhier).

(3) Le *Catalogue des livres de Perrot* (Paris, 1776, n° 4032) dit l'ouvrage
imprimé à *Trévoux* pour La Haye. Cette version nous semble bien autorisée
par la similitude de papier et de typographie qui paraît exister entre la
Lettre et les *Mémoires de Trévoux.* De plus, les deux ouvrages se vendaient
à Lyon et à Paris chez les mêmes libraires (*Remarques critiques sur Bayle,*
art. *Abelli, Bed.1*). Enfin cette hypothèse explique fort naturellement
comment les *Mémoires* ont pu, dans leur cahier même de mai 1732 (p. 922),
annoncer le livre de M. Le Clerc, donner les initiales du nom de l'auteur,
et ajouter ces paroles : « L'écrivain de cette *Lettre critique* l'a écrite avec
tant de réserves et d'égards que l'on ne voit pas pourquoi il marque son
livre de La Haye. »

Ce savant magistrat eut bientôt entre les mains le texte imprimé, qui lui fut porté par le P. Guichard, carme de Dijon. L'envoi était accompagné d'une lettre où nous voyons les critiques dont ce livre était déjà l'objet dans la ville de Lyon. Excités ou enhardis par la censure que le *Nouvelliste du Parnasse* avait faite de la *Bibliothèque du Richelet*, quelques-uns disaient qu'à la vérité on trouvait « bien des choses curieuses » dans ce que M. Le Clerc donnait au public, « mais qu'on y remarquait aussi bien des inutilités. » Selon d'autres, « il n'y avait ni tour ni élévation dans le style » de l'auteur qui répondait que, vu la nature de son ouvrage, il lui suffisait « de ne pas faire de solécismes. » Enfin, une troisième classe de censeurs aurait préféré voir le critique « attaquer Bayle sur les matières qui concernent la religion, et particulièrement sur les controverses agitées entre l'Église Romaine et les communions séparées. En un mot, concluait M. Le Clerc, il n'y a aucun moyen de satisfaire tout le monde » (2 juin 1732) (1).

Les critiques de Paris, ceux de nos jours surtout, firent écho aux critiques de Lyon. « Ouvrage rempli d'érudition, dit Quérard, parlant de la *Lettre critique*, mais de beaucoup

(1) Après avoir exprimé ses remercîments et son regret de voir la *Lettre critique* imprimée sur de si mauvais papier, le Président Bouhier poursuit en ces termes : « Pour ce qui est des jugements qu'on en fera, vous jugez bien qu'ils ne seront pas uniformes. Vous savez que *pro captu lectoris habent sua fata libelli*. Vous n'aurez déjà plus affaire au *Nouvelliste du Parnasse*, car il est muet depuis le mois de mars, et, comme il y a apparence que quelque autorité supérieure lui a imposé silence, il y a apparence aussi qu'il ne reprendra plus son métier de Nouvelliste, ou plutôt de censeur des plus cyniques. A l'égard des autres, s'ils font de bonnes réflexions, vous en profiterez ; sinon, vous irez toujours votre chemin. Vous avez bien dû vous attendre que ceux qui n'aiment pas les minuties qui concernent les gens de lettres ne goûteraient pas votre ouvrage. Mais, par la même raison, ils doivent rejeter la moitié du Dictionnaire de Bayle, qui n'est remplie que de choses pareilles. Il est vrai qu'il y aurait plus d'utilité pour les savants que vous combattissiez plusieurs propositions plus que téméraires de Bayle. Vous en êtes assurément très-capable, mais cela demande plus de loisir que vous n'en avez et une assiduité au travail que vous ne sauriez guères donner » (27 juin 1732).

d'observations minutieuses, et de recherches sans intérêt par leur importance » (1). Mais M. Le Clerc répondait fort bien dans ses *Remarques critiques sur le Dictionnaire de Bayle* (art. *Junius*, 7°) : « Bien des gens diront qu'ici et dans plusieurs autres endroits je m'amuse à des bagatelles, cela est très-vrai, mais ce que je puis assurer aussi, c'est que je ne corrige pas une seule de ces minuties que Bayle lui-même n'eût corrigée en pareil cas, s'il les eût aperçues dans les auteurs dont il citait quelque chose. Il n'en coûte rien d'être exact quand on le peut, et de faire remarquer aux autres, quand l'occasion s'en présente, les petites inexactitudes que tout homme doit éviter » — « La vérité est si aimable, disait le P. Lelong à Malebranche qui lui reprochait en badinant les mouvements qu'il se donnait pour découvrir une date ou quelques anecdotes, la vérité est si aimable qu'on ne doit rien négliger pour la découvrir, même dans les plus petites choses » (2).

M. Le Clerc devait aussi à Mathieu Marais un exemplaire de sa *Lettre*. « Car, encore que son nom ne soit pas à la tête, disait le Président Bouhier, il n'en est pas moins vrai qu'elle lui est adressée » (27 juin 1732). — « Je consens

---

(1) *La France Littéraire*, art. *Le Clerc*. — Chaudon dit la même chose des *Remarques sur le Dictionnaire de Bayle* imprimées en 1734 : « Il y a quelques minuties dans sa critique : mais on y trouve des observations judicieuses et solides » (*Nouv. Dict. hist.*, art. Le Clerc). — La *Biographie universelle* de Michaud porte sur l'ensemble des écrits de M. Le Clerc ce jugement : « Les recherches de l'abbé Le Clerc sont en général curieuses ; sa critique est judicieuse et exacte ; mais on peut lui reprocher d'être trop négligé dans son style, et de descendre souvent à des détails trop minutieux » (art. Le Clerc). — Aux critiques d'hier et d'aujourd'hui on peut opposer le *Journal des Savants* qui disait, à propos des *Remarques sur le Dictionnaire de Bayle* publiées par l'abbé Joly, et, en très-grande partie, empruntées à M. Le Clerc : « Ses corrections ne sont pas, à la vérité, toutes également importantes. Elles ne roulent la plupart que sur des défauts d'exactitude que la nature de l'ouvrage et la disette de livres où était Bayle peuvent en quelque manière excuser. Mais elles sont toutes utiles à ceux qui cherchent à connaître la vérité jusque dans les plus petites circonstances » (Année 1748, édit. in-4°, p. 729).

(2) *Bibl. hist. de la France*, édit. de 1768, tom. I, p. XXIV.

volontiers, répondit aussitôt M. Le Clerc, que vous en fassiez tenir une à M. Marais quand vous trouverez une occasion favorable. J'ai fait en sorte que l'on ne pût deviner celui à qui elle est adressée, craignant que peut-être M. Marais ne s'en offensât. Je ne veux me brouiller avec personne, la paix me paraissant un des biens des plus souhaitables dans ce monde » (1).

Sans tenir compte de cette délicatesse, Marais accueillit, en 1732, la lettre imprimée, comme il avait accueilli la lettre manuscrite en 1725. Il n'aurait jamais cru que M. Le Clerc « fît imprimer tout ce fatras » (2). Il y a cependant « trouvé de bonnes choses, mais il les faut tirer de l'abîme. » — « Je ne le crois pas, ajoute-t-il en parlant de l'auteur, si bon que vous pensez, car ce ne peut être que méchamment qu'il me dit qu'il ne m'écrit pas ordinairement de nouvelles littéraires, mais qu'il en a une qui vient à propos, et cette nouvelle est un portrait affreux de Bayle, qui est dans les *Lettres des Anglais et des Français* (3)..... Il se plaint que je ne lui ai pas répondu ; mais il peut s'attendre qu'en Hollande et en Angleterre Bayle aura encore des amis qui lui répondront, car pour moi je lui promets un beau silence » (4).

(1) Lettre au Président Bouhier, du 7 juillet 1732. — Voilà l'homme qu'on nous représente cependant comme un *critique fâcheux, bilieux, troublant par une lettre critique de 575 pages la quiétude d'une admiration, qui, comme un feu sacré, ne s'éteint jamais, sans cesse renouvelée par de nouvelles beautés découvertes en ce Dictionnaire où* « tout est » *selon* Marais (*Mathieu Marais*, par M. de Lescure ; *Journal*, t. I, p. 47) !

(2) Lettre du 16 juin 1732. *Journal*, tome IV, page 374.

(3) Marais a donc enfin rencontré un grain de sel dans la *Lettre critique !* Alors de quoi se plaint-il aujourd'hui, lui qui disait en 1725 : *Non est in tanto corpore mica salis !* Le tour de M. Le Clerc est en effet fort *méchant*, et le coupable est d'autant moins digne d'excuse, qu'il avait bien prévu (p. 453) que son antagoniste lui saurait « fort mauvais gré de lui avoir transcrit le passage en son entier ! » — L'auteur anonyme des *Lettres des Anglais*, etc., est Beat Louis de Muralt, né à Berne. Voir sur son ouvrage les *Mémoires de Trévoux*, juin 1726, page 1060 et suiv., et l'*Apologie du caractère des Anglais et des Français, ou Observations sur le livre intitulé :* Lettres... (par l'abbé Desfontaines et le P. Brumoy, jésuite), Paris, 1726, in-12.

(4) Lettre du 18 juillet 1732. *Journal*, tome IV, pages 387, 388.

Marais ne fut pas, néanmoins, aussi sévère qu'il se l'était promis. Vaincu par les remontrances du Président, qui lui avait fait « un portrait excellent de notre abbé » (1), l'avocat Parisien se laissa fléchir et écrivit une lettre qui ne nous a pas été conservée, mais dont il donne un abrégé dans celle qu'il adresse à Bouhier le 24 juillet 1732 (2). Il y ajoute même ce qu'il aurait pu, mais n'a pas voulu dire, montrant ainsi une fois de plus qu'il était, comme l'a observé M. de Lescure, doué « d'une franchise qui n'exclut pas la prudence » (3), ajoutons, d'une réserve et d'une politesse dont il s'affranchissait un peu trop lorsqu'il s'entretenait de M. Le Clerc avec le Président Bouhier.

Les paroles de Marais ne détournèrent pas M. Le Clerc du dessein, exprimé dans sa *Lettre,* de continuer sa critique du Dictionnaire, et il ne craignit pas de le dire dans sa réponse (4). Toujours plein de cette charité qui ne pense point le mal, il reçut la lettre de Marais avec un contentement qu'il témoigna

---

(1) Toutefois, en homme habile, le Président a soin de ne pas heurter les préjugés de Marais, qu'il partage peut-être, mais à un degré inférieur. « Je suis bien aise, dit-il, que vous ayez reçu la lettre de l'abbé Le Clerc. Vous avez raison de dire qu'avec toute sa critique, il n'ôtera pas à Bayle sa réputation ; elle lui est trop justement acquise. D'ailleurs si, dans ses écrits, il y a par-ci par-là quelque venin caché, c'est de ce venin qui plaît et dont on ne saurait se défendre (!). Les hommes s'embarrassent moins des choses vraies que des choses agréables, *magna pars amœnitates quærimus.* Or, c'est ce qu'il ne faut pas chercher dans son censeur, qui jette bonnement sur le papier tout ce qui lui vient en pensée, et qui, par là, s'est attiré le titre de *barbouilleur de papier.* Pour de la malignité, je vous assure qu'il n'en a point, et qu'il est l'Israélite de l'Évangile. Son goût s'est tourné à la recherche de certains faits historiques qui, dans le fond, ne blessent personne. S'il rencontre juste, profitons-en ; s'il se trompe, je vous réponds qu'il ne se fâchera pas contre ceux qui le redresseront. Mais vous avez grande raison de laisser ce soin à d'autres, qui, apparemment, ne manqueront pas. Le bon homme paraît résolu de poursuivre Bayle par toutes les lettres de l'Alphabet. Si cela est, nous aurons encore plusieurs volumes de sa façon » (22 juillet 1732).

(2) *Journal,* tome IV, pages 388, 389.

(3) *Journal,* tome I, page 67.

(4) Lettre de Marais à Bouhier, du 11 août 1732 ; *Journal,* tome IV, page 396.

au Président Bouhier, lequel, à son tour, en fit part à Mathieu Marais (1). Mais celui-ci, mieux instruit de ses propres dispositions, trouva, — qu'on nous passe le mot, — qu'il n'y avait vraiment pas de quoi être si satisfait. « M. l'abbé Le Clerc, dit-il, *a en vérité bien de la bonté* d'être content de ce que je lui ai écrit; je l'aime de cette humeur; mais je crains qu'il ne dise dans quelque Préface que je l'ai exhorté à ces in-folios qu'il va faire » (2).

Paris, où Marais écrivait ces paroles et d'autres beaucoup plus fortes (3), Paris possédait à la même époque un Toulousain, nommé Devèze, employé dans l'exercice des fermes. Il travaillait à une *Bibliothèque des écrivains nés en Languedoc* (4), laquelle, le 6 août 1733, n'était « pas fort avancée » (5), et qui probablement n'a jamais vu le jour. M. Le Clerc s'était sans doute adressé à lui pour en obtenir des éclaircissements sur quelques auteurs nés dans cette province du Midi, car les lettres de Devèze contiennent plusieurs détails sur *Ménard*, sur *Cujas*, sur *Gamon*, etc. Comme il n'avait pas pour Bayle le même culte que Marais, il pensait aussi différemment sur son critique. La *Lettre* n'était pas encore en vente à Paris le 18 avril 1733. Aussi Devèze, à cette date, expose-t-il à M. Le Clerc l'impatience où il est de lire son ouvrage. « Votre libraire de Lyon a bien tort de ne pas nous envoyer votre lettre contre Bayle. Je serais tout à fait curieux de la

(1) « Le bon abbé Le Clerc a été très-content de votre lettre et se félicite de ce que vous lui avez mandé que sa critique vous faisait trouver Bayle encore plus admirable. Ne conviendrez-vous pas à présent du portrait, *ut melior vir non alius quisquam* » (16 août 1732)? Oui, *meilleur,* ou au moins plus droit, que le Président Bouhier lui-même, lequel, dans ses lettres à Marais, contredit trop souvent ses lettres à M. Le Clerc, mais ne fait que mieux ressortir la « candeur » et la « simplicité » du « bon homme » (Lettre à Marais, du 4 juin 1729). Par où aussi il justifie ces mots que nous écrivait un ami, après avoir lu notre manuscrit : « L'égoïste Président ne savait pas aimer celui dont il savait si bien se servir. »

(2) Lettre du 18 août 1732. *Journal,* tome IV, pages 401, 402.

(3) Voir *Journal,* tom. IV, p. 424, 474, 487, 529.

(4) *Remarques critiques sur le Dictionnaire de Bayle,* art. *Gamon.*

(5) Lettre de Devèze à M. Le Clerc.

voir, sachant depuis longtemps combien vous êtes versé dans la belle littérature, et qu'il y a infiniment à profiter de vos ouvrages ».

La lecture du livre confirma Devèze dans ces sentiments. Il écrivit à l'auteur le 6 août 1733.

« J'ai eu l'honneur de voir Mademoiselle votre sœur qui a eu la bonté de me remettre l'exemplaire dont vous aviez bien voulu me gratifier. Je vous en fais mes très-humbles remercîments, à quoi j'ajouterai, mais sans compliment, que j'ai été très-satisfait de cette critique, tant pour la grande littérature qu'elle renferme, que pour la justesse et la solidité des observations. Les articles de *Govéa*, de *Cayet*, de *Raymond*, etc., sont presque épuisés, et je trouve ces deux derniers parfaitement bien défendus contre ce que Bayle en a dit. Vous ne le redressez pas moins bien sur tout le reste, et cette critique que vous ne nous donnez que comme un essai, nous annonce un ouvrage qui, s'il ne réduit pas en poudre ce gros *Dictionnaire critique* tant accrédité, diminuera au moins des trois quarts la grande réputation qu'il s'est faite. Je suis surpris que votre lettre soit si peu répandue ici ; c'est qu'elle n'est pas connue comme elle mérite de l'être. J'en parlerai à quelques libraires et j'emploierai volontiers mes soins pour qu'elle ait plus de succès. Je ne comprends pas, au reste, comment, autant occupé que vous l'êtes par les diverses fonctions de votre état, vous avez pu trouver assez de loisir pour entreprendre une critique aussi vaste et aussi détaillée, qui seule occuperait la vie d'un homme. Mais il y a des gens privilégiés qui savent venir à bout des plus grandes difficultés, et vous êtes de cette classe, vos ouvrages en sont la preuve. »

Au mois de mars de la même année 1733, le *Journal des Savants* avait donné une analyse étendue de la *Lettre critique* qu'il dit être *décisive* contre Bayle (1). Il nous reste à nous-même à faire connaître cet ouvrage, mais en nous renfermant dans des bornes plus étroites. Commençons par la *Préface qui contient un jugement du Dictionnaire de Bayle*, et signale en

(1) On lit dans la *Table du Journal des savants*, tom. X, p. 234 : « Cette Lettre a été *insérée* dans l'édition du *Dictionnaire* de Bayle faite à Trévoux en 5 volumes in-folio ». *Insérée* n'est pas tout-à-fait exact. Les *Remarques critiques sur différents articles du Dictionnaire de Bayle* résument et complètent souvent la *Lettre* à laquelle elles renvoient quelquefois pour de plus amples développements, mais elles ne la reproduisent pas.

même temps à notre attention les articles principaux de la
Lettre critique.

« Le but général que je m'y suis proposé, dit M. Le Clerc, a été de
démontrer qu'il n'était point *difficile de surprendre Bayle en faute.* Le nombre
très-considérable d'articles au sujet desquels je le censure, me met en droit
de dire avec confiance que j'ai rempli mon projet. Un nombre de fautes
bien marquées dans un livre, est un très-grand préjugé qu'il y en a beaucoup d'autres » (p. VIII).

« Je me suis attaché à démontrer, que Bayle n'était rien moins qu'un
critique toujours uniforme dans ses principes, toujours équitable, toujours
disposé à rendre justice au Catholique comme au Protestant, en un mot,
un critique sans prévention. Ce qui m'a déterminé à tant insister là-dessus,
c'est que j'ai vu bien des gens qui s'imaginent que Bayle n'était pas dans
le fond de l'âme assez zélé protestant pour avoir été susceptible de ce qu'on
appelle *préjugé de parti.* D'ailleurs l'impartialité était, de toutes les qualités
nécessaires à un bon critique, celle dont Bayle se croyait le mieux pourvu.
Son docte ami qui, pour être aussi le mien, n'en était pas moins mon
antagoniste, en pensait tout comme lui. C'était donc pour moi une obligation capitale de démontrer le contraire. Je me flatte de l'avoir fait dans
les longs articles que j'ai donnés de *La Milletière,* de *Beda,* de *Farel,* de
Cayet, de *Rémond,* de *Bèze,* etc. La preuve de la partialité de Bayle y est
complète, aussi bien que celle de son étrange instabilité dans ses propres
principes » (p. IX-XI).

« Ces mêmes articles de *Beda,* de *La Milletière,* de *Cayet* et de *Rémond,*
où j'ai fait voir, en les approfondissant, que Bayle y était en faute d'un bout
à l'autre, prouvent aussi très-clairement qu'à ne considérer simplement son
Dictionnaire que par rapport aux dates, aux faits, etc., il s'en faut bien qu'il
soit aussi bon et aussi exact que ses admirateurs veulent nous le persuader.
Les bornes étroites où j'ai été contraint de me renfermer ne m'ont pas permis
de faire entrer dans ma Lettre beaucoup d'articles où il n'y eût que de ces
sortes de fautes à critiquer. Cependant, celui de *Le Fèvre,* où j'en marque
une douzaine, celui des *Govéa,* où j'en reprends une vingtaine, et les autres
articles plus courts, où je relève plus ou moins de fautes de cette espèce,
forment nécessairement de *grands préjugés* contre l'exactitude prétendue générale de ce gros Dictionnaire » (p. XI-XII).

« Je n'ai point touché aux traits qui tendent à favoriser l'athéisme... Je
persiste à dire que, quoi qu'il en soit des sentiments que Bayle avait dans le
cœur sur le fait de la religion, son livre a fait bien des impies. Cela suffit
pour le faire regarder comme un ouvrage pernicieux » (p. XX).

M. Le Clerc consacre les trente-six premières pages de sa *Lettre* à justifier les critiques qu'il avait faites de Bayle dans ses *Remarques sur Moréri*, aux articles *Goulart, Bosquet, Martini, Jarrige, Le Brun, Le Fèvre d'Étaples*. Il apporte jusqu'à sept preuves pour prouver que ce dernier ne fut pas Docteur de Sorbonne, ni par conséquent dégradé. Aussi le Dictionnaire de Moréri de 1759 renvoie-t-il à la *Lettre critique* pour la discussion approfondie de ce fait.

Ensuite M. Le Clerc poursuit sa critique « sur nouveaux frais » et montre brièvement que, au mot *Abbeville*, Bayle accuse à tort le P. Labbe de plagiat. L'article *Milletière* ne remplit pas moins de soixante pages. Dès 1723, il avait été communiqué en manuscrit pour la correction du Dictionnaire de Moréri, et il est cité par le P. Nicéron dans ses *Mémoires* (T. XLI, p. 328). Ce qui est dit d'*Amyraut* et de *Cayet* est loué par le *Journal des Savants* (1). L'article de *Cayet*, déjà assez étendu dans les *Remarques sur le Dictionnaire de Moréri*, reparaît ici corrigé et augmenté, parce qu'on n'en a fait presque aucun usage dans l'édition de ce Dictionnaire, donnée en 1725. Celle de 1759 le cite comme œuvre de l'abbé Joly qui, dit-on, « a solidement réfuté Bayle. » Enfin, il résulte assez clairement des recherches faites par M. Le Clerc et par ses amis, le P. Échard et l'abbé Salmon, que Louis *Abelly*, Évêque de Rodez, ne fut jamais Docteur de Sorbonne, comme l'ont avancé plusieurs écrivains (2).

(1) Décembre 1748, in-4°, pages 732-733. — A la vérité, ces éloges sont adressés à l'abbé Joly, mais les articles loués sont empruntés textuellement à M. Le Clerc. Cette observation s'applique également à ce que le même journal dit à propos de l'article *Beda*, dont il sera parlé au chapitre suivant.

(2) Le docte et pieux M. Faillon (*Vie de M. Olier*, 4ᵉ édit., t. III, p. 541) croit cependant la difficulté tranchée par une lettre où D. Placide Roussel, écrivant à Abelly, lui donne le titre de *Docteur de Sorbonne*. Mais cela prouve seulement que le prieur de l'abbaye de Saint-Germain était dans cette opinion, et ne détruit pas les preuves si fortes apportées par M. Le Clerc (*Lettre critique*, p. 297), lui aussi souvent décoré par ses amis du nom de Docteur, quoiqu'il ne fût que Licencié. Ajoutons que Collet appuie son sentiment en cette matière sur l'autorité de M. Le Clerc, qu'il appelle un « auteur éclairé » (*Vie de saint Vincent de Paul*, Nancy, 1748, t. I, p. v, ix).

Mais l'article le plus considérable par son étendue, et le plus remarquable par la vigueur de la discussion et l'érudition qu'il révèle dans l'auteur, c'est incontestablement l'article de *Florimond de Rémond*. Aussi M. Le Clerc ne craignait-il point d'assurer le Président Bouhier qu'il en serait content (29 mars 1732) (1). Le P. Oudin trouva « l'endroit bien rempli » et la Lettre entière « augmentée et embellie de plusieurs remarques curieuses » (6 juillet 1732). Cet article est également cité par la *Biographie universelle* (art. *Rœmond*) et par la *Bibliothèque des Écrivains de la Compagnie de Jésus* (art. *Richeôme*). Mais le plus bel éloge que nous en connaissions a pour auteur M. Léonce Couture. Rendant compte d'un *Essai sur Florimond de Rémond*, publié en 1867 par M. Tamizey de Larroque, il dit ces paroles remarquables, qui termineront dignement ce chapitre :

« Raymond est mort entouré d'estime et de sympathie. Les faits qu'on a articulés contre lui ont été réfutés avec un plein succès par Laurent Josse Le Clerc dans sa judicieuse et savante *Lettre critique sur le Dictionnaire de Bayle* (1732), et cette apologie aurait dû réhabiliter Raymond, surtout depuis

---

(1) Le Président en témoigna sa satisfaction à l'auteur le 27 juin suivant. « L'article de *Rémond*, dit-il, ainsi que plusieurs autres, surtout ceux de *Le Fèvre*, *La Milletière* et *Cayet*, sont très-curieux et pleins de recherches qui doivent faire plaisir à ceux qui aiment les particularités littéraires. » — Le baron de La Bastie portait le même jugement. « Il y a peu de jours, écrivait-il le 3 octobre 1732, que mon père m'a apporté l'exemplaire de votre *Lettre critique* que l'abbé de Cabanis lui a fait remettre. Je l'ai lue avec grand plaisir... L'article *Rémond* est bien traité. » — Pierre-Paul-François-Toussaint de Cabanis, dont il est ici parlé, naquit à Carpentras le 23 septembre 1691, et mourut supérieur du Séminaire de Saint-Charles d'Avignon, le 3 janvier 1756. On lui doit une édition plusieurs fois réimprimée du *Manuel des cérémonies Romaines*. Une autre lettre du baron de La Bastie à M. Le Clerc contient, à la louange de M. de Cabanis, un témoignage que nous sommes heureux de publier. « On m'a dit que notre nouvel Évêque (Dominique-Joseph-Malachie d'Inguimbert, Évêque de Carpentras) voudrait bien porter M. l'abbé de Cabanis à être son grand-vicaire, mais je crois que celui-ci ne voudra pas l'accepter. Ce qu'il y a de certain, c'est que tout le diocèse applaudirait à ce choix, et que nous sommes tous d'accord que nous n'avons point d'ecclésiastique qui ait autant de mérite » (9 juillet 1735).

qu'elle est passée textuellement dans un ouvrage assez répandu, les *Remarques critiques sur Bayle* de l'abbé Joly. Aujourd'hui, et à cette place, je ne dirai pas comment il est prouvé que le dicton infâmant appliqué à Florimond de Raymond, *judicat sinè conscientiâ, scribit sinè scientiâ, et ædificat sinè pecuniâ*, ne doit retomber que sur Burnet, qui en est, au moins quant au point le plus grave, le véritable inventeur. Je renverrai les curieux à l'*Essai* de M. Tamisey de Larroque, et pourtant je les préviendrai qu'ils feront bien de lire aussi la discussion plus minutieuse de Josse Le Clerc ou de Joly, son plagiaire. La preuve que le nouveau biographe de Raymond, dans son extrême répugnance à refaire ce qui était déjà fort bien fait, a glissé un peu trop vite sur ce point, c'est qu'il n'a pas été parfaitement compris d'un critique pourtant fort attentif. M. Gaston Pâris (*Revue critique* du 8 juin 1867) lui a reproché d'avoir oublié une grave accusation dirigée par Bayle contre Raymond ; il ne l'a pas oubliée du tout, mais il a ramené le fait, entièrement défiguré par Burnet (que Bayle a suivi), à sa vraie nature, sans rendre compte de tout le travail critique accompli en ce sens par Le Clerc, son docte devancier. La lecture de ce dernier ne permettra pas même de dire, avec le consciencieux rédacteur de la *Revue critique*, que les accusations dirigées contre Raymond sont *aussi difficiles à réfuter qu'à prouver* » (*Revue de Gascogne*, 1868, t. IX, p. 503, 504).

CHAPITRE XXIII

REMARQUES CRITIQUES SUR DIVERS ARTICLES DU DICTIONNAIRE DE BAYLE.

Deux mois environ après la publication de la *Lettre critique*, l'attention de M. Le Clerc fut détournée du Dictionnaire de Bayle pour être reportée sur celui de Moréri. Il écrivait en effet de Lyon au Président Bouhier le 7 juillet 1732 : « Madame Boudet, ci-devant libraire à Lyon, aujourd'hui mariée à Paris avec Coignard le fils, est ici, et je lui ai promis de lui fournir pour la fin de ce mois mes nouvelles corrections pour le Moréri, et cela m'occupe presque entièrement. C'est pour les deux volumes de Supplément au nouveau Moréri de l'édition de cette année 1732. Ils comptent imprimer ce Supplément en deux volumes in-folio, et le commencer vers la fin de septembre. Je leur fournirai un assez grand nombre de corrections, mais fort peu d'additions ». Il fallait citer ces paroles, pour confirmer par le propre témoignage de M. Le Clerc un fait qui, affirmé d'abord par le *Mercure* (1) et par l'abbé Goujet dans la Préface du *Supplément* de 1735 (2), a été pourtant nié par le *Supplément* de 1749, ainsi que par l'édition de 1759 du Dictionnaire historique de Moréri (art. L. J. Le *Clerc*) (3).

M. Le Clerc revint bientôt, et fut tout entier, à celui de Bayle. Dans sa pensée, la *Lettre critique* était le commencement d'une série de Remarques qu'il se proposait de publier successivement. « Si elle est favorablement reçue, disait-il dans la Préface, je continuerai ma critique, mais en ce cas, je ne le ferai plus en forme de Lettres. Je suivrai l'ordre alphabétique de Bayle, et je discuterai, en leur rang

(1) « Il ne laissa pas encore d'avoir quelque part au nouveau Supplément de Moréri imprimé en 1735 » (*Mercure de France,* février 1737, p. 272).

(2) « M. l'abbé Le Clerc qui cultive les lettres avec succès à Lyon, nous a envoyé plusieurs remarques utiles » (*Supplément au grand Dictionnaire historique de Moréri;* Paris, 1735, Avertissement).

(3) Les Remarques de M. Le Clerc ayant été fondues dans le Dictionnaire de Moréri, il ne sera pas hors de propos d'indiquer ici les éditions et traductions qui ont été faites de cet ouvrage à partir de 1725. — Bâle, 1731, 6 vol. in-fol. — Paris, 1732, 6 in-fol. — Amsterdam, 1740, 8 in-fol. — Paris, 1759, 10 in-fol. — Traduit en Anglais, en Allemand (Bâle); en Espagnol, Paris, 1753, 10 in-fol.; en Italien, Rome, 1729, 4 in-fol. — « Actuellement, dit l'éditeur de 1759, quatre Jésuites, dont deux demeurant à Turin et les deux autres à Florence, en font une traduction en Italien qui s'imprime à Nice, et doit former douze volumes in-folio ». Mais ce projet paraît n'avoir pas été exécuté.

les articles où je trouverai quelque chose à corriger. Ainsi, le premier volume que je donnerai portera simplement ce titre : *Remarques critiques sur la lettre A du Dictionnaire de Bayle*. Le second sera sur les trois lettres suivantes, et ainsi de suite. Je mettrai dans chacun de ces volumes les articles que j'ai touchés dans ma lettre, mais seulement en y ajoutant un renvoi, à moins que ce ne soient des articles où j'aurai quelque chose de nouveau à ajouter » (p. XXI-XXII).

Persuadé, par ses observations personnelles, de l'utilité de son entreprise pour détromper le public trop favorable à un livre dangereux, M. Le Clerc était encore encouragé à la poursuivre par ses amis et par les personnages de son temps les mieux placés pour découvrir les besoins de leur époque. « On connaît assez les ouvrages de Bayle, lui écrivait l'abbé Papillon, et on les connaît même trop, car il n'y a point d'auteur qu'on lise plus. Il se trouve entre les mains des personnes qui aiment le moins les livres. C'est un malheur qu'on ne saurait trop déplorer. *O tempora, ô mores !* » .

Vraies le 14 novembre 1727, ces paroles l'étaient davantage encore dix ans plus tard, en 1737, lorsque le P. Charles de Neuville, prêchant l'Avent à la Cour, faisait de Bayle et de son œuvre un portrait que Marais eût certainement trouvé *affreux*, et qu'il faut lire dans le sermon sur le *Scandale* prononcé par le célèbre Jésuite (1). Déjà, en l'année 1732 à laquelle nous sommes parvenus, « plusieurs écrivains s'appliquaient à réfuter le livre de Bayle chacun selon son point de vue » (2), et M. Le Clerc était pareillement sollicité de concourir pour sa part à cette œuvre d'utilité publique. Voici en effet ce qu'il écrivait au Président Bouhier le 7 juillet de la même année.

« Je ne sais, Monsieur, si je vous ai mandé que M. Regnauld (3), grand vicaire de Paris, qui ne savait pas que

---

(1) *Sermons du P. Ch. Frey de Neuville;* Paris, 1776, tom. I, p. 350-354.

(2) *Mémoires de Trévoux*, mai 1732, p. 923.

(3) Nicolas Regnauld, prêtre du Diocèse de Châlons ; Chanoine de la Sainte-Chapelle le 18 janvier 1730, de Notre-Dame de Paris, le 17 septembre 1737 ; Grand Archidiacre de Paris, le 13 janvier 1738 ; abbé de

j'eusse fait imprimer ma *Lettre*, me demanda vers Pâques ce
que je pouvais avoir de Remarques sur Bayle, et cela pour
un savant de ses amis qui a entrepris de faire une critique
du Dictionnaire du même Bayle. Je lui mandai qu'il s'y était
pris un peu trop tard, et que me trouvant engagé, je ne
pouvais plus reculer, ni conséquemment donner à d'autres le
peu que j'avais à ce sujet, et qui me devenait absolument
nécessaire. Je lui ajoutai qu'apparemment cet autre critique
de Bayle le prenant particulièrement sur la Religion, nous
ne nous rencontrerions guères, et que mon ouvrage ne ferait
nul tort au sien » (1).

« Mgr l'Évêque de Clermont, avec lequel j'ai eu l'honneur
de faire connaissance depuis ma *Bibliothèque du Richelet*, m'a
écrit qu'il était fort content de ma Lettre, et il m'exhorte très-
fort à poursuivre mon dessein (2). J'ai marqué à M. Papillon
les articles de la lettre A qui doivent remplir le premier et

Boulencour; Vicaire-général et Official de Paris; mort le 22 août 1761,
âgé de 78 ans.

(1) « Je n'ai point eu de réponse à la lettre que j'avais écrite à M. Regnauld
pour lui faire savoir que je ne pouvais communiquer mes Remarques manuscrites sur Bayle. Je l'avais prié de m'apprendre quel était le savant qui
courait dans la même lice que moi » (Lettre au Président Bouhier, du
9 août 1732).

(2) L'Évêque assis alors sur le siége de Clermont était l'illustre Jean-
Baptiste Massillon, né à Hyères le 24 juin 1663, entré à l'Oratoire le
10 octobre 1681, nommé à l'Évêché de Clermont le 6 novembre 1717,
sacré le 21 décembre suivant, et mort le 18 septembre 1742. M. Tamizey
de Larroque a donné dans le *Polybiblion* (tom. VII, p. 102-104) une Notice
Bibliographique des écrits composés sur le célèbre orateur. Entre tous ceux
qui ont paru de nos jours, l'*Étude* de Madame de Marcey a été justement
admirée pour la sûreté et l'étendue des recherches, la délicatesse et la profondeur de l'analyse, la finesse des réflexions, l'art des heureux rappro-
chements et des aperçus charmants et ingénieux, aussi bien que pour les
grâces et la chaleur du style... Après une interruption de six années, cet
écrivain distingué a enfin repris la plume, et son *Massillon Évêque* fait aujourd'hui, comme autrefois son *Massillon Orateur*, les délices des lecteurs
privilégiés du *Contemporain*, en attendant le jour, qui ne peut plus tarder
beaucoup, où, sous la forme de grands et beaux volumes, l'un et l'autre
deviendra la possession du vrai public.

prochain volume que j'espère faire imprimer vers la fin de cette année. Je ne doute pas qu'il ne vous en ait communiqué la liste. Si vous aviez, Monsieur, quelques choses sur ces articles ou sur d'autres (de la même lettre), vous me feriez plaisir de me les communiquer... Montalant, libraire à Paris, a écrit à mon libraire que l'on est si prévenu à Paris en faveur de Bayle, que plusieurs savants, à qui il offrit ma *Lettre critique,* ne voulurent pas même la regarder... Dans l'occasion, je toucherai quelques points de religion, mais légèrement » (1).

Au mois d'août 1732, M. Le Clerc abandonna le projet de publier séparément ses Remarques. Le libraire Ganneau réimprimant alors le Dictionnaire, « des personnes d'autorité, dit M. Le Clerc, souhaitèrent que l'on joignît à cette édition des remarques critiques, mais courtes, précises, modérées. L'édition était déjà à moitié faite lorsqu'on s'est adressé à moi pour m'engager à ce travail. Je n'ai eu que deux mois et demi, ou environ, pour chaque volume. Les gens du métier concevront sans peine qu'il ne m'était pas possible, en si peu de temps, d'ajouter beaucoup de nouveau aux remarques que j'avais préparées de longue main, et que je comptais donner peu à peu au public sans me presser. » Ces paroles sont tirées des Remarques sur le quatrième volume (art. *Marets*). Pour le cinquième, M. Le Clerc dut encore plus se hâter. « Il est bon qu'on sache, dit-il, qu'il m'a fallu terminer cette cinquième partie de mes Remarques dans l'espace de six semaines, et même moins. Ainsi, je me suis trouvé contraint à rédiger les Remarques que j'avais faites il y a déjà quelques années, et j'ai été dans une véritable impuissance d'y en ajouter de nouvelles, à la réserve de quelques-unes assez courtes, qui

(1) Le Président Bouhier ayant communiqué cette lettre au P. Oudin, celui-ci le remercia en ces termes : « J'ai dévoré la lettre de M. Le Clerc. Je vous suis très-obligé de la grâce que vous m'avez faite de m'en permettre la lecture. Il serait fort à souhaiter que l'auteur mît en ordre ses Remarques et les communiquât au public. Il me semble qu'elles feraient plaisir à bien des gens » (12 août 1732).

n'exigeaient pas des discussions longues et pénibles » (art. *Sixte IV*).

Les gênes et les désagréments qu'il avait éprouvés dans la publication de sa *Bibliothèque du Richelet*, M. Le Clerc les rencontra encore, quoique à un degré moindre, lors de l'impression de ses *Remarques*. Ici comme là, l'espace lui fut parcimonieusement ménagé. L'auteur s'en plaint en plusieurs endroits de son livre, et particulièrement dans sa lettre du 3 janvier 1733 au Président Bouhier. « Mon travail sur Bayle m'occupe fort. J'ai fourni à la fin du mois passé, comme je l'avais promis à M. Ganneau, mes Remarques sur le premier volume. J'y touche à environ cent dix articles, et mes corrections passent quatre cents. Le second volume, que j'ai reçu aujourd'hui, commence à *Bion* et finit avec l'F. J'ai déjà une partie considérable de mes Remarques sur ce volume. Entre autres, j'ai un article de *Daurat* où il y a plus de trente corrections... Cet article seul remplira au moins une feuille. Il en aurait tenu trois à quatre, si j'avais continué mon premier projet; mais il me faut beaucoup abréger, étant borné à dix feuilles seulement pour chaque volume. J'ai promis de délivrer les volumes de ma part de deux mois en deux mois. »

Le manuscrit des *Remarques* subit aussi quelques suppressions. « Je pense, dit encore M. Le Clerc au Président Bouhier, que l'on a retranché par-ci par-là quelques-unes de mes Remarques. Mais, entre autres, on a supprimé l'article entier *Arnauld (Famille)*, qui aurait rempli une feuille entière ou environ. Il y avait pourtant, autant que je puis m'en souvenir, quarante-cinq *remarques* ou articles. Je ne sais pas qui a fait faire ce retranchement, mais celui qui l'a fait ou fait faire n'a pas poussé sa diligence assez loin. Car, dans le premier article *Arnauld* (l'Avocat), il a laissé un endroit où je renvoie, pour Jean *Arnauld,* au nombre 30 de l'article précédent (t. I, p. 843, 15°), et il se trouve que l'article précédent est celui d'*Arminius,* celui d'*Arnauld (Famille)* ayant été retranché » (10 février 1734).

D'après la lettre que nous venons de citer, l'ouvrage fut achevé au mois de février 1734. Il parut à la suite de chacun des cinq volumes du Dictionnaire, à Trévoux, sous la rubrique d'Amsterdam (1). Le censeur des Remarques fut Thierry, Professeur de Sorbonne, qui s'exprime ainsi dans l'Approbation datée du 15 décembre 1733 : « Il serait à désirer que le savant auteur de ces *Remarques* eût eu le loisir de toucher à beaucoup d'articles sur lesquels il y avait à retoucher ou à censurer, et de donner l'antidote de tout le venin qui est répandu dans le Dictionnaire de Bayle. Il y a néanmoins relevé un assez grand nombre de fautes pour faire entendre à un lecteur judicieux que Bayle, malgré sa vaste érudition, n'est point un critique sur la parole duquel on puisse compter; et que la malignité, la partialité et une malheureuse démangeaison de mettre tout en problème, sont le plus souvent la règle et le principe des jugements qu'il porte » (*Remarques critiques...* t. V, p. 887).

Les Remarques qui accompagnent cette cinquième édition du *Dictionnaire*, l'ont rendue longtemps préférable à toutes les autres. Tel était le sentiment de Beuchot qui, en 1820, donna une édition où toutes les notes des divers critiques de Bayle sont rapportées et mises à leur place (2). « Cette édition, dit-il (celle de 1734), n'est qu'une réimpression de celle de 1730 : elle a été très-décriée, c'est à tort toutefois. De ce qu'elle a été faite à Trévoux, où s'imprimait le *Journal* des Jésuites, on a conclu que les Révérends Pères y avaient

---

(1) *Remarques critiques sur divers articles du premier volume du Dictionnaire de M. Bayle.* Tome I, pages 825-857. L'approbation est du 5 juillet 1733. — *Remarques critiques sur divers articles du second volume du Dictionnaire de M. Bayle.* Pages 961-1000. Approbation du 3 août 1733. — *Remarques critiques sur divers articles du troisième volume du Dictionnaire de M. Bayle.* Pages 859-904. Approbation du 7 août 1733. — *Remarques critiques sur divers articles du quatrième volume du Dictionnaire de M. Bayle.* Pages 949-985. Approbation du 12 octobre 1733. — *Remarques critiques sur divers articles du cinquième volume du Dictionnaire de M. Bayle.* Pages 859-887. Approbation du 15 décembre 1733.

(2) *Dictionnaire historique et critique de Pierre Bayle.* Nouvelle édition, augmentée de notes extraites de Chaufepié, Joly, La Monnoye, Le Duchat, L.-J. Le Clerc, Prosper Marchand, etc., etc... Paris, Desoer, 1820-1824, 16 vol. in-8°.

mis la main, et qu'ils avaient mutilé l'ouvrage ; cependant je n'y ai aperçu aucun retranchement. Imprimée en plus gros caractères que les autres, elle fatigue moins la vue : c'est déjà quelque chose. Mais un avantage très-grand de cette édition, ce sont les remarques critiques de l'abbé Le Clerc. Ces remarques sentent trop souvent la robe que portait leur auteur ; mais elles ne sont pas à dédaigner, et suffisent, selon moi, pour faire préférer cette édition de 1734 à toutes les autres de même format » (Tom. XVI, p. xv).

Ces paroles sont loin d'être entachées de ce que, dans un langage aussi barbare que ses inventeurs, on appelle aujourd'hui *cléricalisme ;* mais elles n'en montrent que mieux l'estime sincère de Beuchot pour l'ouvrage de M. Le Clerc. Il faut en dire autant de ces autres du même auteur. « Laurent Josse Le Clerc, que le plus souvent je n'appellerai que Le Clerc, donna en 1732 une *Lettre critique sur le Dictionnaire de Bayle.* Ses observations sont lourdes, diffuses, présentées sans aucun ordre, et ne portent que sur un très-petit nombre d'articles. Mais il a, depuis, revu, corrigé, augmenté son travail ; il a rangé ses notes par ordre alphabétique ; et elles ont été ainsi réimprimées à la suite de chacun des cinq volumes de l'édition faite en 1734, à Trévoux, du Dictionnaire de Bayle. L'auteur s'y montre ultramontain, ce qui ne fait pas grand'chose ici. La nouvelle forme qu'il a donnée à ses notes en a fait un ouvrage curieux et instructif. Aussi est-ce Le Clerc qui a fourni à Joly la plus grande partie de ce qui compose ses remarques » (Avant-propos, tom. I, p. IV).

L'abbé Joly publia en effet, en 1748, un volume qui avait également pour titre : *Remarques critiques sur le Dictionnaire de Bayle* (1). Il réalisa de la sorte un désir exprimé par M. Le

______

(1) *Remarques critiques sur le Dictionnaire de Bayle.* Paris, 1748, in-folio de LXXIV-820 pages. Quelques exemplaires portent la date de 1752, avec l'indication, *Paris et Dijon.* — Philippe-Louis Joly naquit à Dijon en 1712, fut Chanoine de la Chapelle-aux-Riches dans la même ville, et mourut le 27 août 1782. La *Biographie universelle* de Michaud donne la liste de ses ouvrages. Dans son Éloge d'André Renaud, Joly avoue tenir de M. Le

Clerc (1) et agréé du Président Bouhier, qui avait même écrit à quelques libraires pour les engager à imprimer séparément les Remarques sur Bayle avec corrections et additions de l'auteur (2). Dans sa Préface, l'abbé Joly reconnaît que, de tous les auteurs dont il s'est servi, M. Le Clerc est celui auquel il est le plus redevable.

« Je ne dissimulerai pas, dit-il, que j'ai puisé diverses Remarques sur le Dictionnaire dans quelques ouvrages assez nouveaux... Si je n'en ai pas toujours averti, c'est qu'il m'a paru ennuyeux de répéter souvent la déclaration que j'en fais volontiers ici, afin qu'on ne me soupçonne pas de plagiat, défaut qui m'a toujours semblé si bas, que je n'ai eu aucune peine à m'en préserver... Mais je ne dois point oublier surtout un auteur qui a critiqué Bayle, et dont j'ai tiré plus d'utilité, que de toutes les personnes que j'ai nommées. M. Laurent Josse Le Clerc, Directeur du Séminaire de Saint-Sulpice à Lyon... fit imprimer en cette ville, sous le nom de La Haye, une *Lettre critique sur le Dictionnaire de Bayle*. Il publia dans la suite plusieurs autres observations sur le même ouvrage, insérées dans l'édition de ce Dictionnaire, faite en 1734 à Trévoux, sous le nom d'Amsterdam. Comme cette édition est l'une des moins belles et des moins correctes, et que d'ailleurs on était déjà pourvu des précédentes, plusieurs personnes de mérite ont désiré que l'on remît dans un seul et même volume toutes les Remarques de ce savant. C'est ce que j'ai exécuté. Mais en même temps, autant qu'il m'a été possible, j'ai corrigé ces observations qui, de l'aveu de l'auteur, avaient été composées extrêmement à la hâte. J'ai été obligé d'en supprimer quelques-unes où il s'était trompé (3) : indépendamment de celles où il s'est rencontré avec le P. Nicéron, *ou que ce dernier a adoptées*, et que je n'ai pas cru devoir répéter. J'en ai d'ailleurs si considérablement augmenté le nombre, qu'elles sont à peine la quatrième partie de mon ouvrage. Outre les nouvelles preuves dont j'ai souvent fortifié la critique des Articles censurés par cet auteur, je crois y avoir donné un peu plus de clarté, en distinguant le *Texte* de Bayle et ses *Remarques*... Je me suis flatté

Clerc plusieurs particularités concernant cet auteur (*Éloges de quelques auteurs Français ;* Dijon, 1742, in-8°, p. 119).

(1) Lettre au Présid. Bouhier du 8 juillet 1735.

(2) Lettre de Bouhier à M. Le Clerc du 12 juillet 1735.

(3) Entre plusieurs preuves qu'il dit pouvoir alléguer, l'abbé Joly en donne quatre tirées des Remarques sur les articles *Du Laurens, Perrot d'Ablancourt, Agrippa* et *Sebonde.*

qu'on me saurait quelque gré de cette méthode qui ôte toute confusion. Je ne m'y suis cependant pas toujours assujetti, parce qu'en rapprochant quelquefois des Remarques éloignées, il m'a paru que la censure avait plus de force, qu'en suivant un ordre méthodique, qui aurait rendu la critique sèche et languissante (1). Il faut convenir que M. Le Clerc manquait un peu de précision, et qu'il ne prenait pas toujours la peine de digérer ses pensées. A Dieu ne plaise que je veuille élever ma réputation sur les ruines de la sienne ! Je lui rends toute la justice qui lui est due ; et j'avoue avec plaisir que non-seulement ces défauts sont avantageusement réparés, tant par la solidité de sa critique, que par la variété de ses recherches, mais qu'il était très-propre à ce genre de combat, et que c'est le fonds sur lequel j'ai bâti » (p. L-LII).

Malgré cet aveu fait au début de son livre et son attention à repousser même le simple soupçon de plagiat, l'abbé Joly n'en a pas moins été traité de plagiaire par beaucoup d'auteurs, et principalement par Beuchot, qui avait pourtant dû lire sa Préface.

« Joly, dit-il, n'a guères fait que copier ses devanciers, et il ne l'a pas toujours dit. Il a fallu un travail comme celui dont je me suis chargé pour faire cette découverte. J'ai noté sur mon exemplaire de Joly tout ce qui est pris à Le Clerc, Le Duchat et autres, et les marges sont toutes noires. Je n'hésite pas à regarder Joly comme l'un des plus grands et des plus effrontés plagiaires. Ce qui m'autorise à le traiter si sévèrement, c'est le soin qu'il a eu tantôt de transposer des phrases de ses devanciers, tantôt de les retourner ou d'y faire tel autre changement pour dénaturer le travail d'autrui. Ainsi, dans l'article *Florimond de Rémond,* Le Clerc disait : *Il y a mille endroits,* etc. Joly a mis (t. 2, p. 675) : *Il y a deux cents endroits,* etc. Le Clerc, dans une remarque sur *Nestorius,* ayant écrit : *Comme personne n'en doute,* Joly a mis : *Comme aucun chrétien n'en doute.* Sur la remarque H de l'article *Politien,* Le Clerc s'exprime ainsi : *J'ai sous les yeux les lettres de Politien avec les commentaires de Sylvius et de Badius, imprimées in-4º par le même Badius en 1520.* Joly se contente de dire : *Badius imprima l'an 1520, in-4º, les Lettres de Po-*

<hr>

(1) Il eût été particulièrement bien difficile de scinder, pour la rapporter séparément aux articles *Beda* et *Farel,* l'admirable discussion de la *Lettre critique,* où M. Le Clerc a rapproché à dessein ces deux articles du *Dictionnaire,* afin de mieux montrer que Bayle avait deux poids et deux mesures, et jugeait de la conduite d'un Catholique et de celle d'un Protestant d'après des principes tout à fait opposés.

litien avec ses commentaires et ceux de Sylvius. On ne doit donc pas être étonné de voir Joly cité rarement ; j'ai presque toujours indiqué l'auteur primitif de la critique. Si j'ai un reproche à me faire, c'est peut-être d'avoir, par ignorance ou inadvertance, laissé le nom de Joly à quelques notes qui ne sont pas de lui » (*Dict. hist. et crit.,* t. XVI, p. XXIII-XXIV).

Ces paroles sont sévères. Cependant, la confrontation que nous avons faite, à notre tour, du texte de l'abbé Joly avec celui de M. Le Clerc, nous a convaincu qu'elles sont méritées, au moins en ce qui concerne les emprunts faits à celui-ci dans les ouvrages autres que ses *Remarques* et la *Lettre critique sur le Dictionnaire de Bayle.* Il était pourtant facile à l'abbé Joly de s'épargner un pareil reproche. Pourquoi, par exemple, au mot *Abbeville,* ne pas dire le nom de ce savant, auquel on confesse avoir emprunté *presque* (ce mot était de trop) tout ce qu'on dit sur l'accusation de plagiat intentée au P. Labbe par le géographe Sanson, et laisser ignorer au lecteur que *tout* cela est tiré de l'article *Labbe* de la *Bibliothèque du Richelet ?* Ainsi, encore, l'article *Brantôme* de cette même *Bibliothèque* complète heureusement l'article Jean du *Bellay* des *Remarques critiques* de Joly (M. Le Clerc y avait renvoyé dans les siennes) ; mais l'origine du premier n'est pas indiquée, et le morceau copié a, en plus d'un endroit, perdu l'intérêt qu'il a dans l'original. Tous les biographes font honneur à l'abbé Joly de l'acte mortuaire de *Jarrige ;* néanmoins c'est M. Le Clerc qui a pris la peine de se le procurer directement à Tulle, et qui l'avait inséré dans ses *Remarques sur Moréri* dont trois exemplaires au moins étaient à Dijon chez trois amis de l'abbé Joly (1). Mais que dire de cette nouvelle distraction ? A l'article *Audiguier* de ses *Remarques sur le Dictionnaire de Bayle,* M. Le Clerc renvoyait à sa *Bibliothèque du Richelet* pour la liste des ouvrages de cet auteur, liste qu'il complétait en ajoutant ceux qu'il avait découverts depuis la publication

(1) « Je vous envoie l'extrait mortuaire du P. Jarrige, qui, ayant eu un Bref de Rome, vécut et mourut dans sa patrie en prêtre séculier, après avoir servi de répétiteur aux écoliers de Rhétorique et de Philosophie » (Lettre d'un anonyme à M. Le Clerc).

de ce dernier livre. L'abbé Joly renvoie également à la *Biblio-thèque*, et de plus au *Supplément* de Moréri de 1735, « où on trouve, dit-il, un catalogue plus exact que dans Bayle ». Puis il ajoute aussitôt : « Voici quelques ouvrages de d'Au-diguier omis par les *auteurs* que je viens d'indiquer »; et il cite ceux-là même, ni plus ni moins, et dans le même ordre, dont M. Le Clerc avait donné le titre dans ses *Remarques !*

On peut donc considérer le volume de l'abbé Joly comme une seconde édition de la *Lettre critique* et des *Remarques* de M. Le Clerc, et l'édition donnée par Beuchot comme la troisième. Par conséquent, nous sommes en droit de reven-diquer pour M. Le Clerc tous les éloges comme tous les blâmes, s'il s'en rencontre, adressés à ceux de ses articles que l'abbé Joly a insérés *in extenso* dans son recueil. La règle *cuique suum* doit avoir et recevra ici toute son application.

En vertu de ce principe, nous substituons le nom de M. Le Clerc à celui de l'abbé Joly dans les articles *Daillé, Gombauld, Macrin, Mestrezat*, du Moréri de 1759. C'est de M. Le Clerc, en effet, et non de l'abbé Joly, que sont les Remarques cor-respondantes auxquelles renvoient les éditeurs. C'est à M. Le Clerc, et non à l'abbé Joly, que s'appliquent ces paroles écrites à propos de *Gombauld :* « L'abbé Joly (M. Le Clerc) prétend qu'il faut rabattre de cet âge (cent ans) 20 ou 25 ans, et il le prouve assez bien. Dans le même article on relève solidement divers autres endroits de Bayle sur le même Gombauld, ce qu'il est bon de consulter dans l'ouvrage même. Les remarques qu'on y fait serviront aussi à éclaircir plusieurs points de la vie de Gombauld et à en rectifier d'autres. »

Le P. Nicéron cite également avec honneur les *Remarques,* spécialement dans sa notice sur Guichenon, où il dit qu' « elles sont très-curieuses et contiennent bien des choses qu'on igno-rait auparavant » (*Mém.,* t. 31, p. 368).

Elles sont appelées « un trésor littéraire » par les *Mémoires de Trévoux* (Juin 1748, p. 1282), en tant qu'elles sont l'œuvre personnelle de M. Le Clerc. Mais n'a-t-il pas aussi sa très-bonne part dans ces louanges que le même journal adresse à l'abbé Joly :

« Cet écrivain nous paraît attentif, laborieux, plein de sagacité pour découvrir, pour comparer, pour analyser. C'est un juge inflexible qui ne se laisse pas éblouir par la réputation et par les qualités de son adversaire, qui montre sans respect humain l'abus qu'il fait de ses talents, qui ne dissimule aucun des reproches qu'il mérite. Cette équité rigide à l'égard de Bayle se concilie avec un caractère de douceur, de modération, de facilité, que nous croyons apercevoir dans le même auteur des *Remarques*. Bayle prend la plupart de ses personnages au défaut de la cuirasse, c'est-à-dire qu'il saisit plus volontiers dans eux le mal que le bien. M. l'abbé Joly, au contraire, aime à placer les hommes dans des points de vue avantageux. Le premier condamne souvent sur la demi-preuve ou sur la moindre conjecture ; le second attend pour juger que le témoignage soit complet, qu'il soit même surabondant ; l'un se plaît presque autant à former des nuages en matière de réputation qu'en fait de croyances et de sentiments ; l'autre est bien aise d'écarter les voiles qui empêcheraient de reconnaître les vertus ; Bayle passe volontiers des confins de la critique dans le pays empesté de la satire... ; l'antagoniste qui s'élève contre lui fait son capital de chercher la vérité, et parmi les vérités, il embrasse avec prédilection celles qui sont les moins injurieuses à l'humanité » (p. 1284-1286).

Les *Mémoires* entrent ensuite dans le détail des *Remarques* de l'abbé Joly. On nous permettra d'en extraire ce qui s'applique exclusivement à M. Le Clerc. « Les articles d'*Aléandre*, d'*Amyot*, sont des morceaux fort travaillés et tout à fait dignes de l'attention des lecteurs » (p. 1293). — « *Beda*, Syndic de la Faculté de Théologie de Paris sous le règne de François I, est un homme qui a des obligations aux nouvelles Remarques » (p. 1294, 1295). Suit une analyse de la justification de Beda par l'auteur des *Remarques*, justification où les *Mémoires* auraient désiré que l'on montrât davantage le défaut de modération du Syndic (p. 1298-1303). — « Lés articles *Daillé, Daurat*, sont très-amples et très-détaillés » (Juillet 1748, p. 1353). — « Les articles de *Farel* et de *Le Fèvre d'Étaples* sont extrêmement travaillés » (p. 1358). — Celui de *Léon X* est analysé et les observations en sont trouvées « judicieuses » (Octobre 1748, p. 2104-2109). — « Qu'on lise, ce sont les paroles du Journal, qu'on lise les articles *Politien, Rémond, Sanchez,* etc., on y trouvera toujours des anecdoctes curieuses, un détail de critique très-abondant, et une équité dominante qui fait le caractère de ce livre » (Novembre 1748, p. 2428-2430). — « C'est une nécessité pour nous de supprimer une multitude d'articles très-curieux. Tels sont ceux de *La Milletière*, de *Du Monin*. Celui de la Reine de Navarre, Marguerite de Valois, sœur de François Ier, est d'une érudition peu commune, d'une attention infinie pour réparer la gloire de cette princesse, accusée de protestantisme par Bayle et la plupart des Historiens (1).... Nous croyons (cependant) que notre auteur » (c'est M. Le Clerc, art. *Navarre*, 46°, p. 966, col. 1) « se donne trop de peine pour disculper de toute erreur Gérard Roussel, abbé de Clérac, puis évêque d'Oléron... Pour ce qui regarde la Reine de Navarre, protectrice de Roussel, et la meilleure princesse du monde, il est certain qu'elle ne fut jamais hérétique de cœur, mais on ne peut, ce semble, l'excuser dans les démarches qu'elle fit en faveur des beaux esprits du temps, souvent infectés de Luthéranisme... Il suffit, au reste, pour l'honneur de cette bonne Princesse, de dire que sa complaisance, son affection pour les gens de lettres, sa compassion naturelle, l'engagèrent plus avant qu'elle n'aurait voulu, mais qu'elle eut le bonheur de ne pas s'égarer tout à fait, et que les dernières années de sa vie, que sa mort surtout, n'eurent rien que de très-catholique » (Octobre 1748, p. 2111, 2112, 2114, 2116).

Malgré la brièveté et le décousu de ces extraits, pris çà et là dans les quatre articles consacrés par les *Mémoires* aux *Remarques critiques,* on y reconnaîtra probablement avec nous la science historique, ainsi que la politesse et l'élégante facilité du P. Berthier, qui, de 1745 à 1762, dirigea et rédigea le Journal de Trévoux. Le doute ne nous paraît presque plus possible quand on rapproche de ces articles, écrits en 1748, les passages correspondants de l'*Histoire de l'Église Gallicane,* dont le tome XVII parut en 1747 et le tome XVIII en 1749.

---

(1) Il ne remplit pas moins de dix-sept colonnes. La *Biographie universelle* y renvoie pour la réfutation de Bayle. M. Le Clerc avait en quelque sorte annoncé déjà cet article dans sa *Bibliothèque du Richelet*, (art. *Marguerite*), et dans sa *Lettre critique* (p. 423-434).

C'est bien partout le même fond et la même forme ; en un mot, la même main habile et savante (1).

Le continuateur du P. Berthier a eu également occasion de louer un article des *Remarques*, celui de *Guise*, où M. Le Clerc discute longuement et doctement le fait si diversement raconté du massacre de Vassy. Après l'avoir lue dans le volume de l'abbé Joly, le R. P. Prat a jugé cette dissertation « fort bonne », et dit qu' « il faut » la « voir » (2).

A ces divers morceaux recommandés par des juges si compétents, nous ajouterons encore l'indication de quelques autres qui nous paraissent présenter de l'intérêt. Sans mettre précisément de ce nombre l'article *Musac* ou *Camus*, nous dirons cependant que M. Le Clerc était bien près de la vérité en attribuant « environ deux cents volumes » à ce trop fécond écrivain, car il résulte du catalogue exact qu'en a dressé M. Depéry, que le nombre total en est de 224 (3)!

La lecture de l'article *Sanchez* eût été bien utile à ceux qui ont donné la notice de cet auteur dans la *Biographie universelle* et dans la *Biographie générale*. Moins prévenus en faveur de Bayle, ils ne se seraient pas faits les échos de ses calomnies, et seraient restés justes envers le livre et son auteur. Aussi, malgré son penchant vers le Jansénisme, le *Dictionnaire des auteurs ecclésiastiques* (Lyon, 1767, art. *Sanchez*), renvoie-t-il ses lecteurs aux *Remarques* de M. Le Clerc pour une apologie qui n'entrait pas dans le plan de son ouvrage (4).

Au mot *Ulino*, M. Le Clerc prouve solidement « qu'en

(1) Comparer, pour ce qui touche Beda, *Hist. de l'Église Gallicane*, Paris, 1747, t. XVII, p. 488-490, 542-545. Paris, 1749, t. XVIII, p. 168-170, 174... et pour ce qui concerne la princesse Marguerite, t. XVIII, p. 44-46, 213-218, 491.

(2) *Histoire de l'Église Gallicane, continuée par le P. J. M. Prat* ; Paris, 1847, t. XIX, p. 641.

(3) *Notice sur la vie et les écrits de J. P. Camus, Évêque de Belley*, en tête de *L'Esprit du Bienheureux François de Sales, Évesque de Genève...* Paris, Gaume, 1840 ; 3 in-8°.

(4) Sur la piété et les vertus de Thomas Sanchez, voir Hurter, *Nomenclator litterarius recentioris Theologiæ Catholicæ theologos exhibens ;* Œniponti, 1872, tome I, page 415.

1467 il n'y avait point d'imprimerie, ni à Tours, ni à Paris, ni en aucune autre ville de France ». Ses conclusions et ses preuves, qui eurent le suffrage de La Monnoye, sont aussi celles de Brunet, le savant auteur du *Manuel du libraire* (1).

L'anecdote racontée par M. Le Clerc au mot *Poquelin* a été l'occasion d'une controverse qui partage encore les littérateurs. Tout le monde connaît les deux vers de Boileau à la fin du troisième chant de l'*Art poétique :*

> Dans ce sac ridicule où Scapin s'enveloppe
> Je ne reconnais plus l'auteur du Misanthrope.

« Un homme qui avait du bon sens, dit M. Le Clerc, parlant ici de son père (2), me fit remarquer dans ma première jeunesse qu'il fallait lire :

> Dans ce sac ridicule où Scapin *l*'enveloppe
> Je ne reconnais plus l'auteur du Misanthrope.

Sa raison était que Scapin ne s'enveloppe point dans un sac (dans la pièce de Molière intitulée *Les Fourberies de Scapin,* acte III, scène II), mais qu'il y enveloppe Géronte, qui est justement le personnage que faisait Molière dans cette pièce. Celui dont je parle était bien persuadé que Despréaux qui ne pouvait ignorer ces faits, avait mis *l'enveloppe,* et que par une faute d'impression, on avait mis *s'enveloppe.* Cela m'était resté dans la mémoire, et c'est pour cela que j'ai commencé à faire cette correction dans les livres où je rencontrais ce vers, il y a environ trente ans. M. Brossette, ami et commentateur de Despréaux, voyant cette correction à la marge de mon Boileau (de l'édition de 1716, donnée par le même M. Brossette, avec des notes curieuses et intéressantes), m'a assuré que, quoique la correction soit fort naturelle et fort

(1) *Manuel du Libraire,* par J.-Ch. Brunet, 5e édition originale, Paris, 1861, tome II, col. 1309.

(2) « Mon père m'arrêta au premier vers et m'avertit qu'il fallait dire où Scapin *l'enveloppe* (*Mémoires pour servir à l'histoire des poètes français,* art. *Boileau Despréaux*).

bonne, il était pourtant très-certain que Despréaux n'avait jamais mis autrement que *s'enveloppe,* quoiqu'il sût fort bien qu'il y avait une fausseté de fait, et que jamais l'autre expression, quoique tout à fait aisée, ne lui était venue à l'esprit. »

Convaincu par la même raison qui avait déterminé Sébastien Le Clerc, M. Édouard Fournier prononce aussi résolûment qu'il faut lire *l'enveloppe,* et ajoute ces paroles : « Cette correction qu'il sera bon que vous fassiez en marge de votre *Art poétique, fut faite pour la première fois* (?) par M. Lami-Crussol, fils adoptif de Daunou. Celui-ci la consigna dans les notes de son édition de Boileau, et depuis elle a reçu la sanction du jugement toujours si sûr de M. Sainte-Beuve » (1).

Malgré l'autorité si *sûre* de M. Sainte-Beuve et de M. Édouard Fournier, nous oserons, à notre tour, donner le conseil de ne pas trop se presser, et de ne faire la correction recommandée qu'après avoir encore entendu sur la question, non pas M. Berriat Saint-Prix (2) dont l'explication ne paraît pas acceptable à de très-bons esprits, mais l'abbé Joly, dont la remarque semblera peut-être plus satisfaisante. « Je croirais volontiers, dit-il, que Despréaux a dit :

Dans ce sac ridicule où Scapin s'enveloppe,

(1) *L'Esprit des autres recueilli et raconté par Édouard Fournier ;* 4ᵉ édition, Paris, 1861, pages 94, 95.

(2) « Nous croyons que Brossette est le seul qui ait bien compris Boileau. Il nous paraît évident, en effet, que le satirique, dans ces vers, a bien moins songé à la *personne* de Molière qu'à sa *manière;* que ce sac n'est là que pour rappeler la scène de l'ouvrage qui se rapproche le plus de la farce; que Scapin désigne, et la note de Boileau le prouve, non le personnage, mais la pièce, dont le titre eût peut-être embarrassé le vers, et qu'enfin Boileau a voulu dire : *Dans la Scène du sac des Fourberies de Scapin,* je ne reconnois plus, etc., etc. » (Berriat Saint-Prix, *Œuvres complètes de Boileau;* Paris, 1837, t. II, p. 245, 246). — « De 1674 à 1713, il a paru quarante éditions (de l'*Art poétique*), tant françaises qu'étrangères; de ce nombre, dix ont été revues par Boileau lui-même; dans toutes il y a *s'enveloppe* » (Gidel, *Œuvres complètes de Boileau;* Paris, 1872, t. II, p. 377).

parce que Scapin est l'acteur principal de cette pièce qui porte son nom, comme Martial a dit (VIII, 56) :

Flebat et abductas Tityrus æger oves,

parce que Tityre est le principal personnage de la première Eglogue de Virgile, intitulée *Tityre,* quoiqu'il soit vrai à la lettre que le vers de Martial ne puisse convenir qu'à Mélibée et non à Tityre. Ce tour de Martial et de Despréaux me paraît beaucoup plus vif que celui qu'on voudrait y substituer. »

Au reste, la question soulevée ici nous touche bien moins que le blâme infligé par Blondel d'abord, ensuite par Bayle, à M. Olier, Curé de la paroisse de Saint-Sulpice, dans sa conduite envers le ministre Aubertin sur le point de mourir. L'auteur de la dernière *Vie de M. Olier* y répond en s'aidant de conjectures fort plausibles, à la vérité, mais qu'il n'appuie sur aucun texte imprimé ou inédit, sans doute parce qu'il n'a pas trouvé de témoignage contemporain à opposer à celui de Bayle et de Blondel (1). Il eût été, croyons-nous, moins hésitant dans ses affirmations, plus net et plus circonstancié dans son récit, s'il avait connu la Remarque de M. Le Clerc, et surtout le texte important qu'il cite et qu'il dit avoir été « écrit sur le rapport des témoins qui accompagnaient M. Olier » (*Lettre critique* manuscrite, p. 450), texte que pour cette raison nous donnons intégralement en conservant l'orthographe même de l'original. Voici la note de M. Le Clerc :

« Je dirai sur la Remarque F (de l'article *Aubertin* du *Dictionnaire* de Bayle) que la *tradition est à Saint-Sulpice,* qu'Aubertin, à la mort, se trouva tout à fait irrésolu et troublé, et que ce ne fut que la violence de son fils et les cris de sa femme et des assistants Calvinistes, qui mirent obstacle à sa conversion. On trouve le même fait dans la *Deffense de la Foy Catholique et de sa Perpétuité touchant l'Eucharistie contre le Ministre Claude. Par M. Le Maire, prestre, Docteur en Théologie de la Faculté de Paris, Chanoine et Archi-*

(1) *Vie de M. Olier,* par M. Faillon : 4ᵉ édition, Paris, 1873, t. II, p. 64, 65, 72, 73.

*diacre·de Dunois en l'Église Cathédrale de Chartres, Conseiller du Roy, et Pré-
dicateur de la Reyne* (A Paris, chez Pierre Le Mercier, rue Frementelle, au
Petit Corbeil, près le Puits-Certain. 1670, in-4°, p. 677-678). — « Enfin,
dit M. Le Maire, ce Ministre (Aubertin), après avoir détenu longtemps
la vérité en injustice, estant à l'article de la mort, demanda un prestre.
M. Aulier (Olier), pour lors Curé de Saint-Sulpice, en ayant eu avis, s'y
transporta, assisté du Bailly de Saint-Germain : mais les Religionaires
appréhendant cette entrevue, fermèrent les portes de la maison et se barri-
cadèrent ; ce qui eût sans doute excité sédition, si la prudence et la modération de ce sage curé n'eust arresté la juste indignation du peuple. Les
portes ayant été depuis ouvertes par l'arrivée du fils d'Aubertin, M. Aulier
(Olier) se coula dans la maison, mais il fut arresté et pris à la gorge par le
fils du Ministre qui lui dit des paroles que la bien-séance ne me permet pas
de rapporter ; et ayant passé, avec risque de sa vie, jusqu'au lit du malade
entouré d'un grand nombre de Religionaires de l'un et de l'autre sexe, il
n'eut pas ouvert la bouche, que la femme du Ministre, gagnant l'autre
costé du lit, embrassât fortement ce mary moribond, pleurant et criant :
*Que voulez-vous faire ? Nous voulez-vous perdre ? Voulez-vous ruiner votre
femme et vos enfants ?* De sorte que le malade, combattu de mouvemens
contraires dans l'angoisse de son âme, s'écria plusieurs fois avec·une voix
terrible : *Je voudrais être mort, ah ! que ne suis-je mort !* et mourut avec des
paroles ambiguës, qui marquaient le trouble de son esprit et l'irrésolution
de ses pensées. » M. Le Maire était à Paris, ajoute M. Le Clerc, et déjà
prêtre et auteur, lorsque Aubertin y mourut en 1652 (1). Tout ce que
Bayle, ou tout autre protestant, pourrait dire pour récuser M. Le Maire,
tout catholique sera toujours en droit de le dire pour récuser Blondel.

M. Le Clerc termine ses Remarques par une *Critique de la
Dissertation de M. Bayle, concernant le livre d'Estienne Junius
Brutus.* Quoiqu'elle n'occupe pas moins de quatorze colonnes,
nous nous bornerons à la mentionner, et à citer ces paroles
de l'abbé Joly qui la reproduit en entier : « Au moyen de

(1) Nicolas Le Maire, né dans le Diocèse de Paris, fut Docteur de Sorbonne au mois de février 1665, Vicaire-général de Chartres, Archidiacre de
Dunois, et mourut le 6 juin 1680, âgé de 60 ans. Il avait donc 32 ans en
1652, lorsque mourut le ministre Aubertin. « Il fit imprimer à Paris, en
1677, *Le Droit des Évêques,* etc., en 2 vol. in-8° de chacun environ 600 pages.
C'est proprement un Traité de la Supériorité des Évêques et de tous leurs
droits » (Note manuscrite de M. Le Clerc sur son exemplaire de la *Bibliothèque Chartraine*).

la *Dissertation* de Bayle sur Junius Brutus, de cette *Critique* qui est de M. Le Clerc, et des *Notes* que j'y joindrai, on aura, si je ne me trompe, une histoire assez exacte des *Vindiciæ contrà tyrannos*, mais qui peut-être ne dissipera pas entièrement les ténèbres qui sont répandues sur ce point de l'Histoire littéraire » (*Remarques*, pag. 807).

Tout le monde sait combien les critiques sont partagés sur l'auteur de ce célèbre ouvrage, commencé en 1574, achevé en 1577 et publié en 1581. Les uns l'attribuent à Théodore de Bèze, et une édition de Hollande porte même ce nom; les autres à François Hotman, à Buchanan, à Casaubon, et même au Jésuite Parsons. Selon Bayle, il a été composé par Hubert Languet. M. Le Clerc, appuyé principalement sur d'Aubigné dans son *Histoire universelle*, croit qu'il est dû à la plume de Duplessis-Mornay.

L'abbé Joly, auquel Barbier attribue à tort la *Critique* (1) « qui est de M. Le Clerc », l'abbé Joly, disons-nous, avoue qu'il lui est impossible de se rendre au sentiment de celui-ci, parce qu'il n'a « pas assez bonne opinion de Duplessis-Mornay pour lui attribuer un ouvrage dont les principes, à la vérité, sont très-dangereux (2), mais qui n'a pu sortir que de la plume d'un savant grammairien, d'un habile jurisconsulte et d'un politique consommé » (p. 818). Sans trouver convaincantes les raisons apportées par Bayle, l'abbé Joly est porté à suivre le sentiment le plus commun qui donne cet ouvrage à Languet (p. 819).

Cette opinion a été partagée par Philibert de La Mare et par La Monnoye, qui trouvait une si grande conformité de style entre les *Vindiciæ* et les lettres latines de Languet, qu'il s'étonnait qu'on pût les attribuer à deux auteurs différents. Tel est aussi, à ce que l'on assure, l'opinion de « tous

---

(1) *Dict. des ouv. anonymes;* Paris, 1824, n. 21673. La note de Barbier a été reproduite avec la même inexactitude par les nouveaux éditeurs des *Supercheries littéraires dévoilées* de Quérard (Paris, 1869, t. I, p. 586, 587).

(2) On trouvera l'analyse de cet ouvrage dans la *Biographie générale*, art. *Languet*, et dans l'ouvrage de M. Paul Janet, intitulé : *Histoire de la science politique dans ses rapports avec la morale;* 2ᵉ édition, Paris, 1872.

les auteurs modernes. Ainsi la Bibliothèque Anglaise, publiée à Londres en 1824, MM. Alexandre Barbier, Hallam, S. De Sacy, Lerminier, Sayous, Dareste, Charles Labitte, Philarète Chasles, Léon Feugère, Louis Blanc, le docteur Treitschke, etc., l'admettent sans même entrer dans la moindre discussion » (1).

Nous ne dirons certes pas de ces savants ce que l'abbé Joly écrit du P. Nicéron traitant le même sujet, qu'ils ne parlent « sans doute si affirmativement que pour s'épargner la peine d'une discussion » (*Remarques*, p. 818). Mais nous exprimerons le regret qu'ils n'aient pas examiné le fait par eux-mêmes. Ils l'auraient peut-être éclairé de nouvelles lumières, et, en tout cas, ils auraient prouvé qu'ils ne suivaient pas de confiance Bayle ou tel autre auteur, *ut oves ovem et aves avem,* ainsi que le disait de quelques savants M. Le Clerc, à l'occasion de son *Traité du Plagiat littéraire,* dont il nous faut maintenant parler.

CHAPITRE XXIV

TRAITÉ DU PLAGIAT LITTÉRAIRE.

M. Le Clerc se délassait d'un travail en vaquant à un autre. Est-il possible d'ailleurs de se livrer à un repos trop prolongé, quand on a le bonheur d'avoir des amis tels que le P. Oudin ? Les *Remarques sur le Dictionnaire de Bayle* n'étaient imprimées que depuis quelques mois, et déjà l'impatient Jésuite pressait M. Le Clerc d'entreprendre un nouvel

____

(1) *Étude sur le XVIe siècle. Hubert Languet,* par Henri Chevreul, ancien Magistrat. 2e édition, revue et augmentée. Paris, L. Potier, 1856, in-8º, chap. XIII, page 176.

ouvrage. « Monsieur, voilà le Jubilé passé (1); il s'agit de faire quelque chose; vous l'avez promis, et vous êtes honnête homme. Vous avez une infinité de belles et bonnes remarques. Il faut que vous les mettiez en ordre, et que vous fassiez un ouvrage également utile et curieux, qui marche tout seul, et qui ne soit point attaché à l'ouvrage d'un autre » (8 septembre 1734).

Jusqu'ici, en effet, de tous les livres publiés par M. Le Clerc, aucun n'avait une existence propre et indépendante : tous étaient « attachés » aux épais et nombreux in-folios de Moréri, de Bayle et de Richelet. Cependant M. Le Clerc avait depuis longtemps commencé un travail qui répondait, ce semble, aux vues du P. Oudin. Cet ouvrage « également utile et curieux », qui devait « marcher tout seul », et, plus que les autres, contribuer à la renommée de M. Le Clerc, avait pour titre : *Traité du Plagiat littéraire* (2).

A quelle occasion en avait-il conçu le dessein? Il va lui-même nous le dire. « Lorsque le P. Méri entreprit sa *Bibliothèque du Berry*, il se trouva fort embarrassé au sujet du docte

---

(1) Le Jubilé accordé à l'Église Primatiale de Saint-Jean de Lyon pour toutes les années où la Fête-Dieu concourt avec la Fête de la Nativité de Saint Jean-Baptiste, le 24 juin. M. Fyot de Vaugimois, Supérieur du Séminaire, composa, à cette occasion, le Catéchisme cité dans sa *Notice*. Voir encore sur ce Jubilé, outre l'*Instruction* du P. De Colonia (Lyon, 1734, in-12), un article très-intéressant du P. Régnault, Jésuite, dans les *Études Religieuses* (Vᵉ série, t. IX, p. 67-77). Le *Journal manuscrit de Lyon* contient aussi d'autres détails inédits fort curieux et d'un piquant intérêt.

(2) Le *plagiaire* était proprement celui qui achetait ou vendait comme esclave une personne qu'il savait être d'une condition libre. Ceux qui se rendaient coupables de ce crime étaient condamnés au fouet, *plagis damnabantur*. De là le mot de *plagiaires*, qui, par extension, signifia plus tard les voleurs d'enfants, et en général des voleurs d'hommes, et, par métaphore, ceux qui pillent ou s'attribuent les ouvrages d'autrui. Schwartz donne du Plagiat littéraire la définition suivante, dont il développe chaque terme : *Usus ac professio sententiarum alienarum peculiarium et ignotiorum, cùm earum aut inventionem, aut artificiosam expolitionem, aut utramque simul, nobis malitiosè tribuimus vel saltem tribuere videmur* (Jo. Conradi Schwartz, *De Plagio Litterario liber unus*. Lipsiæ, 1706, in-8º, p. 8 et seq. Cap. I. De origine et usu verborum Plagii et Plagiarii).

Père Labbe. Il le regardait non-seulement comme le plus fécond écrivain de cette province, mais aussi comme le plus éminent en érudition. Cependant il le voyait très-maltraité par divers auteurs de renom, et il ne savait comment s'y prendre pour faire son apologie. Le ton décisif de ceux qui l'accusaient de plagiat, lui faisait croire qu'il en était presque convaincu. En m'empruntant quelques ouvrages de ce Père, il me témoigna son embarras, et je l'assurai que je l'en tirerais sans peine. Je m'engageai donc à faire l'apologie du P. Labbe, et surtout contre Baillet, etc. J'ai tenu parole, mais D. Méri est mort avant que j'eusse achevé ma tâche à ce sujet (16 octobre 1723). L'ouvrage est long et ferait un fort gros volume in-douze, et je n'ai jamais compté qu'il vît le jour » (1). La voie dans laquelle il venait d'entrer s'ouvrant plus large devant lui, M. Le Clerc forma ensuite le dessein de réviser les accusations semblables intentées à quantité d'autres auteurs, accusations qui avaient été déjà l'objet de quelques traités spéciaux, comme ceux de Thomasius, de Crenius et de Jean Albert Fabricius.

Ce fut donc à Orléans que M. Le Clerc entreprit son ouvrage, et en 1721, qui fut l'année où D. Méri commença sa Bibliothèque du Berri, l'année où parut le troisième volume des *Remarques sur Moréri*, lequel promettait un *Éclaircissement* sur le P. Labbe, l'année, enfin, qui répond à la date indiquée par ces paroles écrites en 1727 : « Travaillant, *il y a cinq à six ans*, à un *Traité du Plagiat littéraire*, Traité que j'ai abandonné depuis, quoiqu'il fût presque terminé, j'examinai cette accusation » (2).

______

(1) *Bibliothèque du Richelet*, art. *Labbe*. — Contrairement à plusieurs biographes de M. Le Clerc, nous regardons l'apologie du P. Labbe, non comme un ouvrage distinct, mais comme une partie du *Traité du Plagiat littéraire*. On en verra bientôt les raisons.

(2) *Bibliothèque du Richelet*, art. *Fleury*. M. Le Clerc travaillait encore à ce traité dans les premiers mois de 1725. « Cet abbé, écrivait, à cette époque, le Président Bouhier, me mande qu'il travaille à un *Traité du Plagiat littéraire français*. La matière est bien étendue, mais il me paraît qu'il est infatigable » (Lettre à Marais, du 14 mars 1725).

Ceux qui lurent ces mots durent éprouver les sentiments exprimés à l'auteur par le Président Bouhier : « Vous me donnez une grande curiosité de voir votre *Traité du Plagiat littéraire*. Puisqu'il est presque achevé, quelle raison vous porte à l'abandonner » (3 mars 1729)? Nous n'avons rencontré, dans la correspondance de M. Le Clerc, aucune réponse à cette question; mais nous savons, par une lettre de M. de La Bastie, postérieure de quelques semaines seulement à celle du P. Oudin citée plus haut, que, à cette date (27 octobre 1734), M. Le Clerc s'occupait avec ardeur à revoir et à compléter son Traité. Sa correspondance pendant l'année 1735 semble n'avoir d'autre but que de provoquer les recherches, et d'autre effet que de piquer vivement la curiosité de ses amis. — « A quoi en êtes-vous de vos plagiaires? lui écrit M. de La Bastie. Serez-vous bientôt à la fin de cette besogne? J'ai grande envie de voir votre ouvrage imprimé, parce que je suis bien persuadé que j'y apprendrai bien des faits curieux qui ne se trouvent pas communément ailleurs » (9 juillet 1735). L'abbé Papillon n'augurait pas moins bien du livre. « Le P. Oudin m'a dit que vous cherchiez à augmenter le Traité *De Plagio* de Thomasius. Je suis persuadé que votre ouvrage sera meilleur que le sien. Il y aura autant de différence entre vous et lui qu'il y en a entre un Allemand et un Français; c'est assez dire » (12 juin 1735, ap. d'Artigny, *Nouv. Mém.*, t. V, p. 391, 392).

Quoique interrompu dans son travail par diverses causes, au nombre desquelles il faut ranger les maladies dont il fut fréquemment affligé durant les deux dernières années de sa vie, M. Le Clerc « eut la satisfaction de finir cet ouvrage quelques mois avant sa mort, » selon le témoignage de l'abbé d'Artigny. « Il m'en communiqua, ajoute-t-il, plusieurs articles qui faisaient juger très-favorablement de tout le reste (1).

(1) Faut-il mettre au nombre de ces articles communiqués celui de *Richesource*, qui est au tome V (*Nouv. Mém.*, p. 244-257), le même qui contient les lettres adressées à M. Le Clerc? D'une part, il est assez probable que l'auteur d'un ouvrage sur le Plagiat a dû parler d'un homme qui en tenait école publique à Paris, et qui publia en 1667 *Le Masque des Orateurs,*

Je me rappelle, entre autres, *qu'il y avait une longue et curieuse Apologie du P. Labbe,* qu'on accuse d'être plagiaire de Nicolas Sanson, de Dom Lancelot, etc. M. Le Clerc traitait sa matière en jurisconsulte, en théologien, en critique. On ne saurait croire combien il avait recueilli d'anecdotes et de détails intéressants sur les livres et sur les Auteurs. Aussi était-ce un homme d'une vaste érudition, soutenue par une mémoire prodigieuse ; il ne laissait rien échapper. Je pourrais nommer plusieurs de nos écrivains célèbres à qui son commerce n'était pas infructueux. Si quelque chose lui a manqué, ce sont les grâces du style ; mais trouve-t-on beaucoup de littérateurs qui écrivent avec délicatesse, avec agrément ? *Pauci quos æquus amavit Jupiter* » (*Nouv. Mém.* tom. V, p. 420, 421).

L'auteur, qui écrivait en 1752, poursuit en ces termes : « Le Traité du Plagiat se conserve manuscrit dans la Bibliothèque du Séminaire de Saint-Sulpice à Lyon. Peut-être ne verra-t-il jamais le jour, parce que les sages et pieux ecclésiastiques qui en sont dépositaires, craignent qu'il ne fasse des mécontents ».

C'était là jeter une nouvelle amorce à la curiosité du public. Aussi, la même année, le Journal de Trévoux rendant compte du tome V des *Nouveaux Mémoires* de l'abbé d'Artigny, disait à propos du *Traité du Plagiat,* — qui « contenait mille anecdotes curieuses », — qu' « il serait extrê-

---

c'est-à-dire la manière de déguiser facilement toutes sortes de Discours, le Plaidoyé, le Sermon, le Panégyrique, l'Oraison Funèbre, la Méditation, la Harangue, la Lettre, les Passages, etc. (in-12 de 64 pages). D'autre part, l'abbé d'Artigny raconte au même endroit que Fléchier fut élève de Richesource, et que cette anecdote lui a « été confirmée par feu M. l'Abbé Le Clerc. » Enfin, celui-ci, ayant donné touchant Richesource un article forcément court dans sa *Bibliothèque du Richelet,* avait demandé des éclaircissements sur ce singulier personnage à l'abbé Papillon, qui lui apprit, entre autres, ce trait que l'abbé d'Artigny paraît avoir ignoré : « J'ai vu Richesource à Paris pendant que j'y étudiais. C'était un jaseur éternel qui allait débiter ses bons mots de cuisine en cuisine » (27 février 1728). Au reste, nous ne faisons que *soupçonner,* sans l'affirmer positivement, un plagiat bien possible, on l'a vu et on le verra encore, de la part de l'abbé d'Artigny.

mement à souhaiter qu'on voulût le donner au public avec les autres ouvrages du même auteur qui était fort habile et très-bon critique » (*Mém. de Trévoux,* août 1752, p. 1772). Chaudon exprimait le même désir dans les éditions de son *Nouveau Dictionnaire historique* données en 1769 et 1789. On y lit, à l'article Laurent Josse Le *Clerc* : « Il s'est fait connaître surtout par un *Traité du Plagiat littéraire* que l'on *conserve* manuscrit à la Bibliothèque du Séminaire de Saint-Irénée de Lyon. Il serait à souhaiter que les pieux ecclésiastiques qui en ont le dépôt, voulussent le donner au public, toujours curieux de connaître ceux qui, ne faisant que copier ce qu'ils ont lu, donnent pour des fruits de leur génie, les fruits de leurs mains ou de leur mémoire ».

Ces vœux si souvent répétés, en termes toujours si flatteurs, ne furent cependant pas exaucés. La Révolution arriva : la Bibliothèque du Séminaire de Lyon fut dispersée, et en 1804, dans la huitième édition de son *Dictionnaire* reproduite en 1819 par Prudhomme, Chaudon, après avoir dit que l'on « *conservait* ce manuscrit à la Bibliothèque du Séminaire de Saint-Irénée de Lyon », ajoute cette ligne désolante : « On ignore ce qu'est devenu ce dépôt, et s'il sera jamais rendu au public » ! Hélas on l'ignore encore en 1877 ! Rien n'a pu nous mettre sur la trace de ce précieux manuscrit, que nous avons vainement demandé à tous les catalogues, etc., à toutes les Bibliothèques de Paris et de Lyon où nous aurions dû naturellement le rencontrer. Vainement aussi avons-nous interrogé le public à deux reprises différentes, par la voie du *Polybiblion* d'abord, puis par celle de *l'Intermédiaire des chercheurs et des curieux.* La question posée par nous est toujours demeurée sans réponse. Nous sommes donc condamnés à dire, avec Delandine, que ce « manuscrit considérable est perdu » (1), et réduits à parler d'un ouvrage composé il y a un peu plus de cent ans, à peu près comme d'un livre ancien connu seulement par ce que d'autres en ont écrit ou conservé.

____

(1) Delandine, *Manuscrits de la Bibliothèque de Lyon,* tome I, page 376.

On est assez naturellement porté, et le texte de Chaudon cité plus haut induit à penser que le Traité du Plagiat est surtout une liste des auteurs qui se sont rendus coupables de vol littéraire, avec indication de l'objet et les preuves du délit. Cependant, ce jugement paraît dénué d'exactitude. Après avoir examiné et discuté avec son impartialité et sa critique ordinaires les accusations intentées contre divers savants, M. Le Clerc conclut selon les exigences de la raison et de la justice, et le plus souvent en faveur des auteurs qu'il voit injustement calomniés. En un mot, son ouvrage contient autant et peut-être plus d'apologies que de réquisitoires. L'auteur lui-même le témoigne plusieurs fois (1), et particulièrement dans ce passage d'une lettre au Président Bouhier : « Mon Traité du Plagiat littéraire n'avance guères depuis que je l'ai repris, ayant beaucoup de menus tracas qui ne me laissent que peu de temps pour travailler... J'ai un grand nombre d'*Apologies* toutes faites. Mais, néanmoins, je condamne librement ceux que je ne saurais justifier sensément. Je ne prétends pas, toutefois, discuter à fond généralement toutes les accusations, cela ne me serait pas possible » (31 janvier 1735).

On attend sans doute de nous quelques exemples des deux sortes de sentence. Le premier nous sera fourni par le juge lui-même, qui nous révélera en même temps avec quelle lenteur et quelle maturité il prononçait ses arrêts. C'est encore au Président Bouhier que M. Le Clerc écrit, le 14 septembre 1735 :

« J'ai travaillé pendant près de trois semaines à l'Apologie de Jacques Philippe Tomasini, décrié comme un plagiaire insigne par une douzaine d'auteurs, dont la plupart prétendent que les quarante ouvrages qui portent son nom ne sont pas de lui, mais du médecin Jean Rhodius qui demeurait à Padoue depuis l'an 1628 ou environ, et qui y mourut en 1659. Je crois démontrer dans toutes les formes la fausseté des accusations qu'intentèrent contre lui Gaspard Hofman dès 1640 et 1643, et ensuite Isaac Vossius,

---

(1) Par exemple, dans la lettre adressée aux *Mémoires de Trévoux*, dont il sera parlé au chapitre suivant, M. Le Clerc dit avoir « fait plus de *cent apologies* pour divers savants qui se trouvaient faussement accusés de vol littéraire. »

Colomiez et M. Baillet, outre six ou sept Allemands tous rapportés dans le Placcius de 1708 au mot *Tomasini*. Plus j'avance dans mon ouvrage, et plus j'ai lieu d'être surpris, et de déplorer l'étrange crédulité de je ne sais combien de savants qui débitent les faussetés les plus palpables, sans ombre de discussion, et qui ne font que se copier et suivre les autres *ut oves ovem et aves avem* ».

Le second exemple est une sentence de condamnation tombant sur Jansénius. Proscrit à Rome par le souverain Pontife, comme contenant des propositions hérétiques prises au sens de leur auteur, le livre de l'Évêque d'Ypres fut encore convaincu de contenir le sens et les paroles mêmes des auteurs qui, avant lui, avaient erré sur la matière de la Grâce. Le baron de La Bastie nous instruit indirectement de ce fait en donnant à M. Le Clerc un avis auquel celui-ci était sans doute peu disposé à déférer. D'une part, en effet, celui que les Mémoires de Trévoux appellent spirituellement l'*Inquisiteur du Plagiat* se sentait libre de tout préjugé antijanséniste ; de l'autre, il s'était jusque-là montré assez peu soucieux de ne pas déplaire au parti. Voici le conseil du trop prudent ami :

« Vous me faites plaisir de me faire part de vos travaux littéraires. Le sujet du vol littéraire que vous traitez est tout des plus curieux. Si vous n'avez pas réussi à disculper Jansénius accusé d'avoir été le plagiaire des anciens hérétiques, prenez garde que ce ne soit par la même raison qui ferait qu'un Janséniste réussirait mal à disculper les Molinistes de l'accusation si souvent renouvelée contre eux d'emprunter les arguments de Julien d'Eclane et des Semipélagiens. Quand votre ouvrage aurait l'article de *Jansénius* de moins, il ne serait pas moins curieux et trouverait moins de contradicteurs, soit que vous vous portiez à l'absoudre ou à le condamner. Je vous parle en ami, et mon avis vaut bien celui de ceux qui sont parties intéressées, et qui peut-être vous parleront sur un ton différent » (27 octobre 1734) (1).

M. de La Bastie complète ensuite la liste des plagiaires que M. Le Clerc lui avait envoyée, et que nous regrettons

(1) Le plagiat de Jansénius a été bien démontré par le P. Dechamps (*De Hæresi Janseniana ; Liber 1ᵘˢ, Jansenius hæreticorum plagiarius* ; Paris, 1729, p. 1-117) et par Bérault-Belcastel (*Hist. gén. de l'Église*, Liv. 73, 74 ; Paris, 1836, t. VIII, p. 399, 501-503, 508-519).

vivement de ne pas connaître. « Dans la liste que vous me faites de plusieurs des principaux accusés de plagiat, dit-il, j'ai été étonné de ne point voir un de ceux contre lesquels cette accusation a été poussée avec plus de vivacité, et qui, peut-être, n'en était pas tout à fait innocent. C'est le fameux P. Hardouin, qui mérite bien que vous fassiez mention de lui en particulier. Les accusations formées contre lui sont de deux sortes ; on veut qu'il se soit paré du bien d'autrui qu'il avait pillé tant en gros qu'en détail... » (27 octobre 1734).

M. Le Clerc s'occupa aussitôt d'instruire la cause du P. Hardouin. Il s'adressa d'abord à M. de La Bastie lui-même, qui répondit par deux lettres, l'une du 3 janvier 1735, qu'on peut lire dans les *Nouveaux Mémoires* de l'abbé d'Artigny (t. V, p. 374-379), l'autre du 30 janvier restée inédite. M. Le Clerc demanda aussi des éclaircissements au P. Oudin, qui peut-être avait dès lors réuni les matériaux de la Notice qu'il composa sur son confrère, et que l'abbé Joly publia dans les *Éloges de quelques auteurs Français*. Les deux lettres du P. Oudin à M. Le Clerc sont également dans les *Nouveaux Mémoires* de l'abbé d'Artigny (t. V, p. 396-398), et datées des 30 décembre 1734 et 18 août 1735. Nous citerons seulement la fin de la première et le commencement de la seconde.

« Il me semble que Foi Vaillant s'est plaint que le P. Hardouin lui avait filouté quelques explications de Médailles ; je n'ai pas les brochures de cet antiquaire. Mais, après tout, les Médaillistes doivent se passer de la filouterie, ils en font métier. S'ils escamotent sans scrupule toute médaille rare qui leur passe par les doigts, pourquoi ne prendraient-ils pas une explication ? Au reste, le P. Hardouin s'est bien corrigé, et dans la suite on ne l'a pu accuser de voler les idées qu'il a mises dans ses livres. — Je suis ravi que vous examiniez les accusations de plagiat portées au tribunal public contre le P. Hardouin, et je souhaite que vous le tiriez d'affaire ; la chose me paraît difficile. »

Un autre accusé dont le procès a longtemps occupé et divise encore le monde littéraire, c'est Madame Deshoulières. On dit sa fameuse Idylle des Moutons volée aux *Promenades de Messire Antoine Coutel, chevalier, seigneur de Montceaux de Ruez* (A Blois, Alexis Moette), auteur assez inconnu. La ressemblance entre les deux pièces est assez complète pour qu'il soit hors de doute que l'un des poètes a imité l'autre (1). Mais quel est le plagiaire? Là est le problème. M. Le Clerc en fut saisi au commencement de l'année 1735, d'abord par M. Bimard de la Bastie qui avait appris la chose à Aix en Provence (2), et peu de jours après par le Président Bouhier, lequel tenait l'accusation d'un de ses amis de Paris. Cependant tout en dénonçant Mme Deshoulières, le Président s'en constituait l'avocat, ne pouvant se résoudre à croire plagiaire un auteur qui avait, dit-il, « donné tant de preuves de son génie et de son caractère original » (3).

Au mois d'avril de la même année, l'affaire parut, probablement pour la première fois, devant le tribunal du public. Elle y fut portée par le *Mercure Suisse*, qui concluait à la culpabilité de Mme Deshoulières. Celle-ci rencontra néanmoins un défenseur dont les éclaircissements furent insérés dans le mois de juin suivant du même journal (4). Selon toute apparence, les choses en restèrent là. Mais, en 1752, la discussion recommença, sans doute à la suite de la publication des lettres adressées à M. Le Clerc, et contenues dans le tome V des *Nouveaux Mémoires* de l'abbé d'Artigny. L'*Approbation* donnée à ce volume est, en effet, du 1er avril. Or, le 15 du même mois, Fréron prit parti contre Mme Deshoulières dans une Lettre (5), à laquelle il fut répondu par un anonyme (6). Au mois d'août suivant, les *Mémoires de*

---

(1) On peut s'en convaincre en comparant ces deux poèmes reproduits dans les *Lettres sur quelques écrits de ce temps, par M. Fréron*; année 1752, tome VI, page 67-72. Celui de Coutel a pour titre : « Sur *l'Indolence*, à Lucidas pour Silvandre. »

(2) Lettre à M. Le Clerc, du 3 janvier 1735, *ap.* d'Artigny, tome V, page 373.

(3) Lettre à M. Le Clerc, du 11 février 1735, *ap.* d'Artigny, tome V, page 389.

(4) L'abbé Goujet a donné l'analyse de l'attaque et de la réponse dans sa *Bibliothèque française*; Paris, 1756, tome XVIII, pages 409-413.

(5) Fréron, *Lettres sur quelques écrits...*; 1752, tome VI, pages 67-72.

(6) *Lettre à M. Fréron sur sa 26e feuille*; 1752, in-12. Voir l'analyse de cette réponse *ap.* Goujet, *loc. cit.*

Trévoux, rendant compte du nouveau volume de l'abbé d'Artigny, firent un exposé critique des opinions qui partageaient alors les savants, et indiquèrent en même temps les soins que devrait se donner celui qui voudrait dresser un mémoire exact sur cette espèce de procès littéraire (1). L'abbé Saas, savant bibliographe de Rouen, entra aussi en lice et chercha à établir que Coutel était vraiment le plagiaire (2).

La plupart de ces auteurs avouaient n'avoir pas vu le recueil de Coutel et supposaient qu'il avait été imprimé à Blois en 1649. Au commencement de ce siècle, Lemontey, littérateur né à Lyon, modifia le problème, sans en changer la substance, par la découverte qu'il fit d'un exemplaire des *Promenades*, lequel, selon lui, porte la date de 1676 (3). « A la vérité, dit-il, la première édition de Mme Deshoulières est de 1688, mais, dans cette édition et la suivante, l'idylle des Moutons porte la date *non suspecte* de 1674, c'est-à-dire antérieure de deux années au livre des *Promenades* » (4). D'après Sainte-Beuve, qui regarde le soupçon de plagiat comme injurieux à Mme Deshoulières, cette note de Lemontey avait « éclairci ce point définitivement »; mais voilà, ajoute-t-il, que M. Viollet-Leduc, dans sa *Bibliothèque poétique* (Paris, 1847, p. 604-608), « remet le point d'interrogation » (5).

Laissons-le suspendu. Aussi bien c'est peut-être le parti auquel dut se résigner M. Le Clerc, car ce problème littéraire est probablement « un de ceux qu'on chercherait vainement à résoudre d'une manière définitive » (6). Disons seulement par forme de conjecture, et sans toucher au fond

----

(1) *Mémoires de Trévoux*, août 1752, pages 1773-1779.

(2) *Nouvelle Biographie générale*, art. *Saas*.

(3) L'auteur du *Manuel du Libraire* dit que les *Promenades* « sont sans date, mais après 1661 » (Paris, 1861, art. *Coutel*, p. 342).

(4) *Œuvres de Lemontey*; Paris, 1829, tome III, page 308.

(5) Sainte-Beuve, *Portraits de femmes*; Paris, 1844, in-12, page 347.

(6) *Nouvelle Biographie générale*, art. *Coutel*. La *Biographie universelle* de Michaud se prononce en faveur de Mme Deshoulières. Voir les articles *Coutel* et *Deshoulières*.

même du procès, que s'il eût été intenté à Mme Deshoulières pendant sa vie, il lui eût très-probablement inspiré une
nouvelle *Épitre chagrine* dont aucun vers, assurément, n'aurait
été pris ou imité d'Antoine Coutel (1).

Continuons à rétablir la liste et le dossier des auteurs
accusés de plagiat. Bien qu'il fût « persuadé que la plupart
de ces accusations sont fausses », le Président Bouhier n'en
poursuivait pas moins activement son rôle officieux de procureur général de la République des Lettres. Dans la même
lettre où il plaide en faveur de Mme Deshoulières, il se
porte hardiment comme accusateur et demande la condamnation d'Henri Etienne, coupable, selon lui, d'avoir
« privé son père (le célèbre Robert Étienne), et les autres
personnes habiles qui l'avaient aidé à composer son Dictionnaire grec, de la louange qui leur en était due » (2). L'accusation fut prise en sérieuse considération par M. Le Clerc,

(1) Dans ses *Mémoires pour servir à l'histoire des poètes français* (art. *Deshoulières*), l'abbé Brun a inséré une lettre autographe anonyme (écrite probablement par cet ami de M. de La Bastie, dont il est parlé plus haut) et
adressée au *Doyen* de Saint-Agricol. Elle est sans indication de lieu, mais
datée du 31 octobre 1735. Voici ce que nous y lisons touchant le livre de
Coutel : « Il est sans date au frontispice ; mais au verso de la page 206, où
finissent les poésies de ce galant homme, après le mot *finis*, on lit l'espèce
d'avertissement que je vais vous transcrire : *Hæc sunt, amice, quæ legi, collegi, meditatus sum et scripsi, Justitiæ (?) nefastisque diebus anni millesimi sex-
centesimi quadragesimi noni, à Christo nato, catholica quædam humanæ vitæ præcepta.* Ce qui suit est effectivement un recueil de plusieurs maximes latines.
Vous voyez qu'il n'y a pas, dans cet Avertissement, de quoi fixer l'impression de ce livre, parce qu'il peut se rapporter à ce recueil de maximes, et
non aux poésies d'Antoine Coutel. C'est ce manque de date précise qui fait
la difficulté et qui empêche de décider si Mme Deshoulières est coupable de
plagiat..... Je ne saurais vous dire à quel point les esprits furent échauffés et
à Paris et ici lorsque je répandis ma découverte. Les partisans de Mme Deshoulières étaient révoltés. Ils révoquaient le fait en doute. Celui à qui
le livre appartient eut la complaisance de le laisser porter à Paris. Cette vue
ne convainquit que faiblement les incrédules. Ils se tournèrent de tous côtés
pour justifier leur héroïne, et leur plus grand triomphe était tiré de l'équivoque de la date de l'impression. *Adhuc sub judice lis est.* »
   (2) Lettre du 11 Février 1735, *ap.* d'Artigny, tome V, pages 390,
391.

et il promit d'examiner le fait d'Henri Étienne (11 janvier 1736). C'est tout ce que nous pouvons en dire.

Les autres amis de M. Le Clerc lui déféraient aussi d'autres plagiaires. M. Bimard de La Bastie lui dénonça encore le fameux Joseph Scaliger comme ayant « été attaqué même de ce côté-là par le P. Pétau » (1). — L'abbé Papillon n'avait trouvé personne qui eût mis Du Verdier parmi les plagiaires. « Il l'est néanmoins, dit-il, et la preuve est facile à faire. J'ai trouvé qu'il a inséré dans sa *Bibliothèque* tout l'ouvrage de Fauchet sur nos anciens poètes Français. Voyez, par exemple, l'article d'*Eustace* ou *Huistace*. Il n'oublie dans ce qu'il dit de ce poète que le nom de celui qui lui a fourni de bons matériaux » (2). M. Le Clerc ne fut cependant pas convaincu, ainsi qu'il résulte d'une lettre du P. Oudin, devenu aussi délateur à son tour : « Notre ami M. l'abbé Papillon est aucunement scandalisé de ce que vous excusiez Du Verdier qu'il vous a déféré comme voleur de Fauchet. Je me souviens d'avoir vu dans les vastes commentaires de notre Cornélius à Lapide des colonnes entières transcrites de Lilius Greg. Gyraldus dans son Histoire des Dieux ; mais c'est le privilége des faiseurs de gros livres » (3).

Parmi les accusations de plagiat dont M. Le Clerc parlait dans son Traité, il faut sans doute ranger encore celle qu'il découvrit en 1726 à Viviers, où il prêchait une « petite mission presbytérale. M'étant amusé, dit-il, à parcourir, quand j'en ai eu le loisir, les vingt premières années des *Mémoires de Trévoux*, j'y ai trouvé (octobre 1715, p. 1724), une terrible accusation de plagiat littéraire contre MM. Du Puy et le P. Jacques Sirmond » (4). Ils sont soupçonnés d'avoir, par un insigne larcin, fait paraître sous leur nom plusieurs travaux

(1) Lettre à M. Le Clerc, du 1er janvier 1736, *ap.* d'Artigny, tome V, page 385.

(2) Lettre à M. Le Clerc, du 12 juin 1735, *ap.* d'Artigny, tome V, page 392.

(3) Lettre à M. Le Clerc, du 18 août 1735, *ap.* d'Artigny, tome V, page 398.

(4) Lettre au Président Bouhier, décembre 1726.

de Pierre Pithou. Mais M. Le Clerc acquit bientôt la conviction que ce n'était là, pour nous servir de l'expression du Journaliste de Trévoux, qu'une « sottise », et il en donna les preuves au Président Bouhier.

« L'accusation de plagiat contre MM. Du Puy, dit-il, roule sur les *Preuves des Libertés*, les *Preuves des Droits du Roy* et les *Preuves de la contestation entre Boniface VIII et Philippe le Bel*. Je ne crois pas qu'il soit fort difficile de faire voir que l'accusation est mal fondée. *Les Droits du Roy* : on voit que M. Du Puy avait presque tout tiré des Registres de la Chambre des Comptes, et il regardait ce volume comme celui dont les recherches lui avaient le plus coûté de temps et de peine. Il y cite en quelques endroits des monuments qui avaient été entre les mains de M. Pithou, mais il ne dit point qu'il les eût en sa possession. Il en est à peu près de même des deux ouvrages du P. Sirmond. Ce Père a marqué presque partout les bibliothèques où il avait puisé, et celles où sont les manuscrits qui lui avaient fourni des *variantes lectiones*. Il déclare dans sa Préface que plusieurs savants lui ont procuré des pièces, qu'il les citera dans l'occasion, et qu'il lui suffit de dire qu'il n'est personne à qui il soit redevable autant qu'à M. de Peiresc. Ce n'est pas là assurément agir en plagiaire. D'ailleurs l'accusateur dit que MM. Du Puy avaient eu ordre de ramasser tout chez M. Pithou, et de le mettre dans la Bibliothèque du Roy. Si le vol eût été tel qu'on le dit, qu'auraient-ils donc mis dans cette Bibliothèque ? Mais, après tout, quel témoin donne-t-on du vol ? Car au fond c'est là le point » (27 juin 1727).

Le Traité du Plagiat comprenait très-probablement encore les auteurs que M. Le Clerc a disculpés sur ce point dans sa *Bibliothèque du Richelet :* — Pierre *Belon*, médecin et naturaliste, accusé d'avoir, à la mort de son maître Pierre Gilles, volé une partie de ses manuscrits pour les faire ensuite imprimer sous son propre nom (1); — Jacques du *Bosc*, Cordelier, auteur d'une traduction des sermons du P. Narni, que Bayle dit lui avoir été cédée par Perrot d'Ablancourt (2); —

(1) Le P. Nicéron, auquel la *Biographie universelle* de Michaud renvoie pour la complète justification de Belon, n'a lui-même fait que copier, en l'abrégeant, cet article de la *Bibliothèque du Richelet*. Il la cite cependant à la fin de sa Notice (*Mémoires*, t. XXIV, p. 39-43).

(2) Voir aussi *Remarques critiques sur le Dict. de Bayle*, art. *Narni* et *Perrot d'Ablancourt*. Dans ce dernier article, M. Le Clerc dit s'être « amusé, »

Fleury ou **Bonel**, nom sous lequel furent données deux éditions furtives, — les deux premières, — de l'*Institution au droit ecclésiastique* de Fleury (1); — enfin, le P. *Labbe*, dont l'Apologie, selon Févret de Fontette, était « à la fin du Traité du Plagiat » (2). Toutes succinctes qu'elles sont, ces discussions solides et savantes dédommagent un peu, ou plutôt inspirent un plus profond regret de la perte de cet ouvrage.

L'Apologie du P. Labbe en particulier devait être bien complète et bien victorieuse, si nous en jugeons par « l'idée » que M. Le Clerc en donne dans sa *Bibliothèque du Richelet*. Son résumé n'a pas moins de quatre colonnes in-folio d'un caractère très-serré. Nous ne pouvons qu'en indiquer sommairement les points principaux, mais le peu que nous en dirons suffira pour attirer l'attention des lecteurs sur ce travail beaucoup trop ignoré de plusieurs biographes du P. Labbe. Ici encore nous laisserons le plus ordinairement parler M. Le Clerc.

« J'observe d'abord les variations de M. Baillet qui, en divers endroits, a parlé honorablement du P. Labbe, mais qui n'a pas manqué de le maltraiter toutes les fois que ce Père s'est trouvé aux prises avec Port-Royal. — Je rapporte divers jugements avantageux que beaucoup de savants de réputation ont porté du même P. Labbe, de sa grande érudition », soit de son vivant, soit après sa mort. — « Je viens aux accusations de plagiat, et je fais voir qu'il n'y en a pas une qui ne soit fausse. Je commence par la plus ancienne, et je la discute à fond. L'accusateur est le savant géographe Nicolas Sanson. Choqué de ce que le Jésuite l'avait critiqué en quelques endroits de son *Pharus Galliæ*, in-12, imprimé à Moulins en 1644, il entreprit de prouver que le P. Labbe,

quelques années avant la publication de ses *Remarques*, « à rechercher tous les Perrot dont il y avait quelques vers d'imprimés, ne fût-ce qu'un simple distique. »

(1) Boucher d'Argis a fort bien éclairci ce point dans l'*Avertissement* qu'il a mis en tête de son édition de l'*Institution au Droit ecclésiastique*; Paris, 1762, tome I, page VIII-XV.

(2) *Bibliothèque historique de la France,* tome III, p. LXXII, note.

dans cet ouvrage, était coupable ou de plagiat ou d'erreur sans exception sur chaque mot ». Il publia en 1647 et 1648 deux volumes in-12 de 246 et de 283 pages où il fait « l'essai d'une critique si bizarre ». Mais des quatre parties qui composent l'écrit du P. Labbe, Sanson n'attaque que la seconde ; encore sa critique ne touche-t-elle qu'à des fractions de cette partie, de sorte qu'il se trouve n'avoir censuré qu'environ trente pages sur plus de trois cents du livre de son adversaire. Or, « après une exacte discussion » qu'il a faite de cette dispute, M. Le Clerc assure que, « de chaque centaine de coups que Sanson tire sur le *Pharus* et sur son auteur, il y en a au moins quatre-vingt-quinze, de compte fait, qui portent à faux, et dans lesquels les imputations de plagiat ou d'erreur, sont fausses et la plupart calomnieuses » (1). — Mais, à propos de Sanson, n'oublions pas le petit *divertissement* que M. Le Clerc donne à ses lecteurs. « Le pauvre Sanson, dit-il, bon géographe mais mauvais critique, ne savait pas même en quoi consiste ce que l'on appelle *Plagiat* dans la République des Lettres. Il croyait très-fermement que dès qu'on citait un auteur pour marquer qu'on lui était redevable de la découverte, on était par cet aveu convaincu de plagiat. Donnons-en un exemple. Labbe avait dit : *Anima...* Aime... ou Jacquemont, *ut in alterâ editione scripsit Sanson.* Un autre se serait bien donné de garde de crier ici au voleur, au plagiaire. Mais Sanson qui n'y entend pas finesse, s'enroue à le crier. *Loci situm et explicationem mutuatus est plagiarius noster ex nostrâ Tabulâ...!* »

« Pour faire une Apologie complète du P. Labbe contre Sanson, continue M. Le Clerc, j'ai discuté pied à pied toutes ses accusations. » Après quelques exemples de la futilité et du peu de fondement de plusieurs d'entre elles, M. Le Clerc ajoute ces paroles qui ont encore aujourd'hui, et ici même, leur application : « Je m'étends peut-être un peu trop sur ceci, mais ce n'est pas inutilement, parce que beaucoup de gens ne savent rien de ce différend du P. Labbe et de Sanson que sur le faux

____

(1) *Lettre critique sur le Dictionnaire de Bayle,* pages 37, 38.

rapport de Lancelot, homme qui en voulait étrangement au Jésuite, parce que ce Père avait toujours harcelé *ces Messieurs.* — « Je fais voir ensuite que le même Lancelot a eu tort d'accuser le docte Jésuite d'avoir volé le Calendrier... qui parut à la tête des Heures dites de Port-Royal en 1650. » — « Je disculpe aussi fort aisément le P. Labbe contre ce que prétend encore M. Lancelot, qu'il avait volé l'*Histoire Généalogique de France* de MM. de Sainte-Marthe... » — « Je réfute en peu de mots M. Baillet, qui a avancé que les Étymologies du P. Labbe étaient un larcin qu'il avait fait dans le *Jardin des Racines* de Port-Royal. » — « Je m'étends beaucoup plus sur le Traité *De Scriptoribus Ecclesiasticis* du même Père ; Baillet convient que cet ouvrage a fait honneur au P. Labbe, mais *le mauvais sort de ce Père*, dit-il, *veut qu'on attribue au P. Sirmond une bonne partie des Dissertations critiques qu'il a publiées sur les écrivains ecclésiastiques* (1). Voilà à peu près, dit M. Le Clerc en finissant, tout le plan de l'ouvrage que j'avais fait pour le P. Méri en faveur de son savant compatriote, le P. Labbe. »

Voilà aussi, dirons-nous à notre tour, à peu près tout ce que nous savons ou pouvons conjecturer touchant le *Traité du Plagiat* (2). Mais si nous ignorons le plus grand nombre

---

(1) A cette accusation se rapporte un passage de la lettre du P. Oudin à M. Le Clerc, en date du 24 janvier 1727, lettre qu'on peut lire dans les *Nouveaux Mémoires* de l'abbé d'Artigny, tome V, page 395, 396.

(2) L'abbé Pernetti en a consigné un trait dans ses *Recherches pour servir à l'histoire de Lyon* (t. II, p. 254). Parlant de l'édition du Dictionnaire de Richelet, donnée par M. Aubert, « on trouve à la tête, dit-il, une *Bibliothèque des auteurs cités dans le Dictionnaire.* Elle est du savant M. Le Clerc, du Séminaire de Saint-Sulpice de Lyon, qui a beaucoup écrit et fort peu imprimé. Dans un de ses traités manuscrits qui a pour titre le *Plagiat,* il dit un mot de M. d'Urfé que je place ici de peur qu'il ne reste inconnu... » Mais ce que l'abbé Pernetti croyait encore « inconnu » en 1757 avait été textuellement publié en 1752, *suppresso nomine auctoris,* dans le tome V des *Nouveaux Mémoires d'histoire, de critique et de littérature* (p. 13 et 14). C'est là sans doute un des articles *communiqués* à l'abbé d'Artigny, et Martial dirait probablement à cet auteur comme autrefois au poète Fidentinus :

Stat contrà, dicitque tibi tua pagina, Fur es.

(Epigrammat. lib. I, LIV, 12.)

de ceux qui y figurent comme accusés, il est aussi des coupables qui échappèrent à la censure de M. Le Clerc; grâce à l'excessive discrétion de ses amis trop délicats et trop peu jaloux de leur propre gloire. En voici un exemple rapporté par Michault, avocat au Parlement de Dijon. « M. l'abbé Le Clerc, dit-il, a laissé un *Traité sur le Plagiat* où l'on pourrait ajouter un exemple insigne de Plagiat et restituer authentiquement au P. Oudin un larcin dont sa modestie ne lui a jamais permis de se plaindre qu'à M. le Président Bouhier et à moi. En 1739, Louis-Antoine Muratori ayant publié à Milan son *Nouveau Trésor d'anciennes Inscriptions*, y inséra, sous le nom d'un curieux littérateur qui avait beaucoup étudié les médailles et les anciens monuments, un Mémoire sur quelques Dieux inconnus, dont le véritable auteur est le P. Oudin (Voy. Tom. I, p. 50. *De Diis quibusdam ignotis, præsertim Gallicis, Diatriba Josephi de Bimard de La Bastie*) » (1).

Revenons à M. Le Clerc. Pendant qu'il s'appliquait, dans le silence de l'étude, à la recherche et souvent à la justification des écrivains dénoncés comme suspects de vol littéraire, une accusation de plagiat d'espèce différente vint subitement frapper ses oreilles pour retentir plus douloureusement

---

(1) *Mélanges historiques et philologiques*, par M. Michault, Avocat au Parlement de Dijon; Paris, 1754, tome II, pages 324, 325. — Combien de faits semblables ne pourrions-nous pas rapporter ici! Combien de disciples de Richesource aujourd'hui parmi nous! Nous ne parlons pas des Prédicateurs se parant de l'éloquence du cardinal Giraud ou de tout autre orateur, ni des Historiens décriant, par un procédé familier aux plagiaires, les auteurs qu'ils estiment assez pour les piller : les uns et les autres semblent depuis longtemps jouir là-dessus d'un privilége spécial, et un procès, de date assez récente, a prouvé que les derniers surtout peuvent pousser fort loin cette sorte de larcin, sans avoir à craindre les tribunaux civils chargés de faire respecter la propriété littéraire. Mais quelles hardiesses en ce genre jusque chez des personnages occupant des positions élevées, auteurs aisément féconds, dont les Œuvres *mêlées*, comme on disait autrefois, présentent, sous le rapport du style plus de variété que sous le rapport des sujets même, la plupart imaginés et commandés, dit-on, en vue de former, par rapport aux hommes et aux choses de ce temps, l'opinion d'une postérité sur la crédulité de laquelle ils n'ont que trop droit de compter! Et ces génies faciles, ces ambitieux de toutes les gloires, s'éton-

au fond de son cœur. Cette fois, en effet, l'accusé n'était plus un étranger à l'égard duquel il pût ou dût rester indifférent; l'accusé était « cet excellent homme qu'il connaissait à fond et dont il respectait singulièrement la mémoire » (*Biblioth. du Richelet*, art. *Clerc*); c'était, enfin, son propre père.

CHAPITRE XXV

APOLOGIE DE SÉBASTIEN LE CLERC ACCUSÉ DE PLAGIAT AU SUJET DE L'ORDRE FRANÇAIS.

Dans le dessein d'immortaliser son règne, Louis XIV fit proposer à tous les peintres, dessinateurs et architectes d'Europe, un prix considérable destiné à récompenser l'inventeur d'un ordre d'architecture assez différent des cinq autres pour former un sixième ordre qui, par des attributs propres à notre nation, pût mériter le nom d'*Ordre Français*.

nent de n'avoir pas un fauteuil à l'Académie Française! Ailleurs, un hagiographe en renom réussit si bien à imiter Montalembert et Lacordaire (et d'autres encore, qu'une trop grande modestie a jusqu'ici empêchés de publier les productions de leur esprit), qu'il en copie non-seulement les pensées, mais quelquefois jusqu'aux tours de phrase et aux expressions même! Plus loin, une Revue imprimée hors de France, quoique rédigée en Français, publie, sur un point de morale fort intéressant, une Dissertation dont les trois quarts sont la simple traduction d'un texte emprunté aux célèbres Théologiens de Salamanque! « Discussion théologique remarquable, où le sujet est traité à fond avec toute la précision et l'autorité que donne l'étude approfondie de la théologie et des règles sanctionnées par le Saint-Siége » : telle est l'appréciation qu'en fait le traducteur d'un ouvrage composé sur la même question. Aussi a-t-il demandé au « savant Directeur » de la Revue l'autorisation de reproduire ce « traité pratique où la matière est en quelque sorte épuisée, » et cette autorisation, ajoute-t-il, lui a été « gracieusement accordée.... » Mais nous n'avons pas entrepris un Traité du Plagiat au XIXe siècle, et ceux qui croiront se reconnaître dans ces lignes estimeront certainement que nous en avons déjà trop dit.

Parmi ceux qui disputèrent le prix (lequel ne fut remporté par personne), le célèbre Charles Le Brun se distingua par un plan gravé en 1685 par Sébastien Le Clerc. Désireux de contribuer de son côté à la gloire de son pays, celui-ci voulut également courir la même carrière. Mais comme le premier peintre du Roi exerçait un empire absolu sur les artistes des Gobelins où Sébastien Le Clerc avait alors son établissement, l'illustre graveur craignit de lui déplaire en prenant part au même concours, et il supprima la planche qu'il avait gravée sans en garder aucune épreuve (1). Plus tard cependant il donna son nouvel Ordre Français dans le *Traité d'Architecture* qu'il publia en 1714.

Environ vingt ans après, en 1735, un ingénieur du Roi, nommé d'Alleman, composa pareillement un *Traité d'Architecture*, qui devait faire partie d'un Cours de Mathématiques à l'usage des Ingénieurs (2). Il y exposait aussi un Ordre Français de son invention, mais avant de le faire graver, il voulut en quelque sorte prendre devant le public possession de sa découverte par une lettre destinée aux *Mémoires de Trévoux*, et adressée au P. Souciet qui en était alors le directeur. Avant de la publier, le savant Jésuite écrivit à M. d'Alleman « qu'il avait été sur le point de donner sa lettre sur-le-champ pour la faire insérer dans les *Mémoires*, mais qu'une réflexion l'en avait empêché : que M. Le Clerc,

(1) « M. Le Clerc fils (Laurent Josse), désapprouvant sans doute les vues politiques de son père qui lui faisaient sacrifier le fruit de ses veilles et de ses talents à l'appréhension bien fondée de s'exposer à la jalousie de son supérieur, sut » néanmoins « soustraire à ses recherches une épreuve unique pour la conserver... Cette épreuve rarissime s'est trouvée dans l'œuvre de Le Clerc appartenant à M. Huquier, qui l'avait acheté à la mort de M. l'abbé Le Clerc... L'extrême rareté de cette pièce a déterminé le sieur Jombert à faire l'acquisition de l'œuvre entier à la vente du cabinet de M. Huquier, en 1772, pour ne pas laisser échapper ce morceau précieux » (Jombert, t. II, p. 21, 22). — Jombert juge la « composition de Sébastien Le Clerc beaucoup plus riche et mieux imaginée que celle de Le Brun ».

(2) *Mémoires de Trévoux*, août 1735, page 1522. Nous ne savons pas si cet ouvrage a été imprimé. Quérard n'en fait pas mention dans *La France littéraire*.

célèbre dessinateur du Roi et graveur, avait donné en 1714 un Traité d'Architecture dans lequel il propose un dessein d'Ordre Français; que M. d'Alleman ne lui marquant point la proportion de son Ordre Français, il ne pouvait juger s'il était différent de celui de M. Le Clerc...; qu'ainsi craignant que M. d'Alleman, n'ayant point connaissance de cet ouvrage de M. Le Clerc, ne fût tombé dans les mêmes pensées, et que les deux ordres paraissant les mêmes, on ne soupçonnât M. d'Alleman de vouloir se faire honneur d'une chose déjà trouvée par un autre, il avait jugé à propos de ne point faire paraître sa lettre qu'il n'eût eu réponse de lui sur cela » (*Mém. de Trév.*, août 1735, p. 1523, 1524).

M. d'Alleman tâcha de satisfaire le P. Souciet par une nouvelle lettre datée du 7 mai 1735. Elle fut insérée dans les *Mémoires* de septembre, la première, du 3 avril, l'ayant été dans le cahier du mois d'août précédent. Dans sa seconde lettre, l'ingénieur Provençal s'applique à montrer non-seulement que son ordre Français diffère de celui de Sébastien Le Clerc, mais qu'il lui est supérieur, et s'avance même jusqu'à affirmer que celui-ci « ne donne rien dans son ordre que d'emprunté des autres ordres, ou des auteurs modernes qui ont employé ces ordres dans leur composition » (*Mém. de Trév.*, sept. 1735, p. 1888, 1889).

Une pareille accusation, intentée contre son père, ne pouvait laisser M. Le Clerc insensible. Résolu à la repousser, il écrivit d'abord une lettre fort ample à M. de La Bastie, le priant de la faire voir à M. d'Alleman, qu'il supposait être fort de ses amis (Lettre de M. Le Clerc à Bouhier, du 10 janvier 1736). Peu après, il reçut une réponse datée du 1er janvier 1736, qu'on peut lire dans les *Nouveaux Mémoires* de l'Abbé d'Artigny (T. V, p. 380-382). M. de La Bastie s'y déclare convaincu que Sébastien Le Clerc « travaillait d'imagination; » mais « puisque l'accusation formée contre lui est publique, » il croit « qu'il serait à propos que sa justification le fût aussi »; et il s'offre à faire insérer dans le *Mercure de France* ou dans quelque autre Journal la lettre « très-modeste et très-sensée » qui lui avait été envoyée sur ce sujet.

M. Le Clerc pensa avec raison que la défense devait paraître dans le journal qui avait imprimé l'attaque. D'ailleurs les sentiments d'estime que, dans sa lettre à M. d'Alleman, le P. Souciet avait témoignés à l'égard de Sébastien Le Clerc, étaient pour le fils de l'accusé une raison de croire que son Mémoire serait favorablement accueilli. Il le fut en effet, mais le P. Souciet ayant jugé à propos d'en retrancher un mot, il crut devoir en prévenir M. Le Clerc par la lettre suivante :

« A Paris, le 9 Mars 1736. — J'ai reçu la lettre que vous m'avez fait l'honneur de m'écrire et l'Apologie de M. votre père, et je l'ai aussitôt donnée aux Journalistes pour la mettre dans leurs *Mémoires,* ce qu'ils m'ont promis de faire au plus tôt. Je l'ai lue avec bien du plaisir, cette Apologie ; je l'ai trouvée fort bien faite et très-modérée. J'y ai cependant retranché un mot, et j'ai cru que vous me permettriez de le faire, parce qu'il ne touche en aucune sorte le but que vous vous proposez, de justifier M. Le Clerc de l'accusation de *Plagiarité,* et qu'il pourrait choquer. Voici ce mot : *qui ne veut pas mentir de propos délibéré.* Car quoiqu'il ne mente pas de propos délibéré, et que ne mentir pas de propos délibéré, ce ne soit pas proprement mentir, il semble cependant que vous vouliez toujours faire entendre qu'il ment. Or ce terme de *mentir* est si odieux et si impoli parmi nous, que j'ai cru que non-seulement M. d'Alleman, mais généralement les lecteurs en pourraient être choqués. Du reste, j'ai été charmé, Monsieur, d'avoir cette occasion de rendre service à une personne comme vous, dont je connais depuis longtemps l'érudition et l'exactitude, et de contribuer à rendre publique la justification de M. Le Clerc, dont j'ai toujours extrêmement estimé le goût et les ouvrages » (1).

La lettre apologétique de M. Le Clerc ne parut que dans le cahier de mai 1736 (2), et peut-être après sa mort, arrivée le 6 du même mois. Elle est signée de son nom, et datée du Séminaire de Saint-Irénée à Lyon, le 1ᵉʳ février 1736. Donnons un aperçu de ce qu'elle contient, et citons-en d'abord le commencement.

(1) *Nouveaux Mémoires,* par l'abbé d'Artigny, tome V, pages 398-400.
(2) *Lettre de M. Le Clerc au R. P. Étienne Souciet de la Compagnie de Jésus pour servir d'éclaircissement aux articles LXXXII et LXXXVIII des Mémoires d'août et de septembre 1735.* Mai 1736, pages 1058-1077.

« Ce que je dois à la mémoire de feu Sébastien Le Clerc, mon père, m'engage à communiquer au public un court éclaircissement sur l'Ordre Français qu'il publia en 1714 peu de mois avant sa mort... Je ne prétends point contester au docte émule de mon père quoi que ce soit de ce qu'il nous dit dans ces deux lettres touchant la beauté, la régularité et la nouveauté de l'*Ordre Français* de son invention. Je lui passe même, néanmoins sous bénéfice, comme l'on dit, d'inventaire, ce qu'il y prétend de la prééminence de cet Ordre, soit dans son tout, soit dans chacune de ses parties, au-dessus de celui de M. Le Clerc. J'attends, sans nulle prévention de ma part, la décision des connaisseurs sur tous ces faits, et j'y souscrirai sans appel. Un seul endroit de la seconde lettre du docte Ingénieur m'oblige à mettre la main à la plume ; c'est celui où l'on intente contre mon père une accusation de plagiat en ces termes : *De tout ce que je viens de dire, il est aisé de conclure que M. Le Clerc, dans l'Ordre Français qu'il a donné,* A VOULU SE FAIRE HONNEUR *de ce que M. de Chambray et Palladio ont inventé et publié avant lui.* J'ai fait, mon Révérend Père, depuis environ 15 ou 20 ans, plus de cent Apologies pour divers savants qui ne m'étaient rien, et qui se trouvaient très-faussement accusés de vol littéraire. Comment pourrais-je refuser raisonnablement de faire la même chose pour un père à qui, après Dieu, je dois tout ce que je suis, et dont la mémoire me sera toujours très-chère et très-respectable ? Non, mon Révérend Père, jamais rien ne fut plus éloigné du caractère de M. Le Clerc, que la basse jalousie et la ridicule vanité qui portent quelquefois des génies stériles de leur propre fonds à faire le métier de brigands dans la République des Lettres, et en conséquence *à se faire honneur* de ce que d'autres avaient et inventé et publié avant eux » (*Mém. de Trév.* Mai 1736, p. 1058-1060).

M. Le Clerc prouve ensuite directement que, en fait, il est faux que son père *ne donne rien que d'emprunté des autres ordres ou des auteurs modernes,* et que l'entablement de Sébastien Le Clerc soit *entièrement le même que celui de Villalpande,* rapporté par M. de Chambray. « M. d'Alleman convient, dit-il, et nul architecte ne le niera, que ce qui différencie principalement deux ordres ou deux morceaux d'architecture, c'est la différence qui se trouve dans les mesures et les proportions des parties, grandes ou petites, qui les composent. Or, les vingt-quatre moulures qui composent l'entablement Français de mon père sont entièrement différentes, en mesures et en proportions, des vingt-quatre qui composent l'entablement corinthien de Villalpande. » Ainsi raisonne le docte apologiste, lequel apporte à l'appui de son argumentation des détails techniques dans lesquels nous ne pourrions le suivre sans citer toute sa lettre. Nous en extrairons néanmoins encore ce qu'il dit à l'occasion d'une *preuve domestique* et *très-assurée* qu'il possédait, que son père « ne pouvait être ni le copiste, ni le plagiaire de Villalpande. »

« J'ai vu cent fois travailler mon père, dit-il, et je suis témoin oculaire de la méthode qu'il suivait dans son travail. Après avoir médité sur les mesures, les proportions et les ornements qu'il lui semblait que l'on pouvait donner à un ordre ou à quelque partie d'un ordre, pour le rendre plus élégant en son genre, il jetait ses idées sur le papier comme par manière d'esquisse. Il ruminait ensuite sur cette esquisse, et il en examinait l'effet à loisir. Il la retouchait à différentes reprises, et, après diverses copies mises au net, où il changeait toujours quelque chose, il se fixait. C'était lorsque son goût lui faisait sentir qu'il était enfin parvenu au point de beauté et de perfection qu'il cherchait. Il m'a passé par les mains un fort grand nombre de ces morceaux ou études de mon père. J'en ai gardé quelques-unes je ne sais comment ; je ne pensais pas, quand je m'avisai de les mettre à part, qu'elles dussent me servir jamais à l'usage que je me trouve contraint d'en faire aujourd'hui. Elles sont au nombre de sept et sont toutes pour l'ordre François » (p. 1067, 1068).

M. Le Clerc en donne la description et conclut que son père « était un savant à réflexion qui travaillait de génie, de goût, et surtout avec une patience extrême. Est-ce ainsi que se conduisent dans leurs compositions ceux que l'on appelle plagiaires » (p. 1070)?

De l'examen de l'entablement, M. Le Clerc passe à celui des autres parties de l'Ordre Français, et prouve que son père n'a pas emprunté son chapiteau à l'ordre corinthien, ni le fût de sa colonne au Campo Vaccino ou à la Basilique d'Antonin, ni enfin sa base à Palladio, à Scamozzi ou à Vignola. Nous devons nous borner à ces indications sommaires et laisser de côté des développements où M. Le Clerc montre, à la vérité, qu'il entend bien la matière dont il parle, mais dont l'appréciation n'est pas du tout de notre compétence. On nous permettra, cependant, d'ajouter une anecdote qui n'est pas dépourvue d'intérêt et qui dut paraître à M. Le Clerc, s'il vécut assez pour en avoir connaissance, la juste punition de ce qu'il regardait comme une calomnie.

L'année même où parut cette Apologie de Sébastien Le Clerc, son accusateur fut à son tour accusé de plagiat au sujet de ce même Ordre Français qu'il prétendait avoir inventé. Un écrivain de la *Bibliothèque Germanique*, qui avait publié dans le tome XXVII (p. 62 et suiv.) de cette revue un *Mémoire sur la vie et les ouvrages de Sturm*, célèbre architecte allemand, donna en 1736, dans le tome XXXV, quelques observations concernant l'Ordre Français proposé par M. d'Alleman. Il dit que « l'Ordre Français de M. d'Alleman a beaucoup d'affinité et de ressemblance avec l'ordre *allemand* de Sturm... pour ce qui concerne les mesures et proportions, quoique les ornements soient tous différents » (p. 141). — « M. d'Alleman, ajoute-t-il, a aussi affecté de se servir en français de certaines expressions dont M. Sturm s'est servi en allemand pour désigner le caractère de la nation. Voici ce que Sturm dit en sa langue : *Mon ordre représente par la force des parties qui le composent, et par celle de ses moulures, le courage et la valeur de la nation allemande.* Ce sont les mêmes expressions dont se sert M. d'Alleman pour caractériser la nation française, en y ajoutant, *qui, sous le règne de Louis le Grand, put seule se défendre contre toutes les puissances réunies* » (1) (p. 143). Enfin, l'auteur de l'article rappelle ce qu'il a dit dans son Mémoire sur Sturm, savoir « que le dessein de l'ordre allemand a été envoyé à l'Académie d'Architecture de Paris. A Dieu ne plaise, continue-t-il, que j'accuse M. d'Alleman *de vouloir se faire honneur* (2) d'une chose déjà trouvée par un autre. Il arrive souvent à deux personnes d'avoir la même pensée, et peut-être en est-ce ici un nouvel exemple » (p. 145). Nous ne chercherons pas à résoudre ce problème, qui eût certainement

---

(1) Les paroles citées de M. d'Alleman sont à la page 1896 des *Mémoires de Trévoux*, Septembre 1735.

(2) Ce sont les termes dont s'était servi M. d'Alleman à l'égard de Sébastien Le Clerc.

piqué la curiosité et provoqué les recherches de l'auteur du *Traité du Plagiat*, mais nous achèverons de raconter ce que lui inspira la piété filiale en faisant connaître deux ouvrages qu'il composa probablement lorsqu'il était encore au Séminaire d'Orléans (1).

Le premier est un *Abrégé de la vie de Sébastien Le Clerc*. D'après le Mercure de France (février 1737, p. 273), suivi par tous les biographes, M. Le Clerc avait composé un ouvrage portant ce titre. Mais nous ne savons ce qu'il est devenu, et cette perte nous est d'autant plus sensible que nous y aurions puisé bien des détails sur le père et sur le troisième de ses enfants.

Le second écrit, qui n'a pas été non plus livré à l'impression, est le *Catalogue de tous les ouvrages de Sébastien Le*

(1) Bien avant 1735, Sébastien Le Clerc avait été également accusé de plagiat par M. de Mallemans. Le passage suivant indique l'objet et prouve la fausseté de l'accusation. Il est tiré du cahier manuscrit de la *Bibliothèque des auteurs de Bourgogne*, article Mallemans (Claude), f. 13. L'abbé Joly l'a supprimé, et, par conséquent, il est inédit. « M. de Mallemans, page 272 et suiv. des *Mémoires de Trévoux*, Février 1706, accuse le célèbre M. Le Clerc d'avoir volé à son frère le Philosophe (Claude Mallemans, auteur de *L'ouvrage de la création ; Traité Physique du Monde : Nouveau Système. Paris, 1679, in-12*) le système de la création du monde. Cela est faux, parce que M. Le Clerc n'a jamais, comme on l'avance, demeuré dans l'Université. A son arrivée à Paris, en 1665, il logea aux galeries du Louvre, et, de là, il passa aux Gobelins, où il a fini ses jours. De toutes les assemblées, il n'a jamais fréquenté que celle de l'Académie de Peinture, et M. l'abbé Le Clerc, son fils, supérieur *(sic)* du Séminaire de Saint-Irénée de Lyon, qui a autant de probité que de science, m'a assuré que lorsque Monsieur son père forma son système sur la création, il n'avait jamais ouï parler de celui de M. de Mallemans. Il faut donc que ce Le Clerc dont le critique parle, et qui demeurait en 1679 dans l'Université, fût un graveur ou quelque autre du même nom qui vivait en ce temps-là. On ne peut douter de cette vérité sur la déposition de M. l'abbé Le Clerc. » Singulier sort des hommes de génie ! Le fécond artiste qui fut si souvent accusé de plagiat pendant sa vie a été, après sa mort, la victime de quantité de plagiaires qui n'ont fait aucune difficulté de reproduire sur leurs toiles les sujets religieux et même les rares compositions mythologiques de ses belles gravures ! (V. M. Meaume, *Sébastien Le Clerc*, p. 295.)

Clerc rangés par années (1). Quoique moins complet que celui de Jombert, il lui a été néanmoins, de son propre aveu, très-utile pour fixer la date de plusieurs pièces. M. Le Clerc y fait l'histoire de l'œuvre de son père depuis 1645 jusqu'en

(1) Tel est le titre exact de la copie que nous avons vue à Lyon (Bibliothèque du Palais des Arts; recueil intitulé : *Mémoires divers*). C'est un in-folio de 49 pages, à la fin duquel on lit cette note : « Ce Catalogue a été copié sur celui qu'avait dressé M. Le Clerc, Prêtre et Directeur du Séminaire de Saint-Sulpice à Lyon, fils de Sébastien, et qui est conservé en manuscrit dans cette maison. Novembre 1736 ». Jombert dit que cet original a passé (évidemment après novembre 1736) à M. Huquier qui lui a permis de le copier (*Avertissement*, p. XXI). M. Guiffrey (*Nouv. Archives de l'art Français*, 1872, p. 319) paraît croire que l'autographe de M. Le Clerc est le manuscrit de la Bibliothèque Royale de Stockholm mentionné par M. Ch. Desmaze (*Livres brûlés à Paris, livres sauvés, les manuscrits Français à l'étranger*; Amiens, in-8º de 24 pages; extrait des *Mémoires des antiquaires de Picardie*) sous ce titre : *Catalogue des ouvrages de M. Le Clerc, Chevalier Romain, dessinateur et graveur ordinaire du Roi, fait par M. Le Clerc, son fils, prêtre, Docteur de Sorbonne (MDCLXV)*. Mais d'abord deux choses dans ce titre nous semblent prouver le contraire : 1º l'énoncé du nom de l'auteur, qui n'est ni dans le manuscrit de Lyon *copié* sur l'original, ni dans les habitudes de M. Le Clerc; 2º la qualité de *Docteur de Sorbonne* que M. Le Clerc ne s'est jamais attribuée parce qu'il ne l'a jamais eue. Il y a plus. Grâce à la haute bienveillance de M. Tamisier, Ministre représentant la France près la Cour du Roi de Suède, nous avons entre les mains un fac-simile de l'écriture du manuscrit de Stockholm. Or, après l'avoir confronté avec les autographes de M. Le Clerc, nous avons acquis la certitude que ce manuscrit n'est qu'une copie. Quant à la date de *MDCLXV* regardée comme celle où le manuscrit a été composé, et que M. Guiffrey propose de corriger en mettant *MDCCXV* ou *MDCCXXV*, elle est exacte et se lit en effet à la fin de l'ouvrage, mais elle y est donnée comme partie de la légende gravée sur une pièce décrite en ces termes : « Une grande médaille représentant un Palais, portée sur un pied en cartouche, chargée d'ornements et de devises avec ces mots : *Majestati ac æternitati Gallici Imperii Sacrum MDCLXV* ». C'est la pièce appelée par Jombert « Grand médaillon représentant une façade du Louvre suivant le projet du Cavalier Bernin » (Tom. II, p. 58, n. 218), et gravée en 1687. Il n'en est pas parlé dans la copie de Lyon, parce qu'elle n'a pas, comme celle de Stockholm, des additions concernant les pièces de date inconnue ou incertaine. Nous devons ce renseignement, ainsi que la dernière phrase du manuscrit citée plus haut, à l'obligeance du Conservateur de la Bibliothèque Royale de Stockholm.

1714. Entre autres choses, il nous apprend qu'il mettait quelquefois au service de Sébastien Le Clerc son érudition *patristique*. A propos de la ravissante composition connue sous le nom de *La Vierge aux Anges* (Jombert, n. 266; M. Meaume, p. 254), M. Le Clerc écrit ces paroles : « J'ai donné à mon père le passage de Saint Bernard qui est au bas de cette planche : *Deus cui Angeli subditi sunt, cui Principatus et Potestates obediunt, subditus erat Mariæ* (1). Enfin dans ce travail qui est, avant tout, comme son titre l'indique, un *Catalogue*, M. Le Clerc montre souvent qu'il n'était pas étranger aux secrets de la gravure et des arts dans lesquels excella celui dont Mariette a dit avec vérité : « S'il y a jamais eu un graveur qui se soit rendu célèbre dans sa profession, et qui ait étendu ses connaissances au-delà des bornes ordinaires, c'est sans contredit Sébastien Le Clerc » (2).

(1) Homil. I super *Missus est*, n. 7; Oper. ed. Mabillon, Parisiis, 1690, tom. III, col. 735.

(2) *Abecedario*, tome III, page 98. — Au moment même où l'on imprime ces lignes, nous apprenons qu'un habile graveur de Metz, M. Ad. Bellevoye, s'occupe à frapper une médaille en l'honneur de Sébastien Le Clerc. La face représente le portrait de l'artiste Messin entouré de ces mots : Sébastien Le Clerc Dess. & Graveur. Au revers est gravée la légende suivante :

SEBASTIEN LE CLERC

NÉ A METZ LE 26 SEPT. 1637

ING. GÉOGRAPHE PROF. DE GÉOMÉTRIE

MEMBRE DE L'ACAD. ROYALE DE PEINTURE 1672

DESS. & GRAVEUR DU CABINET DU ROI EN 1690

CHEVALIER ROMAIN EN 1706

MORT A PARIS AUX GOBELINS

LE 25 OCTOBRE 1714

Ce n'est pas encore là le « buste » demandé par M. Meaume à la ville de Metz « pour le charmant graveur qui est incontestablement sa plus grande illustration artistique » (*Sébastien Le Clerc et son œuvre*, p. 308); mais c'est un bel hommage rendu par un homme de mérite au génie qu'il a étudié avec amour et imité dans son art avec succès. M. Bellevoye, en effet, est le graveur en titre de la ville de Metz. Après avoir rendu sur le bronze ses gloires passées, il consacre aujourd'hui son talent à exprimer ses douleurs. Nous citerons surtout en ce genre la médaille commémorative des grandes

CHAPITRE XXVI

APOLOGIE DE FAUSTE DE RIEZ.

La vocation, ou au moins l'occupation spéciale de M. Le Clerc pendant ses dernières années, semble avoir été d'écrire des Apologies. Ses *Remarques sur Bayle* et son *Traité du Plagiat* ne sont souvent, comme on l'a vu, pas autre chose. A peine avait-il achevé de composer, pour défendre la mémoire de son père, le plaidoyer dont nous venons de parler, qu'il entreprenait de soutenir la cause d'un illustre Évêque des Gaules, de Saint Fauste de Riez. La lettre suivante, du 22 mars 1736, la dernière probablement que M. Le Clerc écrivit au Président Bouhier, nous apprend quelle fut l'occasion de ce nouveau dessein :

« Je profite du départ de Mlle Le Clerc pour vous assurer que mes sentiments ne diminuent point à votre égard. Ma santé est toujours chancelante et ne me permet pas de faire grand'chose. J'ai pourtant envoyé aux Journalistes de Trévoux une Lettre pour servir d'Apologie à mon père contre la Lettre de M. d'Alleman. Je me suis amusé à lire divers endroits de l'*Histoire*

batailles du 16 et du 18 août 1870, où il reproduit le chef-d'œuvre de M. Bogino récemment inauguré à Mars-La-Tour, et la médaille qui rappelle aux Messins les douleurs du blocus et représente le monument élevé aux victimes par les soins de la ville. Aussi M. Bellevoye a-t-il été choisi pour frapper la médaille d'or de grand module que les habitants de Metz ont offerte comme témoignage de leur reconnaissance à leur dernier Maire, l'honorable M. Bezanson, injustement révoqué par l'administration Prussienne. Nous signalerons également aux amateurs son *Album des environs de Metz*, magnifique collection qui paraît tous les six mois. Ces belles gravures à l'eau forte pourront servir à faire davantage encore regretter aux Français le cher et beau pays qu'ils ont si malheureusement perdu.

littéraire de la France, et je ne suis pas fort content de la manière dont les auteurs ont traité l'histoire de nos prétendus demi-Pélagiens de Provence du Ve et du VIe siècle. Ils ont fort copié le Cardinal Nôris et M. de Tillemont, que j'ai réfutés dans mes *Remarques sur Moréri,* aux mots *Césaire, Fauste, Florus* et *Fulgence.* »

M. Le Clerc avait aussi touché la double question de la sainteté et de l'orthodoxie de Fauste de Riez dans ses *Remarques critiques sur le Dictionnaire de Bayle* (art. *Tapper,* 7°-12°). Bayle ayant dit que Tapper « crut que *Faustus Regiensis* était orthodoxe, » M. Le Clerc avait prouvé que ce n'était pas là une « belle merveille, » vu que quantité de savants et de saints l'avaient cru avant et depuis le célèbre Chancelier de l'Université de Louvain. En même temps, M. Le Clerc résolvait brièvement l'objection tirée du Décret du Pape Gélase, regrettant que l'étroit espace dans lequel il était renfermé ne lui permît pas de donner à ses preuves tout le développement dont il les savait susceptibles.

Déjà, en effet, et même bien avant l'impression des *Remarques sur Moréri,* M. Le Clerc avait composé la Dissertation que nous avons indiquée au chapitre IV : *S. Fausti innocentia, Sanctitas et bona præsertim fides, contrà ejus, sive antiquos, sive neotericos, obtrectatores demonstrantur.* L'objet de cet écrit, suffisamment déterminé par le titre, l'est encore mieux par le petit préambule dont il est précédé : « *Non hîc inquirimus,* dit M. Le Clerc, *an Faustus catholicè per omnia senserit de gratiâ an non. Unum hoc demonstrare jàm aggredimur, cum, sive erraverit (quod non credimus), sive non erraverit, sensa sua bonâ fide et prompsisse et propugnâsse* ». Le travail est divisé en sept paragraphes dont voici le sommaire.

M. Le Clerc rapporte d'abord les accusations intentées par les adversaires de Fauste, soit anciens, soit modernes, et il remarque que le plus grand nombre d'entre eux parle d'après des préjugés de secte ou d'école (1). Ensuite il fait voir

---

(1) « *Ne mireris, tot eruditione illustres viros Fausto maledixisse. Alii decepti sunt pseudo Gelasiano Decreto; alii rem diligenter non expenderunt, vestigiis aliorum inhærentes. Alii præjudiciis et studio partium occupati, sententiam*

que, en suivant les règles de l'équité naturelle et de la saine critique, on ne peut rien conclure de ces témoignages, bien moins encore de celui de Maxence qui appelait aussi le saint Pape Hormisdas un *hérétique* et un *ennemi de la vérité catholique* (1), ni même de l'autorité de Saint Fulgence qui, lorsqu'il réfutait Fauste, avait évidemment sous les yeux un texte altéré de son ouvrage (2). D'autre part, Fauste soupçonné pour la première fois de Semipélagianisme trente ans après sa mort (3), a été honoré et estimé par tout ce que l'Église de France avait de célèbre et de pieux au v⁰ siècle, et il est encore regardé comme saint même par des savants qui ne croient pas à la pureté de sa doctrine. Enfin la division même qui existe sur l'objet précis de l'accusation entre les adversaires de Fauste, achève de le justifier et de prouver *l'orthodoxie* ou la sainteté de sa *personne*.

Tel est le résumé bien succinct de cette dissertation jugée par le P. Desmolets « curieuse et bien détaillée » (Lettre à M. Le Clerc, du 3 janvier 1722). M. Le Clerc la compléta plus tard en montrant que le saint évêque ne fut pas moins *orthodoxe* dans sa *doctrine*. Mais avant d'en venir à ce complément d'apologie et à l'écrit qui le précéda, il nous faut dire quelques mots d'une ébauche dont nous avons également donné le titre au chapitre IV de cet ouvrage : *S. Cæsarii Arelatensis Augustinianismus discutitur et excutitur*.

Le Cardinal Noris, pour prouver que Fauste de Riez a été Anti-Augustinien, cherche à établir qu'il a rejeté toutes les

---

suam de gratuitá prædestinatione et de efficaci ex se gratiá à Fausto impugnatam attendentes. Alii dolentes se suumque errorem prostratos in libris Fausti, in eum toto animi furore debacchati sunt; hi sunt Janseniani ». Le P. Stilting, célèbre Bollandiste, dit la même chose : « *Video quidem multos ex neotericis accusatores esse Fausti, sed plerosque vix scire quaré ipsum accusent, et solis abreptos esse præjudiciis »* (*Acta SS. Sept.* tom. VII. Comment. præv. de S. Fausto, n. 14; ed. Antuerp. p. 654). Ne voulant pas refaire un travail déjà fait et parfait, nous renverrons pour les détails à cette dissertation du P. Stilting, et nous indiquerons seulement les assertions et les preuves de M. Le Clerc.

   (1) Stilting, loc. cit. n. 118-121, pag. 673, 674.
   (2) Stilting, loc. cit. n. 122-135, pag. 674-676
   (3) Stilting, loc. cit. n. 107, pag. 671.

interprétations données par le saint Évêque d'Hippone aux
textes de l'Écriture touchant la grâce. De même, dit M. Le
Clerc, nous aurons prouvé que Saint Césaire a pensé comme
Fauste touchant la mort de Jésus-Christ pour tous les hommes,
la grâce offerte ou accordée à tous, la réprobation, la prédestination et les autres questions se rattachant à celles-là, si nous
montrons que le saint Évêque d'Arles a généralement suivi
les interprétations et les sentiments, et s'est même quelquefois
approprié les propres paroles de l'Évêque de Riez.

M. Le Clerc réduit ensuite la doctrine catholique sur la
grâce à trente et une propositions suivies et liées entre elles,
et sur chacune il fait un parallèle entre la doctrine de Saint
Césaire et celle de Saint Fauste, dans le but de démontrer
que sur tous les points ils ont pensé absolument de la même
manière. *Sanctorum Fausti et Cæsarii de Gratiâ, libertate et
prædestinatione doctrina ac systemata inter se comparata;* tel est
le second titre général, plus clair que le premier, de sa Dissertation. Malheureusement, ce travail est à peine ébauché;
en plus d'un endroit, ce n'est même qu'une esquisse.

Ces travaux, qu'il avait composés pour lui seul, comme il
le dit dans sa *Lettre critique* manuscrite (p. 208), et qu'il avait
abandonnés depuis longtemps, M. Le Clerc les reprit en 1735,
lorsque parurent les tomes II et III de l'*Histoire littéraire de
la France*. Voyant avec peine comment on y traite Fauste de
Riez, et se croyant suffisamment armé pour le défendre, il
résolut de venger publiquement sa mémoire contre les attaques
de D. Rivet et de ses collaborateurs. Il le fit sous la forme
d'une *Lettre* adressée aux *Mémoires de Trévoux*, dont les sentiments lui étaient connus et la gracieuse hospitalité en quelque sorte assurée d'avance. Cette lettre, qui n'est pas signée,
porte à la fin cette date : « Ce 1er Mars 1736. » Si l'indication
est vraie et authentique, M. Le Clerc avait déjà achevé son
travail le 22 du même mois, lorsqu'il écrivait au Président
Bouhier la lettre citée au commencement de ce chapitre; et
il faut en conclure ou qu'il n'était pas encore décidé à le publier, ou qu'il ne voulait livrer son secret à personne, pas
même au confident ordinaire de ses études et de ses décou-

vertes. Quoi qu'il en soit, la nouvelle apologie de Fauste de Riez parut dans les *Mémoires de Trévoux* (seconde partie du mois de juillet 1736, p. 1541-1582), sous ce titre : *Lettre de M..., Prêtre du Dioceze de Riez, à M..., chanoine d'Arles, sur ce qui est dit des saints Fauste de Riez et Césaire d'Arles, dans l'Histoire littéraire de la France.* Dès les premières lignes, M. Le Clerc indique nettement l'état de la question et le point spécial qu'il se propose de traiter.

« Il s'en faut beaucoup, Monsieur, que je ne sois aussi content que vous me paraissez l'être du second et du troisième volume de l'*Histoire littéraire de la France*. C'est, à ce que j'entrevois par votre lettre, le pompeux éloge que l'on y fait de Saint Césaire, l'un des plus illustres de vos Prélats, qui vous a porté à juger favorablement de tout le reste de l'ouvrage. Vous dirai-je, Monsieur, que c'est en partie ce même éloge qui a contribué le plus à m'affermir dans un préjugé tout contraire? Je me révolte aisément contre tout éloge qui n'est pas fondé sur la vérité la plus exacte, surtout quand on n'y relève la gloire de celui qui en est l'objet qu'aux dépens d'autrui. *L'Histoire littéraire,* dans ce qui concerne votre Saint Évêque et le nôtre, fait un contraste des plus frappants dans les différents portraits qu'elle nous fournit de ces deux Saints. Fauste y paraît comme un ennemi juré de Saint Augustin, et, qui pis est, comme le chef des Semi-Pélagiens des Gaules au cinquième siècle. Saint Césaire nous y est dépeint, au contraire, comme un homme suscité de Dieu pour terrasser Fauste et son école, et, en un mot, comme l'*Augustin de l'Église Gallicane.....*

La bonne méthode, Monsieur, est d'examiner les faits par soi-même, surtout quand il est question de certains points où l'on s'aperçoit sans peine que des Historiens sont prévenus pour ou contre. Il y a trente ans que j'aurais approuvé sans la moindre répugnance tout ce que nos savants Historiens nous disent ici à l'avantage de Saint Césaire et au désavantage de Fauste. Et pourquoi? C'est, Monsieur, que je condamnais Fauste pour lors, ce que font encore cent et cent Théologiens ou critiques aujourd'hui sur le simple témoignage de tant de gens qui l'ont accusé (1). Je n'avais jamais pensé à l'écouter dans ses défenses, c'est-à-dire que je ne m'étais point avisé d'examiner ses ouvrages, ceux de Saint Césaire, ni, en un mot, aucune des pièces

(1) Le P. Stilting, qui fut associé aux Bollandistes à la fin de 1737, avait aussi d'abord été imbu des mêmes préjugés. Peut-être cette protestation des *Mémoires de Trévoux* contre l'opinion alors dominante fut-elle l'occasion qui l'amena à examiner aussi par lui-même la cause du saint Évêque de Riez.

qui seules pouvaient m'aider à porter à son sujet un jugement équitable. Dans la suite je le fis, il y a plus de vingt ans, et depuis j'ai toujours rendu justice à notre saint et savant Évêque de Riez. Par la discussion exacte que je fis alors, autant que j'en pouvais être capable, de tous les faits entassés contre cet Évêque par le Cardinal Nôris, et depuis par M. de Tillemont, je demeurai convaincu que ces deux savants n'avaient fait, à son égard, aucun usage de l'équité, de la bonne foi et de la sagacité critique dont ils étaient d'ailleurs fort bien pourvus. Nos doctes Bénédictins s'en sont trop fiés à ces deux critiques, et j'ai remarqué que, dans ce qu'ils nous disent de nos deux saints, Fauste et Césaire, il y a au moins une cinquantaine de faits que je me crois en état de faire voir être contraires à la vérité. Vous les marquer tous en détail, je ne le pourrais, Monsieur, sans faire un gros livre. Mais vous ne me pardonneriez pas, si je prétendais vous obliger à m'en croire uniquement sur ma parole. Il faut donc que je vous donne un échantillon de ma critique. Je me borne à peu de faits, et encore appréhendai-je d'être bien long » (p. 1541-1545).

M. Le Clerc démontre ensuite que les auteurs de *l'Histoire littéraire* ont tort d'avancer que *Saint Césaire écrivit contre Fauste un Traité que nous n'avons plus malheureusement*, et qu'en citant, pour témoin de ce fait, Gennade, au chapitre 86 de son Traité des hommes illustres, ils commettent des fautes palpables (p. 1545-1549) (1). Puis il fait voir que Saint Césaire eut toujours beaucoup de vénération pour l'abbaye de Lérins où il avait été élevé, et qu'il appelle l'île des saints, la pépinière des bons évêques et des bons prêtres, ainsi que pour Fauste de Riez auquel il donne le nom de *saint* qui lui

« Existimo, dit-il, libros Fausti *(etiamsi ipse minùs rectè de iis senserim, ante quàm omnes contrà Faustum objectiones expenderam, et cum libris ipsis contuleram)*, existimo, inquam, libros Fausti, elogio Gennadii prorsùs esse conformes » (*Acta SS. Sept.*, tom. VII, ed. Antuerp., p. 671, n. 105).

(1) Voir conforme le P. Stilting, *Acta SS. Augusti*, tom. VI. *De S. Cæsario Episc. commentarius prævius*, n. 35-37, 40, edit. Antuerp. pag. 57, 58, ou Migne, Patrologie latine, tome LXVII, col. 1253-1286. — Le P. Jacques de Bue, dans l'éloge qu'il a donné du P. Stilting en tête du tome I du mois d'octobre, dit que cette partie « lectoris attentionem diligentiamque meretur ». — Voir encore les nos 55, 56, page 61, où le P. Stilting prouve que Saint Césaire ne mourut qu'en 542. C'est aussi ce qu'affirme M. Le Clerc.

a été retranché par ses nouveaux adversaires : *Faustus Epis-copus sanctus* (p. 1549-1552).

Enfin M. Le Clerc avance à son tour que l'ouvrage de Fauste est la source principale où Saint Césaire a puisé quand il a eu occasion de traiter de la Grâce, de la Prédestination et du Libre Arbitre, et qu'il ne se fait aucun scrupule de copier l'Évêque de Riez. Comme preuve de cette assertion, M. Le Clerc choisit le 22ᵉ sermon de l'Evêque d'Arles, inséré dans l'Appendice au tome V des Œuvres de Saint Augustin de l'édition Bénédictine, et faisant un parallèle entre ce qui y est dit sur l'endurcissement du cœur de Pharaon, et ce que contient le second livre de Fauste, *De Gratiâ et libero arbitrio*, il montre avec l'identité de la doctrine, la fidélité avec laquelle Saint Césaire, si zélé pour les vrais principes sur la Grâce, suit en tout Fauste comme un humble disciple (p. 1554-1581).

Tout le reste de la Lettre (environ vingt-cinq pages) est consacré à ce parallèle que M. Le Clerc termine par ces mots :

« Je réserve pour une autre lettre, ou plutôt pour plusieurs autres, car je sens bien que j'ai de la matière de reste, je réserve, dis-je, le grand nombre de points importants dans lesquels je ne saurais souscrire à ce que disent nos doctes Bénédictins, soit en faveur de Saint Césaire, soit au désavantage de Fauste. Ils ont ou supprimé entièrement, ou au moins diminué les éloges que beaucoup de saints avaient donnés à celui-ci, et ils ont ramassé et adopté contre lui comme vrais beaucoup de faits qui ne le sont pas. Je vous donnerai, Monsieur, de bonnes preuves de tout ceci » (p. 1581, 1582).

C'était là, si nous ne nous trompons, s'engager devant le public à prouver : 1° que, sur la Grâce, la Prédestination et le Libre Arbitre, Saint Césaire et Saint Fauste pensaient absolument l'un comme l'autre ; 2° que celui-ci avait été regardé comme saint par les meilleurs évêques de son temps ; 3° qu'il n'était pas moins orthodoxe dans sa doctrine, faussement accusée de contenir l'erreur Semipélagienne. Or les éléments des deux premiers points existaient déjà dans l'esquisse intitulée : *Sancti Cæsarii Arelatensis Augustinianimus discutitur*, et surtout dans la Dissertation : *S. Fausti innocentia, sanctitas et bona præsertim fides... demonstratur.* Restait le troisième point, celui de la doctrine de Fauste. M. Le Clerc en entreprit alors l'examen approfondi, et ajouta à ce dernier écrit un second chapitre divisé en quatre paragraphes.

Dans le premier, — *Referuntur S. Fausti defensores,* — M. Le Clerc cite les principaux défenseurs de Fauste, parmi lesquels il n'a garde d'oublier Simon Bartel (1) et le P. Sirmond (2). Au second paragraphe, — *Faustus ex suis libris absolvitur,* ou *Pro Fausto,* — M. Le Clerc cite vingt-cinq passages tirés des livres de Fauste, tous conformes à la doctrine catholique sur la Grâce. Dans le paragraphe troisième, — *Fausti verba ad sensum catholicum rite exponuntur,* ou *Contrà Faustum,* — il expose, explique et discute tous les textes objectés par Maxence, le Cardinal Nôris, Noël Alexandre, Jansénius, et enfin par les Bénédictins dans le tome II de l'*Histoire littéraire de la France.* La discussion de ces textes remplit trente pages in-folio (3). C'est, on le comprend, tout

(1) Le livre de Simon Bartel est intitulé : *Historica et chronologica Præsulum sanctæ Regiensis Ecclesiæ nomenclatura* ; Aix, 1636, in-8º. A la fin, on lit une apologie de Fauste de Riez dont M. l'abbé Féraud parle en ces termes : « Cette apologie, à laquelle tous les historiens et les biographes renvoient les curieux, mérite à tous égards d'être lue. Avec beaucoup d'érudition et un style élégant, on y voit réunie une masse de preuves bien propres à désarmer et à confondre les détracteurs de la doctrine et de la sainteté de Fauste » (*Les Saints tutélaires de l'Église de Riez, ou Vies des saints Évêques Maxime et Fauste, et de Sainte Thècle, vierge et première martyre...* Digne, Repos, 1850, in-8º, p. 64). Beaucoup mieux que les notes du protestant Basnage, cette apologie, qui est rare, aurait enrichi le tome LVIII de la Patrologie latine éditée par M. Migne.

(2) Le texte du P. Sirmond est surtout fort remarquable et nous regrettons de ne pouvoir le citer à cause de sa longueur. Il faut le lire dans son *Historia prædestinatiana,* chap. 8 (Patrologie latine de M. Migne, t. 53, col. 685, 686) ou dans le P. Stilting qui prouve fort bien, contre le cardinal Nôris, que l'autorité du savant Jésuite est ici d'un grand poids, à cause de la profonde connaissance qu'il avait des anciennes hérésies, et de l'étude attentive qu'il avait faite de toute l'histoire de Fauste. (*Acta SS. Sept.* t. VII, ed. Antuerp. p. 690, 691).

(3) Dans un endroit, M. Le Clerc dit : *Vide Epistolam primam nostram ;* preuve manifeste que ce travail est postérieur à la composition de la *Lettre* imprimée dans les *Mémoires de Trévoux.*

ce que nous en pouvons dire, renvoyant ceux qui voudraient approfondir ce sujet à l'excellente dissertation du P. Stilting qui a expliqué et justifié tous les passages de Fauste objectés par Suarez et le Cardinal Nóris avec une clarté et une solidité qui nous paraissent ne laisser rien à désirer (1).

Au quatrième et dernier paragraphe, — *Censuræ veterum et recentiorum de Fausti doctrina discutiuntur*, — M. Le Clerc fait voir qu'on ne peut rien conclure contre la doctrine de Fauste, 1. ni du Décret du Pape Gélase déclarant ses écrits apocryphes; 2. ni de ce que Saint Avit, Évêque de Vienne, aurait écrit un Traité contre les deux Livres de Fauste touchant la Grâce et le Libre Arbitre. Enfin dans une conclusion qui n'est pas dépourvue d'éloquence et qui témoigne que, si sa main s'affaiblissait, il n'en était pas de même de son esprit, M. Le Clerc énumère et pèse les autorités alléguées pour et contre l'orthodoxie de Fauste de Riez, et montrent que les premières l'emportent de beaucoup sur les secondes.

Tel est le vaste plan que le prétendu *prêtre du Diocèze de Riez* (2) se proposait de développer dans la suite de ses Lettres *au Chanoine d'Arles*. Cependant plus de deux mois s'étaient écoulés depuis la publication de la première, et le P. Souciet n'avait pas encore reçu la seconde. Il voulut probablement savoir la cause de ce retard, et il écrivit à M. Le Clerc. La réponse qu'il reçut, émanée probablement de M. Fyot de Vaugimois, lui apprit que la lettre apologétique imprimée en juillet était une œuvre posthume de son auteur. Le P. Souciet voulut en informer le public, et peut-être aussi exciter ses légitimes regrets en lui révélant quelques-uns des travaux manuscrits de M. Le Clerc, travaux dont la lettre donne une idée sommaire, et que nous avons décrits en détail dans ce chapitre et dans le IVe de cet ouvrage. Cette réponse fut insérée dans le cahier de décembre 1736 (p. 2677-2679). Nous en citons les premières lignes.

***

(1) *Acta SS. Sept.* loc. cit., § IX-XI, n. 139-224, tom. VII, ed. Antuerp. pag. 677-695.

(2) Ce masque a trompé le *Journal des Savants* qui a cru M. Le Clerc *prêtre du Diocése de Riez* (V. Juin 1738, édit. in-4°, p. 329).

« Extrait d'une lettre écrite de Lyon au P. Ét. Souciet le 8 octobre. —
Mon Révérend Père ; j'ai été surpris, à la lecture de votre lettre du 2 de ce
mois, de ce que vous ne saviez pas encore la perte que nous avons faite de
notre aimable *confrère* feu M. Le Clerc. Il y eut avant-hier cinq mois que
nous le perdîmes, après une maladie de huit jours. Les **** pourront désormais attaquer sa Lettre sur la catholicité de Fauste de Riez sans crainte d'être
réfutés par l'auteur même ; mais j'espère qu'ils ne répondront jamais à la
force de ses preuves, et qu'ils ne viendront pas à bout de faire consister le
Semipélagianisme dans la doctrine opposée à la quatrième proposition de
Jansénius. M. Le Clerc, dans ses premières études, suivait, comme la plupart des autres, les Théologiens à la piste sur Fauste et autres questions ;
mais, dans la suite, il secoua le joug. »

Le public sut alors le nom de ce *prêtre du Diocèse de Riez*,
qui s'était fait l'apologiste de Saint Fauste contre les auteurs
de l'*Histoire littéraire*. Ceux-ci répondirent en 1738 dans *l'A-
vertissement* qui précède le tome IV (p. I-XXXII). D. Rivet, qui
le composa, avoue que le « nouveau censeur » est un « homme
d'érudition » (p. XIX), « connu avec quelque avantage dans
la République des Lettres » (p. I), et qui « avait acquis un
assez grand fonds de littérature dont il a fait usage pour publier divers écrits de sa façon, presque tous anonymes, où l'on
voit qu'il n'était pas exempt de préjugés » (p. III). — On sait
ce que signifie ce mot sous la plume de D. Rivet. — Quant
à lui-même, qui se sent libre de tout *préjugé*, de ceux au moins
qu'il impute au défunt, et « infiniment éloigné » d'ailleurs
de vouloir donner « la moindre atteinte à la réputation de
M. Le Clerc, que son caractère et sa vertu rendent respectable » (p. III, IV), il n'entreprend cette discussion que dans
le pur intérêt de la vérité. Il essaie ensuite de réfuter les
accusations de son adversaire, qu'il réduit à trois chefs :
1° à l'inexactitude que celui-ci reprend dans l'histoire de
Saint Césaire ; 2° à l'injustice qu'il se plaint qu'on a faite à
la personne de Fauste et à sa doctrine ; 3° à la conformité
qu'il prétend trouver entre la doctrine du premier et celle du
second sur la Grâce et la Prédestination (*Hist. littér.* t. IV,
p. IV-XXX).
Malgré la force apparente de ses raisonnements et une

certaine véhémence de style, D. Rivet ne réussit pas à convaincre les Journalistes de Trévoux. Dans le cahier d'octobre 1736 où ils examinaient le tome III de l'*Histoire littéraire,* ils avaient en quelque sorte approuvé la Lettre de M. Le Clerc publiée trois mois auparavant. Ils s'étaient, en effet, déclarés « prévenus sur ce qui regarde la prétendue réfutation que Saint Césaire a faite de la doctrine de Saint Fauste, à laquelle, disaient-ils, *on a solidement prouvé* qu'il avait été, au contraire, inviolablement attaché » (p. 2205). Aussi l'abbé Goujet, ami de D. Rivet, lui écrivait-il le 18 juillet 1738 : « Les *Mémoires de Trévoux* n'ont point encore parlé de votre quatrième volume ; je ne sais s'ils ne se croiront pas obligés de prendre la défense du feu abbé Le Clerc. Plus votre réponse est solide, plus elle doit leur déplaire » (1). Le Journal de Trévoux du mois de novembre suivant prouva à l'abbé Goujet que ses conjectures étaient fondées. Dans l'intérêt de la vérité et de la justice, nous en extrayons ce qui se rapporte à la Lettre de M. Le Clerc.

« Nous n'avons jamais prétendu, disent les *Mémoires,* nous rendre garants de tous les écrits que nous insérons. Ce sont quelquefois des pièces d'un procès auquel nous ne prenons point de part, et dont nous laissons le jugement au public. Ainsi ce n'est point à nous à répliquer à la réponse que les auteurs de l'*Histoire littéraire de la France* font... à une lettre de feu M. Le Clerc... Nous nous contenterons d'y faire quelques réflexions.

» On convient que Saint Césaire, Évêque d'Arles, a constamment enseigné la doctrine catholique contraire aux sentiments attribués à Fauste de Riez ; mais il nous paraît que cela ne suffit pas pour dire crûment que Saint Césaire a écrit contre Fauste un Traité de la Grâce et du libre arbitre ; et que M. Le Clerc, pour l'avoir nié, ne méritait pas d'être traité de discoureur qui cherchait à se tirer d'affaire par un faux-fuyant. Nous croyons même que pour bien établir, comme nos auteurs entreprennent de le faire, que le saint Évêque d'Arles fut suscité de Dieu pour s'opposer à Fauste de Riez, il faudrait avoir bien démontré que ce Prélat fût Semipélagien ; il y a sans doute de grandes autorités contre le sentiment qu'avait embrassé M. Le Clerc,

____

(1) *Documents inédits concernant l'Histoire littéraire de la France ;* Paris, 1875, in-4°, page 45.

mais il y en a aussi qui le favorisent, et l'affaire n'est rien moins que jugée en dernier ressort.

» M. Le Clerc avait insisté sur ce que Saint Césaire donne à Fauste la qualité de *saint* Évêque, et en avait conclu qu'il ne le regardait pas comme auteur d'une doctrine erronée ; nous tombons d'accord que la conséquence n'est pas des plus justes, puisque, en supposant même que Fauste de Riez pensât sur la Grâce et le libre arbitre comme les Semipélagiens, qui ne furent condamnés qu'après sa mort, il se trouverait dans le cas de plusieurs saints, dans les écrits desquels on a trouvé des erreurs ; mais nos auteurs, en combattant ce raisonnement de leur adversaire, n'ont pas bien choisi leur preuve… » (p. 2133-2135).

« Quant à ce que M. Le Clerc avait avancé que Saint Césaire, dans le sermon où il explique l'endurcissement de Pharaon, marche comme pas à pas sur les traces de Fauste et le prend pour son guide, il faut reconnaître de bonne foi qu'il s'est trompé, et que nos Historiens ont très-bien observé que ces deux Prélats ont puisé tout ce qu'ils ont écrit sur ce sujet dans la même source, c'est-à-dire dans Origène. La seule lecture de ces trois auteurs met la chose dans une évidence à laquelle il n'est pas permis de se refuser. Mais quand les deux Évêques Gaulois diffèrent ou semblent différer entre eux sur les matières de la Grâce, de la prédestination et du libre arbitre, Fauste de Riez est-il aussi répréhensible que le prétendent nos Historiens ? Les erreurs qu'ils reprochent à ce Prélat sont-elles aussi réelles qu'ils le veulent persuader ? C'est ce que nous laissons discuter aux défenseurs de Fauste, que nous savons n'être pas encore convaincus par les arguments de leurs adversaires » (p. 2138, 2139).

Au reste, la faiblesse ou même la nullité d'une preuve n'entraîne pas la ruine de la thèse lorsque celle-ci est d'ailleurs appuyée sur d'autres raisons vraiment solides. De ce que Saint Césaire n'a pas emprunté à Fauste le Discours sur l'endurcissement de Pharaon, il ne s'ensuit pas qu'il ne lui ait absolument jamais rien emprunté. M. Le Clerc avait d'autres exemples qu'il se proposait sans doute de mettre en lumière, mais qui sont seulement indiqués dans sa Dissertation manuscrite, et D. Rivet avouait que si ce point était démontré contre lui, c'en était fait de toutes ces assertions sur l'opposition de Saint Césaire à la doctrine de Fauste. « Qu'on nous montre, dit-il, *que Saint Césaire,* comme on veut de nouveau le faire accroire sur le simple titre de cet écrit encore secret, *a parlé* sur tous ces points de doctrine *comme Saint Fauste,* et nous rendons les armes pour nous ranger du côté de M. Le Clerc, et reconnaître le Saint Évêque d'Arles pour *l'humble disciple de l'Évêque de Riez sur les matières de la Prédestination, de la Grâce et du libre arbitre* » (p. xxxii).

Il nous semble assez inutile à la fin que se proposait M. Le Clerc, de chercher à le suppléer dans cette démonstration. Saint Césaire peut n'avoir pas été *l'humble disciple,* le fidèle copiste de Fauste ; de là à conclure qu'il a été son adversaire, il y a loin. Le P. Stilting a prouvé, au contraire, que Fauste n'a jamais eu contre lui ni Saint Césaire ni le concile d'O-range, présidé par ce saint Évêque. « Vix dubito, dit-il, quin idem fuerit (ac Gennadii qui Libros Fausti vocat *opus egregium*) antistitum Gallorum seculi v et vi, *imo et ipsius Cæsarii* et Patrum concilii Arausicani, qui Semipelagianos damnârunt, de libris S. Fausti judicium » (1).

C'est peut-être parce qu'il ne croyait pas cette preuve de M. Le Clerc nécessaire, ou, si l'on veut, assez solide, que le docte Bollandiste n'a pas pris la peine de la discuter, ni fait à la réponse de D. Rivet l'honneur même de la nommer. Les savants Bénédictins en conçurent du déplaisir, si l'on en juge par une lettre de D. Colomb datée de Saint-Vincent du Mans, le 13 septembre 1761. Voici comment il s'exprime à propos du commentaire du P. Stilting sur Fauste de Riez :

« Il faudrait plus de patience que j'en ai pour avoir le courage de le lire en entier, tant il est rempli de choses inutiles et de répétitions. Il me suffit de vous dire que ce Jésuite y justifie ou prétend justifier Fauste contre tous et envers tous, pour sa doctrine ; qu'il se déchaîne contre le Cardinal Nôris, mais surtout M. de Tillemont à qui il dit les injures les plus grossières ; qu'il le traite sans ménagement comme ont fait ses prédécesseurs dans quel-ques-uns des tomes du mois d'août. Il n'est pas jusqu'à Suarez dont il réfute ce qu'il a dit de Fauste. Je remarque qu'il ne dit rien qui n'ait été réfuté par avance. Ce qui m'a surpris est que, quoiqu'il cite en trois endroits l'*Histoire littéraire de la France,* dont deux sont indifférents, il ne dit pas le

____

(1) *Acta SS. Sept.* loc. cit., n. 105, 136-138, pag. 671, 676, 677.

moindre mot de la réponse à M. Le Clerc qui est à la tête de notre quatrième volume, qui suffirait seule pour réfuter son long commentaire, etc. » (1).

S'il lui avait été donné de le lire, M. Le Clerc l'eût apprécié bien différemment. Avec quelle vive et profonde joie il eût vu la réfutation victorieuse de tout ce qui avait été dit contre le saint Évêque de Riez! De quel cœur n'eût-il pas applaudi au triomphe d'une cause à laquelle il avait consacré une part considérable de sa vie, et pour laquelle il combattait encore au moment de sa mort. Et, à nos yeux, ce n'est pas un de ses moindres mérites, d'avoir, bien longtemps avant le célèbre

(1) *Documents inédits concernant* l'Histoire littéraire de la France, page 133. — L'excellente Dissertation du P. Stilting n'a pourtant pas changé le courant de l'opinion sur Fauste de Riez. Pour nous borner aux historiens du XIXe siècle, Fauste est encore traduit comme Semipélagien par les auteurs suivants : — 1. Parmi les Français : *Biographie universelle* de Michaud, art. *Fauste.* — Guizot, *Hist. de la civilis. en France;* Paris, 1829, tome I, pages 211, 212. — Fauriel, *Hist. de la Gaule méridionale sous la dominat. des conquérants romains;* Paris, 1836, tome I, page 404. — Ampère, *Hist. litt. de la France avant le douzième siècle;* Paris, 1839, tome II, page 30. — Receveur, *Hist. de l'Église;* Paris, 1842, liv. XIV, tome III, page 185. — Rorhbacher, *Hist. univ. de l'Égl. catholique;* liv. XLII, Lyon, 1872, page 42. — Gorini, *Déf. de l'Église;* chap. IV, Lyon, 1853, tome I, page 76. — Henrion, *Cours d'hist. ecclés.;* Paris, Migne, 1860, tome XVI, col. 325-326. — Montalembert, *Les Moines d'Occident;* liv. II, 4e édit., Paris, 1868, tome I, page 260. — L'abbé L. A. Chaix, *Saint Sidoine Apollinaire et son siècle;* Clermont-Ferrand, 1867, tome I, page 249, et tome II, page 341. — M. Richou, *Hist. de l'Église à l'usage des Séminaires;* Paris (sans date), tome II, page 348. — Mgr Jager a conservé le texte, défavorable à Fauste, du P. Longueval : *Hist. de l'Égl. cathol. en France;* Paris, 1862, tome II, page 58. — Le dernier éditeur de D. Ceillier n'a pareillement amendé par aucune note le texte si hostile à l'Évêque de Riez, de l'*Histoire générale des auteurs sacrés et ecclésiastiques.* — 2. Parmi les Allemands : Fessler, *Institut. Patrologiæ;* Œniponte, 1851, tome II, page 837. — Mœhler, *Hist. de l'Église;* Paris, 1868, tome I, page 527. — Héfelé, *Hist. des Conciles,* trad. par l'abbé Delarc; tome III, pages 201, 331. — *Dict. encyclop. de la Théol. catholique,* du Dr Wetzer, trad. par Goschler, art. *Faustus.*

Mais tandis que ces écrivains affirment en passant, sans preuves et sur la foi d'autrui, que Fauste fut Semipélagien, les rares savants qui ont fait de cette question une étude spéciale inclinent manifestement vers le sentiment opposé. Selon l'abbé Alliez, « il est probable que Saint Fauste a évité

Bollandiste, osé secouer le joug de l'opinion régnante, et, sur une question difficile, d'avoir pensé, raisonné, discuté avec une force et une science semblables, sinon égales, à celles de l'un des auteurs les plus distingués (1) du plus beau monument littéraire élevé à la gloire des saints, et, par conséquent, de l'Église qui fait les saints, et qui, seule, a qualité pour juger en dernier ressort les vertus, la doctrine et les apologistes de Fauste de Riez.

l'erreur semipélagienne », et si, comme cela paraît « hors de doute » d'après cet auteur, elle est contenue dans l'ouvrage publié sous le nom de Fauste, c'est qu'elle y a été « glissée par des faussaires ». Le Chanoine de Fréjus en donne quelques raisons dans son *Histoire du Monastère de Lérins* (Paris, 1862, tome I, p. 170-173).

Plus profond et plus étendu est le travail du docteur Heller que nous avons déjà eu occasion de citer (*Fausti Regiensis Galliarum Episcopi fides in exponendá gratiá Christi illustrata à Joanne Heller, Presbytero Passaviensi et Doctore Theologo ;* Monachii, 1854, in-8⁰ de 95 pages). Cette apologie est divisée en deux parties composée chacune de deux chapitres. Dans la première, qui est historique, Heller raconte la vie de Fauste dont il démontre la sainteté (Cap. I : *Quis qualisque Faustus fuerit,* p. 9-25), et fait voir que l'autorité de ses adversaires se réduit à celle du seul Maxence (Cap. 2 ; *Quid diversi auctores de Fausti fide judicaverint,* p. 26-44). La seconde partie qui est dogmatique, est consacrée à établir la thèse suivante : *Faustus neque fraudulenter et consulto Semipelagianorum partes suscepit neque invitus à veritate catholicá descivit, sed semper et in catholicá veritate manere intendit, et reverá mansit; licet concedere cogamur illum nimio contentionis ardore et veritatis exponendæ studio verba et locutiones adhibuisse, quæ in Semipelagianorum usu erant et in hoc pravo sensu intelligendæ forent, ni et intentio et contextus et nexus doctrinarum auctorem catholicè sensisse suaderent et indicarent* (Cap. I : *Quid consilii Fausto in scribendo fuerit;* p. 45-64; cap. II : *Quá ratione ambigua quædam et suspecta explicanda esse videantur;* p. 64-95). On peut appliquer à cette dissertation l'éloge que l'auteur fait de celle du P. Stilting sur le même sujet en l'appelant *præstantissimam defensionem.* Malheureusement l'édition est épuisée, et les exemplaires en sont rares.

(1) Dans le distique placé sous son portrait, le P. Stilting est appelé

Curá Sollerius, scriptis Papebrochius alter.

(Acta SS, Octobris, tom. I).

CHAPITRE XXVII

MALADIES ET MORT DE M. LE CLERC. — SON AMOUR DES LIVRES
ET DE LA VÉRITÉ. — SA CHARITÉ ET SON DÉSINTÉRESSEMENT.

M. Le Clerc écrivait un jour à la marge de sa *Bibliothèque
du Richelet* en regard de l'article *Pestalozzi* : « Cet article ne
vient point de moi. Ce n'est pas que je n'estime M. Pestalozzi, notre médecin, duquel, grâces à Dieu, je n'ai eu nul
besoin jusqu'ici » (1). C'était en 1728. Mais dans le cours
des années suivantes, M. Le Clerc ne tenait plus le même
langage. Le 12 juin 1729, il écrit au Président Bouhier :
« J'ai été fort incommodé depuis près d'un mois d'une
espèce de rhumatisme de poitrine; je commençais à me
remettre, lorsqu'une bise assez violente, qui nous a régalés
trois ou quatre jours de suite, a renouvelé mon mal. J'espère
pourtant que cela n'ira pas loin. Voilà la véritable raison de
ma paresse tant à étudier qu'à répondre à des lettres que
j'ai laissées en arrière. Tout ce que je peux faire est de
m'acquitter doucement de ce à quoi je suis obligé ici envers
notre jeunesse ». — Le 23 juin 1731 : « Je ne fais que
traîner depuis environ un mois et demi. Une oppression de
poitrine me prit il y a neuf ou dix jours, et j'avais bien de
la peine à respirer. Une saignée m'a fort soulagé, et je me
sens beaucoup mieux ».

Dans la suite, la santé de M. Le Clerc s'affaiblit encore
davantage. L'étude continuelle, jointe à un tempérament
délicat, le consumant insensiblement, il passa les deux
dernières années de sa vie dans une espèce de langueur

---

(1) L'exemplaire où se lit cette note est à la Bibliothèque de la ville de
Grenoble.

qui ne lui permit guère d'autre travail que celui qui était de son ministère. Nous voyons par ses lettres au Président Bouhier qu'en avril et juin 1735, le rhumatisme dont il était atteint l'obligea à garder la chambre une première fois durant cinq semaines, une seconde fois durant quinze jours. Le 10 janvier 1736, il écrit encore : « Mon mal de tête continue toujours et ne me permet pas d'étudier et de travailler comme je le souhaiterais. Cependant je m'amuse » (on a vu dans les deux derniers chapitres quels étaient ces *amusements*), « je lis et j'écris de temps à autre, mais fort peu de suite ».

On avait voulu engager M. Le Clerc à prendre un repos absolu, mais il avait toujours répondu que son état demandait qu'il travaillât, et que la Providence disposerait du reste. Enfin un sermon qu'il fit à l'occasion d'une retraite d'ecclésiastiques, la veille du jour qu'il tomba malade, hâta sans doute l'inflammation de poitrine qui l'emporta au bout de huit jours. Il mourut dans les plus grands sentiments de piété le 6 mai 1736, à l'âge de 59 ans commencés (1). Son corps fut enterré dans la chapelle du Séminaire, à côté de ceux des autres Directeurs ses confrères. Depuis la construction du nouveau Séminaire sur la place des Minimes, ces précieux restes reposent dans le caveau situé au-dessous de la sacristie.

Le goût des beaux-arts non moins que la piété filiale avaient porté M. Le Clerc à former une remarquable collection des estampes gravées par son père. M. Huquier, dessinateur, éditeur et marchand d'estampes, né le 7 mai 1695, à Orléans où, selon Jombert, « il est resté jusqu'à l'âge d'environ vingt-cinq ans, eut, toujours d'après le même auteur, occasion d'y voir fréquemment M. l'abbé Laurent Le Clerc qui professait alors la Théologie dans le Séminaire d'Orléans, et qui possédait une assez nombreuse collection

____

(1) *Mercure de France*, Février 1737, pages 270, 272. — La *Biographie universelle de Michaud* indique par erreur le 7 Mai comme jour de la mort de M. Le Clerc.

des ouvrages de son père. M. Huquier ne cessait de les regarder et de les admirer; aussi, à la mort de cet ecclésiastique, se hâta-t-il d'en faire l'acquisition. M. l'abbé Le Clerc se faisait un plaisir de lui laisser parcourir ce recueil précieux, et en l'examinant avec lui, il lui en apprenait bien des anecdotes curieuses, et diverses particularités que M. Huquier a toujours conservées dans sa mémoire » (Jombert, *Avertissem.* p. XXI). En 1772, à la vente du cabinet de M. Huquier, cette collection fut achetée par Jombert, l'auteur du Catalogue de l'œuvre de Sébastien Le Clerc (Jombert, t. II, p. 20, 21) (1).

Le Séminaire de Saint-Irénée de Lyon hérita des manuscrits de M. Le Clerc (2). Il aurait été pareillement légataire de sa bibliothèque, si l'on en croyait Delandine (*Manuscrits de la Bibl. de Lyon*, tom. I, p. 26, 27); mais le *Partage des biens* de la succession de Sébastien Le Clerc nous apprend que Laurent Josse vendit ses livres « avant son décès pour payer ce qu'il devait à des libraires de Paris et autres sommes qu'il devait à Lyon » (*Nouvelles Archives de l'art Français;* 1872, p. 327). Cette bibliothèque devait être fort belle et

(1) D'après M. Meaume (*Sébastien Le Clerc*, p. 93, 314), M. Le Clerc connut aussi à Orléans Lenormant-Ducoudray, célèbre amateur d'estampes, auquel il céda plusieurs épreuves d'essai, dont quelques-unes font aujourd'hui partie du riche cabinet de l'auteur des *Recherches sur la vie et les ouvrages de Jacques Callot*.

(2) « Je croyais vous avoir mandé la mort du pauvre abbé Le Clerc. Il travaillait à un grand *Recueil sur les Plagiaires*. Il écrivait mal, mais il avait fait de grandes recherches sur les vies des savants, et il était assez fort sur cet article. Tous ses manuscrits sont restés au Séminaire de Saint-Irénée de Lyon » (Lettre de Bouhier à Marais, du 23 juillet 1736). Au lieu de ces dernières paroles, le Président Bouhier n'eût-il pas mieux aimé dire ce qu'il écrivit un an plus tard à propos de Marais, récemment enlevé à son affection? « *D'ailleurs*, il m'a donné en mourant une marque bien précieuse de son amitié en me laissant des manuscrits de sa façon qui sont infiniment curieux » (*Mathieu Marais, sa vie et ses ouvrages; Journal*, t. I, p. 5). Peut-être alors le regret causé par la mort du défunt eût-il été exprimé en termes un peu plus vifs. *D'ailleurs*, le président dut être bien consolé par la remise qui lui fut faite, — probablement plus tard, puisqu'il n'en dit rien ici, — de la correspondance si *curieuse* de M. Le Clerc.

bien choisie, car, à la manière dont il parle des livres, on voit que M. Le Clerc les connaissait et les aimait. C'est même souvent un des charmes de son érudition d'associer le lecteur aux joies de ses découvertes en ce genre (1). Le *moi*, haïssable et repoussant ailleurs, est au contraire plein d'attrait chez celui qui raconte simplement ce dont il a été témoin. On sent que M. Le Clerc met une grande différence entre un livre qu'il *a* et un livre qu'il a seulement *vu*. En lisant ses écrits, nous avons eu l'idée de noter les ouvrages de la première catégorie, et nous en avons composé un catalogue assez curieux où figurent des raretés que ne dédaigneraient pas les amateurs de nos jours.

C'était surtout pendant ses vacances et dans ses voyages que M. Le Clerc donnait libre carrière à ses goûts de bibliophile. A son retour de Paris, en 1729, il écrit au Président Bouhier souvent, comme ici, partie intéressée dans ces sortes de nouvelles :

« Après avoir trotté et m'être bien crotté à Paris pendant sept semaines, je suis enfin de retour à Lyon, où j'arrivai Dieu merci, en bonne santé, le troisième jour de ce mois (Décembre). Des affaires de familles que je voulais terminer m'ont empêché de rendre aux libraires d'aussi fréquentes visites que je l'aurais souhaité, et j'ai cherché inutilement le Pilaia chez ceux que j'ai vus (2). Mes affaires et les visites que j'étais obligé de rendre à mes parents dispersés aux quatre coins de Paris, outre la brièveté des jours, m'ont empêché de bouquiner *ad satietatem*. La disette d'argent m'a ôté le moyen de faire de grandes emplettes. J'ai pourtant acheté par-ci par-là quelques livres, et environ pour deux cents francs. J'ai fait acquisition, entre autres, de la *Méthode... pour étudier l'Histoire* de l'abbé Lenglet, en 4 vol. in-4°, de la *Bibliotheca Belgica* de Valère André, du Simler de Frusius, des Œuvres de Politien de Gryphius en 2 vol. in-8°, de l'*Histoire nouvelle de l'Académie* de M. l'abbé d'Olivet, etc. (11 décembre 1729).

(1) Voir, par exemple, dans la *Bibliothèque du Richelet*, les articles *Brantôme, Jacquet, Ferrari*, etc.

(2) M. Le Clerc veut sans doute désigner ici l'ouvrage suivant de Joseph Pilaia, professeur de Droit canonique à l'Académie de Messine, mort en 1690 : *Institutionum decisiones Pontificias ex corpore juris canonici extractas complectentium libri quatuor*; Messanæ, 1664-1669, 2 in-fol.

Indépendamment de leur valeur intrinsèque, plusieurs des volumes appartenant à M. Le Clerc en tiraient une autre, souvent plus grande, des notes critiques dont il les enrichissait. On lit dans le *Catalogue des Lyonnais dignes de mémoire* : « M. Léon Boitel possède un tome II de l'*Histoire littéraire* du P. De Colonia, dont les marges contiennent des notes critiques écrites par L.-J. Le Clerc. Il avait également annoté le *Dictionnaire de Moréri* et les *Jugements des Savants* de Baillet; mais les exemplaires sur lesquels il avait mis ces notes n'existent peut-être plus » (1). Enfin, nous avons dit ailleurs que la Faculté de Médecine de Montpellier conserve un exemplaire de la *Bibliothèque Chartraine* de D. Liron avec des remarques aussi manuscrites de M. Le Clerc.

On voit qu'il ne cherchait pas dans les livres le simple plaisir de la vue, encore moins la satisfaction d'une vanité ridicule. Ce n'était pas là pour lui un ornement superflu, mais un secours, un moyen d'acquérir des connaissances exactes et solides. C'est dans le même but qu'il tâchait de tout voir par lui-même, et surtout de remonter aux sources. « J'ai toujours recours aux sources quand je les ai, dit-il, ou que je sais où les trouver » (2). Voilà pourquoi il recherchait les premières éditions des ouvrages, qui lui servaient souvent à fixer la date de certains faits touchant la vie des auteurs (3).

---

(1) *Catalogue des Lyonnais dignes de mémoire, rédigé par MM. Bréghot du Lut et Péricaud aîné;* Lyon, 1839, in-8°, p. 75. — Depuis la publication de ce *Catalogue*, la Bibliothèque de M. L. Boitel a été vendue aux enchères. M. Vingtrinier, qui dirigea la vente, et que nous avons interrogé là-dessus, n'a pu nous dire à qui fut adjugé le volume annoté. Quant à l'exemplaire du Moréri sur lequel étaient les corrections de M. Le Clerc, il fut communiqué à Coignard pour l'édition de 1725 *(Lettre de Bouhier à Marais, du 14 mars 1725)*.

(2) *Bibliothèque du Richelet*, art. *Perachon*.

(3) « J'ai acheté, en passant par Vienne, la *Postilla in Evangelia* d'un Guillaume de Paris, Jacobin du XVe siècle, imprimée à Paris en 1479, chez Gering et Maynald. Elle me sert à corriger une faute du P. Echard, lequel a supposé que ce Guillaume vivait encore en 1485, et que c'était l'année de la première édition de cet ouvrage. Il s'est fondé sur ce que, dans la postille sur l'Évangile du commun des Vierges, il est dit que le monde a

Lorsque ces moyens étaient insuffisants, M. Le Clerc avait recours à d'autres. Persuadé que, comme il le dit lui-même, « le commerce avec les curieux de chaque pays est la voie la plus courte et la plus sûre pour s'instruire dans l'histoire de la littérature de son temps » (1), il s'adressait volontiers aux savants qui pouvaient lui fournir les renseignements dont il avait besoin. On a pu en faire plus d'une fois la remarque dans le cours de ce livre. Pour compléter ce que nous avons dit là-dessus, nous indiquerons brièvement ici l'objet de quelques lettres qui sont des réponses concernant certains auteurs dont M. Le Clerc voulait parler dans ses ouvrages (2). Ainsi sa correspondance nous offre des documents fournis par l'abbé Petitot, prêtre de Paris et confrère de l'abbé De Choisy, touchant la part qu'a eue ce dernier aux *Dialogues sur l'immor-*

duré depuis J.-C. 1485 ans. Dans mon édition il y a seulement 1473 (sic) et d'ailleurs ces dates ont été mises à la fantaisie de l'imprimeur, car il est dit, à la fin, que cette postille avait été faite en 1437, ce qui n'était pas dans l'édition du P. Echard » (Lettre de M. Le Clerc à Bouhier, décembre 1726).

(1) Lettre à Bouhier, du 20 mai 1726.

(2) Si nous ne mentionnons pas la lettre de La Chauvinière, datée de Paris, le 19 décembre 1716, c'est qu'elle semble, comme celle qui paraît l'avoir précédée, être moins une réponse qu'une demande de renseignements sur la liturgie Orléanaise, ancienne et moderne. Le zélé partisan des liturgies Françaises ne parle guère, en effet, d'autre chose. Il sait l'année de l'impression du plus ancien Missel Orléanais, qui est 1519 ; il a ceux de 1556, de 1600, de 1673, et il sait aussi que le dernier a été imprimé en 1696. « Ainsi, Monsieur, ajoute-t-il, si vous avez six Missels d'Orléans, il n'y en a qu'un dont je ne sache pas l'année en laquelle il a été imprimé. Cependant il ne faut pas que vous preniez la peine de faire de plus amples extraits de ce Missel de 1519 que ce que vous avez eu la bonté de m'en marquer ». Ce qui suit offre plus d'intérêt. « Je suis ravi d'apprendre que vous soyez le fils du célèbre M. Le Clerc ; il est vrai qu'il était fort ami du P. Lebrun, et je lui en ai souvent ouï parler avec éloge et regretter sa perte avec beaucoup de chagrin... Je me souviens fort bien de lui avoir ouï dire que Monsieur votre père avait travaillé à la planche qui est au frontispice de son ouvrage (*Explication des prières et cérémonies de la Messe;* Paris, 1716), et qu'il aurait bien souhaité qu'il eût travaillé à toutes les autres ». — Sur La Chauvinière, voir ce qu'en dit M. Aimé Chérest dans la Préface aux *Lettres de l'abbé Lebeuf;* Auxerre, 1866, tome I, pages XXVIII-XXIX.

talité de l'âme (1); — par Thourette, avocat de Montfort, sur le Commentaire de la coutume de Montfort composé par son aïeul, et dont il a donné une édition en 1693 (2); — par Denis Simon, Conseiller au Présidial de Beauvais, sur sa *Nouvelle Bibliothèque des auteurs de droit,* qui n'a pas eu de seconde édition (3); — par Grandet, curé de Sainte-Croix d'Angers, « homme de piété et d'érudition, » sur Jacques Eveillon, Vicaire-général de cette ville (4); — par de Troyes, Président honoraire au Présidial d'Orléans, sur quelques membres de sa famille qui ne figuraient pas dans Moréri (5); — par De Saint-Cyr, professeur au collége de Navarre, sur Jean Morel, Mercier, et Jean Hennuyer, qui, selon lui, ne fut jamais dominicain (6); — par M. Delpeuch, curé de Saint-André de Montbrison, sur Duguet et Jean Papon (7); — par M. Julien, vicaire de Bonlieu, près d'Annonay, sur Mgr de Montchal, Archevêque de Toulouse, dont la noblesse est toute personnelle, car « tout le monde convient en ce pays qu'il était fils d'un apothicaire d'Annonay » (8); — par Salmon, Bibliothécaire de Sorbonne, sur la date de Licence de Govéa, de Simon Fontaine, de Launoi (9); — par

(1) Lettre du 16 septembre 1719.

(2) Lettre datée de Rambouillet, le 14 septembre 1720.

(3) Lettre du 21 septembre 1721. — V. *Bibliothèque du Richelet*, art. *Simon.*

(4) Lettre du 19 août 1722. — V. *Bibliothèque du Richelet*, art. *Eveillon.*

(5) Quatre lettres écrites de 1723 à 1725.

(6) Lettre datée de Paris, le 27 mars 1724.

(7) Lettre adressée à M. Fyot de Vaugimois, en date du 28 mai 1725. — V. *Bibliothèque du Richelet*, art. *Duguet* et *Jean Papon.*

(8) Lettre du 30 juin 1735.

(9) Lettre du 15 août 1725. — Toutes les Biographies disent Salmon né en 1677, mais cette date est fausse, au témoignage de Salmon lui-même. « Vous me faites l'honneur de me demander le jour de ma naissance, écrit-il à M. Le Clerc, *c'est le 29 janvier 1726* » (9 décembre 1725). — La même lettre nous révèle un ouvrage de Salmon jusqu'ici inconnu et inédit, et dont nous ignorons le sort. « Permettez-moi de vous demander une liste des ouvrages que vous avez composés, et d'y joindre aussi le jour et l'année de votre naissance. J'ai fait un recueil de quelques écrivains illustres de la Faculté de Théologie de Paris. Je suis persuadé que personne ne pourra réussir

D. Calmet, enfin, qui est lui-même ce « fort bon lieu » d'où vient la notice sur cet auteur qu'on lit dans la *Bibliothèque du Richelet* (1). C'est cet amour, c'est cette noble passion du vrai et de l'exactitude jusque dans les plus petits détails, visible en quelque sorte à chaque page des écrits de M. Le Clerc, qui arrachait un jour à Mathieu Marais ce mot qui fait honneur à l'un et à l'autre : « Je l'aime, puisqu'il aime la vérité » (2). Hélas ! combien d'hommes qui n'aiment pas la vérité ! Et cependant ils ont des amis..., mais qui leur ressemblent.

M. Le Clerc n'aimait et ne poursuivait pas avec moins d'ardeur le bien que le vrai. Il le pratiquait surtout dans la vertu par excellence, qui en suppose ou en amène tant d'autres à sa suite, dans la charité envers le prochain, charité affective et effective, qui veut et fait du bien à tous, mais qui, comme le Dieu où elle a son principe, se communique plus volontiers aux pauvres et aux petits. Nous avons déjà dit avec l'auteur de l'Éloge de M. Le Clerc, que l'on voyait souvent cet esprit supérieur, cet homme passionné pour l'étude et qui devait être si avare de son temps, « passer les heures entières avec des gens de la lie du peuple, les écouter,

dans un dessein si vaste si vous ne lui prêtez une main favorable. J'ai donc recours à vous pour avancer dans une entreprise si difficile... Je compte entièrement sur l'étendue de vos lumières et sur l'inclination noble que vous avez d'enrichir les autres de vos recherches savantes. »

(1) Lettre du 23 août 1726. — M. Le Clerc reçut aussi du P. Bougerel, de l'Oratoire, quelques renseignements sur les frères Laroque, de Marseille. Persuadé qu'ils pouvaient « tirer l'un de l'autre de grandes lumières sur l'objet de » leur « curiosité mutuelle », Bouhier, qui servit d'intermédiaire aux deux biographes, les exhorta à nouer un commerce littéraire dont le public eût profité. « Le P. Bougerel est un fort honnête homme, écrivait le Président à M. Le Clerc, et je lui trouve beaucoup de franchise. Mais ne parlez point ensemble des matières du temps et du Jansénisme ; c'est le moyen de demeurer bons amis » (10 août et 7 septembre 1727) ! Comme, à partir de cette date, il n'est plus question du P. Bougerel dans la correspondance de M. Le Clerc avec le Président Bouhier, nous pensons que les rapports ménagés par celui-ci entre le prêtre de l'Oratoire et celui de Saint-Sulpice restèrent à l'état de simple projet.

(2) Lettre au Président Bouhier, du 29 mars 1729. *Journal*, tome IV, page 17.

entrer dans leurs peines, les consoler, mais c'étaient des consolations accompagnées d'aumônes abondantes, car jamais homme ne pratiqua mieux le précepte de la charité. Se trouvant attaché à une maison où on lui fournissait le nécessaire, tout ce qu'il pouvait avoir de son patrimoine, du revenu d'un petit bénéfice dont il était pourvu, et du produit de ses livres, tout, sans exception, était le partage des pauvres » (*Mercure*, février 1737, p. 274).

La correspondance de M. Le Clerc nous met à même d'éclaircir et de justifier ces paroles du *Mercure*. Elle nous apprend d'abord quel profit il retira de ses ouvrages. Les frères Bruyzet, pour qui il composa la *Bibliothèque du Richelet*, lui donnèrent cent écus et vingt-cinq exemplaires qu'il vendait, écrit-il, « à raison de cent sols *quibusdam*, et d'un écu à ses amis » (1). Il fit en commun avec le libraire Plaignard les frais de sa *Lettre critique*, et ils convinrent qu'on la vendrait « 24 sols en blanc et 25 brochée » (2). Quant aux *Remarques sur le Dictionnaire de Bayle*, M. Le Clerc demanda à l'éditeur un exemplaire entier du Dictionnaire, et une pistole (10 livres) par feuille imprimée pour les remarques critiques qu'il s'engageait à fournir (3). Cette demande, que le Président Bouhier trouvait fort juste (4), fut sans doute agréée, et le nombre total des feuilles étant de 42, M. Le Clerc dut toucher environ 420 livres.

Le bénéfice dont M. Le Clerc fut pourvu, par suite de la résignation qu'en fit M. Fyot de Vaugimois, était le prieuré simple de Saint-Martin de Chalamont, dans les Dombes. Ce prieuré appartenait à l'Ordre de Saint-Benoît, et dépendait du Diocèse de Lyon (5). Voici en quels termes le nouveau prieur annonçait cette nomination au Président Bouhier, le

(1) Lettre à M. Bimard de La Bastie, du 9 janvier 1729.
(2) Lettre au Président Bouhier, du 2 juin 1732.
(3) Lettre de M. Le Clerc à Bouhier, du 24 septembre 1732.
(4) Lettre du 17 octobre 1732.
(5) L'acte d'envoi en possession est du 17 juillet 1732, et signé de l'Évêque de Sinope, suffragant et vicaire-général de Lyon. Il est inscrit dans les Registres d'insinuations conservés aux Archives de l'Archevêché, n. 137.

29 mars 1732 : « Je suis devenu hier autre chose que livre, un homme de nos confrères m'ayant fait *prieur,* en m'apportant sa résignation en ma faveur d'un prieuré qu'il avait. Cela me donnera environ cent écus de revenus qui me seront un secours et pour moi et pour les autres ». *Et pour les autres !* Le Président, qui le savait bien, répond d'une façon non moins charmante : « Je vous félicite sur votre nouveau prieuré ; mais je voudrais bien pouvoir ajouter un petit zéro au revenu » (11 avril 1732).

Pour ce qui est du patrimoine provenant de la succession de son père, M. Le Clerc, d'accord avec ses frères et sœurs, le laissa entre les mains de sa mère qui mourut le 1er novembre 1735, âgée d'environ 82 ans. Cependant, à une époque que nous ne saurions préciser, elle lui donna environ 700 fr.; car nous voyons dans l'acte de partage que, sur 2793 livres 3 sols, revenant à Laurent Josse pour sa part, il ne lui était plus dû que 2061 livres 13 sols. Ce partage, au reste, comme celui des biens de Mme Le Clerc, ne fut « fait et arresté » que « le 31 juillet 1736 », trois mois après la mort de Laurent Josse. Enfin nous apprenons par le même acte que ce dernier avait emprunté à sa sœur Catherine Charlotte une somme de 550 fr. (*Nouv. Arch. de l'art franç. ;* 1872, p. 320, 326, 327).

C'est avec ces ressources (1) que M. Le Clerc pratiqua la charité généreuse dont ses lettres au Président Bouhier nous révèlent quelques traits. On voudra bien néanmoins, en lisant les extraits que nous allons en faire, remarquer qu'il y est question seulement des personnes, vivant en religion pour la plupart, auxquelles le Président pouvait rendre quelque service. Assurément elles n'étaient pas le seul objet de la générosité de M. Le Clerc, et c'est là très-probablement qu'il faut chercher l'emploi de « ces sommes qu'il devait à

---

(1) Pour être absolument exact, il faut ajouter encore aux revenus de M. Le Clerc la somme *offerte* chaque année aux Membres de la Compagnie de Saint-Sulpice, somme que néanmoins ils sont libres de refuser. Elle était de soixante livres.

Lyon », et pour le paiement desquelles il dut sacrifier sa chère bibliothèque.

« J'attends avec impatience ce que l'on aura déterminé à Dijon au sujet de Mme de Saint-Étienne, qui est toujours en Bugey, et assez mal à son aise. Elle serait mieux si j'étais plus riche que je ne le suis ; mais enfin mes facultés sont bornées. Cependant, comme la charité a des ressources, j'ai emprunté quelque argent pour être en état de pourvoir, quoique fort petitement, à ses besoins. Elle ne restera pas sur le pavé, tant qu'il me restera quelque chose » (*23 décembre 1730*).

« L'affaire de la veuve Rolland est terminée. Elle a touché 20,000 fr. et m'a rendu vingt écus que je lui avais prêtés, mais je n'ai pas voulu recevoir d'autres sommes que je lui avais, non prêtées, mais données dans l'occasion » (*7 juillet 1732*).

« Pour ce qui est de Mme de Massol, elle est toujours à ma charge. Elle avait été un an en campagne. Puis je l'avais fait revenir à Lyon où elle a passé près d'une année. Je donnais 26 livres par mois, outre l'entretien qui se montait encore assez loin. Depuis peu, je lui ai trouvé une pension hors de Lyon, où je donne 65 livres par quartier, et afin de savoir à quoi m'en tenir, je lui ai promis de lui donner en tout quatre louis par quartier, ce qui fera par chaque année 124 livres pour son entretien. Je suis content d'elle. Je ne reçois que les 150 livres des religieuses ; mais je ne doute pas que M. de Vaugimois n'ait été porté à me résigner son prieuré de Chalamont en voyant la charité que j'exerçais, tout gueux que je suis, envers sa parente abandonnée de tout le monde. Elle n'est pas la seule qui soit à ma charge ; mais la Providence de Dieu est une grande ressource. Quand je n'ai plus rien, j'emprunte » (*9 août 1732*).

« Quand votre ami aura vu la beauté du Marot (en 4 vol. in-4°), qui se vend ici 48 fr., il voudra bien en donner dix écus ; mais en tout cas, je me contenterai de neuf. Ce sera toujours autant pour mes pauvres. Votre Prélat et M. Gagne m'ont promis d'agir auprès de M. de Collonges pour l'obliger à donner à sa sœur la Religieuse, et depuis longtemps ma fille, ce que Monsieur son père s'était engagé à fournir pour sa subsistance. J'espère que tout ira bien, et ce sera pour moi une épargne tout au moins de 200 livres par année » (*10 février 1734*).

La charité vaut encore mieux que la science : les actions inspirées par le cœur l'emporteront toujours sur les productions les plus belles de l'esprit et même du génie. Celles-ci, quel que soit leur mérite, sont exposées à l'oubli et à l'injustice des hommes; celles-là sont assurées du regard et de la récompense éternelle de Dieu. Heureux ceux qui savent en faire l'honneur et les délices de leur vie! Leur mort sera douce et précieuse devant le Seigneur, car c'est d'eux et de leurs œuvres qu'il est écrit : *Beati mortui qui in Domino moriuntur... opera enim illorum sequuntur illos* (1).

(1) Apocal. XIV, 13.

NOTICE

SUR

M. FYOT DE VAUGIMOIS

Supérieur du Séminaire de Saint-Irénée de Lyon.

I. — SA VIE

Claude Fyot de Vaugimois (1) était fils d'Anselme Bernard Fyot de Vaugimois, Seigneur de Taroiseau, Menades, etc., Président aux Requêtes du

(1) Les Dictionnaires historiques ne nous apprennent sur M. Fyot de
Vaugimois que fort peu de chose, et encore ce peu est-il mêlé de beaucoup
d'inexactitudes. L'abbé Goujet (*Supplément* de 1749 et Moréri de 1759,
art. *Fyot de La Marche*), et après lui le P. Richard (*Dict. des sciences ecclésiastiques,* même article), le confondent avec son grand-oncle, Claude Fyot de
La Marche, abbé de l'Église Saint-Étienne de Dijon. Chaudon et Feller, son
copiste, le font mourir en 1759. La Biographie universelle de Michaud se
borne à dire qu'il mourut vers 1750, en quoi elle est moins éloignée de la
vérité que la *Bibliographie catholique,* laquelle, dans un article cité plus loin,
fixe la mort de M. de Vaugimois au 12 Février 1721, abrégeant ainsi sa vie
de plus de 37 ans ! Presque tout ce que nous rapportons ici est tiré du *Journal
manuscrit de Lyon,* c'est-à-dire de M. de Vaugimois lui-même. Nous n'avons,
en effet, rien trouvé d'important sur notre sujet aux Archives départemen-
tales du Rhône, où les liasses concernant le Séminaire de Saint-Irénée nous
ont été gracieusement communiquées. Semblable infortune nous attendait
aux Archives de l'Archevêché de Lyon. Si ceux qui les ont explorées avant
nous ont été plus heureux, ils ne voudront certainement pas priver le public
de leurs précieuses découvertes. Plus que personne, nous désirons voir paraître bientôt l'histoire d'une maison à laquelle nous avons voulu en partie
payer la reconnaissance que nous lui devons en composant les deux Notices

Parlement de Bourgogne, et d'Anne Philippine Valon de Mimeure (1). Il naquit à Dijon, alors du diocèse de Langres, le 31 Août 1689, dans la paroisse de Saint-Médard et Saint-Étienne. Ses parents, qui jouissaient d'une fortune proportionnée à leur naissance, l'envoyèrent à Paris pour y faire ses études ecclésiastiques.

Le jeune Fyot entra au grand Séminaire de Saint-Sulpice le 26 octobre 1705, étant déjà clerc tonsuré, fut reçu Licencié de Sorbonne (le 94ᵉ sur 118) le 29 février 1716, et prit le bonnet de Docteur, le 22 septembre 1718. Avant cette dernière date, il avait été admis dans la Compagnie de Saint-Sulpice. M. Leschâssier, qui en était alors le supérieur, l'envoya, au mois de juillet 1716, professer la Théologie au Séminaire de Saint-Irénée de Lyon, en remplacement de M. Boscher appelé à celui d'Autun. Le nouveau Directeur gagna bientôt l'estime et la bienveillance de l'Archevêque, François Paul de Neuville de Villeroy. Prévoyant que le Séminaire allait bientôt être privé de son supérieur, M. François Rigoley, alors âgé de plus de 80 ans, le Prélat pria M. Leschâssier de désigner M. de Vaugimois pour lui succéder dans le gouvernement de la Maison. M. Rigoley mourut en effet le 11 février 1721. Le 4 mars suivant, Mgr de Villeroy ayant convoqué à l'Archevêché les quatre Directeurs du Séminaire, leur déclara, en présence de M. de Lacroix, vicaire-général, que lui, Archevêque, se trouvant encore jeune (il avait 44 ans, étant né en 1677), il voulait un supérieur jeune aussi à la tête du Séminaire, et que, d'accord avec M. Leschâssier, il avait jeté les yeux sur le moins âgé d'entre eux; M. Fyot de Vaugimois, dont il connaissait d'ailleurs la capacité et le mérite.

Par son attachement à la doctrine catholique, M. de Vaugimois s'attira la haine des Jansénistes dont le diocèse de Lyon n'était pas exempt à cette époque. Les Missionnaires Joséphites (2) surtout, qui soutenaient les

qui forment ce volume. Que l'aimable et consciencieux auteur qui possède de si intéressants matériaux ne tarde donc pas beaucoup à les mettre en œuvre, et à combler des vœux qui ne sont pas seulement les nôtres ! « *Quæ in lucem dabis,* lui dirons-nous avec un Théologien, *et emam, et legam, et demirabor* » (*Continuatio Prælectionum Theologicarum Honorati Tournely, sive Tractatus de Universâ Theologiâ morali, autore Petro Collet...* Parisiis, 1749, t. VII, p. VII).

(1) Papillon, *Bibliothèque des auteurs de Bourgogne,* art. *Fyot de Vaugimois.*

(2) Sur les Joséphites, voir Hélyot, *Hist. des Ordres religieux;* Paris, 1714, tome VIII, page 191. — *Vie du vénérable Jacques Crétenet, prestre et instituteur de la Congrég. des Prestres Missionnaires de Saint-Joseph de Lyon... par un ecclésiastique* (l'abbé Oramme); Lyon, 1680, in-8°, — *Dictionnaire Encyclopédique* de Goschler, art. *Joséphites.*

erreurs nouvelles, l'attaquèrent avec beaucoup de vivacité. Il parut contre
eux divers ouvrages, mais les prêtres de Saint-Sulpice n'y eurent aucune
part (1). Cependant comme il était notoire que le Séminaire et Saint-Joseph
étaient divisés sur la doctrine, l'Archevêque cita les deux parties à com-
paraître devant lui le jour de la fête de Saint-Laurent, 10 août 1722. Le
Séminaire fut représenté par M. de Vaugimois et par M. de Fontenay, l'un
des Directeurs, et les Joséphites par MM. Pichot, Rollin et Cadier. La
conférence eut lieu en présence de MM. de Lacroix, vicaire-général, Ter-
rasson, official, Michel et Navarre, promoteurs, et autres personnes que
l'Archevêque avait invitées à y assister. Loin de dissiper les préventions
formées contre eux, les Joséphites ne firent que les fortifier. Néanmoins le
Prélat, qui aurait souhaité la disculpation des Joséphites, ne sévit point
contre eux. Informé des circonstances de la Journée de Saint-Laurent,
comme on l'appela, M. Leschassier fit écrire à M. de Vaugimois par
M. Guyton en ces termes : « J'ai su ce qui s'est passé entre vous et
MM. de Saint-Joseph. Ils se font connaître, malgré qu'ils en aient. Il y a
plus de quarante ans qu'on tolère leur révolte contre l'Église et leurs ca-
bales scandaleuses. Dieu leur fasse miséricorde et à nous aussi » (2 sept.
1722) (2). Enfin, le 2 octobre 1729, une lettre de cachet défendit aux Joséphites de tenir des pensionnaires et d'enseigner soit la Philosophie, soit
la Théologie.

Cette mesure dut irriter encore davantage le parti Janséniste contre les
Directeurs du Séminaire de Saint-Irénée. Aussi, à dater de cette époque, les
Nouvelles ecclésiastiques ne manquent-elles aucune occasion de lancer contre
M. de Vaugimois les traits de leur haine ; tantôt au sujet du prétendu « sup-
plice, plus dur pour bien des gens que la mort même, » infligé par lui à

---

(1) Il faut sans doute mettre de ce nombre l'ouvrage suivant : *Parallèle
des erreurs enseignées par les missionnaires de Saint-Joseph de Lyon, surnommés
Crétenistes, avec celles de Baius, de Jansénius, de Quesnel et d'autres, condamnées
par l'Église;* (sans nom de lieu), 1722, in-12.

(2) Dans le *Journal manuscrit de Lyon*, M. de Vaugimois raconte tous les
détails de la Journée de Saint-Laurent. Toutes choses égales d'ailleurs,
cette narration écrite par un témoin oculaire, au lendemain peut-être de
l'événement, est pour le moins aussi digne de créance que le récit composé
vingt-quatre ans plus tard par les *Nouvelles Ecclésiastiques,* lesquelles ne font
pas difficulté de donner comme « acteur », et même seul acteur « de la
part des Sulpiciens », M. Le Clerc qui était alors à Orléans ! Aussi, après
l'avoir gratifié du don de bilocation, le Journaliste n'éprouve plus aucun
embarras à faire parler et agir à sa guise M. Le Clerc. « Celui-ci, dit-il,
après avoir préludé à peu près comme l'Avocat des Juifs contre Saint Paul

M. Faure, curé de Botéon (probablement *Bouthéon*, à 17 kilomètres de Saint-Étienne) en Forez, exilé au Séminaire pour son Jansénisme opiniâtre, supplice qui amena la « chute, » c'est-à-dire la soumission à l'Église du curé jusque-là récalcitrant (23 juin 1730, p. 14); — tantôt à propos d'une lettre compromettante écrite par les Joséphites et « livrée à M. de Vaugimois, Supérieur des Sulpiciens, qui saura, dit-on, en faire usage contre MM. de Saint-Joseph pour se frayer auprès du Cardinal (de Fleury) le chemin à l'Évêché de Mâcon, auquel il se destine » (17 juin 1730, p. 12); — tantôt à l'occasion d'une décision donnée par le Supérieur de Saint-Irénée et qualifiée « scandaleuse » par l'édifiant Journal (20 Août 1732, p. 163), ou bien d'un ballot de livres antijansénistes « découvert par un coup de Providence » dans l'entresol du Séminaire (3 Décembre 1758, p. 196), affaire à laquelle le gazetier attache une importance dont nous ne sommes pas surpris, car son langage et ses accusations se trouvent clairement expliquées par ces paroles, qui, cette fois, ne sont pas calomnieuses : « A l'égard de la soumission à la Bulle comme à une règle de foi, on ne prêche autre chose dans ce Séminaire; et toutes les conversations, ainsi que les Discours publics, tendent à inspirer cette soumission aveugle jointe à une grande horreur pour les Jansénistes » (11 juin 1744, p. 96).

M. de Vaugimois laissait dire ses anonymes et *obscurs blasphémateurs*, et travaillait à bien faire. Il s'occupait à composer des ouvrages utiles aux ecclésiastiques, et surtout à gouverner sagement le Séminaire dont il avait la conduite, tenant très-régulièrement les assemblées des Directeurs et ne négligeant rien de tout ce qui pouvait favoriser le progrès des Séminaristes dans la piété et dans la science. Afin d'augmenter la dévotion des jeunes clercs envers Saint Irénée, patron du Séminaire, il présenta, le 12 juillet 1735, à MM. les Comtes ou Chanoines de Saint-Jean, une requête à l'effet d'obtenir une parcelle du chef de ce Saint Évêque, relique conservée dans

au 24ᵉ chapitre des Actes, attaqua M. Rollin sur un *scandale* prétendu, dont il avait (disait-il) été témoin dans une voiture publique. Voici de quoi il s'agissait. Le Joséphite, consulté par une dame sur la question de fait par rapport à Jansénius, avait répondu qu'il n'y avait *nulle obligation de croire un fait de cette nature*. M. Rollin avoua que telle avait été sa décision, et se mit en devoir d'en administrer les preuves; mais l'Archevêque et M. Picheret qui étaient là comme juges, l'interrompirent; et sans donner de preuves du contraire, se contentèrent de déclarer que ce n'était pas là leur sentiment » (*Nouvelles Ecclésiastiques*, 10 juillet 1746, p. 110).

. . . . Dolus an virtus, quis in hoste requirat?
Arma dabunt ipsi.

(Virgil. Æneid. Lib. II, 390, 391).

le trésor du Chapitre cathédral de Lyon. Le lendemain, 13 juillet, les chanoines décidèrent en chapitre que, pour témoigner au Séminaire leur particulière affection, ils remettraient libéralement entre les mains du Supérieur une portion du chef du Saint Martyr. Ensuite, ils firent apporter avec beaucoup de cérémonie le chef de Saint Irénée, en prirent un fragment considérable, et le déposèrent dans une boîte de vermeil pour le donner ensuite au Séminaire.

Mgr de Rochebonne ayant appris que le reliquaire avait été ouvert, représenta avec raison qu'il appartenait à l'Évêque seul de lever la relique pour l'authentiquer avant qu'elle fût exposée. D'un autre côté, le chapitre, qui la possédait, prétendait avoir seul aussi le droit de la donner. Craignant donc que ce droit fût méconnu si l'Archevêque authentiquait la relique, les chanoines la firent incontinent remettre dans le trésor. Lorsque les esprits furent redevenus plus calmes, le Chapitre lui-même imagina un heureux expédient qui sauvegardait les droits des deux parties. Ce fut que MM. les Comtes porteraient eux-mêmes la relique à l'Archevêque pour qu'il la scellât de son sceau, qu'ils la reprendraient ensuite, la rapporteraient dans leur trésor et la remettraient eux-mêmes au Séminaire en la manière qui leur plairait, afin que le Chapitre fût réputé l'avoir donnée seul et de son plein gré. La chose eut lieu, en effet, le 13 août 1735, et le 14, qui était un dimanche, on transporta la relique en grande pompe au milieu d'une multitude infinie de fidèles qui se pressaient pour la vénérer. Dans le but de conserver le souvenir de cette cérémonie, l'Archevêque ordonna que, chaque année à perpétuité, le dimanche avant l'Assomption, on ferait dans l'Église du Séminaire l'office solennel de Saint Irénée, avec exposition de la relique. On composa pour ce jour un office particulier, et on inséra dans la IVe leçon le récit succinct de la translation.

En 1738, M. de Vaugimois, jaloux de procurer au Séminaire de Lyon les avantages des diocèses dotés d'une Université, demanda, de concert avec ses confrères de Viviers et du Puy, que les Séminaires de ces trois villes fussent agrégés à l'Université de Valence. Cette Société accorda en effet l'union désirée et déclara, sous le bon plaisir du Roi et du Chancelier de France, que les études faites dans les Séminaires de Lyon, du Puy et de Viviers, à dater de la fête de Saint-Martin de cette même année 1738, seraient regardées comme académiques, et jouiraient des mêmes priviléges dans l'ordre public. Des lettres patentes du Roi, en date du 12 août 1738, confirmèrent en effet cette agrégation. Elles furent adressées au Parlement de Grenoble, avec une lettre de cachet de Sa Majesté, ordonnant à cette Cour de les enregistrer purement et simplement, sans délai ni restriction; ce qui fut exécuté le 22 du même mois. Un peu plus d'un an après, le

18 septembre 1739, elles furent pareillement enregistrées au consulat de la ville de Lyon. Plusieurs fois le Parlement de Paris essaya de déclarer nulle cette agrégation, sous prétexte que les lettres patentes n'avaient pas été soumises à son enregistrement (1), mais il ne paraît pas que ses arrêts aient sorti leur effet, car les Almanachs de Lyon pour les années 1786 et 1789, continuent à répéter du Séminaire de Saint-Irénée ce qu'ils disaient déjà en 1742 : « On y fait le *Quinquennium* comme dans l'Université même pour obtenir en Théologie les grades nécessaires afin d'acquérir et posséder les bénéfices qu'on ne peut obtenir sans être gradué ».

L'union du Séminaire de Saint-Irénée à l'Université de Valence, et l'établissement des cours de philosophie, qui remonte à l'année 1721, attirèrent à Lyon un grand nombre d'étudiants. M. de Vaugimois songea alors à augmenter les bâtiments du Séminaire qui n'étaient pas encore achevés. On les continua du côté du midi, et le 22 juin 1740, le siége de Lyon étant vacant, Mgr Gaspard Thomas de La Valette, Évêque d'Autun, en posa la première pierre.

Le 31 octobre 1758, lendemain de la rentrée des Séminaristes, M. de Vaugimois avait fait la prière du soir comme de coutume et parlé debout à la communauté pendant un demi-quart d'heure; mais une absence d'esprit, jointe à un embarras dans la parole qu'il éprouva par deux fois, fit craindre une attaque d'apoplexie. Sur la demande du vénéré Supérieur, le saint viatique lui fut porté en cérémonie, le jour de la Toussaint. Comme l'état du malade empirait toujours, on lui administra le saint viatique une seconde fois, le 14 novembre, à dix heures du soir, et le danger devenant de plus en plus pressant, on lui donna l'extrême-onction à deux heures du matin. Dans la journée on fit une assemblée de médecins qui déclarèrent le mal sans remède. Le malade expira en effet dans la nuit du 15 au 16 novembre à l'heure de minuit. L'Évêque d'Égée (2) fit les

---

(1) *Nouvelles Ecclés.* du 29 sept. 1785, p. 158-160.

(2) Jean-Baptiste-Marie Bron naquit à Lyon en 1713. Il était Chanoine de l'insigne église collégiale de Saint-Paul, lorsque le Cardinal de Tencin le choisit pour son suffragant. Il fut sacré le 21 février 1754, sous le titre d'Évêque d'Égée *in partibus*. M. Malvin de Montazet, successeur, en 1758, du Cardinal de Tencin, conserva en qualité de suffragant M. Bron, qui le seconda avec dévouement dans son administration ordinaire, mais ne prit aucune part aux travaux et aux mesures inspirées à ce Prélat par son goût pour les doctrines ou les tendances Jansénistes. Il résulte en particulier de quelques documents que l'intervention habile du suffragant fit échouer le projet formé par l'Archevêque de retirer le grand Séminaire des mains de *Messieurs de Saint-Sulpice*, qui étaient, dans le diocèse de Lyon, l'appui et le

obsèques et célébra la messe en présence des Séminaires de Saint-Irénée et de Saint-Charles qui y assistèrent en surplis. M. de Vaugimois fut inhumé dans la chapelle du côté de l'Épître, tout proche de la tombe de M. Rigoley son prédécesseur.

Le 14 mai 1712, il avait été créé Abbé de Notre-Dame du Tronchet au diocèse de Dol en Bretagne (1). Nous savons aussi par son testament, passé devant Philippe Vernon, notaire à Lyon, le 3 septembre 1755, qu'il jouissait d'une pension de 1,600 livres sur l'Évêché de Blois. Ces revenus et une partie de son patrimoine, M. de Vaugimois les employait pour le bien du clergé à la sanctification duquel il s'était dévoué. Dans les années 1747 et 1758, il fonda trois rentes, formant un total de 828 livres, pour trois places à la première pension du Séminaire de Saint-Irénée. Les séminaristes pauvres ne furent pas non plus oubliés dans son testament. Outre ces legs et quelques autres de moindre importance, il donna encore au Séminaire de Lyon, dans l'Église duquel il élit sa sépulture, une somme de 400 livres pour les frais de son enterrement; à MM. les Prêtres de Saint-Sulpice demeurant dans ledit Séminaire, pour l'usage de leur sacristie et de leur bibliothèque de Lyon, tous ses livres et ornements qui ne sont pas l'objet de legs particuliers; et, enfin, à Marie-Jacques Bessiat, libraire à Lyon, en considération des services qu'il en a reçus, tous les exemplaires en feuilles des livres qu'il a composés, savoir *Entretiens abrégés* en un ou quatre volumes, *Dévotion aux Saints Anges, Journal Chrétien,* et *Cantiques* en quelque nombre qu'ils soient chacun en particulier.

rempart des saines doctrines à cette époque malheureuse. Le parti ne pardonna pas au Suffragant son influence dans cette affaire, et il parut contre lui, en 1765, une brochure intitulée : *Les Dénonciateurs secrets dénoncés au public.* Cette brochure, de 48 pages in-12, était si violente, qu'une sentence de la Sénéchaussée de Lyon la condamna à être lacérée et brûlée (*Les Évêques auxiliaires dans le diocèse de Lyon,* par un chanoine de la Primatiale; Lyon, 1875, p. 28, 29). Les *Nouvelles Ecclésiastiques* trouvèrent là un nouveau et ample sujet de récriminations contre l'Évêque d'Egée et les *Écoles des Sulpiciens* de Lyon. « Le vrai titre qu'on ne pourrait certainement leur disputer, dit le Journal, ce serait celui d'*Écoles Jésuitiques...* la consanguinité de doctrine entre eux et la Société est palpable » (31 octobre 1765, p. 179).

(1) *Gallia Christiana,* tome XIV, Paris, 1856, col. 1079. M. Hauréau ajoute : « Obiit anno *1753.* » Peut-être ne faut-il voir qu'une faute d'impression.

II. — SES ÉCRITS.

I. — 1. *Entretiens abregez avec Notre-Seigneur J. C. avant et après la Sainte Messe pour les Prêtres ; avec quelques sentimens de Piété sur l'excellence et la sainteté de leur Ministère, et l'explication des cérémonies du Saint Sacrifice. Par un prêtre.* Nouvelle édition, augmentée de l'Adieu au monde de M. Lenobletz, prêtre et Missionnaire de Bretagne, et d'une invitation à la sainte communion. A Lyon, chez André Molin, imprimeur-libraire, rue Bourchanin, à la conduite des Saints. 1721 ; in-12, pp. 219.

La première édition avait paru la même année, comme il résulte de l'avis placé en tête de la seconde partie, décrite au numéro suivant.

Dans la préface de l'édition en quatre volumes, l'auteur dit que cette première partie a été « plusieurs fois réimprimée séparément de la seconde, mais d'une manière peu correcte par rapport aux textes de la sainte Écriture et des saints Pères ».

2. *Entretiens... pour les Prêtres ; avec des réflexions affectueuses sur les Litanies du S. Nom de Jésus, et des cantiques. Ausquelles on a joint les Préparations et Actions de grâces ordinaires marquées en latin dans le Messel. Par un Prêtre.* Seconde partie, augmentée d'un Avis latin pour célébrer dignement, de l'examen pour la confession des Ecclésiastiques, et de l'abrégé de la Méthode d'oraison mentale. A Lyon, chez la veuve d'André Molin, rue Bourchanin, à la conduite des Saints. 1726, in-12, deux parties (pp. 168-48) en 1 volume.

Mgr Devie (p. XXI du premier volume décrit au n° 5) affirme que cette seconde partie fut publiée en 1722. Papillon semble dire le contraire.

3. *Entretiens... pour les Prêtres. Première partie, qui renferme des exercices communs de Préparations et d'Actions de grâces. Avec des sentimens de Piété et des Passages choisis de la Sainte Écriture et des SS. Pères, tant sur l'excellence et la sainteté de leur Ministère, que sur la dignité du Saint Sacrifice. Ausquels on a joint des Explications Latines des cérémonies de la Messe. Par un Prêtre du clergé.* Avec permission de Monseigneur l'Archevêque de Lyon, et à l'usage des Ecclésiastiques de son Diocèse. Tome premier. A Lyon, chez Claude Journet, libraire, demeurant au pied du Pont-de-Pierre, du côté de Saint-Nizier. 1729, in-12, pp. 271 et 12 feuillets.

La permission de l'Archevêque, François Paul de Neuville de Villeroy, est du 30 Avril 1727.

C'est le volume de 1721 avec quelques augmentations.

Entretiens... pour les Prêtres. Seconde partie, qui contient un nouvel exercice de Préparation et d'Action de grâces. Des sentimens Affectifs sur les Mystères de la Passion et de la vie Glorieuse de Jésus-Christ, et une Paraphrase sur les Litanies du Saint Nom de Jésus. Ausquels on a joint les Préparations et Actions de grâces ordinaires, marquées en latin dans le Messel. Avec un avis Latin pour bien célébrer, l'Examen pour la confession des Ecclésiastiques, et un Abrégé de la Méthode de l'oraison mentale. Par un Prêtre du clergé. A Lyon, chez Claude Journet... 1729, in-12, pp. 168-48.

Reproduction page pour page, ou plutôt adjonction du volume de 1726, décrit au n° 2.

Entretiens... pour les Prêtres. Troisième partie, qui renferme des Préparations et Actions de grâces, tirées des Epîtres et Evangiles de tous les Dimanches de l'année; comme aussi des Entretiens sur les Mystères et les Fêtes de Notre-Seigneur selon l'ordre du Messel et du Bréviaire Romain. Par un Prêtre du clergé. Tome second. A Lyon..., 1729; in-12, pp. 584 sans les liminaires.

On lit au bas de la page 488 : *Fin de la troisième partie;* et à la suite (p. 489-584) : *Addition de quelques Entretiens abregez pour les veilles des Fêtes principales, les Rogations et les Quatre-Temps de l'année.*

Entretiens... pour les Prêtres. Quatrième partie, qui renferme la suite des Préparations et Actions de grâces pour les principales solemnités de l'année. Avec une prière pour les Fêtes de plusieurs saints, particulièrement de ceux de l'état ecclésiastique. Ausquels on a joint des oraisons propres aux Ecclésiastiques, tirées principalement de la Sainte Écriture; des Méditations sur les saints Ordres et une Préparation à la mort. Par un Prêtre du clergé. Tome troisième. A Lyon....., in-12, pp. 360-148, plus 5 feuillets.

La seconde partie de ce volume se vendait séparément sous ce titre :

Méditations ecclésiastiques pour le jour anniversaire de la réception des saints ordres et de la Tonsure cléricale; avec l'art de bien mourir pour les ecclésiastiques et les Pasteurs, ou Instructions, Pratiques, Actes et Prières pour les disposer à faire une bonne mort. Par un Prêtre du clergé. A Lyon, chez la veuve d'André Molin, au Bourg-Chanin. 1729, in-12, pp. 148.

Entretiens... pour les Prêtres. Cinquième partie, qui renferme des Préparations et Actions de grâces pour toutes les Féries de Carême, tirées des Epîtres et Evangiles qu'on y lit à la Messe, où l'on traite des obligations Ecclésiastiques qui y ont rapport suivant la Doctrine des saints Pères. Ausquels on a joint des Actes en latin ou sentimens de piété, propres à l'action du sacrifice. Par un Prêtre du clergé. Tome quatrième. A Lyon, chez Claude Journet..... 1729, in-12, pp. xiv-456-15, plus 4 feuillets pour la Table et les *errata*.

4. *Entretiens abregez avec Notre Seigneur Jésus-Christ avant et après la Messe, pour les prestres*. Seconde édition en quatre volumes, revue et mise dans un meilleur ordre. Par un Prestre du clergé. A Lyon, rue Mercière, de l'imprimerie d'Aymé Delaroche, seul imprimeur ordinaire de Monseigneur le Duc de Villeroi et de la ville, à l'Occasion. 1740, 4 in-12.

Le tome I a 513 pages sans la Table et les liminaires, qui sont les mêmes que dans l'édition de 1729. Il fut orné d'un nouveau frontispice en 1741 :

Entretiens... pour les prestres. Avec quelques sentiments de piété sur l'excellence et la sainteté de leur Ministère, et l'explication des cérémonies du saint sacrifice. Par un Prestre. Sixième édition, corrigée et augmentée. Première partie. A Lyon, rue Mercière..... 1741, in-12, pp. 513.

Le tome II est de 429 pages. Un avis indique le principal changement fait à cette seconde édition.

« Ce second volume renferme des Préparations et Actions de grâces, tirées des Epitres et Evangiles des Dimanches de l'année, depuis le premier Dimanche de l'Avent jusqu'au premier Dimanche de carême exclusivement ; comme aussi des Entretiens sur les Mystères et les Fêtes de quelques saints, selon l'ordre du Missel et du Bréviaire romain ; ce que l'on remarque ici pour faire sentir la différence de cette seconde édition d'avec la première, où le *propre du tems* composait uniquement le second volume, et le *propre des saints* uniquement le troisième. On a cru d'une plus grande commodité pour l'usage de joindre au propre des Dimanches de l'année les Fêtes des saints qui peuvent concourir. On y trouve pareillement des Oraisons propres aux ecclésiastiques, des Méditations pour le jour anniversaire de l'ordination, et un exercice particulier de préparation à la mort pour les Prêtres. »

Tome III : pp. xii-581 sans les liminaires et la table. Par suite d'une faute d'impression, la dernière page est marquée 518 au lieu de 581. Ce volume contient la Tradition de l'Eglise sur le jeûne du carême, des Entretiens tirés des Épitres et Évangiles qu'on lit chaque jour de carême, et des Entretiens pour les Fêtes des Saints que l'on honore durant ce temps.

Tome IV : pp. 593 sans les liminaires et la table. Il contient des Entretiens pour les dimanches depuis celui de Pâques jusqu'au premier dimanche de l'Avent, et pour les Fêtes des Saints.

L'édition des *Entretiens abrégés* qui porte la date de 1746 est la même que celle de 1740.

Lorsque Bessiat eut acquis l'ouvrage qui lui fut légué par M. de Vaugimois, il fit un nouveau frontispice où il substitua son nom à celui d'Aimé Delaroche, et supprima la date. J'ai vu aussi des exemplaires avec ce titre :

Méditations pour servir aux prêtres de préparations et d'Actions de grâces, avant et après la Messe. Seconde édition en quatre volumes, revue et mise dans un meilleur ordre. Par un prêtre du clergé. A Lyon, chez Jacques Marie Bessiat, libraire, rue Mercière. Avec Approbation et Privilége du Roy. (Sans date), 4 in-12.

Voici le jugement porté sur cet ouvrage par l'abbé Simonin : « Il est admirablement tissu d'Écriture Sainte, et de passages empruntés aux Conciles, aux saints Pères et à d'autres écrivains ecclésiastiques. Il respire la piété la plus tendre, il exprime l'onction la plus suave. Il touche le cœur et en même temps il éclaire l'esprit, car la science s'y présente aussi à chaque page. C'est le meilleur ouvrage que puissent se procurer les ministres du Seigneur pour la préparation et l'action de grâces avant et après la sainte Messe. Malheureusement il est très-rare, et nous ne concevons pas qu'il n'ait point été réimprimé souvent. Si on en donnait une nouvelle édition, il y aurait des corrections et des changements à faire; il faudrait aussi supprimer quelques entretiens et en ajouter d'autres » (*Biographie universelle*, par F. X. Feller, revue et continuée jusqu'en 1845 par l'abbé Simonin. Lyon, 1845, art. *Fyot de Vaugimois*). Lorsque l'auteur faisait imprimer ces lignes, rééditées en 1860, son désir était déjà exaucé.

5. *Entretiens du Prêtre avec Jésus-Christ avant et après la célébration des saints Mystères, pour servir de préparations et d'actions de grâces pour tous les Dimanches de l'année, et les principales fêtes de Notre Seigneur, de la Sainte Vierge, et des Saints qui se sont le plus distingués par leurs vertus apostoliques.* Revus, corrigés et mis dans un meilleur ordre par Mgr l'Évêque de Belley. Lyon, chez E. B. Labaume, libraire. 1843, 2 in-12. pp. XXIV-480, 467.

Dans les exemplaires portant la date de 1852 il n'y a de différent que le frontispice causé par le changement du libraire qui vendait l'ouvrage, comme on le verra au numéro suivant.

Le nouvel éditeur s'exprime ainsi sur le mérite du livre et sur les modifications qu'il lui a fait subir :

« On retirera certainement beaucoup de fruit de ce travail parce qu'il n'est pas de nous : il est dû, au moins en grande partie, à un ancien Supérieur du Séminaire de Saint-Irénée de Lyon, appelé de Vaugimois, qui avait si bien caché son nom que nous avons eu beaucoup de peine à le découvrir » (Le bon et pieux Évêque de Belley lisait beaucoup plus la Sainte Écriture et les livres de piété que le *Dictionnaire des ouvrages anonymes* de Barbier). « Cet ouvrage fut publié il y a plus de cent ans, sous le titre d'*Entretiens abrégés avec Jésus-Christ, avant et après la Messe, pour les prêtres,* etc. *Par un Prêtre du clergé.* La Providence l'ayant fait tomber entre nos mains, il y a bien des années, nous le trouvâmes si plein de l'esprit de

Dieu, que nous en fîmes dès lors notre manuel. Nous en avons conseillé l'usage à plusieurs prêtres, qui ont partagé notre sentiment ; nous l'avons aussi indiqué et conseillé dans le premier volume de notre *Rituel ;* mais comme il n'en a été fait que deux éditions déjà anciennes, elles sont épuisées depuis longtemps, et on ne les trouve plus dans le commerce. Il était donc nécessaire d'en publier une nouvelle ; on allait le faire lorsque l'éditeur a appris que nous en avions préparé une depuis longtemps, avec des changements qui pouvaient rendre l'ouvrage plus généralement utile et plus approprié au moment présent. Il nous a prié de lui communiquer notre travail, et nous l'avons fait volontiers, dans l'espérance que le clergé pourrait en tirer quelque profit.

» Voici les principaux changements que nous avons faits : L'ouvrage primitif est en quatre volumes, distribués d'une manière peu commode. Nous le réduisons à deux. L'un servira depuis le premier Dimanche de l'Avent jusqu'au Dimanche de la Sainte-Trinité ; l'autre servira pour le reste de l'année. — Le premier volume de l'ancienne édition renfermait beaucoup de choses qui ne nous paraissaient pas utiles, que nous avons supprimées, nous en avons ajouté quelques-unes ; il en est d'autres qui étaient mal rédigées, nous les avons entièrement refondues : c'est ce qui est arrivé pour un examen de conscience dans lequel on s'appesantissait beaucoup sur les devoirs des bénéficiers, et sur d'autres matières peu analogues aux besoins présents. Cet examen n'était ni précédé ni suivi par des prières relatives à la réception du sacrement de pénitence. Nous avons refait l'examen et ajouté des prières qui sont appropriées aux ecclésiastiques.

» Tout ce que nous avons conservé de ce premier volume pouvant servir tous les jours de l'année, nous l'avons mis à la tête de chaque volume de la nouvelle édition, ce qui en rend l'usage plus commode et plus utile. Nous y avons mis également un calendrier dans lequel on a marqué par une étoile les saints pour la fête desquels on a mis un exercice de préparation et d'actions de grâces, ou une simple prière.

» M. de Vaugimois a publié un volume séparé sur le même plan pour tous les jours du carême ; il pourra être réimprimé plus tard, si on le désire, avec des améliorations semblables à celles que nous venons d'indiquer » (*Avertissement*, p. XX-XXIII).

L'*Ami de la Religion*, parlant de cette nouvelle édition, dit entre autres choses : « L'érudition ascétique qui a fourni tant de textes des plus saints docteurs, la sagesse profonde et sans art qui a su exposer ainsi les devoirs et les vertus du prêtre en s'arrêtant aux sages limites pour la pratique ; tout cela le cède encore au choix, au goût excellent de la suave onction qui accompagne cette manière de faire parler Jésus-Christ et le disciple, après l'ineffable communion. Le prêtre y apprendra à faire la guerre la plus forte et la plus effective à ses propres passions, aussi bien qu'à celles qui désolent les âmes confiées à ses soins. La méthode, les moyens sont toujours puisés et indiqués aux sources les plus vraies et les plus pures » (13 septembre 1845, tom. 126, p. 642).

La *Bibliographie catholique* commence en ces termes le compte-rendu du même ouvrage : « Nous désirions depuis longtemps voir réimprimer cet excellent livre, dont les anciennes éditions sont à peu près introuvables, et déjà nous avions engagé un libraire religieux à en doter le clergé, quand nous avons appris que depuis deux ans nos vœux sont réalisés » (*Bibliographie catholique*, mai 1846, tom. V, p. 500). L'auteur de cet article exprimait à la fin le désir de voir réimprimer les entretiens pour tous les jours du carême. Il lui fut aussi donné satisfaction.

6. *Entretiens du Prêtre avec Jésus-Christ, avant et après la célébration des saints Mystères, pour servir de préparations et d'actions de grâces tous les jours du carême;* revus, corrigés et mis en meilleur ordre par Mgr l'Évêque de Belley. Tome troisième, qui se vend séparément. Lyon, J.-B. Pélagaud; Paris, Vᵉ Poussielgue-Rusand ; 1852, in-12, pp. XXIV-359.

L'éditeur a encore ici fait quelques changements et quelques additions. Ainsi, il a mis pour chaque jour de la semaine, pendant quinze jours, les préparations et actions de grâces qu'il a trouvées dans les Œuvres de Saint Liguori. Elles remplissent les pages 1-83.

II. *Manuel qui comprend différentes méthodes pour entendre la Sainte Messe, pour la Confession et la Communion ; avec des effusions en forme de prières, pour la Visite du Très-Saint Sacrement, auxquelles on a joint la Prière du matin et du soir, les Vêpres, les sept Pseaumes, et des Prières au Sacré Cœur de Jésus.* Quatrième édition, augmentée de deux Méthodes, la première pour entendre la Messe solennelle, et spécialement celle de Paroisse ; et la seconde pour assister aux services qui se font aux Enterrements et aux Messes qui se célèbrent pour les Défunts. Par un Prêtre du clergé. A Lyon, chez Claude Journet, Libraire, à la montée du Pont de Pierre, du côté de Saint-Nizier, à l'enseigne de Saint-Irenée. 1737, in-12, pp. 546, plus 3 feuillets pour le Privilége, l'Approbation et la Table. — Septième édition, revue, corrigée avec soin et augmentée. Par un Prêtre du clergé. A Lyon, chez la veuve Journet et Cizeron, Libraires du Clergé, etc. 1757, in-12, pp. 507 sans les liminaires et la table.

D'après Papillon (*Bibliothèque des auteurs de Bourgogne*, art. *Fyot de Vaugimois*), la 1ʳᵉ édition est de 1731 et la 2ᵉ de 1734. La troisième parut vraisemblablement en 1735, date de l'Approbation de la 4ᵉ, et la 6e en 1755, date du Privilége (accordé pour trois ans) mis en tête de la 7e.

N'est-ce pas là le *Journal Chrétien* dont M. de Vaugimois parle dans son testament? Au moins n'avons-nous vu aucun ouvrage portant ce titre publié pendant la vie de notre auteur.

Ni Barbier (*Dict. des ouv. anonymes*), ni Quérard (*Les Supercheries littéraires dévoilées*), ni leurs derniers éditeurs ne font mention de cet ouvrage. Il en est de même des suivants.

III. *Catéchisme, Instructions et Prières pour le Jubilé de l'Eglise Primatiale de S. Jean de Lyon, pour l'année 1734. A cause de la concurrence de la Fête du Très-Saint Sacrement, avec celle de la Nativité de Saint Jean-Baptiste, Patron de ladite Eglise. Imprimé par ordre de Monseigneur l'Illustrissime et Révérendissime Charles François de Châteauneuf de Rochebonne, Archevêque, Comte de Lyon, Primat des Gaules, Pair de France*, etc. A Lyon, chez P. Valfray, imprimeur du Roy et de Monseigneur l'Archevêque. 1734, in-12, pp. 84.

« M. de Vaugimois, Supérieur du Séminaire Saint-Irénée, fut chargé par Mgr l'Archevêque de composer le *Catéchisme du Jubilé* et d'y ajouter des prières convenables. Ce livret fut imprimé, et à la tête le Mandement de la publication du Jubilé par Monseigneur, en date du 9 Avril 1734 » (*Journal manuscrit du Séminaire de Lyon*, tom. I, p. 187).

L'ouvrage est divisé en trois parties : I. Instructions sur les Indulgences en général (p. 9-23). — II. De l'Indulgence particulière à l'Église de Saint-Jean de Lyon en cette année 1734 (p. 24-33). — III. Prières en latin et en français pour se disposer à gagner le Jubilé (p. 34-84).

IV. *Nouveau Recueil de cantiques spirituels, à l'usage des Missions et Catéchismes.* Troisième édition, revue, corrigée et augmentée. A Lyon, chez la veuve Journet, à la montée du Pont de Pierre, du côté de Saint-Nizier, à l'enseigne de Saint-Irénée. 1740, in-12, pp. 128, sans le titre et la table qui forment 2 feuillets.

La permission d'imprimer est du 25 avril 1735, époque probable de la première édition.

L'Approbation est du 25 mars 1735, et signée : *Nicolas, Évêque de Cydon, suffragant de Lyon*. Ce nom désigne Nicolas Navarre, né à Lyon, le 29 novembre 1683, Chanoine de Saint-Nizier en 1720, et vicaire général de Mgr François de Neuville de Villeroy en 1723. Il fut appelé à être suffragant de Mgr François de Rochebonne en 1734, mais il ne fut nommé officiellement qu'en 1735. L'auteur auquel nous empruntons ces détails commet une inexactitude en avançant que Nicolas Navarre *commença le 19 juillet 1735 à s'appeler Évêque de Cydonie* (*Les Évêques auxiliaires dans le Diocèse de Lyon;*

Lyon, 1875, p. 27). La date, citée plus haut, du 25 mars 1735, prouve le contraire.

Le volume dont nous parlons renferme 72 cantiques et 10 Noëls.

L'abbé Symon de Doncourt n'en parle pas dans la *Notice raisonnée des cantiques français qui ont paru depuis 1586 jusqu'en 1772*, qu'il a placée au commencement du tome III de ses *Opuscules sacrés et lyriques*, édition de 1772. « L'auteur, disait avec raison un journal de l'époque, parlant de cette Notice, l'auteur ne connaît pas tout, ou n'a pas voulu tout faire connaître » (*Affiches, annonces et avis divers*, 10ᵉ feuille hebdomadaire du mercredi 4 mars 1772).

V. — 1. *La Dévotion aux Saints Anges, réduite en Méditations, où il est traité de ce qui regarde ces Esprits célestes; avec une Méthode pour entendre la Messe, en union à ces bienheureux Esprits. Des litanies françoises et latines, et autres Prières à l'usage des Personnes Ecclésiastiques et séculières qui sont dévouées à leur culte.* Par un Docteur en Théologie de la Faculté de Paris. A Lyon, chez la veuve Delaroche et fils, rue Mercière, à l'Occasion. 1738, in-12, pp. XVIII-284, sans la Table, l'Approbation (du 19 juin 1738), et le Privilége (du 16 juillet 1738) accordé pour six ans.

2. *La Dévotion aux Saints Anges, particulièrement aux Anges gardiens, réduite en Méditations, avec une Méthode pour entendre la Messe, et communier en union et à l'honneur de ces bienheureux Esprits, et d'autres Prières à l'usage des Personnes qui sont dévouées à leur culte.* Par un Docteur en Théologie de la Faculté de Paris. A Lyon... 1741 ; in-12, pp. XLII-447, sans les liminaires et la Table.

« Quelques personnes de piété s'étant associées pour honorer les Saints Anges, et ayant désiré de s'affermir dans cette Dévotion, ont souhaité qu'on leur proposât des Méditations sur ce sujet qui renfermassent ce qui se trouve répandu en plusieurs livres très-édifiants à la vérité, mais aujourd'hui assez rares, et pour la plupart insuffisans » (*Avertissement*, p. III).

Les Méditations sont au nombre de vingt. Elles sont composées d'après la méthode d'oraison en usage au Séminaire de Saint-Sulpice, et divisées en trois points : 1. Adoration ; 2. Considérations, Réflexions, Affections ; 3. Résolutions.

» L'ouvrage, dit l'Approbateur, m'a paru d'une piété solide et plein d'onction. »

VI. *Avis importans sur la pratique et l'administration du Sacrement de Pénitence, pour l'utilité des Confesseurs et Pénitens. Ausquels on a joint quelques Avis particuliers aux Confesseurs de Religieuses, avec des Maximes et Règlemens*

de vie pour tous les Ecclésiastiques, Curés et Religieux. Par un Docteur en
Théologie. A Bruxelles, chez Foppens, Imprimeur Libraire. 1738, in-12,
pp. 442, sans les liminaires et la Table.

J'ai vu des exemplaires du même titre et de la même édition où on lit :
« A Bruxelles, et se vend à Besançon, chez J. B. Charmet, libraire, grande
rüe, à la Science. 1740. »

« Il y a déjà, dit l'auteur dans sa Préface, beaucoup d'excellens ouvrages
sur la manière d'administrer avec fruit le sacrement de Pénitence... Mais
comme *le gouvernement des âmes est l'art des arts,* qu'il y a toujours à savoir
et toujours à apprendre..., on a cru rendre un service important à ceux
qui sont engagés dans ce saint et pénible ministère, d'éclaircir plus en
détails plusieurs chefs qui embarrassent dans la pratique, et qui paraissent
trop abrégés ou trop spéculatifs dans d'autres livres. »

VII. *Règlement général du Séminaire de Mgr l'Archevêque de Lyon, dit de
Saint-Irénée.* (Sans lieu ni date), in-12, pp. 58.

Reproduit dans l'article suivant où il occupe les pages 129-188.

VIII. *Prières et pratiques du Séminaire de Saint-Irénée de Lyon ; aprouvées
par Monseigneur l'Archevêque, Pair et Primat de France, Comte de Lyon.*
Seconde édition, augmentée. A Lyon, de l'imprimerie d'Aimé Delaroche.
(Sans date). in-12, pp. 288, sans la Table.

L'Approbation de l'Archevêque de Lyon est datée du 19 mai 1739. A la
suite on a ajouté :

*Examen de conscience pour les Ecclésiastiques pour servir à leur confesssion gé-
nérale ou seulement annuelle, et leur remettre devant les yeux le détail des devoirs
de leur Etat ; pp. XXXII.*

Ce volume a été reproduit avec quelques modifications sous ce titre :

*Petit Manuel à l'usage du Séminaire de S. Irénée, imprimé avec l'Approbation
de Mgr J. P. Gaston de Pins, Archevêque d'Amasie, Administrateur apostolique
du diocèse de Lyon.* Lyon, Rusand, 1825, in-16, pp. XII-383. — Lyon, Rusand, 1833, in-16, pp. II-391.

L'abbé de Claustre (Table du *Journal des Savants,* art. *Tronson*) dit que
« M. de Vaugimois, Supérieur du Séminaire de Lyon, a donné une nouvelle
édition » du *Forma Cleri* de M. Tronson « avec des augmentations considérables. » C'est là une erreur. L'édition du *Forma Cleri* publiée à Paris en
1727 (1 vol. in-4º) fut donnée par MM. Desribes et Abel Lorieul de Fla-
court, tous deux de la Compagnie de Saint-Sulpice. Voir sur ce dernier,
Vie de M. Olier, par M. Faillon, 4e édition, tom. I, p. 482.

TABLE ANALYTIQUE

Page 93, note (3), ligne 6, remplacez ce qui suit le terme *Addenda* par ces mots : Contient plusieurs autres additions, également de la main du P. Échard. Elles sont au nombre de 18, et presque toutes insérées dans le tome II de l'ouvrage.

Page 302, 4e ligne de la note, au lieu de : *frapper*, lisez : *graver*.

Page 335, note (1), lisez : Peut-être ne faut-il voir *là* qu'une faute d'impression.

TABLE DES CHAPITRES

Bordeaux. — Imprimerie générale d'Émile Crugy, rue et hôtel Saint-Siméon, 16.

9 7 8 2 0 1 4 0 3 4 5 2 3